真主大道上

阿拉伯大軍征服與伊斯蘭帝國的創立

In God's Path

The Arab Conquests and the Creation of an Islamic Empire

羅伯特・霍伊蘭(ROBERT G. HOYLAND)著
周莉莉 譯

AGORA
廣場

'To the great despair of historians men fail to change their vocabulary every time they change their customs'

—（Marc Bloch, *The Historian's Craft*, trans. Peter Putman, Manchester 1954, 28）

「歷史學家最感懊惱的事，就是每回人們改變習俗時，
總是無法隨之改換指稱該習俗的字彙」

—出自馬克・布洛克著作：《歷史學家的技藝》，由彼得・普特曼譯自法文，曼徹斯特大學出版社，一九五四年出版，第二十八頁)

目錄

CONTENTS

致謝辭

我非常感謝兩方特別人員對我的幫助讓我能夠完成這本書。首先，我感謝在課堂上跟著我學習伊斯蘭歷史的幾位學生，他們幫助我思考傳統的　事方式是否有所欠缺。特別是牛津大學二〇一一到二〇一二年這一屆的學生對我的影響特別大，因為這段時間正好是我專注在寫這本書的時候，我們在幾場研討會中討論了書中幾個議題，所以我要謝謝你們：Anna、Benedict、Charlie、Hasnain、Josh以及Ryan。接下來，我要感謝我的大學老師和博士論文指導教授，派翠西亞・克隆教授（Patricia Crone），她引領我認識了伊斯蘭歷史，並且鼓勵我要嚴謹地審視伊斯蘭的起源以及它是如何形成的。此外，我還要感謝我的同事們，我們有過很多很有意思的討論，這幫助我想到幾個想法，我把它們寫進了這本書裡。要感謝的人實在太多了，無法在此一一列名致謝，但是下面幾位我是一定要特別提出來致上謝意：Aziz al-Azmeh、Amikam Elad、James Howard-Johnston、Hugh Kennedy、Marie Legendre、Milka Levy-Rubin、Andrew Marsham、Fergus Millar、Harry Munt、Arietta Papaconstantinous、Richard Payne、Gabriel Reynolds、Christian Robin、Sarah Savant、Petra Sijpesteijn、Adam Silverstein、Jack Tannous、David Taylor、Luke Treadwell以及Kevin van Bladel。至於我是如何運用他們指教我的寶貴知識和經驗，後果就由我來承擔完全的責任。謝謝我的責任編輯Stefan Vranka以及我的讀者羅賓・華特菲（Robin Waterfield），他們投注許多心力幫助我加強這本書的一致性和可讀性，還要謝謝Michael Athanson，他大方撥出寶貴時間用他的專業幫忙製作了書中的地圖。最後，我一定要感謝敏銳又細心的Peter Wailder為本書做了校對，還要謝謝莎拉（Sarah）對我的愛與支持。

寫於拜倫的繆斯（Byron's Muse），西元二〇一三年十月十日

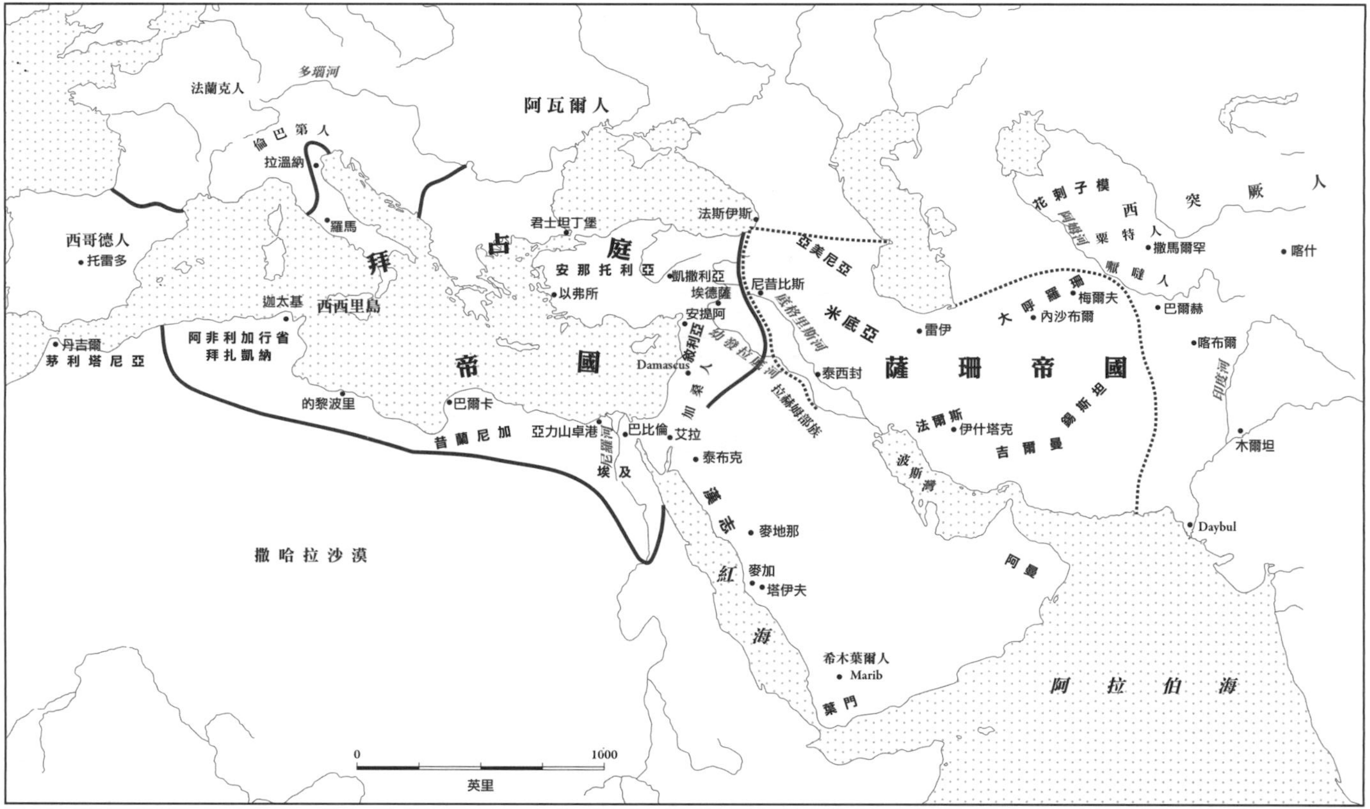

地圖1　阿拉伯征服前夕的地理分布

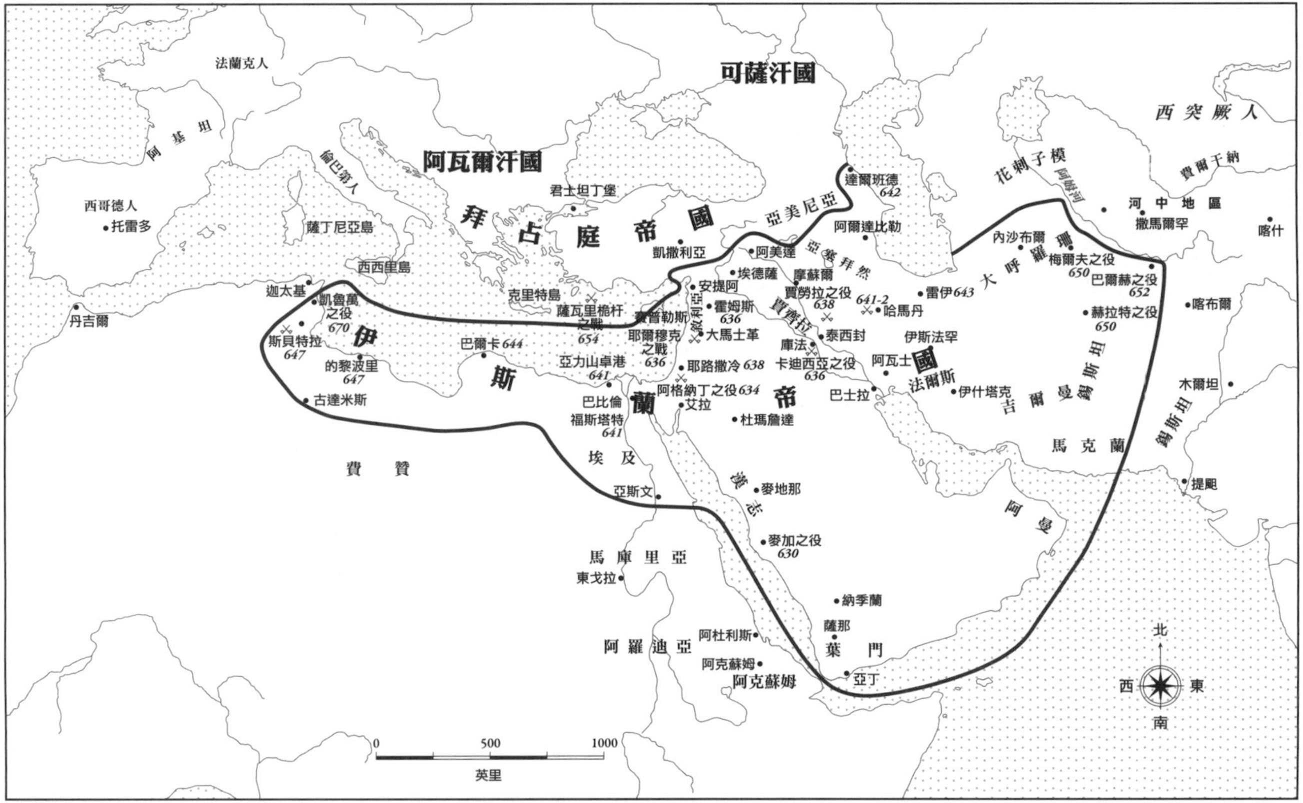

地圖2　西元六八年的阿拉伯帝國（附主要戰役大致發生年份）

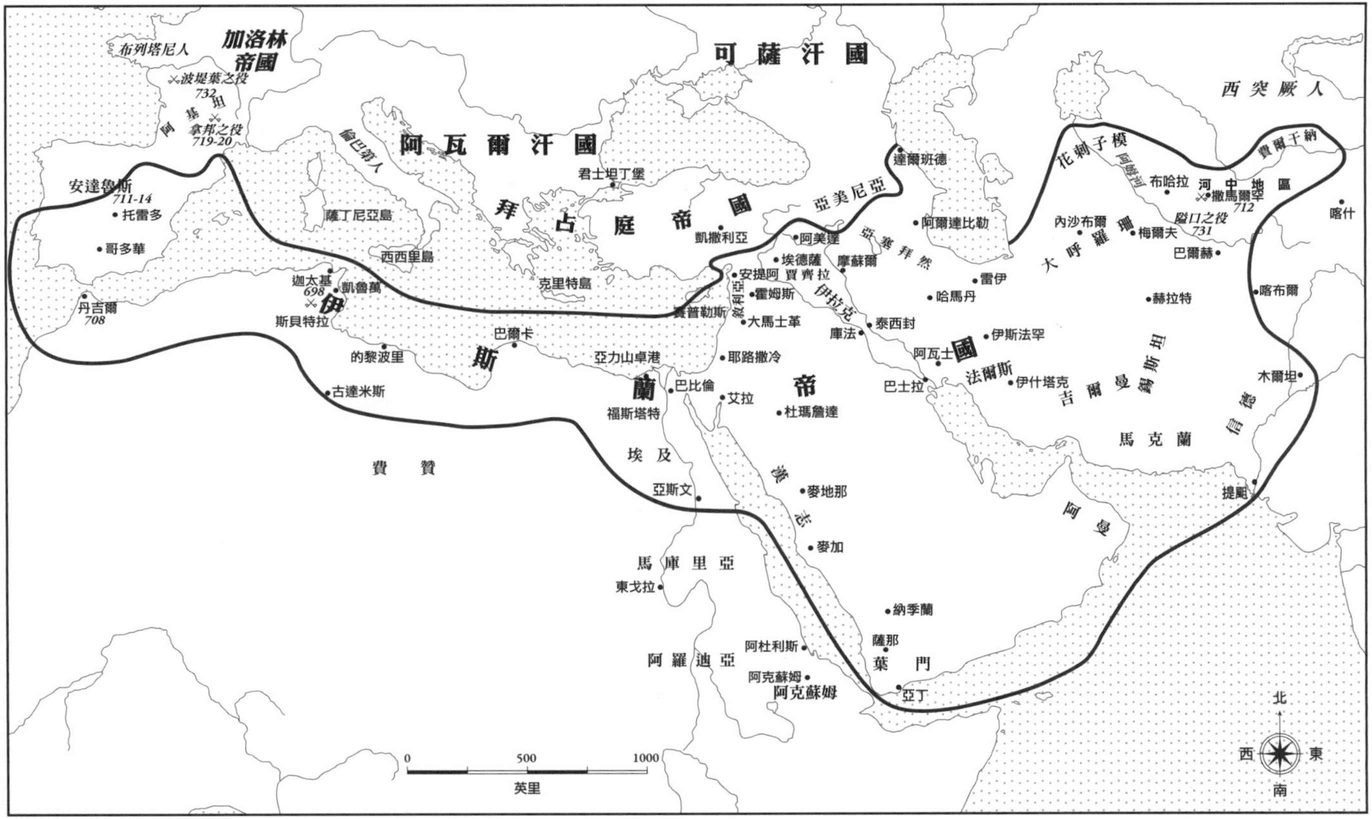

地圖2　西元六八年的阿拉伯帝國（附主要戰役大致發生年份）

前言

有一則中東地區流傳的古老傳說，說在西元三世紀中葉，一群年輕的基督徒，為逃離羅馬異教徒皇帝的迫害，遠離家鄉出走避難。逃到一處可藏身的山洞裡，這幾個年輕人很快便入睡了。隔天醒來，驚訝地聽到山下傳來教堂鐘聲，跑出洞外，只見所有高聳的房舍上全都掛著十字架。一夜之間，異教徒世界竟然變成了基督教世界。殊不知，上帝為了保護他們免於異教徒的迫害，讓他們在山洞裡沉睡了兩百年，待浩劫過後，才讓他們在基督的世界裡甦醒過來[1]。類似的驚訝也發生在研究七世紀中東歷史的人身上。西元六三〇年之前的中東地區，一片基督教世界景象，基督教義甚至傳到了非洲沙漠、波斯帝國，更遠至中國。但就在西元六三〇年之後，翻閱穆斯林所寫的中東歷史，赫然發現伊斯蘭先知穆罕默德的傳教範圍遍佈中東地區。藉由阿拉伯大軍的力量，伊斯蘭教以驚人的速度向四處傳播。從穆罕默德出生的阿拉伯半島西部（麥加），一路跨越了整個中東，不僅前波斯帝國，還有拜占庭帝國南部和東部的省份，都歸阿拉伯人統治。短短幾年之間，阿拉伯大軍所到之處，處處旗開得勝，非阿拉伯人則處處屈服：阿拉伯人統治的地區都強制信奉伊斯蘭教；非阿拉伯人被迫低頭，不是改信伊斯蘭教，就是被殺。這是第九世紀穆斯林學者所描繪當時的景象，也是從那之後最廣為世人所知的中東歷史。

以上這種敘事法，並不能說它不對。但全然從勝利者立場來說歷史，這樣的做法會產生缺點。這會將勝利者理想化，而且都是單方面的描述：真神（God）與伊斯蘭教（Islam）的角色被誇大了，而非穆斯林們（non-Muslims）卻多半被輕忽了。本書的目標，就是對伊斯蘭崛起這改變世界的大事件，嘗試做更全面性的研究。為達目標，我採用的策略很簡單，我把研究重點放在第七、第八世紀的史料文獻上，而不是後面年代較晚的資料。現存有關穆斯林的資料，我們拿到年代最早的，是第九世紀留下來的。當時的作者雖說是根據較早的材料書寫，但他們不可避免地用自己的認知描繪早年的世界。史學家向來都這麼做。可是在第九世紀的中東，用這種做法，問題就大了。因為第九世紀中東的政治情況和宗教規模，與第七世紀是截然不同的。對於不是從事歷史研究的人，看到我這種偏重早期史料更甚於晚期資料的做法，可能會覺得詫異。難道之前都沒有人這麼做過？這難道不是現代歷史學者的標準做法嗎？然而，我這麼做，難免被質疑：這些早期的資料，絕大多數是出於基督徒手筆，而且都不是用阿拉伯文書寫。他們會被批評超出了伊斯蘭歷史學者研究範圍，被質疑有偏見，或了解不夠。雖說基督徒作者下筆難免會有成見和偏差，但因為他們確實受到阿拉伯大軍直接又具體的衝擊，所以，參考他們的作品來研究伊斯蘭，我認為應該是合理的。再者，這些生活在阿拉伯大軍征服後短短幾十年的人，離事件發生時間不算太久，對稍早的社會還知道一些，這能幫助我們了解當時人們對阿拉伯征服的看法。第七世紀基督徒對該事件的看法，與第九世紀穆斯林的看法，是完全不一樣的。我並不是看重非穆斯林的史料勝過穆斯林的。其實，他們居住在同一塊土地上，彼此互動，甚至閱讀對方的作品，我認為穆斯林與非穆林的分別根本是個假議題。在本書中，兩份史料對我的差別就僅只是年代早晚而已。我偏愛年代較早的，無關乎它們作者的宗教信仰。

查閱更古早的文件讓我找回許多佚失的資料，那在傳統敘事裡丟失的資料應該被找回來回歸歷史。首先，就是征服的過程。「令人震驚的速度」、「幾近神蹟的速度」、「襲捲四處的海嘯大軍」；西方學者對阿拉伯大軍征服最常提及的就是速度。我們看到它在短短幾年裡，十分迅速地發生、完成、然後結束。近代有位知名的中世紀專家簡單用一句話做了註解：「阿拉伯穆斯林大軍征服了半個羅馬帝國（即東羅馬帝國），和整個波斯薩珊王朝，絕大部分都完成在西元六三六年到六四二年短短六年之間。」[2]像這般驚人的大規模征服佔地的事，從此之後，再也不曾見過。阿拉伯大軍的勝利十分驚人，他們擴張的速度，跟羅馬帝國那些穩固的政權比起來，實在是快得太多了。他們簡直就像遊牧民族組成的大軍一樣神勇（蒙古人在七十年內攻佔了比阿拉伯大軍佔領的土地還更大的地方）。為了弄清楚阿拉伯大軍征服的各種路徑和佔領的情形，我決定依事件發生的先後順序一路研究到西元七四〇年代。從那時期以後，阿拉伯大軍揮舞的聖劍漸漸失去如虹的氣勢。長征的路上總不會事事順遂：阿拉伯人遭到了反抗，還要為安置人口大傷腦筋。儘管如此，絲毫不損他們令人佩服耀眼的成就。

再者，讓我從古早資料中找出來應該回歸歷史的材料是，被征服者以及非穆斯林征服者的聲音。九世紀的學者為了突顯阿拉伯穆斯林獨特的歷史，他們貶低非阿拉伯人和非穆斯林的角色，將真主阿拉、穆罕默德、以及穆斯林推上舞台正中央。歐巴馬總統曾經被問到是否認為美國人都有個特別的使命，他用很外交辭令的說法回答道，每個人都會認為自己的使命很特別。就是這份特別，是九世紀的穆斯林學者想要為自己人塑造的形象。他們試著仿效四世紀該撒利亞的優西比烏（Eusebius of Caesrea，卒於西元三三九年），為基督教寫了《教會史》。這群穆斯林學者也想寫出一部關於真主阿拉與祂挑中的選民之間的故事。他們刻意劃分穆罕默德建教之前為「褻瀆時期」，之後為「神聖時期」。前者是獸性橫流的野蠻時期；後者則是穆罕默德在麥地那建立了伊斯蘭教，開啟了新的時代。序幕就由穆罕默德首次出擊拉開，隨之而來是全面的勝利，這一切都是真主阿拉所應允的，穆斯林學者如此認定：這是真神允許伊斯蘭教義在世上傳播的方式。一位穆斯林大將對基督教僧侶說道，「這是真神對我們的愛，祂對我們的信奉十分滿意，所以祂讓我們征服所有宗教，管理所有的人。」[3]但這其實是將史實簡單化、理想化，並且同質化。阿拉伯大軍征服事實上是十分複雜且多樣貌的。戰事紛亂，參戰的理由不一而足，甚至有的還會改變。然而發動戰爭和記錄戰爭的人，卻只想將之簡化，用非黑即白的二分法，描繪成一場信教者對異教徒，善良對邪惡，自由正義對抗高壓暴政的戰爭。

第三點我想強調的研究重點是，阿拉伯大軍征服之前的歷史。穆斯林資料向我們描述的是，穆罕默德和他的追隨者們創造了一個新世界；其實，他們只是將舊有世界重新改造。為說明此點，我們需要熟知中東文化，尤其是被阿拉伯人強佔的地區，佔領之前的生活文化是何樣態。這下子，非穆斯林的資料就派上用場了。他們可以讓我們知道在阿拉伯大軍征服之前發生了什麼事。由此，我們可以探究西元六世紀到八世紀之間，看事件如何發展，看變化如何生成。要是我們不這麼做，而照一般慣例跟著九世紀伊斯蘭歷史學者的資料進行研究，我們碰到穆罕默德時期就會撞牆，最後只能做出與中世紀穆斯林相同的結論，誤以為伊斯蘭文明是一夕之間就從阿拉伯半島西部誕生。

最後，我想試著擴大研究範圍，不要侷限在穆罕默德在阿拉伯半島西部的動態，也不只觀察他繼任者的活動。在第五、第六世紀時，為數不少的阿拉伯部族在拜占庭和波斯帝國裡從軍，有些勢力強大的氏族還能在兩大帝國境內佔個角落經營自己的城市。到了第六世紀後期，有股新勢力誕生，在波斯和中國之間，一支突厥聯合大軍佔領了大片土地，並不時對波斯發出攻擊。六世紀中葉，有著一千五百年歷史文明的葉門被擊潰了，阿拉伯半島東部和西北部許多古老的村落變小了。長達廿多年的時間，中東地區的兩大強權：波斯和拜占庭，都得全力應付戰事，直到第七世紀初期。然而，就連伊斯蘭專家都只狹隘地著眼於穆罕默德在阿拉伯半島西部的事蹟，認為阿拉伯征服的發生及成功，就是歸功於穆斯林的宗教熱忱這麼簡單，對於當時普遍的社會經濟等因素，全然沒有著墨。我無意貶低宗教在其中所扮演的份量，其實我十分看重它的影響力；伊斯蘭帝國的壯大以及多次征服的成就，確實是源起於宗教。然而，宗教表現的意義不只是虔誠和忠心，尤其是在第七世紀，它還意味著武力、精神感召，以及悍衛正義的行動[4]。

為了減少用前述伊斯蘭觀點來詮釋歷史的缺點，我在本書會稱「阿拉伯的征服」，而不說「伊斯蘭的征服」。其實兩種說法都不完全精確，因為征服者並不完全是阿拉伯人，也不完全是穆斯林。無論如何，這兩種稱法，都會讓人立刻明白指的是什麼征服。只是，現代的觀察家在提到征服者時，大多數是用他的民族，而不是用他的信仰來形容。有些征服者，就算不是阿拉伯人的後代，常常到後來也自認是阿拉伯人。所以，我比較偏好稱之為阿拉伯人的征服。這不是鼓吹民族主義，也不會劃地自限侷限於一個民族[5]。伊斯蘭教的學者專家說，宗教在他們的研究裡面扮演著比較重要的角色。這種說法，其實不盡正確。我認為征服者才應該是重點。舉例來說，普羅科皮厄斯在《戰爭》（Procopius, *History of the Wars*）一書中描述：汪達爾國王蓋薩里克（Geiseric）手下的船長向他請示，要將戰船開往何處時，他回答道：「當然是去打那些惹上帝不高興的人。」[6]在本書中，征服者們的動機才是我研究的重點。況且，如果我們稱呼他們為伊斯蘭征服，就無法區分出其他族群所組成的穆斯林團體，還有他們在幾世紀之內所打下的成就，好比有：伊朗、突厥、庫德族、柏柏爾人等等。這常常會讓學生困惑，甚至連學者專家也搞不清楚。今日阿拉伯人的國度，全部或大部分是穆斯林世界，其實，當中有很大部分是被人佔領之後很久才被當地穆斯林所征服；或是經由商人、傳教士、或行腳苦行者的影響，後來才慢慢變成伊斯蘭世界；而他們的祖先並非全都是阿拉伯裔的。

總的來說，本書試著要剖析這歷史事件的複雜度和模稜兩可之處，讓讀者認識那些在歷史上比較少被人提及的族群，讓他們的聲音能夠被聽見。歷史學家在描寫距離遙遠的事件時，往往將事情簡化、濃縮、系統化和理想化。我們現在對於阿拉伯征服的了解，全是依照第九世紀作家對第七世紀事件的描寫。他們的敘述，不斷地強調大軍征服的驚人速度和成就，十分強調征服者信仰的力量。本書的目標是，重新詮釋這些征服，找回它們對人類歷史的影響，反駁那些將它們視為超乎常情、近乎神奇的言論。我希望能將它們回歸到可以解釋的，是合乎人類行止的範疇。阿拉伯征服者是很厲害，但惟有把他們如何克服困難和挫折的情形一併考量進去，才能真正了解阿拉伯征服者的確很了不起。

註釋及參考書目

為了讓大家聽見那些鮮為人知的族群的聲音，我在書中引用了不少他們所說的話。讓讀者既可以自己看到資料，又可以了解我的立論基礎，尤其是這麼一個有爭議的主題，就連穆罕默德和麥加的存在都有不同的意見。這些引述都整理在註釋裡。有時為了方便閱讀，我會把相關資料集中起來，加上現代學者的研究結果，放在一起供讀者參考。至於我提到的參考文獻，就請讀者參看書本最後的精選書目。引用的資料在書中第一次出現時，我會編號做註釋加以說明；讀者也可在精選書目中找到資料，都是照英文字母順序排列之。

關於書中的阿拉伯文

由於本書是寫給廣大讀者閱讀的，所以書中的阿拉伯名字和阿拉伯文都不會標示變音符號。有個道理就是，如果您精通阿拉伯語，您就不需要變音符號；如果您不懂阿拉伯語，有了變音符號對您也沒有幫助。雖然如此，我仍然保留hamza以及‘ayn。前者是聲門閉鎖音，發音時要把喉頭緊閉，然後學倫敦東區的方言發出「butter」當中「bu’er」的音。後者在字的前方是個反向的撇號（‘），發音時不用緊閉喉頭，而是擠出一些氣音，像是淺淺咳了一下。阿拉伯人的名字裡通常有個賓字（bin），賓‧某人，是指他是某人的兒子，有時還會加個綽號，用來表示這個人的身分，通常是他的族名，職業，或老家所在。

第一章　時空背景

拜占庭歷史學家狄奧菲拉克特・西莫卡塔（Theophylact Simocatta）形容拜占庭和波斯兩大帝國是「世界的兩隻眼睛」；這是狄奧菲拉克特最常被引述的，關於拜占庭和波斯這兩大帝國的比喻。這兩個神聖的國家，處在四周都是低劣又不能信賴的蠻族世界裡，因受上帝和神明眷顧，擔負起維持秩序和保護文明的責任。所謂蠻族，且以撒拉森人（the Saracen tribe）為例，狄奧菲拉克特是這麼描寫的：這是「一群最不可靠又善變的人，意志不堅；做起事來，既不明智也不謹慎。」[1]對這些蠻族，一定要嚴加監控，地方才能維持秩序，大家才能和平相處。和蠻族相處並不是什麼太難的問題，因為最後都是拜占庭和波斯兩大帝國贏得勝利。就這樣，相安無事的情形持續了一段相當長的時間。然而，就在狄奧菲拉克特剛剛完成他的著作不久之後，時間大約在西元六二〇年左右，這樣井然有序的世界，竟然被阿拉伯征服大軍給攪得天翻地覆。自狄奧菲拉克特之後，再沒有像他一樣的作家用心描寫民間歷史。在他之前，只有一位離他大約有一千多年的希臘作家修昔底德（Thucydides），他們同樣關心民間生活，寫得十分精彩。這麼精彩的書寫在狄奧菲拉克特之後，突然中斷，至今再也不曾見過。

以上所說，加上其他幾項看來很戲劇性的變化，尤其是伊斯蘭教的崛起，讓很多學者認為阿拉伯人的征服終結了古典時代，讓世界進入中世紀社會。這是比利時學者亨利・皮雷恩（Henri Pirenne）的看法。他為西方蠻族

（日耳曼人）開脫擊垮羅馬帝國的罪名，說他們反而是幫忙延續了羅馬帝國的生命。他這個說法，與英國歷史學者愛德華・吉朋（Edward Gibbon）的看法不同，這成了他們之間一直爭論的議題。進入中世紀之後，西元第五和第六世紀的舊社會被重建改造得煥然一新。在新社會裡，古典價值仍維持流行，基督教義和「蠻族」風俗並立，即使有法蘭克人（the Franks）、哥特人（Goths）、倫巴第人（Lombards）這些蠻族，古典價值並不受影響。因此，「黑暗時期」這個晦暗不明的稱號，至此總算換成「古典時代晚期」這令人愉悅的稱號。然而，在皮雷恩的觀點裡，來自東方的「蠻族」（阿拉伯人）成了可怕的「黑色怪獸」（bête noire）。皮雷恩認為，阿拉伯人佔領非洲北方和地中海東岸的黎凡特（Levant）之後，原本是作為通道的地中海，現在變成了地理上的障礙，歐洲南方因此與東方世界隔離，造成南歐發展停滯。但阿拉伯人有帶來一點好處是他們讓拜占庭帝國疲於奔命，這使得幾個新型態的國家能夠在歐洲北部興盛起來，以致到了卡洛林帝國統治的期間達到繁榮高峰[2]。

伊斯蘭歷史學家想要把阿拉伯征服解釋為歷史上的轉捩點，雖然他們其實根本上就認定它是造就一個新世界的誕生，而不是把舊世界給滅亡了。會有這樣的想法，完全是遵照中世紀穆斯林留下來的資料而來。中世紀的穆斯林將世界時鐘重新設定，把先知穆罕默德創建伊斯蘭教，以及阿拉伯大軍展開征服的日子，當作是伊斯蘭歷史的開始。這些資料，大部分完成於西元第九和第十世紀，是生活在伊拉克的作家所寫的。他們對古典時代晚期阿拉伯佔領區的生活並不知情，更不曾了解，因此在他們的作品裡就很少提及這個部分。這就給讀者造成閱讀這段歷史的突兀感，好比旅人登山，從狄奧菲拉克特・西莫卡塔筆下阿拉伯征服前的中東世界進入，竟一下子翻過了分水嶺，到了阿拉伯征服後的穆斯林世界；兩者是完全不同的天地。這當然是中世紀穆斯林資料造成的幻象錯覺，只是很可惜的，它在現實當中卻真的造成了兩個不同的世界，現代歷史學家分裂成了兩大學派：一派是羅馬帝國晚期學派，一派則是伊斯蘭早期學派（Late Romanists and Early Islamicist）。兩派有各自關注的重點，有不同的語言學分析和各自的歷史研判；世界在他們的學術底下分裂成兩派，各自發展。本書的目標，就是要消弭這種人為的分裂，不僅是研究歷史當中發生改變的部分，也要研究歷史當中傳承延續的部分；不只研究事件本身，也同樣重視事件的過程。要做到這樣的結果，首先就要了解事件發生之前究竟是出了什麼事。這就是本章接下來書寫的重點。會發生改變世界的大事，都是長期日積月累的結果。中東地區經過相當長的一段時間，發生了重大的轉變，這使得像阿拉伯大軍征服這樣的事件，萌生發生的可能性，而且給了它機會發生。

強權對峙的時代

要了解阿拉伯大軍征服的成因，我們必須回溯到西元第二和第三世紀。當時，羅馬帝國極力朝東方進逼。自西元一〇六年羅馬皇帝圖拉真（Emperor Trajan）出兵攻打波斯開始，羅馬皇帝和大將軍們領軍東征的戰役接踵而來。他們一個接著一個攻占了佩特拉（Petra）、帕邁拉（Palmyra）以及埃德薩（Edessa）這幾個王朝。這些曾經獨立的王朝，向來幫著羅馬帝國管教各個部落的人。羅馬帝國將它們攻占之後，就必須直接接觸這群曾受這些王朝教化的部落。羅馬皇帝塞普蒂米烏斯・塞弗勒斯（Emperor Septimius Severus；生於西元一九三年，卒於西元二一一年）於是在東方新建立了兩個軍團，讓為數總共八個的羅馬軍團駐守在這片新近佔領的美索不達米亞平原上（即現今土耳其東南方和伊拉克西北方）；南方就是阿拉伯半島。羅馬帝國看起來好像就要可以整個掌控中東了。然而事情到了西元二二四年卻發生了變化。這一年，生氣蓬勃的薩珊王朝，因為實行了比前任者更集權的管理，以及奉行擴張主義，因此推翻前朝，建立了波斯第三王朝（領土包括伊拉克及大伊朗地區）[3]。第三世紀中葉，薩珊王朝對羅馬帝國東側一連發動好幾次破壞力強大的攻擊，贏了無數次勝仗，甚至俘虜羅馬皇帝使之成為階下囚。直等到帕邁拉的領袖出手援助，才阻擋了薩珊王朝一直連續的猛烈攻擊。帕邁拉的首領帶著一支由鄉民和部落族人組成的軍隊，將羅馬從波斯手下救出。兩大帝國從此勉強維持著和平，隔著敘利亞沙漠小心翼翼監視著對方，大部分時間還能尊重彼此的主權，但不時也會在邊境發生小衝突，強取貢品或俘虜對方人馬，藉以向後方族人炫耀前線強大的實力。（插圖1.1）

羅馬帝國，西半部十分不安定而且領土不斷流失，但東半部卻持續繁榮起來。第四和第五世紀時，羅馬皇帝在東部的希臘古城拜占庭建立了新都：君士坦丁堡（Constantinople）；這是現代學者對該城市的稱呼，當提到信奉基督教的東羅馬帝國時會用此名稱（當時居住在其中的市民仍自稱是羅馬人）。稍早所提到的地緣政治情勢，拜占庭和波斯兩大帝國之間對峙的僵局，在第四和第五世紀當中還維持相對的穩定。但是到了第六世紀，雙方的敵意卻突然升高，全因為在以下幾個時段當中，雙方發生了幾次重大的衝突：西元五三〇年到五三二年，五四〇年到五四五年，以及五七二年到五九〇年。事情卻在最後的一場衝突以後，有了一絲希望。年輕的波斯皇帝庫斯洛二世（Khusrau II）逃到君士坦丁堡向拜占庭皇帝求援，請求幫忙對付他在國內遭遇的強勁對手。庫斯洛獲得軍援，並且成功奪回王位。兩大強權看來似乎從此可以展開合作，朝和平發展。可是，當拜占庭在西元六〇二年發生皇帝被殺身亡的政變時，庫斯洛認為時機成熟，他再度露出敵意，對昔日的同盟發動全面攻擊。他連續不斷地進軍，絲毫沒有停下來的意思：西元六一〇年攻占敘利亞，六一四年拿下巴勒斯坦，六一九年佔領埃及，六二六年打到安那托利亞，甚至還攻入君士坦丁堡城內。至於拜占庭，西元六一〇年自篡位者手中奪回王冠的皇帝希拉克略（Heraclius），藉著突厥大軍的協助，穿越高加索，自北方南下攻打波斯。戲劇性東山再起的希拉克略，一路長驅直入打到波斯帝國的心臟：首都泰西封（Seleucia-Ctesiphon），在王城內極盡所能地搜括掠奪，逼得吃了敗仗又背負臭名的庫斯洛只得逃之夭夭。

插圖1.1
（左圖）東羅馬帝國皇帝查士丁尼一世（Justinian I）與他的朝臣在宮廷裡：馬賽克鑲嵌畫，位於義大利拉文納市聖維塔教堂內（San Vitale）；
（右圖）波斯薩珊王朝伊嗣俟三世（Yazdgird III）狩獵圖：銀盤，珍藏在巴黎法國國家圖書館。
請留意觀察，這兩位皇帝展示王者架式和展現權力的方式，十分不同。

在某一刻，波斯好像就要搶盡風頭了。正如第七世紀初年，一位喬治亞東正教主教（head of the Georgian church）曾經對他的亞美尼亞同僚說：「波斯薩珊王朝的萬王之王（庫斯洛二世），不僅成了羅馬人的王，也是亞利安人的王。」[4]可是現在情勢轉變了，東羅馬帝國皇帝希拉克略可以對一個卑微的波斯人發號施令。西元六二八年，庫斯洛的兒子前來與希拉克略講和，他同意把所有波斯大軍掠奪的土地歸還給拜占庭。西元六三〇年，希拉克略進入聖城耶路撒冷，用空前的盛況和隆重的典禮慶祝基督教獲得全面勝利，他重新將耶穌受難時被釘的十字架安置回耶路撒冷。這一年，距離耶路撒冷慘遭波斯人入侵大肆掠奪，僅僅十六年光陰。看來似乎和平又再度降臨，而且情勢對拜占庭好像更為樂觀。波斯的將領沙爾巴拉斯將軍（the general Shahrbaraz）向希拉克略「俯首稱臣」，並讓他的兒子改信基督教，就在六三〇年四月，沙爾巴拉斯在「拜占庭和波斯兩方軍隊」的協助下登上波斯王寶座[5]。看起來好像波斯已成為拜占庭的附庸國，而且還成了基督教國家。然而，這兩大強權之間最後一絲的和平希望卻再度破滅。沙爾巴拉斯並沒有正統波斯王室血統，雖然有希拉克略在背後支持，卻還是被不滿的波斯貴族給暗殺了。波斯帝國陷入內戰風暴，顧不得其邊境的安危。可憐的波斯邊境，在與拜占庭纏鬥了近四分之一個世紀期間，歷來不受重視，此時，竟因帝國的疏於防範，而任其門戶洞開。

一神教的普及與傳播

在古典時代最後一場大型戰役中，基督教變得與拜占庭帝國的命運更緊密連結在一起。聖母瑪麗亞被認為是拜占庭的救星，在波斯大軍兵臨城下最危急的時刻，她解救了君士坦丁堡。希拉克略對抗波斯大軍一役更是一場聖戰；他是新的大衛王，帶領服事上帝的十字軍奮勇作戰。這樣的世界觀，從西元三一二年君士坦丁大帝改信基督教開始形成；當時人們因著皇帝的信仰而能夠接受基督教，甚至把成為一名基督徒當作是時髦的事。這也使得剛剛興起的教會，它各個階級的人士與政治產生了聯結，教長、主教和僧侶，有了皇帝在背後支持，更能推行他們想做的事。基督教會和修道院漸漸取代了異教徒的寺廟和劇場，市政會議裡的市議員也漸漸將權力交給基督教的教士。那些不是信仰基督的人們，很容易受猜疑、遭迫害；各大議會堅持要接受基督信仰，並打壓不願順從的人。總之，羅馬帝國全面基督教化。皇宮也被改建了。這可是前所未有的事。這件事可展現了皇宮主人的企圖心，皇帝要跟他的子民一起榮耀共同的信仰，他要對人數日益增多的子民宣示，他有心要匡正並保衛他們的信仰。

這種宗教與政治兩種權力的緊密結合，在接下來好幾個世紀裡，愈發的緊實。而拜占庭和波斯兩大強國之間相持不下的冷戰僵局，更推動神權與政權的結合：信仰基督教就等同是支持拜占庭；不信仰基督教，就被認為有很大的嫌疑是站在波斯那一邊。最常受到這樣怪罪的就是猶太人。這種情形，就是把政治衝突披上了宗教的色彩。第四世紀末年，統治葉門已久的希木葉爾王朝（dynasty of Himyar）改信猶太教時，拜占庭就懷疑它有向波斯帝國靠攏的傾向。到了第六世紀初年，衣索比亞野心勃勃的基督教統治者，一直想將勢力擴張到葉門，竟藉宗教聖戰為由，出兵攻打在葉門信奉猶太教的希木葉爾王朝。得勝之後，整個拜占庭世界都為此慶賀，把它視為是一場基督教的勝仗。這位在西元五二〇年代統治葉門的希木葉爾國王，在衣索比亞入侵前，只是想要在其統治的國內將基督教十字架標誌移除，這個動作，竟被寫成是信奉猶太教的暴君，迫害無辜的基督徒，而受苦的基督徒仍勇敢地堅守他們的信仰。這個故事被寫成《奈季蘭的殉教者》（*the Martyrs of Najran*），在基督教世界廣為流傳，還被翻譯成好幾國文字，當做是強而有力、感動人心的傳教文宣。

古典時代晚期的宗教，有個特點，就是跟權力相互纏結在一起；基督教可算是最明顯的例子。這種情形，對伊斯蘭王國的出現有很重大的意義。瑣羅亞斯德教（Zoroastrianism）在波斯世界裡就不曾有過像基督教在羅馬帝國裡的地位。但瑣羅亞斯德教的教士們當然也是會向王室尋求支援。第三世紀有一位瑣羅亞斯德教的大祭司，在他的銘文裡吹捧道：「萬王之王授予我權杖及腰封，提升我的位階和尊嚴，賜予我更多權限和威力，不論是在皇宮，或整個國度，一國接著一國，一處接著一處，任何地方，讓我能為聖神服務。萬王之王還以真神（the Deity）阿胡拉・馬茲達（Ahura Mazda）之名，賜我為阿胡拉・馬茲達首席祭司的職位。」[6]另一方面，我們看到猶太教在第四到第五世紀當中贏得葉門王朝統治者改信，這在稍早有提過，到了第八第九世紀時，又贏得俄羅斯南方草原上菁英份子轉來信奉猶太教。佛教，在這段期間也很蓬勃發展：在中國，受到中國皇帝的支持；在中亞，好幾個小國也成了佛教信徒；到了第七世紀，連西藏地區的統治者也信奉了佛教。再看看摩尼教，波斯先知摩尼（卒於西元二七四年）與他的繼任者，十分努力地想要吸引更多的人來信奉他們的宗教；我們稱這個宗教為摩尼教。它在整個中亞和中國都很受到歡迎。到了西元七六二年，摩尼教成為突厥部族維吾爾王國（the Uighur Turks）首領的信仰。

儘管各個宗教盛行，基督教很明顯地在這個時期擁有最廣大的傳播範圍。在第五到第七世紀間，基督教向東拓展，從伊朗到中亞，甚至到達中國。不到第七世紀中葉，在阿姆河（the river Oxus）以東，就有廿個基督教教區，其中包括今日烏茲別克的撒馬爾罕（Samarkand）和新疆的喀什（Kashgar）。我們在阿拉伯半島也觀察到同樣情形。早在第四世紀中葉，君士坦丁堡就派使者前往希木葉爾「勸說它的君王，請他改信基督教，不要受異教欺騙。」[7]這股宗教動能被同一地區信奉基督教的衣索比亞接手，再接再厲。這段期間，在波斯境內的基督教會也十分活躍，在阿拉伯半島東部沿海地區和小島上都設立了分會。傳教活動也積極地在國境邊上推行，包括：美索不達米亞、敘利亞、巴勒斯坦，以及阿拉伯半島北部。生活在這些地區的部落族人，之所以會接受基督教為他們新的信仰，據說是受了基督教上帝感召，祂讓好幾位聖人向他們展示神蹟。他們得以進入文明的殿堂，全是因為找到「真實的信仰」，讓他們從異教徒轉變成為基督徒：「之前被稱為阿拉伯狼族的人，如今進入上帝的國度，成了充滿基督精神的一員。」[8]

這些部族人氏能夠順利融入大羅馬帝國生活圈，主要是受基督教化的影響。他們也被鼓勵要定居一處，組成基督教社區；這十分有助於基督教的整合。舉例來說，第五世紀時，一位在猶太沙漠裡知名的苦行修道者，他讓許多部落人士改信基督教，信徒們紛紛要求能夠追隨在他身邊。他為他們劃定教堂的位置，也為他們指派神父和一位執事，部落就在教堂周圍架設起帳篷，圍繞教堂而居。「此處因而人口越集越多，以致向外擴展出好幾個紮營區[9]。到了第七世紀初年，一個阿拉伯基督教社會就有了雛型，以基督教在各地的聚落為基礎，向各處拓展出去，其中像是雷薩法（Rusafa，敘利亞北部）、希拉（Hira，伊拉克南部）、奈季蘭（Najran，葉門北部），都是拓展的據點。北方從嘉比亞（Jabiya，今日敘利亞西南部）好幾個羅馬帝國的阿拉伯附庸省，延伸至南方的佩特拉（Petra）和基爾瓦（Kilwa），分別是今日約旦南部和沙烏地阿拉伯西北部。（插圖1.2）有些阿拉伯的基督徒成了拜占庭和波斯的菁英人士，他們會舉辦教會活動，也出錢蓋教堂。其中一位沙林（Zalim）的兒子沙哈里（Sharahil），為此提供了一個證明。沙哈里命人在一座教堂門楣上，用希臘文和阿拉伯文刻印銘文。該教堂是為紀念一位接受他的傳道而後殉教的人而建。殉教者名叫約翰，事發在西元五六七年。（插圖1.3）銘文使用二種語文的用意在於：希臘文表示他是在拜占庭基督教社會裡受教育的一員；阿拉伯文表示他的祖先根源，他對當地的認同，還有他為阿拉伯文化感到驕傲[10]。

周邊部族的崛起

我們對於沙哈里的了解並不多，僅限於從他命人刻印的銘文裡所得到的訊息。我們卻可以看到在沙哈里同時期有個現象：許多說阿拉伯語的人在王室軍隊裡扮演重要的角色。從第三世紀就開始的強權競爭，多年下來，讓兩大帝國軍力耗損嚴重，急需在軍事上擴充將帥及兵源。凡是能夠帶兵投靠，而且有能力領軍作戰的人，都大受歡迎，可以開口爭取到較高的俸祿和頭銜。甚至，想當年在羅馬帝國最輝煌的年代，軍隊裡的「野蠻人」，雖然是受王室將領指揮，卻不能夠與王室軍隊共同作戰，會被編排到不同的單位服務。如今，他們可以與王室大軍在同在一個陣營作戰，而且是由自己的族人當將領。王室用給予津貼和授予頭銜的策略來召募強將，在這些受到重用的將領之間會產生較勁，互別苗頭，彼此較量著權力和地位，因而造成許多越來越強、越來越大的小團體產生。

例如有十五位哥德人，在第四世紀時才剛當上將領，到了第六世紀，他們就建立了東哥德和西哥德兩大王國，擁有強大的軍事力量，足以向拜占庭皇帝予取予求。

這種發生在第四到第六世紀期間，於拜占庭和波斯兩大帝國周圍小國林立的情形，社會學家稱之為次級國家的形成（secondary state formation）。小團體食髓知味，經常地、持續地、密集地與皇帝接觸，漸漸將自己王國初步的基礎打造出來。因此，在拜占庭周圍邊境上，我們看到混合的政體出現，如：歐洲西部的羅馬——日耳曼王國（Romano-Germanic kingdoms）、非洲北部的羅馬——摩爾人王國（Romano-Moorish kingdoms）、以及在黎凡特周遭的羅馬——阿拉伯王國（Romano-Arab kingdoms）。他們保持自己的獨特性，用自己的語言彼此交談，保留自己的穿著服飾、葬禮儀典，還有其他的習俗；不過，他們倒是很以與羅馬皇帝有緊密的連結為榮。治理阿爾塔瓦的馬蘇納國王（King Masuna of Altava），位於今日阿爾及利亞西部，宣稱他自己「是摩爾人與羅馬人的王。」[11]而加桑王國（Ghassan）的阿拉伯將領們，用阿拉伯文寫詩，同時又在銘文裡誇耀自己受

插圖1.2　阿拉伯文銘文，發現於沙烏地阿拉伯西北部基爾瓦（Kilwa）的基督教聚落，大約是西元七世紀晚期文物。圖片版權屬克里斯蒂安・羅賓教授（©Christian Robin）。

插圖1.3　一座紀念殉教者的小教堂，其門楣上的建造銘文是用阿拉伯文和希臘文刻印的，完成於西元五六七年，座落於敘利亞南部哈蘭古城。圖片版權屬本書作者（©Author）。

羅馬皇帝策封的頭銜，還有受到基督教的庇護。

野蠻人，在古代中國的分類裡，分為生蕃和熟蕃。所謂「熟蕃」（cooked barbarians），指的是受中國教化的野蠻民族，因為與中國之間有密切且長期的往來，變得較為溫和講理，而且在生活上也學會了許多中國的生活方式。其餘的野蠻人，那些較少受教化，甚至是不曾受教化的，就叫「生蕃」（raw）。這些蠻族，他們其實也是覬覦兩大帝國富庶的物資，可是因為距離宗教聚落的中心較遠，所以很難接近帝國的財富。然而，只要他們抓到帝國在防守上的弱點，就會趁機敲詐一筆，要求貢品，或在貿易所經的通路上強收稅金。在第六世紀末和第七世紀初的時局，正好給了這些蠻族一個大好良機。住在帝國邊境的部族，把握機會就向兩大帝國進犯。這情形，就像是第五和第六世紀時羅馬帝國西半部所遇到的情況。當時，有好幾個蠻族部落從西羅馬帝國取得割讓出來的大公國，不久之後，這些蠻族就成了獨立自主的小王國。東部的羅馬帝國，因為有豐富又多元的經濟，可以供養較多的軍隊，有較好的防衛，好像得以免於像西羅馬帝國所遭遇的掠奪破壞。可是，在第六世紀末年到第七世紀初年這段期間，羅馬和波斯兩大帝國危險對峙，各自處心積慮要打敗對方，耗盡國力，以致雙雙暴露於被蠻族攻擊的風險中。

新崛起的部族當中，實力最強大的是突厥（the Turks）。他們曾經盤據在中國北方邊境，是鬆散的部落聯盟中的一員。他們的首領布明可汗（Khagan Bumin）和他的弟弟伊斯塔米（Ishtemi）在西元五五二年奪得政權，宣布建立自己的王國。當時可能因為中國國力衰弱，分崩離析，所以有助於突厥汗國的建立。他們接著向西方發展，在西元五六〇年左右打敗了嚈噠帝國（the Hephthalite；白匈奴，White Hun），那可是上一世紀統治中亞地區的強權。這群突厥人與一般草原民族不同。他們留給後代許多銘文，是用粟特語（Sogdian）和老突厥語（Old Turkish）寫下的銘文，記述當時的豐功偉業和理想。其中有篇紀念文，描述一位第八世紀的領袖如何建立起他的王朝（插圖1.4）：

> 藍天在上，黑土在下，人類誕生於其間。我的祖先，布明可汗和伊斯塔米，普天之下無可匹敵。他們是突厥的主人，建立起偉大的帝國，制訂了法律，管理我們的國家。四方強敵環伺，他們領導作戰。征服敵人，安撫敵人，讓敵人俯首稱臣。東至卡迪爾汗森林，西至鐵之門，突厥人征服了廣袤的領土。英明的可汗，勇敢的可汗！麾下的將士聰明又勇敢，不論貴族或平民，公平又公正。這就是他們治國成功的原因，也是他們在治國之時，能夠維護法律的原因[12]。

西元五八三年時，突厥分裂成東西兩半。東突厥留在蒙古，主要交手的對象是中國，在第六世紀末第七世紀初時，就與中國起了很大衝突。西突厥則盤據在從黑海到伊塞克湖（今日的吉爾吉斯）地區，企圖挑戰波斯。然

插圖1.4　在中國西北部新疆省的昭蘇縣（蒙古的庫爾縣）發現一尊雕像，雕塑的是泥利可汗（the khaganNili；大約卒於西元六〇〇年）頭上戴著王冠，一手拿著一只容器，一手握著一把短劍。圖片版權屬索倫・史塔克博士（©SörenStark）。

而，在西元五八〇年代末期到六一〇年代初期，波斯東翼的兩員大將，在一連串的戰役中打敗了西突厥。對於拜占庭這方面，突厥反而向拜占庭伸手示好。拜占庭皇帝喜出望外，張開雙手迎接這能夠對抗宿敵的助力，向他們買了許多從中國收購來的絲綢和奢侈品。這很可能是拜占庭的大臣們在接待突厥使者時，聽說突厥可汗領導七個種族並擁有七塊土地[13]，當下對突厥使者面露微笑示好所致。也正是拜突厥出手相助之賜，東羅馬皇帝希拉克略才能在西元六二七年打敗波斯大軍。

第六世紀中葉，另一支野蠻民族崛起：阿瓦爾人（the Avars）開始展露頭角。他們一開始可能是被剛興起的突厥大軍逼迫，一路由中亞向西移動，於西元五五七年冬季抵達高加索北方。他們派使者到君士坦丁堡求援；他們頭上綁著的長辮子讓當地的人十分驚愕。拜占庭的羅馬皇帝答應給他們酬勞，要他們去平定巴爾幹半島，那兒有好幾處不受管束的搗亂份子經常作亂。漸漸地，阿瓦爾人征服巴爾幹半島所有的部族，包括保加利亞人和斯拉夫人，還遠征至易北河，與法蘭克人對峙。然而，這支阿瓦爾大軍很快地就與拜占庭作對起來，到了西元五八二年，竟拿下具有戰略價值的城市西錫爾米烏姆（Sirmium），即今日塞爾維亞的斯雷姆斯卡・米特羅維察城（Sremska Mitrovica）。衝突持續了好幾年，常常是阿瓦爾人佔上風。最後阿瓦爾人竟然直接對君士坦丁堡發動全面攻擊，就在西元六一九年和六二六年。六二六年的襲擊把東羅馬首都裡的人嚇壞了，因為同時間還有波斯人也來進攻。幸好，拜占庭的海軍能夠阻擋兩大敵軍於博斯普魯海峽，還打擊了斯拉夫特遣隊的小船。最後，因為補給不足，還有君士坦丁堡四周高大的城牆易守難攻，阿瓦爾人發生了內鬨，只好結束這場圍城之戰。阿瓦爾人從此威風不再，斯拉夫人和保加利亞人很快就跟它分道揚鑣，而後各自成立自己的王國。

阿瓦爾人還受到另一支新崛起的民族擠壓，東方發展受到侷限。那是可薩人（the Khazars），在西元六三〇年代到六五〇年代之間，從伏爾加河（the Volga）下游地區發跡起來的部族。可薩人最早是加入突厥聯盟成為他們之中的一員，那時是因為唐朝剛剛建立，有股強大的壓力自中國襲來。可薩人的領土範圍從今日的烏克蘭起，一直到哈薩克的東部。他們統治了三百多年（大約是西元六五〇年至九六九年），是草原民族所建立的王朝中特別長壽的個案。可薩王朝得以長壽的原因是，它與拜占庭以及波斯兩大帝國的北方森林區相連，因此發展成為一個橫跨歐亞的貿易樞紐，而且發展得相當成功。而它在第八世紀到第九世紀之間，改信了猶太教，這又強化了它本身獨特和獨立的特色。總之，可薩人是個強而可畏的勢力，對阿拉伯人北方的腹側造成威脅，特別到了西元七〇八年至七三七年之間，兩大勢力發展到勢均力敵之際，為了爭奪高加索地區的霸權，雙方打了起來。

就某些方面看來，這些周邊部族的崛起是一個發跡成功的故事。這些部族，藉著與帝國之間緊密又頻繁的互動，學會了用高明且複雜的技巧把自己組織起來，變得有能力策劃一場大型又協調良好的軍事行動。他們不是來自單一相同的團體，而是由許多不同血統、種族和出身的小團體結合在一起的聯盟，在他們之上，有個主要的王朝將他們統御著。領導的王朝用敲詐和搶奪得來的資源買到小團體的忠誠，攏絡零星散落、各式各樣的小群體，將他們結合起來，化整為零，凝聚成一個大團體，而後喊出了認同感，再來就能提倡自己的文化。這樣的發展，對帝國產生了危險，有些部族漸漸強大到了足以成為他們的對手。波斯皇帝佩羅茲（Peroz；在位期間：西元四五七年至四八四年）曾利用中亞的嚈噠人去幫他攻打篡奪他王位的弟弟，但稍後，當波斯和嚈噠兩國關係轉壞時，佩羅茲竟死於嚈噠人之手。過了一個世紀的時間，波斯人跟新興的中亞勢力：突厥人結盟，一同去摧毀嚈噠帝國。不久之後，突厥人卻跟拜占庭帝國達成了協議，提供東羅馬皇帝希拉克略足夠的兵力，讓他能夠打敗波斯皇帝庫斯洛二世。再看看阿瓦爾人，雖然是第六世紀中葉才現身在舞台上，但他們很快就成為讓拜占庭人頭痛的問題。阿瓦爾人對君士坦丁堡所發動的突襲，幾乎快要讓拜占庭帝國垮台。實際上這些新興的部族，包括阿拉伯人在內，他們之所以進攻兩大帝國，並不是如帝國人民所說的想要將帝國摧毀。他們其實是要侵吞帝國的財富，將之佔為己有，甚至希望可以取而代之，成為新的霸主。

阿拉伯半島和阿拉伯人

崛起在兩大帝國周遭最成功的部族是阿拉伯人。阿拉伯大軍的征服就是本書的主題。「阿拉伯」（Arab）這個詞彙，實在很難定義它，因為在不同的時期，對不同的人而言，它有不同的意義；況且距離它首次出現在歷史記載當中，已經是三千年前的事了。近期有份學術研究，對伊斯蘭教出現之前的阿拉伯人做了一番研究，做出的結論就是：這是個遊牧民族，飼養駱駝的人，是沙漠裡宗教信仰狂熱的戰士。基本上，就是把固定居所的人對阿拉伯人所有的既定印象，都集中記錄在一塊兒；而這些記錄，正是這份學術研究報告作者的依據[14]。這些既定印象一直持續到今日，甚至還被像是「阿拉伯的勞倫斯」這類的電影給加深印象。所以真的很難解釋，甚至很難向受過教育的人解釋：阿拉伯人並不完全都是在沙漠裡靠遊牧討生活的人。事實上，有些阿拉伯人是定居於一處工作，甚至有些還是活躍於王室裡的菁英份子。把阿拉伯看作是一成不變嚴峻的沙漠世界，其間只有英勇善戰的貝都因人居住，這個印象對西方而言有著浪漫的魅力。對許多中東國家而言，也是如此。他們認為自己根本是源出於阿拉伯沙漠，生活在沙漠裡的居民。實際上，阿拉伯人包含了好幾個不同的族群，其中有些並不認為自己是阿拉伯人，有些則是有著高深且複雜的文化。阿拉伯也不如想像中的遙遠偏僻，反而是深受兩大帝國重度的影響，常常與帝國共謀行事。他們同時也喜歡和其它國家交流，像是跟衣索比亞和印度，都有商業貿易往來。

對亞述人和以色列人而言，阿拉伯人是生活在敘利亞沙漠的人。那是位於伊拉克和巴勒斯坦之間的沙漠。他們同時也是在南方有著一片廣大不毛之地的人（指的是阿拉伯半島）。這些不毛之地就被稱作是「阿拉伯人的地」（the land of the Arabs），更多人稱之為「阿拉伯半島」（Arabia）。到後來，依照可以理解的循環推論來說，所有住在阿拉伯半島的人就常常被外人稱作是阿拉伯人（Arabs）。（有時會寫作Arabians；說希臘語的人使用兩種詞彙來稱呼他們：Arabes及Arabioi）。有很長一段時間，阿拉伯人自己對這稱呼，覺得定義不夠精確，他們自己還會加上部族或區域的名稱加以識別。之後發生了兩件事，讓阿拉伯人這名詞有了更大的意義。第一件是，納巴泰人（the Nabataeans）的崛起。他們被稱作是阿拉伯人（Arabs），說阿拉伯方言，在西元前二世紀建立了王國，「就在幼發拉底河到紅海之間一整片的土地上」。第二件是，羅馬人在西元一〇五年併吞了納巴泰人所建立的王國。羅馬人將新省分命名為阿拉伯（Arabia）；舊王國的元素融合了新帝國的傳統，一個特殊的文化就在這新成立的阿拉伯省產生。這裡的居民開始自稱為阿拉伯人（Arabs）；外人也如此稱呼他們[15]。

羅馬人的阿拉伯省，其地理位置，與納巴泰人舊有的王國大致重疊，相當於今日敘利亞南部，整個約旦，巴勒斯坦與以色列的南部，以及沙烏地阿拉伯的西北部。它的南邊和東邊並沒有固定疆界；那裡的土地乾旱，一片荒涼的土地，上面零星散落幾個綠洲。羅馬人對它實在沒什麼興趣。可是這塊荒漠上倒是有些人很驕傲能夠成為帝國的一份子。例如，一群來自塞莫德人（Thamud）的軍人，在他們的家鄉建了一座神廟來紀念羅馬皇帝馬可・奧里略（Marcus Aurelius；在位期間：西元一六一年至一八〇年）。這神廟就蓋在離穆罕默德的麥地那北方不遠處[16]。經過好幾個世紀以後，居住在阿拉伯省的居民，儘管他們在許多方面很不一樣，但是對他們的土地卻產生強烈的認同感。西元第三世紀，一位遷居到薩索斯島上（the island of Thasos）的觀鳥預言家，名叫魯非諾（Rufinus），他自稱是阿拉伯人。魯非諾在他兒子的墓誌銘上強調著，他是土生土長在羅馬帝國阿拉伯省北部的蓋奈瓦特人（a native of Qanawat in the north of Roman Arabia）。西元五二二年，在約旦河谷發現一篇關於兩名軍人的墓誌銘，上面寫著：他們來自阿拉伯人的土地。還有，西元六世紀時，幾位來自耶利哥城（Jericho）附近修道院的僧侶，他們的墓碑上寫著他們是阿拉伯人[17]。有些人可能會說，因為他們彼此說著共同的語言（阿拉伯語），所以結合在一起。然而，這裡其實是個說著多國語言的地方。所以說到底，是他們對阿拉伯省的愛，把他們牢牢圈在一起。

前述的阿拉伯人是定居的一群，是羅馬—拜占庭帝國的公民。另外還有一群阿拉伯人是逐水草而居的牧人，他們拒絕繳稅，也不願聽命於官府。定居的一群總是想把自己與遊牧的一群切割開來，因為後者缺少文明的價值觀。然而，這群遊牧的阿拉伯人，儘管他們被文明世界所邊緣化，卻在古典時代晚期的資料當中，特別的重要突出。這有兩個主要原因。第一是，他們改信了基督教。早期基督教禁慾主義盛行，遊牧的阿拉伯人在拜占庭和波斯兩大帝國周遭乾旱的土地上，接觸到隱士和修道士生活的社區，因而受其影響。當時有種新的文學類型出現，專門歌頌禁慾主義裡的英雄代表們，英雄們的虔誠發揮了影響力。在新文體的文章裡，土生土長的沙漠居民大量湧現，通常這特別指的是撒拉森人（Saracens）或塔亞耶人（Tayyaye），這是拜占庭和波斯老百姓對遊牧的阿拉伯人的稱呼。有時候，這群遊牧的阿拉伯人會被描繪成掠奪成性殘暴的生物，被隱居的修道士因著祈求上帝垂憐而將他們打敗。又有時候，他們被寫成污穢不潔的人，因聖人的虔誠祈禱而獲救：「他們如此的迷信，是世上最愚昧的人，直到基督之光來到他們面前，使他們重獲新生。」有個很好的例子，是沙漠裡的傳教士阿德梅（Ahudemmeh）。根據輔佐他傳教的助手描述，他專心致力於傳佈基督教，一一拜訪了美索不達米亞北部遊牧人的帳篷，教導他們有關信仰的事，將「上帝」（God）一詞帶給這群遊牧的人。他設立了好幾座教堂，並且很聰明地以部落首領的名字為教堂命名，這鼓舞了部落首領，讓他們樂意維護有著自己名字的教堂。「就這樣，他引領阿拉伯人的心，投向上帝愛的懷抱。」[18]

第二個主要原因是遊牧的阿拉伯人大量從軍，投入到拜占庭和波斯帝國軍隊裡的人數愈來愈多。這段期間，「遊牧部隊」以及他們指揮官的名字，常常出現在許多銘文裡。從一份大約是西元四〇〇年左右的文件上，可以看到「撒拉森」騎兵團出現在埃及、腓尼基，還有巴勒斯坦等地方[19]。阿拉伯首領們與帝國軍隊合作，可以從中獲得很多好處，尤其是頭銜和薪水，除此之外，許多首領們更積極地想贏得在上位者的肯定。有個年代稍早一點的例子，是卡伊斯一世（Imru’ al-Qays ibn ‘Amr）。他的豐功偉業都刻印在他墳墓門楣上的墓誌銘裡，墳墓座落於大馬士革東南方的玄武岩沙漠中，建造於西元三二八年。他的墓誌銘記載著他如何幫著羅馬皇帝，在各部落間宣揚國威，最南曾抵達葉門北端的城市奈季蘭。接下來超過三個世紀之久，許多人爭相仿效卡伊斯，曲臂弄肌，向帝國展現實力，以索討更多的封賞。其中，讓人非常害怕的是瑪維亞女王（Queen Maviya，在位於西元三七〇年代）。她曾因為沒有如期拿到報酬，率領大軍大肆破壞羅馬東部省份，造成浩劫；一旦她的要求被滿足了，她就續約聯盟，跟拜占庭修好，甚至把女兒嫁給羅馬王室的大將。而後，出現了阿比卡里卜（Abikarib，在位期間：西元五三〇年代）這位阿拉伯首領。拜占庭查士丁尼大帝（Justinian the Great）派他前去維護巴勒斯坦牧民的秩序，並抵擋幾起外來部族的侵略。阿比卡里卜在這個職位上做得很成功，「對他所治理的蠻族，或是對他的敵人而言，他都是個令人畏懼的人，而且他活力超級充沛。」[20] 他的個人特色也在一份手稿中可見，那是在他同時期時用敘利亞文書寫的手稿，在帕邁拉地區書寫時，當地的抄寫員稱他為「大王」。還有在一份在佩特拉城寫在希臘紙莎草紙上的手稿，也可以看見到他的表現，他幫兩位當地人調解了財產糾紛。如此看來，這些受皇帝指派前去管理邊境社區的阿拉伯首領們，越來越深入社區的生活，也在當地越來越有政治影響力。

到了阿比卡里卜的時代，我們就可以說羅馬—阿拉伯、波斯—阿拉伯王國出現了。這些王朝都能延續三代、四代，或更多代，讓他們得以累積足夠的政治力量，確保能夠一代一代地傳遞下去，並保證忠誠。他們都有幾個據點，能讓他們盤據長短不一的時間，讓他們能夠在這些據點累積財富、接受委任工作、處理行政事宜，還能成為意見領袖。他都有傳達命令的組織架構，也可以號召大量的軍事作戰人力，這是主要吸引這些帝王君主的地方。除此之外，他們起碼還有來自王室微薄的薪水收入，從弱小部落搶來的貢品、以及贓物。他們就用這些去贏得部屬的效忠，還有延長主君對他們的資助。這些都能透過建築物上的題詞或從詩歌選集裡看到。詩歌選集都是用阿拉伯文寫的，裡面有為君主祈福的，有輕蔑敵人的，大致上，無非就是展現貝都因人理想生活的一面：跟來訪的友人圍聚在營火邊上分享美食、與隔壁帳篷裡的婦人發生羅曼史、騎乘駱駝快速穿越沙漠、大小戰役有輸有贏、為捍衛名譽的光榮之戰；經常寫的就是英雄們為抵抗命運和時間的摧殘所做的奮鬥，其中也少不了十字架。同質性的主題和所宣示的教義，充分反映並強化了共同的價值觀和經驗。這樣的詩歌有助於形成廣泛的阿拉伯認同，而這樣滋潤了詩歌的政治結合體，它從固定居所和遊牧民族兩個世界當中，吸取風土民情和風俗習慣的養分，為即將到來的阿拉伯帝國鋪設一條康莊大道。

阿拉伯王朝的重要性之所以會提升，主要是因為拜占庭和波斯兩國之間的敵意不斷升高；凡是能夠在軍事上提供幫助的人，兩大帝國都會盡力去討好。隨著兩大帝國之間衝突不斷增加，他們所倚重的聯盟部族就越被授予更大的權力。波斯皇帝卡瓦德（Kawad；在位期間：西元四八八年至五三一年）是第一位採用這種方法攏絡聯盟部族的人。他指定天不怕、地不怕的穆迪爾・伊本・努曼（Mundhir ibn Nu'man；在位期間：西元五〇四年至五五四年），擔任他王土以內所有部族惟一的霸主。穆迪爾是拉赫姆（Lakhm）的國王，他的根據地是在伊拉克人定居地希拉城的西南邊；將近半個世紀期間，他「逼得羅馬帝國對他望而卻步。」為了對付波斯找來的穆迪爾，拜占庭找來加桑（Ghassan）的首領哈斯・伊本・賈巴拉（Harith ibn Jabala；在位期間：西元五二九年至五六九年）。拜占庭皇帝將好幾個效忠拜占庭的族人部隊歸到哈斯麾下，並親自加封他為國王；「這在拜占庭帝國是從來不曾有過的事。」從稍後發生的一件事情上，可以看出哈斯是如何能夠任意使喚拜占庭的軍隊。就在同一個世紀裡，拜占庭皇帝莫里斯（Maurice；在位期間：西元五八二年至六〇二年）因故將哈斯的兒子給流放了。這使得哈斯的人馬在敘利亞和阿拉伯半島到處作亂，讓邊境的居民驚恐萬分；據當時的人描述，也許有些誇大其辭，卻仍然可供參考：「邊境的人被嚇得躲進城裡避難，再也不敢出來。」[21]

拜占庭和波斯人都用撒拉森人（Saracen）和塔亞耶人（Tayyaye）來稱呼阿拉伯半島和國境邊緣的遊牧民族，而稱呼那些在阿拉伯半島省份定居的居民為「阿拉伯人」（Arabs）。可是，請牢記著，有很多生活在帝國邊境的部族並不會稱自己是撒拉森人（Saracen）或塔亞耶人（Tayyaye）。事實上，我們知道他們某種程度上覺得自己跟定居的阿拉伯人比較類似。正如前面提到過的卡伊斯一世，羅馬人說他是撒拉森人，可是他宣稱自己是「所有阿拉伯人的王」（al-'arab），似乎指的就是居住在羅馬的阿拉伯省份和波斯阿拉伯地帶的阿拉伯人。有位和穆罕默德同時期的詩人吟唱道：「你們稱我們是遊牧的人，但我們是阿拉伯人。」[22]要像這樣認定彼此共同的身份，語言幾乎可以說是關鍵要素。那個沙林的兒子沙哈里（Sharahil ibn Zalim）與先知穆罕默德是同時期的人，對他們而言，要用自己的語言創作，這是十分明確的，而且非常重要。沙哈里堅持付錢請人為犧牲的殉教者用阿拉伯文和希臘文刻印墓誌銘；就我們所知，他是第一位這麼做的人。而穆罕默德說自己從真神（God）那兒所得到的啟示，是「用阿拉伯語說的（*lisan 'arabi*）」，而且他是第一位使用阿拉伯語傳道的先知[23]。穆罕默德強調真神的啟示，可能已經有用外國的語言（*'ajami*）傳佈過了，那是一種比較傳統的普通語言，便於使用在談話或演說，像是希臘語或阿拉姆語（Aramaic）。然而，古蘭經裡真神的講法被說成是：「我們使用阿拉伯語的古蘭經，為的是讓你們能聽得懂。」（43:3; cf. 12: 2）還有「我們傳授給你（穆罕默德）阿拉伯語的朗誦詞，好像你能夠提醒麥加城裡的人，以及住在麥加周遭的人們。」（42:7; cf. 6: 92）。很明顯的，和穆罕默德一起住在阿拉伯半島西部的居民，主要是說阿拉伯語的人，他們在某種程度上也算是促成了阿拉伯認同的初生萌芽。數百年來，他們與北方拜占庭的阿拉伯人互動來往，大多數時間是位於從屬的地位。到了第七世紀，他們漸漸走到主導的位子，藉著操作他們共同的阿拉伯認同和說阿拉伯語，贏得許多在拜占庭以及波斯地區的阿拉伯居民的認同與支持。

第六世紀中葉的危機與帝國的瓦解

在拜占庭、波斯和中國這些龐大帝國邊緣崛起的部族，看起來或多或少都與帝國國力減弱有關。在第五和第六世紀時，各大帝國開始走下坡，到了第六世紀下半，更為嚴重。這意味著，我們應該要把阿拉伯的征服視為帝國沒落的結果，而不是造成帝國沒落的原因[24]。國勢正在走下坡，這對當時的人而言，一定有很明顯的感受。西元六一九年，有位當時目睹阿瓦爾人在君士坦丁堡城外襲擊的人說道，「日子曾經很好過，沒有戰爭的驚擾。可是好日子到頭了，如人們講的，因為我們的不在意，沒有好好維護好運道，就被好運道把我們絆跌倒了。」在稍後比十年再多一點的時間，國勢下滑的這個看法，也被一位猶太商人所認同，他出生在巴勒斯坦，但是在迦太基做生意：「在我們那個年代，羅馬人的土地，從海邊一路拓展，從斯科舍省（Scotia）、不列顛、西班牙、法蘭西、義大利、希臘和色雷斯（Thrace），遠到安蒂奧克（Antioch）、敘利亞、波斯和整個東邊、埃及、非洲，以及非洲內陸，……，可是現在，我們只看到低聲下氣的羅馬。」[25]

雖然政治正確的學者很不喜歡用「國勢下滑」這個帶有價值判斷的詞彙來形容，可是當時的人所感受到的，國力的削弱和減少，卻一再地被證實。許多小型的國家，例如喬治亞（Georgia）和衣索比亞，在六世紀初年還很興旺，可是到了該世紀末，只聽見人民的呻吟，而國家彷彿進入冬眠。而葉門，這個古希巴王國（Ancient Sheba），儘管有一千五百多年悠久的歷史，也先後成了衣索比亞和波斯的傀儡。阿拉伯半島其餘的部分也受到重創：波斯灣沿岸港口的阿拉伯城市，在古希臘（the Hellenistic period）和羅馬時期一片繁榮景象，到了第五和第六世紀也變得蕭條了。在阿拉伯半島西北部的綠洲和人們經常朝聖的地點，都找不到任何一件是第六世紀所留下來的題詞或手稿，不管是哪種語言的都沒有；儘管刻碑留銘這樣的傳統已經盛行超過一百年了，此處在這段期間竟然沒有留下任何一件。甚至連因為盛產橄欖油而富庶的敘利亞北部，也在第六世紀末年大幅削減建築銘文的費用，減緩經濟活動[26]。

就當時的人而言，這樣的衰退有兩個重要的原因：第一個是自西元五四二年起，黑死病開始反覆流行，「幾乎快把人類給殲滅了」；第二個原因是拜占庭和波斯之間不斷增多增強的對抗。如同一位歷史學家在西元五八〇年時寫道：「國家被消滅了，城市被奴役了，百姓們被驅離家園、流離失所，全世界的人都處在動盪不安裡。」這兩個原因所造成的局勢，對人口成長有很大的抑制效果，接著就會打擊到經濟。對現代社會而言，經濟對人口波動可是十分敏感的。另外有一種說法是第六世紀中葉的不景氣，天災也在其中參與了一角。編年史家的記錄當中，從愛爾蘭到中國，都有作物歉收、氣候異常嚴寒的現象。還有在西元五三六年到五三七年之間，因為發生了火山爆發和隕石撞擊地球等事件，天上產生了大量的灰雲，造成好長一段時間的日照不足。這種大規模又經常性的農作物收成不佳，在往後的日子裡，一定會引起很大的社會不安。第六世紀末和第七世紀初所發生的社會變動和騷亂，這可以說是最大的原因。這也會造成帝國和草原民族之間，為了搶奪日益減少的資源而興起戰爭。然而，很多現代歷史學者對上述說法持著保留的看法。一方面是他們不懂得自然科學，再方面是他們原則上是聚焦在人類行為上，重點不在大自然上面。當然，就算受到災害襲擊，人類也可以藉由回應它的方式，來左右命運。話雖如此，有一件事是完全可以確定的，那就是，中東強權選擇發動大規模的戰爭來做為回應的方式，絕對是個錯誤[27]。

不管原因為何，拜占庭和波斯帝國在第六世紀末和第七世紀初無法有效地在國境內外約束好草原民族，這是不爭的事實。突厥人、阿瓦爾人，和阿拉伯人，在這段期間，在整個過程當中，都從兩大帝國侵略了不少權力和資財。同樣的情形也發生在中國。西元五三四年，北魏分裂，接踵而來的是數十年的內訌，到了隋朝（西元五八九至六一八年）雖然稍微轉好，但要等到唐高祖建立了唐朝（西元六一八年至六二六年）才將一切控制住。波斯帝國受害最嚴重，因為它的首都泰西封，距離草原民族的土地太近而危險重重。波斯領土之內的沙漠和高山，有利於地區自治，但不利於中央集權。被東羅馬皇帝希拉克略打敗的丟臉事，以及隨後而來的內戰，給予波斯致命的打擊，削弱其當權者的力量，以致於當阿拉伯人侵佔領土之時，波斯完全無力招架。反觀拜占庭和中國的首都，遠離草原，而且有極佳的防護。就連帝國本身也有大海或大河阻隔，使得防衛更加完整（其各自有地中海，黃河和長江做為天然屏障）。這表示，縱然歷經幾次受挫於草原民族的入侵，拜占庭和中國總是能夠安然渡過難關。阿瓦爾人和突厥人顯然有野心要入侵拜占庭和波斯的土地，但他們是來自兩大帝國地形艱難的北方和東方，那兒有大量人造的和天然形成的障礙防衛著，這阻礙了他們前進之路。而阿拉伯人，因為土地毗連帝國的南方，直接觸及帝國腹肋最薄弱的地方，他們終將在第七世紀這場盛大的賽事中，贏得最後的勝利。

第二章　初期戰役（西元六三〇年至六四〇年）

西元六二八年夏天，拜占庭和波斯兩大帝國之間的苦戰終於結束了。整整四分之一個世紀裡，數以萬計的人命消逝，百姓的生計被毀，城市被大肆搜括。無可避免的，雙方軍隊人馬損失慘重，邊境常被各方前來的部族襲擊打劫，就連阿拉伯人也來參上一腳。不過，在當時觀察家眼中，這些古老又強盛的帝國，應該可以靠著其豐厚資源和組織能力，很快就能恢復過來。觀察家們會有這樣的看法是可以理解的。打勝仗的拜占庭人，至少感覺有受到上帝的恩寵和鼓舞，在和平到來的時刻，努力修養生息，重建國土的安全防護。反觀戰敗的波斯，被東羅馬皇帝希拉克略和突厥人大敗之後，國力大大被削弱。各地的貴族紛紛公開埋怨起當權的家族，怪罪他們把帝國和貴族們陷入恥辱和毀壞的境地。波斯貴族們憤而把庫斯洛二世給殺了，因為最初是他挑起這場與拜占庭的戰爭，給他們帶來這段腥風血雨又爭鬥不休的歲月，最後卻不幸落敗。庫斯洛被殺身亡後，波斯貴族們為了爭奪掌權之位又爆發了內戰，包括庫斯洛二世的女兒也投身王位爭奪中，但他們大多都只能短暫保住一陣子的王位，而且統治權還無法擴及全國，只能侷限在有限的國土內。直到西元六三二到六三三年間，波斯王位繼承的問題才終告結束，由庫斯洛的孫子伊嗣俟三世（Yazdgird）取得王位。而此時波斯王朝的國土，已經嚴重落入隨時會被侵略者入侵的危險當中。

位於阿拉伯半島東北部的幾個阿拉伯部族，為了試探波斯王朝防衛其南方邊境的決心，老早就發動過幾次對波斯邊界的突襲。但在此時，對波斯最強而有力的威脅，其實是來自北方高加索的突厥。西元六二九年，一位突厥的可汗，發現了大好的機會可以進擊波斯帝國，於是率領一支龐大的軍隊「帶來地表最恐怖的攻擊。」他首先蹂躪了高加索東部的阿爾巴尼亞王國（Albania），再轉向西邊往向亞美尼亞挺進。到了亞美尼亞，他聽說有位曾經是庫斯洛手下的波斯大將軍公然反抗他。那正是知名的沙爾巴拉斯（Shahrbaraz）將軍，他之前在對抗拜占庭帝國的廿年間，曾經打贏無數次戰役。沙爾巴拉斯將軍挑中一位阿拉伯騎兵隊的首領，送他一萬名士兵，「讓他領兵攻打突厥軍隊，希望能將突厥士兵踩踏於馬蹄之下，讓他們灰飛煙滅。」可是突厥陣營早有防備，並設下了陷阱。突厥大軍安排一支部隊佯裝失敗逃跑，引誘波斯軍隊出兵追擊，再由另外一支埋伏的兵馬從後方和側邊夾擊波斯追兵，將其全數殲滅。此時的突厥似乎已將波斯視為囊中之物了。然而事實卻又不是如此發展。突厥內部高層發生了嚴重的權力鬥爭，「來自北方的危機將矛頭指向自家人。」可汗本人被殺身亡，突厥聯盟因而瓦解。突厥大軍未能把握住這次難得的機會，只好將垂手可得的波斯江山拱手讓給阿拉伯大軍[1]。

阿拉伯半島（參看地圖2.1）

阿拉伯人所擁有的土地，起初在一般世上的征服者看來，並不起眼。好幾個世紀以來，那些土地無非就是幾個相距遙遠的蕞爾小國、權力不穩的酋長部落、以及孤立的綠洲聚落，散佈在面積寬闊無垠的沙漠當中。然而自西元三〇〇年起，情況就有所改變了。位於葉門西南部的希木葉爾王國（Himyar），一直想要征服在它四周的幾個小國，好成為阿拉伯半島南方的霸主。希木葉爾的領導人做了兩個頗為關鍵的重要決定。首先，他們揮別過去，放棄了原先的多神信仰，改信一神教；自西元三八〇之後，此處就再也沒出現過紀念異教徒的銘文。有著一千三百年傳統的多神信仰就這麼戛然而止，至少對統治階層的菁英而言，事情就是這麼決定了。此時此地，猶太教似乎是一神教的首選，不過也有少數人是信仰基督教的，尤其是那些隔著紅海與北非信仰基督教的伊索比亞較為親近的人們。第二項重要的決定是，希木葉爾動用國內所有各種可用資源向北方擴展勢力。他們有時候採用教訓征服的手段，使人屈服，就像在許多皇家銘文裡，可以看到他們用勝利的口吻留下記錄；更多時候，他們用薪酬和頭銜來收買人心。希木葉爾最後終於達到目的，成功地將阿拉伯半島中部和北部的阿拉伯部族納入管轄範圍。第五世紀時，有位金達部落（Kinda）的首領，因著他對希木葉爾的忠心，屢屢出兵支持帝國，贏得了武士頭銜的封賞。這位首領得意萬分，特地命人將自己的名字用阿拉伯南方的字母刻印在一塊大石上，還刻上自己是「金達國王」（king of Kinda）。金達國王和他的後代子孫成了一股強大的勢力，使得拜占庭和波斯兩大帝國都極力想將他們攏絡到自己的陣營裡來[2]。

然而，希木葉爾王朝的領導地位遭受到來自基督教國家衣索比亞的挑戰。衣索比亞以保護居住在希木葉爾王朝轄下受迫害的基督徒做為藉口，出兵攻打葉門。衣索比亞口中喊著要征討的對象，那些希木葉爾王朝的當權者，大多都是猶太教的信徒。衣索比亞打了一場漂亮的勝仗，使它因此能在阿拉伯半島上展開將近半個世紀的監管統治（大約是在西元五二五年至五七二年之間）。這段期間，此處大多時間是由一位名叫阿伯拉哈的衣索比亞大將軍管理著（Abraha；大約執政於西元五三五年至五六五年）。阿伯拉哈將軍努力把自己表現得像是希木葉爾的國王一般（參見插圖2.1），他採行所有前朝王室的儀制規矩，並且用當地流行的語言文字書寫官方文件。他不僅管理阿拉伯半島南方的土地，甚至還將勢力範圍向北方推進；這一切都可以從許多銘文裡看到，看他極盡能事地誇耀自己的功勳事蹟。從最後出土的一批文章裡，我們看到他向世人展示，他管理的城市已橫跨了阿拉伯半島，其中

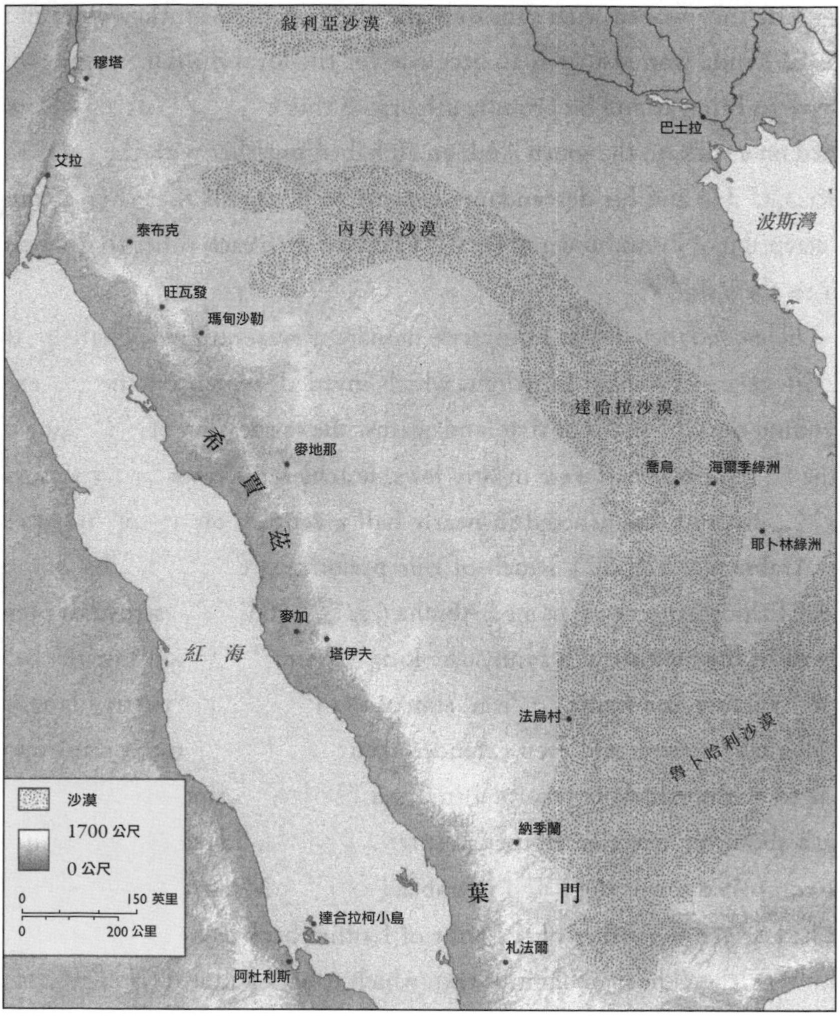

地圖2.1　阿拉伯半島

包括了麥地那（古時地名叫葉斯里卜，ancient Yathrib）。文章裡還寫道，他強制命令拉赫姆部族（Lakhm）的親王退回他所駐守的營區，那是位在伊拉克西南方的希拉城（Hira）。這些全都寫在西元五五〇年代的文章裡。而關於他的最有名的文章，是西元五四八年的一篇，內容寫著他修復了馬里布大壩（the dam of Marib）的紀念文（參見插圖2.2），以及他在同一座城裡捐造了一座教堂。文章裡還記錄了來自各國的使臣前來向他致敬，包括衣索比亞、拜占庭、波斯以及三個阿拉伯附庸城邦，都有派人前來，這說明了他確實是有政治實力的人。

阿伯拉哈的阿拉伯王國其實並沒能維持太長的時間。他的兒子們未能受他風光戰績庇蔭太久，在位短短幾年就下台了。當時有位希木葉爾的王公轉向波斯帝國靠攏，取得波斯的協助將他推翻。可是，當這位叛國的王公被憤怒不滿的衣索比亞人殺死後，波斯決定出手親自治理這個地區。這大約是發生在西元五七〇年代的事。此事宣告了葉門在阿拉伯半島南方繁華超過一千五百年的古文明即將告終。想必是在衣索比亞統治了五十年之後，緊接著又受波斯管理了五十年，對此處的古老文化產生了毒害效應；葉門雖說是許多阿拉伯軍隊主要兵力的來源，可是在伊斯蘭教的世界觀裡，卻很少見到葉門古老傳統文學和歷史的痕跡，只有在隱約之間顯出最為晦暗不明的記憶[3]。就在波斯接管阿拉伯半島南方不久之後，西元五八二年，拜占庭皇帝莫里斯一世下令解除他與阿拉伯盟友加桑部族（Ghassan）的聯盟，並且把加桑的首領給放逐了。加桑不再是帝國的盟友，自此之後數十年間，這個地方成了來自伊拉克南方的拉赫姆部族可隨意來去的所在。拉赫姆的首領很努力地擴展自己的權勢，遠至阿拉伯半島西部都落入了他的勢力範圍。他顯然是做得很成功，因為遠在東邊的基督教資料中都有看到對他的描述，說他是「所有生活在波斯和拜占庭兩大帝國裡阿拉伯人的王。」[4]然而，他在西元五九四年由異教徒身分改信基督教的舉動，引起波斯雇主對他的猜疑，尤其當時是波斯皇帝庫斯洛正想要對拜占庭帝國發動全面攻擊之際。庫斯洛於是派人毒死了拉赫姆的首領，並指派一名波斯官員前去監管阿拉伯人。此時，波斯皇帝宣稱他統治了整個阿拉伯半島，但他看起來不像是真的能夠全面掌控，充其量只能說是掌控了半島的西南部邊緣，以及東部海岸。即便就只有這麼少數的地區，波斯還是無法有效統治，對這些地區的掌控力道還是十分薄弱，因為波斯的軍事人力，長年以來為了對付拜占庭帝國的戰爭，早已忙得焦頭爛額，根本無暇顧及於此。

很可惜當時留下來的資料幾乎沒有給我們提供任何有關這關鍵數十年間的資訊。有幾位晚近出現的穆斯林作者認為，阿拉伯半島上既然沒有來自鄰國的政治指令，當地的領袖就自動出線填補領導者的空缺。由於舊有的政治權力結構已經被破壞了，這些浮上檯面的領導人並非由傳統權力階層產生；他們聲稱自己之所以取得權力是基於宗教的理由，是上帝真神召喚他們來管理眾人的。這些領導人，沒有一位提及異教信仰裡的神明，全都聲稱自己是信奉一神教的先知[5]。這很有可能是因為阿拉伯半島在這之前，早就已經有發展完備的基督教和猶太教，先知們極有可能受到來自猶太教或基督教各種教派、不同方式的影響。無疑的，其中最特別的一位先知，也是我們在後來的穆斯林史料中最常聽人提及的，最知名的是穆罕默德（Muhammad）；他來自阿拉伯半島中西部的麥加城。穆罕默德生前並不為外人所知曉，直到他死後才被聽聞，因此我們並沒有當時穆斯林以外的資料可以說明他的生平。為了瞭解穆罕默德，如果我們不去參考後世穆斯林作者將他神格化的描述，就只能仰賴古蘭經了，只能從古蘭經裡所記載他的言行去推測他的一生。從古蘭經文裡我們看到，穆罕默德努力告誡他的同胞們要堅守單純的一神信仰，那是亞伯拉罕（Abraham）所建立的宗教信仰。而穆罕默德宣稱，亞伯拉罕是他們的祖先。一開始，穆罕默德只想藉著講道來傳播他的道理，可是他遭到麥加同鄉極不友善的對待，他只好展開旅程出外尋求庇護所（*a hijra*），最後終於在鄰近的綠洲城市麥地那（Medina）定居下來。事到如今，和平的佈道時期已經結束了，穆罕默德決定，是時候該使用武力了，要將他所感知到的真主阿拉的旨意（God's will）貫徹完成。他擬訂一份合約，與麥地那的幾個小團體共同約定，成立一個獨一無二的宗教團體：烏瑪社群（*umma*），專門是「為了邁向真主阿拉之道而奮鬥」（*jihad fi sabil Allah*），也就是為了真主，要與信奉異教的—也就是真主的敵人—對抗到底。所有宣誓效忠該契約的團體，都必須在發生戰爭的時候出力支援，也必須優先支持烏瑪社群（*umma*）裡的成員勝過對其他任何人的支持。

插圖2.1　這件石頭浮雕是在葉門的希木葉爾首都扎法爾（Zafar）發現的。它描繪的是一位希木葉爾國王，頭戴著王冠、手拿著權杖；這大約是西元第五世紀至第六世紀間的作品。圖片版權屬保羅・尤爾（©Paul Yule）。

穆罕默德自從西元六二二年在麥地那成立他的宗教社群後，便開始對鄰近的部落和城鎮展開大大小小的攻擊，為的是招降他們加入他所信仰的宗教社群。他也一直不放棄要攻下麥加城。直到西元六二八年，他終於利用軍事和外交雙重手腕，達到攻克麥加城的目的。穆罕默德藉著迎娶麥加城勢力最強大的阿布・蘇富揚（Abu Sufyan ibn Harb）的女兒，與麥加城簽訂了和平協議。穆罕默德與阿布・蘇富揚同樣都是古萊什族人（Quraysh）。穆罕默德在鞏固了麥加和麥地那兩座城市的結盟之後，又接著尋找第三座城市來加入聯盟。那是塔伊夫（Ta'if），座落在肥美的塔伊夫綠洲，是塔基夫族人（Thaqif）的地盤。穆罕默德在西元六三〇年拿下了塔伊夫。有了這三座城市，以及城市裡各大部族的聯盟，此時的穆罕默德已經擁有十分強大的戰鬥武力了。這樣的穆罕默德，未來究竟想要如何發展，當時實在很難看出。

稍後的穆斯林作者，以及跟他們有同樣看法的現代歷史學者認為，穆罕默德雖然從一開始就致力於要統治世界，但從基本上看來，他並不像是從傳道之初就預期到自己能把信念推廣到這麼遠。當然，古蘭經裡說他有比較多的任務是必須在當地完成的，譬如說，真主阿拉要他去「警告眾城之母（應該指的是麥加）以及居住在它四周的人」（42:7; cf. 6:92），以及，真主給了他一部「要用阿拉伯語頌讀的古蘭經」（12:2 and 43:3），因為這才符合真主的原則，真主阿拉就是要「以他的宗族的語言（降示經典），以便他為他們闡明正道。」（14:4）由此看來，穆罕默德最初的目標對象，至少就是居住在他周圍說著阿拉伯語的人們。但是，穆罕默德還知道有個更廣大的世界：從他的追隨者一開始都朝著耶路撒冷方向禱告可見，世上最早的一神教殿堂是在耶路撒冷，而這兒可是能吸引到更多為真主奮鬥的人們。穆罕默德於是將耶路撒冷設定為擄獲的目標，是個甜美的獎盃[6]。姑且不論這個說法是真是假，穆罕默德在阿拉伯半島西部的盟友確實已經開始朝向北方發展。早在西元六二八年，他們就已經拿下鄰近的法達克（Fadak）和海拜爾（Khaybar）兩塊綠洲，現在更要北上直接挑戰拜占庭帝國。

西元六三〇年，當穆罕默德親自領軍遠征北方之時，同時間另外有幾支隊伍被派遣到阿拉伯半島其它地方去。派遣隊的任務就是去說服當地人加入穆罕默德的軍隊。中世紀的穆斯林作者們，他們一方面想要大力宣揚穆罕默德的成就，一方面也努力想把手上拿到的原始資料做系統性的呈現，宣稱這些派遣隊都能夠在穆罕默德生前圓滿達成任務，不論是用外交手段或是武力方式，他們已經成功地將整個阿拉伯半島都收歸到穆罕默德統治的範圍；穆罕默德是在西元六三二年的六月逝世的。中世紀穆斯林作者的資料也指出，就在穆罕默德逝世之後，許多部族放棄了信仰，從社群退出，這還得要靠穆罕默德的繼任者阿布・巴克爾（Abu Bakr），出兵威嚇強迫，才又使他們重新歸隊。這次阿拉伯半島上這些部族的暴亂（*ridda*，阿拉伯文：叛教之意），整整耗費一年的時間才終於平定（西元六三二年至六三三年）。資料上指出直到此時，阿拉伯大軍的征服才開始發動（*futuh*；阿拉伯文原義是

插圖2.2　圖中所示是馬里布水壩（Dam of Marib）北方的水閘門系統；馬里布是薩巴／希巴（Saba／Sheba）的首都，位於葉門。圖片版權屬美國人類研究基金會（© American Foundation for the Study of Man）。

開張）；這已經是穆罕默德建立烏瑪社群之後的第十二個年頭（西元六三三年至六三四年）。我們可以理解，阿拉伯半島西南部的部族，由於見識到穆罕默德推行宗教運動的成功，早在穆罕默德生前就加入了新陣營中。而阿拉伯半島的東部，與西邊隔著好幾處廣大又不適合人居住的沙漠，其中還有被巧妙命名為「空曠的四分之一」（Empty Quarter）的魯卜哈利大沙漠，這些居住在半島東邊的部族，不管情況如何，我們慢慢觀察就會發現，他們自己早就對波斯帝國發動過大大小小的襲擊了。看起來，除了位於阿拉伯半島西側的部族以外，其它半島上的這些部族並不像是在穆罕默德生前就歸順於他的統治。所以阿布・巴克爾的任務，並不是去收復阿拉伯失地，而是一場全新的出征，或至少可以說為了宗教理由，他致力於贏得這場戰役。看起來阿布・巴克爾的這項任務似乎也是未竟其功，因為，根據當時一位亞美尼亞編年史作者記載，阿拉伯人一直要到後來入侵了敘利亞和伊拉克之後，「此時，他們才隨同皇家軍隊，一起穿越原始邊界，進入以實瑪利（Ishmael）的領土。」[7]

阿拉伯人的拜占庭、巴勒斯坦、敘利亞（參看地圖2.2）

西元六三〇年，穆罕默德對北方拜占庭的阿拉伯省發動戰爭，這很明顯的是一場有計劃的行動。他稍早收到消息指出，有一些鄰近的親拜占庭的阿拉伯部族在蠢蠢欲動，準備要對他的盟友展開軍事攻擊。[8]穆罕默德於是親自率領主要的人馬朝北方發動攻擊，同時間，另一支部隊由強悍又嚴肅的哈立德・伊本・瓦利德將軍（Khalid ibn al-Walid）帶領，朝西北方向的杜瑪詹達（Dumat al-Jandal）進軍。杜瑪詹達，是沙漠商道上很重要的一站，是從敘利亞南方往阿拉伯半島北方這條交通要道上的必經之路。穆罕默德則是一路經由瑪甸沙勒（Mada’in Salih），到達了塔布克（Tabuk）。瑪甸沙勒是古老納巴泰王國（Nabataean Kingdom）在南方的首府，而塔布克，則是位於今日沙烏地阿拉伯遙遠西北方的一處綠洲城市。阿拉伯半島與北方毗鄰的土地之間，並沒有天然而成的邊界；若是跨越今日的沙烏地阿拉伯到約旦去，由南向北，一路上只會看見一成不變的景色，都是偉岸的砂岩山脈，嶙峋的火山錐，還有廣大荒涼的細沙沙漠（參見插圖2.3）。穆罕默德在塔布克完全沒有遭到任何抵抗，他因此受到鼓舞，很自然地就往前推進一百廿五英里，到了艾拉（Ayla），也就是今日的亞喀巴（Aqaba），是紅海最北邊的港口城。然後又再繼續往前推進六十五英里，到了烏茲魯赫（Udhruh），非常接近佩特拉城（Petra）；佩特拉是納巴泰王國最大的首府。幾百年來，這條路徑已經成了商人們往來於阿拉伯西部和敘利亞南部之間經常行走的路線了。穆罕默德與前述的幾個城市，還有它們鄰近的聚落，都分別簽訂了和平協議。每份協議的條件都相當不同。

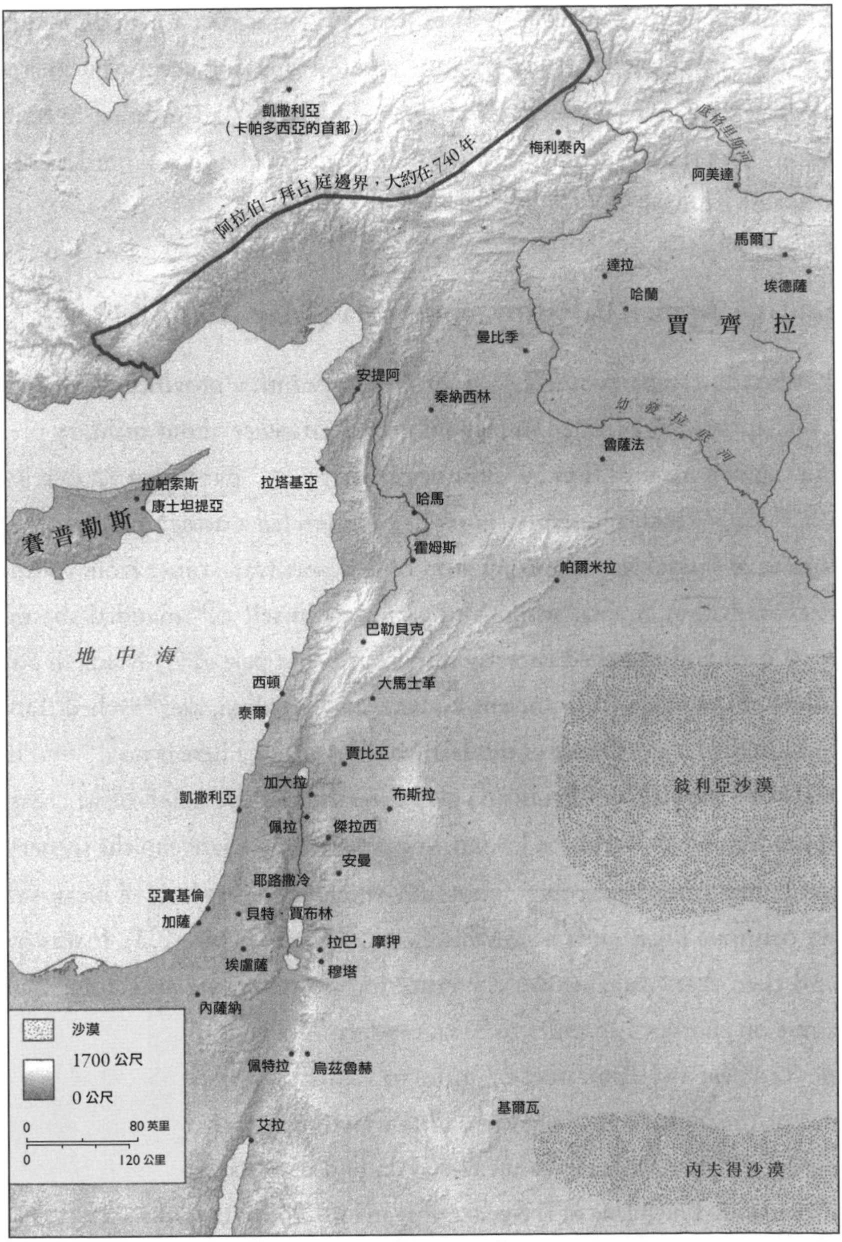
凱撒利亞
（卡帕多西亞的首都）
阿拉伯－拜占庭邊界，大約在740年
梅利泰內
底格里斯河
阿美達
馬爾丁
達拉
埃德薩
哈蘭
賈　齊　拉
曼比季
安提阿
秦納西林
幼發拉底河
魯薩法
拉塔基亞
拉帕索斯
康士坦提亞
賽普勒斯
哈馬
霍姆斯
帕爾米拉
巴勒貝克
地　中　海
西頓
大馬士革
泰爾
賈比亞
加大拉
布斯拉
凱撒利亞
佩拉
傑拉西
敘利亞沙漠
安曼
耶路撒冷
亞實基倫
貝特・賈布林
加薩
拉巴・摩押
埃盧薩
穆塔
內薩納
沙漠
1700 公尺
0 公尺
佩特拉
烏茲魯赫
0
80 英里
0
120 公里
基爾瓦
艾拉
內夫得沙漠

地圖2.2　敘利亞，巴勒斯坦和賈齊

插圖2.3　瑪甸沙勒的景色，位於沙烏地阿拉伯西北方。圖片版權屬萊拉·內梅（©LaïlaNehmé）。

這表示，拜占庭方面並沒有一個統籌的官方代表，能夠出面與穆罕默德議定合約，每個城鎮落得必須自行捍衛自己的權益，各個首領都要各憑本事討價還價，才能為自己的城鎮爭取到最好的條件。

波斯在西元六一四到六二八年之間，名義上是這塊地區的統治者，但想必是太過忙於壓制這些城市，再加上頻繁地與拜占庭作戰以擴充土地，以致於無暇顧及這塊邊疆地區的安危。在這種情況之下，無怪乎會被穆罕默德的追隨者看出破綻。而當時事實也證明確實如此。一部編年史記載著，西元六一〇年，「一群來自阿拉伯省的阿拉伯人闖入敘利亞地區；他們殘暴地燒殺擄掠，四處蹂躪，毫無憐憫之心。」西元六一四年，波斯人入侵耶路撒冷，將城裡財物搜括一空。有座瑪爾薩巴修道院（Mar Saba monastery），座落於猶太沙漠，其中有位修士告訴我們，就算在波斯人洗劫耶路撒冷二個月後，修道院裡的僧侶們還是不願回到沙漠裡的修道院去，「因為他們害怕撒拉森人，」有一位來自耶利哥城（Jericho）附近修道院的僧侶，向他們描述了許多「希伯萊人和撒拉森人」打劫的暴行。這個地區艱難的處境，並沒有在拜占庭奪回統治權之後就獲得立即的改善。正如一位拜占庭發放薪餉的官員，他對前來索取沙漠道路維安費的阿拉伯人說道，「皇帝連他自己軍隊裡的薪水都發不出來了，更別說有錢給你們這些走狗。」[9]

在我們正式進入本章所討論的戰役之前，我們先要說明一件事，那就是我們手上並沒有完整詳細的資料，無法讓大家瞭解究竟這些參與作戰的團體使用的是何種戰略或什麼樣的武器。正如我們在上一章所說，用古典希臘羅馬風格所寫的歷史，早已不復再現。那些經典的記錄，都是作者在親身經歷之後，用古典希臘羅馬的筆鋒，寫下當時發生在政治上和戰爭中的所見所聞；這樣的歷史書寫已經不見了。我們後來所看到的記錄，大多是基督教的神職人員，依著時間順序所留下的軍事行動記錄；而穆斯林方面，則有各式各樣的記錄者，包括說故事的人還有宗教學者們。不論基督教或穆斯林的作者，他們書寫的目的，是要展現上帝／真主的作為，而不是人的算計和謀略。穆斯林說故事的人，或者我們可以稱之為傳道者，很早就已經在阿拉伯軍隊裡服務了。他們藉著訴說過往輝煌的歷史，和多起英雄事蹟，用來鼓舞軍隊士氣；因此，在說故事當中，他們會在單純的事件裡，添加進人的觀點和考量。穆斯林的作者會向我們描述各個戰士的人格特質，舉例來說，對於早期戰士們的形象，他們所給的描述是：阿布・烏拜達將軍（Abu Ubaidah）是謹慎的；哈立德・伊本・瓦利德將軍（Khalid ibn al-Walid）是急躁的；阿慕爾・伊本・阿斯將軍（'Amr ibn al-'As）是足智多謀的。他們也描述了征服者自我期許的形象是：「白天是軍人，夜晚是僧侶（soldiers by day and monks by night）」，用這樣的形容來強調這些穆斯林戰士們是多麼地熱愛聖戰（jihad），並且嚴守生活教義（zuhd；簡樸生活）[10]。然而，從這些作者筆下，我們卻從來沒有看到他們提供任何足以信賴的有關軍事戰力的細節，像是有多少的兵力、進行多少次行動、具體的作戰計畫、武器配置、戰地部署等等。尤其是從我們取得的資料裡所看到的數字，常常都寫得很不確實，讓我們無法知道正確的數字究竟是多少。而讀者們必須理解，在農耕和交通工具改由機器代勞的年代之前，要供養龐大的軍隊可是一件很不容易的事。一支五千到一萬人的軍隊就算是相當龐大了，而三萬到四萬人的軍隊，這可就接近所能負擔的上限了，特別是在不是很富庶的地區，做這樣的軍需供應，國庫就會很吃緊。

關於當時阿拉伯西部大軍的軍事行動，我們拿到了一份可稱得上是第一筆的可靠資訊。它來自一份編年史料，看起來像是靠著當地實際發生時的資料寫成的；我們是根據它報告裡記載的精確程度判斷它是可信的。它告訴我們，時間發生在希臘紀元九四五年（西元六三四年），「二月四日星期五，早上九點鐘」，一支拜占庭部隊在巴勒斯坦攻打了「穆罕默德手下的阿拉伯人」，地點就在離加薩（Gaza）東方十二英里處。它沒有詳細描寫雙方對戰的過程，只是簡單地寫著「拜占庭人逃跑了，把他們的貴族丟下不管，」任由那貴族被阿拉伯人給殺死，同時還有「大約四千名可憐的巴勒斯坦村民也在這場戰爭中被殺，其中包括了基督徒、猶太人，還有撒馬利亞人（Samaritans）。阿拉伯人把整個地區給徹底搗毀了。」這份記載，正好對應到一份穆斯林的資料，同樣也是簡短扼要。穆斯林資料寫的是西元六三四年春天，在加薩地區一個名叫達辛（Dathin）的小村裡發生戰役，有位將軍在此遇害[11]。

由於阿拉伯匪徒持續地打家劫舍，為拜占庭鎮守在敘利亞首府凱撒利亞城（Caesarea）的巴勒斯坦統治者認為已經到了必須採取行動的時候了，因為這些阿拉伯人已經侵犯到農耕地區，離主要的定居點太近了。於是他朝南方出兵，要去攻打貝特賈布林（Bayt Jabrin）；那城市有另一個響亮的名字，叫伊柳泰洛波利斯（Eleutheropolis），意思是「自由之城（Freedom City）。」然而，阿拉伯人早就準備好在半路等他了，時機一到，埋伏的部隊立刻從藏身之處竄出，尖聲呼嘯夾雜大喊大叫，攻勢極其猛烈。首當其衝的是一隊不幸的撒馬利亞人，他們面對這突如其來的猛攻，措手不及，「竟全數喪命於阿拉伯人的刀劍之下。」看到眼前的慘況，巴勒斯坦指揮官急忙高喊撤退，卻造成他的人馬轉瞬間倉皇混亂四處逃散。對於這次的慘敗，編年史作者無從吹噓拜占庭的戰功，卻還是硬要寫上一筆，稱讚一下指揮官的英勇，描述他在逃避阿拉伯人追殺途中，從馬背上跌落之時，還會斥退他的隨從，要他們趕緊逃命，「免得你們和我一起共赴黃泉。」[12]此篇編年史所記載的戰役，應該就是我們從穆斯林史料裡所看到的阿吉納丹之戰（The battle of Ajnadayn）。穆斯林資料裡的阿吉納丹之役，同樣發生在西元六三四年七月，裡面也提到有一位高階的拜占庭官員死於這場戰役之中。

另外還有一場交戰，發生在拉巴摩押城（Rabbath Moab）附近，就在死海（Dead Sea）南岸的東邊。那從阿拉伯半島一路伴隨旅人蜿蜒而來嚴峻又貧瘠的山脈，到了約旦河谷北邊拉巴城這一帶，變成了地勢平坦土質肥沃的高原。拉巴城，羅馬人將它改名為阿雷奧波利斯（Areopolis），就位在這兩種地形的轉折點上，橫躺在人稱國王的高速公路古道上（the Kings' Highway），南北連結著艾拉（Ayla）和安曼（Amman）兩座城市。今日的拉巴城裡，依然可以見到一座異教徒的寺廟遺址，而當年在穆罕默德時代，拉巴城可是基督教很大的一個重鎮，重要到在西元四四九年時，居然可以派自己的主教前去參加在以弗所舉辦的基督教大公會議（Council of Ephesus）。因此，當時的阿拉伯大軍行進到這裡時，原以為會遇到頑強的抵抗，可是，再一次的，這些毫無防備的對手，又被阿拉伯大軍殺個措手不及。在當時的一份史料裡記載，有支拜占庭軍隊駐紮在拉巴城附近，「阿拉伯軍隊突然來襲，將他們殺死，還逼得西奧多（Theodore），也就是羅馬皇帝希拉克略的弟弟，落荒而逃。」有人也許會納悶，怎麼會在拜占庭統治區裡出現層級這麼高的人物？會不會是同名引起的誤會呢？該省首長的助手（*vicarius*），名字也叫西奧多（Theodore），同時間也在這個地區對付阿拉伯人[13]。可是，有許多的資料顯示，包括穆斯林的資料也是，一致認為希拉克略的弟弟確實有參與一場與阿拉伯人早期的戰爭，而且在戰後，羞愧於打了敗仗，他匆忙趕回了君士坦丁堡。

阿拉伯人繼續往前挺進，而且選擇繞道走沙漠路線，以避開定居聚落裡人口密集的地方。西元六三四年秋天，他們抵達今日敘利亞南方的布斯拉（Bostra），恰好就在剛剛越過約旦邊境之處。布斯拉是個繁榮又富庶的城市，是拜占庭阿拉伯省的省會，位於一片廣大肥沃的平原上，是重要的商品交易市集，牧人們來此販賣動物類商品，再買回他們所要的穀物、食用油、酒，還有生活裡用得上的製成品。東北角上隆起一片火山丘陵地，是浩蘭（Hawran），這裡栽種著各式各樣的水果，包括葡萄；用浩蘭的葡萄製作出來的美酒，在伊斯蘭時代之前的阿拉伯詩篇裡，常常可見它被稱頌不已。基督教和穆斯林的編年史作者都一致同意，攻下布斯拉是一輕而易舉的小事。布斯拉一下子就投降了，因為阿拉伯人在契約裡保證城裡人的生命財產安全，條件是布斯拉每年都要向阿拉伯人進貢做為回報。其實，從西元六世紀開始，布斯拉一直有拜占庭軍官駐守在這裡，負責管理駐紮在阿拉伯省的軍隊，以及全省大大小小所有的安全防衛工作。這回阿拉伯大軍能輕易拿下巴斯拉，很可能是因為經過波斯人佔領過阿拉伯省之後，拜占庭將大部分的軍事武力都集中到北方六英里外的大馬士革，或至少是新任的軍官還未抵達巴斯拉上任，這才能解釋何以巴斯拉會如此不加抵抗就投降的原因。

當時的編年史作者很少記載到阿拉伯人和拜占庭軍隊在布斯拉地區起衝突的事，但是從其他型式的資料卻顯示，此處的偷盜搶劫是很常見的。在約旦河的對岸，耶路撒冷城裡，有位新選出的宗主教（patriarch）名叫索弗羅尼烏斯（Sophronius），在此之前他是位修道士，對學習希臘文和修辭學有濃厚興趣，他對入侵城裡的侵略者十分反感。西元六三四年，索弗羅尼烏斯給巴勒斯坦教會裡職位最高的主教寫了封信，他在信裡報告自己職位高升，同時還抱怨了「撒拉森人，他們現在突然造反起來，因著我們的罪，他們膽敢不恭不敬不信神，用各種殘忍粗暴兇狠野蠻的手法，破壞一切。」就在他寫這封信的同一年裡，過一陣子之後，治安情況更糟了，以致他無法前往伯利恆（Bethlehem）參加望彌撒，而他為慶祝耶穌誕生所做的佈道（Nativity sermon），被迫只能留在耶路撒冷進行。索弗羅尼烏斯哀嘆道，就像是以色列人落入宿敵菲利士人手中（the Philistines），「現在不信神的撒拉森人佔領了神聖的伯利恆，阻擋我們前去的道路，還威脅著要取人性命和摧毀城市。」這位宗主教最後一次，也是最詳盡的一次控訴阿拉伯人的侵略暴行，是在西元六三五或六三六年的十二月六日，在一場主顯日（the Epiphany）的慶典上，當時他是為一位教友的受洗禮做佈道。他極力勸誡他的教徒們要遠離罪惡，因為這份罪，使得這群報復心重的、憎恨上帝的撒拉森人，這批施行毀滅的褻瀆者，橫行肆虐在不准他們進入的土地上，掠奪城市，蹂躪田地，燒毀了村莊，不只放火燒掉神聖的教堂，摧毀了聖潔的修道院，還頑強地對抗拜占庭精心部署的大軍；這些，先知們都曾經清楚地警告我們。」我們當然不能單憑著索弗羅尼烏斯的說法就信了這些指控，畢竟他是個喜歡賣弄文字的人，極力用誇張的言詞想要說服他的信眾，好讓他們能從錯誤裡醒悟悔改，戒斷惡行。但這些說法顯然有造成威脅，這讓他的講道變得很有說服力[14]。

編年史作者接著把焦點轉到耶爾穆克戰役（the Battle of Yarmuk）。這場戰役，在事後看來，扭轉了當時整個情勢，戰後的發展變得對拜占庭比較不利，對阿拉伯人有利。戰爭的名字是依照耶爾穆克河取的，它由東向西沿著約旦和敘利亞今日的國界，在加利利海（the Sea of Galilee）的正南方處注入約旦河。阿拉伯大軍是由他們最知名的兩位將軍率領：一位是前面有提到過的哈立德・伊本・瓦利德將軍，另一位是阿布・烏拜達・伊本・賈拉將軍（Abu' Ubayda ibn al-Jarrah），他表現得像是個嚴厲、卻很公正，又實事求是的人。他們兩人，跟先知穆罕默德一樣，都是古萊什族人，但哈立德將軍是來自一個長期反對穆罕默德的家族，而阿布將軍卻是從先知一開始傳教就是他十分親近的夥伴。話說東羅馬皇帝希拉克略，他曾經到敘利亞北部視察，想親自取得更好的情報以了解事件真相，卻驚覺事態嚴重。於是他安排了他東部最好的將領，亞美尼亞的瓦漢將軍（The Armenian Vahan），馬上接掌一切的攻防運作。希拉克略特別擔心的是最重要的城市大馬士革正飽受威脅，所以他派人前去指揮，動用後備兵力訓練成軍團，以便不久能調度更多的軍隊去保衛敘利亞首府（大馬士革）。瓦漢將軍帶領主力部隊從安提阿（Antioch）出發，似乎在半路上遭遇到一小隊阿拉伯先遣部隊，他擊敗了這群阿拉伯人，就在霍姆斯（Homs）附近。原來是瓦漢將軍遭遇到的是，西元六三六年初夏，「一支為數眾多龐大的撒拉森隊伍從阿拉伯半島啟程，浩浩蕩蕩地前往大馬士革地區」[15]；想必是阿拉伯人剛開始時那幾次成功的襲擊，鼓舞了眾人，讓他們紛紛加入遠征探險的行列。為此，憂心忡忡的瓦漢寫了一封信給西奧多（Theodore），請他帶兵前來助陣。西奧多是一位埃德薩（Edessa）的貴族，也是資深的財務管理人，他的到來，給瓦漢添加了一萬人的助力。雙方人馬一旦會合，就一起駐軍紮營，地點就在耶爾穆克河畔。

拜占庭的兵力看來十分強大，但幸運之神並不眷顧。西元六三六年七月，與阿拉伯人首次交手，西奧多的部隊被打敗了。這使得西奧多的軍隊與瓦漢的亞美尼亞軍隊起了爭執，雙方發生不合。到後來，亞美尼亞軍人竟公開宣布背棄希拉克略，改擁自己的將軍為皇帝。西奧多帶著他的人馬撤退，這倒讓阿拉伯人逮到機會出兵襲擊；那些早被安排埋伏在拜占庭營地的阿拉伯士兵，這下就跳出來猛攻他們的敵人。拜占庭人想要逃跑，可是洪水淹過的平原，讓他們腳下陷入了泥淖，而頭上又有烈日猛照；數以千計的士兵，不是被刀劍砍死，就是失足滑落險峻的河谷，或摔死，或淹死。這場戰役的諸項細節很難重現，但是拜占庭死傷慘重是可想而知的，因為它在帝國內引起了軒然大波，就連遠在高盧（Gaul）的人也都知道了，有一位法蘭克族的編年史作者在當地傳遞了這則災難消息。這份法蘭克的編年史和另一份拉丁文的資料，還有把部分的死傷歸咎於突然暴發的鼠疫；敘利亞在同時期也遭受鼠疫肆虐之苦。希拉克略明白，他在短時間內無法調集更多的軍隊前來支援，於是下令：所有首都以外的大城市，都不要跟阿拉伯人正面迎戰，但每個人都要堅守崗位，努力把自己保持在最好的狀態。而他自己則打道回府，回到了君士坦丁堡。根據稍後的基督教和穆斯林的作者描述，希拉克略太早就與敘利亞訣別了。從他向敘利亞道別的情形來看：「他口中說著*sosou Syria*，意思是『安息吧，敘利亞』，說得好像是他傷心絕望於從此再也見不到敘利亞了。」[16]

這次的勝利，如同一位作家所說，「讓阿拉伯人得以確保他們不久前才剛侵略得到的大城市，他們在大馬士革，這座敘利亞最了不得的城市裡，找到了勝利的規則。」在這個穩固的基礎上，阿拉伯人就可以在黎凡特（the Levant）剩下來的其它區域裡，繼續擴展他們征服的範圍。基督教的文獻資料裡，最常提到被阿拉伯人征服的三座重要城市是：霍姆斯、耶路撒冷和凱撒利亞。霍姆斯，古時稱埃梅薩（Emesa），有施洗者聖約翰（St. John the Baptist）的頭顱安息在此城中；耶路撒冷，有一位宗主教座堂在此處，城裡有許多教堂和修道院；還有凱撒利亞，敘利亞首府的所在地，是個很重要的港口。霍姆斯被佔領的過程，讓我們了解到為什麼會有這麼多城市十分輕易地就向阿拉伯人投降。西元六三六年跨到六三七年的冬天，霍姆斯一直很努力地在抵抗阿拉伯人，原本希望嚴寒的冬天會讓阿拉伯人放棄圍城，同時也盼望著希拉克略的軍隊能招募到人馬前來救援。可是冬天過去了，圍城未獲解救，城內倒起了爭執。有人主張趁早投降，這樣還可以爭取到合理的條件，卻有人反對，說是：「皇帝還在執政掌權，我們怎麼能這麼做呢？」到後來，救援看來是無望了，城內居民請求議和，於是，如同大馬士革一樣，他們收到阿拉伯人一紙合約，向居民們保證「生命、財產、教堂，以及法律，都能安全無虞，」只是每年要向阿拉伯人進貢十一萬枚金幣做為條件[17]。這看起來相對公正的投降條件，鼓舞了其他城市跟進，大家寧願早點屈服也不願被嚴密封鎖，還冒著被屠殺的危險，尤其是幾年前，他們才剛剛經歷過波斯人的侵略、佔領的苦日子。再者，這些毗連敘利亞沙漠的城市，像是布斯拉、大馬士革、霍姆斯、安曼、還有哈馬（Hama），還有稍早就投誠的鄉村聚落，都已經習慣和阿拉伯人打交道，也結交認識了他們各個不同階層的人。這些城市和地區同樣也住著許多成功富有、受過良好教育、並且信奉基督教的阿拉伯人，例如曼蘇爾家族（the Mansur family），他們住在大馬士革，為希拉克略皇帝做財務管理工作，之後也繼續為阿拉伯人服務，直到西元第八世紀。

至於耶路撒冷，所有城市中最神聖的一座城，關於它被佔領的記錄，充滿了宗教色彩，卻少了具體細節的描述，真是令人懊惱。一份後來的基督教資料裡，只簡短提到這是一場為期二年的圍城，除此之外，沒有任何細節或說明。我們拿到當時唯一的資料裡寫道：「基督的真十字架，以及教堂裡為上帝所用的器皿，」都經由海路被送到君士坦丁堡去妥善保管著。至於軍事行動，資料裡只有提到：在要求阿拉伯人發誓會尊重生命和財產安全後，耶路撒冷就對阿拉伯人投降了。除了這些，基督教作者把重點放在兩件大事上。第一件是有座清真寺建造在猶太神廟遺址上；這事，許多當時的作者，還有年代接近當時的作者們，都提到了這件事，我們沒有理由懷疑它的真實性。我們甚至還拿到一份資料，是一位從高盧來的朝聖者對這清真寺的描述，大約在西元六七〇左右，這位高盧人在耶路撒冷朝聖之後，旅行到了蘇格蘭的愛奧那島（Iona in Scotland）。他在愛奧那島上對修道院的院長說起耶路撒冷的遊歷，說他看到曾經矗立著希律王神廟（Herod's Temple）的地方，就在靠近東邊的圍牆處，如今蓋起了一座長方型的「祈禱屋」，那是阿拉伯人「在殘存的廢墟上建造起來的。」那是一座十分明顯高大的建築物，高盧人說它能容納「至少三千個人在其中。」[18]

第二件大事是，哈里發歐瑪爾一世（The caliph 'Umar I；在位期間西元六三四年至六四四年）拜訪了聖城耶路撒冷。這件事在早期的任何一筆資料裡都沒有被記錄到，直到西元第八世紀中葉，它才首次出現在一份編年史裡。這份編年史記錄的重點是一場重要的會面，是歐瑪爾和基督教宗主教索弗羅尼烏斯兩人的會面。據說，歐瑪爾穿著一身髒污的駱駝毛製的衣裳，宗主教索弗羅尼烏斯見了，就送他一條乾淨的纏腰布和一件罩袍，可是歐瑪爾拒絕了。最後，在索弗羅尼烏斯的堅持之下，歐瑪爾只接受換穿一下乾淨的衣服，等到他自己的衣服洗乾淨了再換穿回來。《聖經》裡有許多提到洗淨衣服或換穿衣服的情形，被視為是舉行淨化或授權儀式的一部分——像是大祭司約書亞（Joshua），他全身穿得髒兮兮地來到天使面前，而後獲得天使贈送一套全新的（祭司的）長袍來取代他身上舊的髒衣服（撒迦利亞書3：1-5）（Zachariah）——但是，這位編年史作者書寫這段的真正用意是什麼，可就不得而知了。在穆斯林資料裡，有關歐瑪爾到耶路撒冷這趟拜訪的描寫，也是寫他穿著粗糙的衣服，但那是他平日形象的一部分，他是個謙虛、簡樸，隨時警惕著不要受文明惡習誘惑的人。在這份資料裡，是穆斯林們勸歐瑪爾，要他穿著光鮮時髦的衣服，才不會被非穆斯林人看貶，而歐瑪爾拒絕接受這樣的意見。歐瑪爾堅持穿著簡樸，被解讀為是他對某些穆斯林的批判，他不滿那些貪圖華麗服飾，追隨拜占庭和波斯流行的穆斯林。歐瑪爾認為這些穆斯林被五光十色的俗世給誘惑了[19]。

最後說到凱撒利亞城。凱撒利亞城，和所有地中海沿岸的城市一樣，居民們對阿拉伯人的熟悉程度，遠比不上那些以敘利亞沙漠為界的內陸城市。它的居民在信仰上比較是跟君士坦丁堡和羅馬皇帝相同，也就是說，都是遵奉基督教《迦克敦信經》（Chalcedonian）的人（是接受西元四五一年迦克敦大公會議決議內容的基督徒），大都說著相同語言，也就是他們說希臘話，而不是說亞美尼亞語或阿拉伯語。再者，它是拜占庭轄下敘利亞的首府，它很可以證明自己防衛的實力，也有許多值得保護的東西，城裡又有軍團駐守，要征服它，想當然會遭遇一場苦戰。阿拉伯軍方在敘利亞有位新上任的指揮官，名叫穆阿維葉・本・阿布・蘇富揚(Mu'awiyah bin Abi Sufyan)，意識到這場挑戰，所以運來七十二座圍城的機器，不分晝夜地向城裡投擲石塊。這樣的攻城，從西元六四〇年十二月一直持續到六四一年的五月，凱撒利亞高大厚重又層層環繞的圍牆終於被攻破。城裡的軍人頑強抵抗堅不投降，穆阿維葉決定殺雞儆猴，所以下令將駐守當地的七千名軍人全數處死，只有少部分人僥倖搭船逃到小亞細亞（Asia Minor）。凱撒利亞並沒有被夷為平地，只是它濃厚的親拜占庭帝國色彩，以及很輕易就能取得君士坦丁堡從海路輸送而來的支援，這使得阿拉伯人認為它不適合拿來當做行政管理基地。阿拉伯人比較喜歡內陸城市。

這些內陸城市離沙漠近，他們能輕易來去城市和沙漠之間，還有內陸城市裡的人比較懂得阿拉伯語，也比較熟悉阿拉伯人。於是，這些被阿拉伯人征服的海岸城市漸漸沒落了（伊斯蘭早期統治下的凱撒利亞城，其大小只有之前古典時代晚期的十分之一），而內陸城市如：大馬士革，巴斯拉，傑拉什（Jerash），佩拉（Pella），耶路撒冷等等，卻都享有十分可觀的繁榮成長[20]。

伊拉克（參看地圖2.3）

在波斯皇帝庫斯洛二世謀殺了拉赫姆部族的首領之後，拉赫姆失去了波斯帝國的支持，於是，「所有在拜占庭和波斯統治下的阿拉伯人，都起來造反作亂，紛紛脫離這兩大帝國。各個小團體依著各自的想法，分道揚鑣，各奔前程。」某位編年史作者如此描述，「這些阿拉伯小團體，後來變得十分強大，在各省之間流竄，製造了不少麻煩。」舉例來說，西元六一〇年左右，在庫法（Kufa）附近的杜加爾城（DhuQar），有一群原本忠於拉赫姆王國（the Lakhmids）的阿拉伯人，遇上另一群與波斯結盟的阿拉伯人，雙方打了起來，與波斯友好的盟友被打敗了。這其實只是一場小小的遭遇戰，而且涉入其中的全都是阿拉伯人，不過就是分屬不同黨派的阿拉伯人。可是後來卻被視為是阿拉伯人打敗波斯人的第一場勝仗，還被大肆慶祝了一番。西元六二八年，庫斯洛二世去世，內戰於是爆發，之後事情就變得越來越糟，混亂局勢在西元六三〇年博蘭女皇（Empress Boran）登基時跌到谷底。當時在鄰近的阿拉伯人之間流傳著一句話說，「波斯沒有國王了，波斯人都要靠一個女人保護了。」然後他們就開始掠奪波斯邊境的土地[21]。這些阿拉伯人在波斯邊境集結，開始襲擊當地的貴族，肆意搶奪任何他們能到手的東西。有些在東北方的阿拉伯部族的人，也前來此地加入他們。後來的穆斯林歷史學者堅持認定阿布•巴克爾有參與計劃這

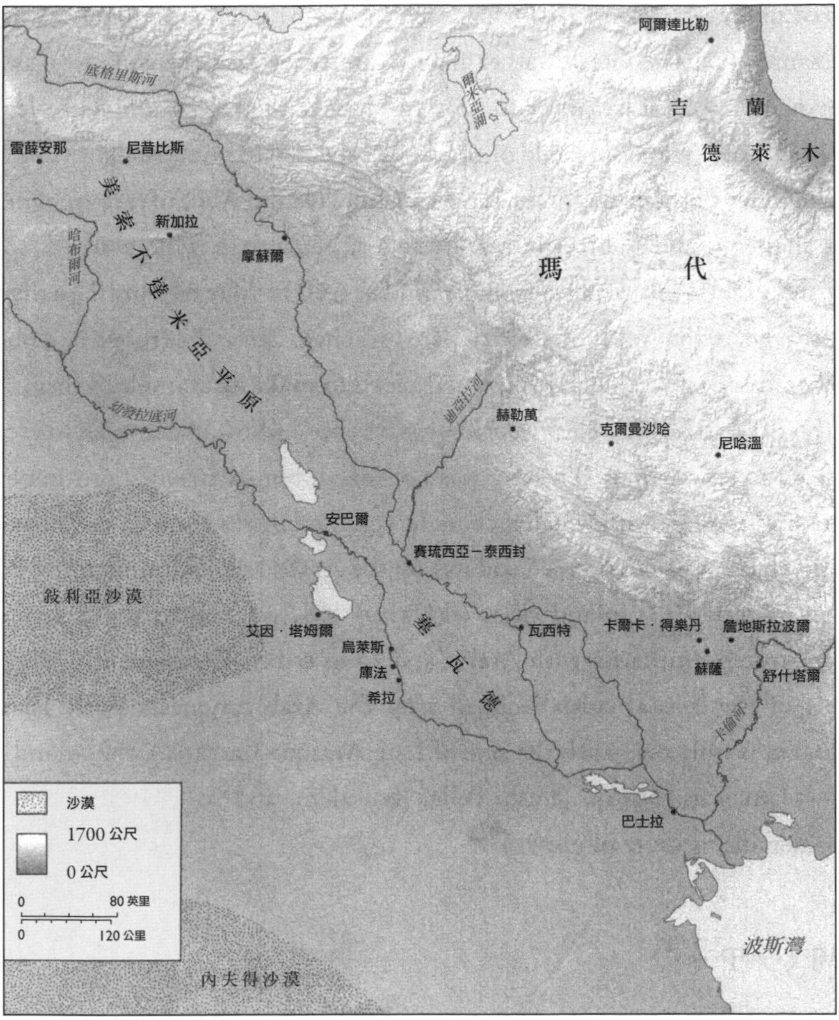

地圖2.3　伊拉克和伊朗西部

些攻擊行動，但這顯然是事後才想出來的，企圖把所有對帝國發動的戰爭都歸到穆罕默德社群的旗幟底下。他們也嘗試就事件的發生，提一個清楚的時間表，那就是：在穆罕默德社群成立後的第十一年（西元六三二年至六三三年），阿布•巴克爾首先必須先平定阿拉伯部族內部的兵變，而後，在社群成立後的第十二年（西元六三三年至六三四年），阿拉伯征服才初次展開。然而，既然這些歷史學者們曾經提到在西元六二八年到六三二年間，波斯的統治者都是受到部族來犯，在騷擾搜括的紛擾中登上王位，這就明顯看出那些住在帝國邊境的部族，遠在穆罕默德阿拉伯半島西部聯盟投入戰局以前，老早就已經對帝國邊境上的土地虎視眈眈，一逮到帝國的弱點就出手；就如同發生在拜占庭黎凡特的情形一樣，掌握好時機，立刻出擊。

地方上早期的衝突，基本上只在各自支持不同盟友的阿拉伯部族之間發生，也只要交由波斯地方官員負責處理就好。舉例來說，在伊拉克西南方的艾因・塔姆爾（'Ayn al-Tamr）這個綠洲城，就有一批阿拉伯人組成了波斯駐軍，他們抵抗的對象是穆罕默德的繼任者阿布・巴克爾派來的哈立德將軍。這批波斯駐軍，是一個阿拉伯師團，它分別從三個阿拉伯部族募來新兵；這三個部族分別來自：納米爾（Namir）、塔格利布（Taghlib），和伊亞德（Iyad）。可是，地方上搶劫掠奪的事件如雪球般越滾越大，驚動了政權領導人，也引起當時編年史作者的注意。我們很幸運能夠有一位亞美尼亞歷史學者，可以在西元六六〇年之後為我們簡短留下記錄。現代學者稱這位亞美尼亞歷史學者是塞貝斯（Sebeos）。塞貝斯留意到當時的情形，並且把它記錄下來。這份記錄，再加上好幾位作者的補充說明，使我們得以了解事件發展的經過[22]。西元六二〇年代晚期和六三〇年代初期所發生的這些小衝突所贏得的小勝利，為西元六三六年一場大規模的侵略行動鋪平了道路；這就跟在敘利亞的情形一樣。這場行動，由阿拉伯半島為數可觀的部落群發動。侵略大軍從阿拉伯半島中部出發，越過東北部平坦無邊際的荒漠曠野，一路跋涉，終於挨到伊拉克南部肥沃沖積平原的邊緣。由於只遭遇到些微的抵抗，於是阿拉伯大軍又繼續朝波斯的首都泰西封前進。泰西封是個幅員遼闊的大城市，市區橫跨底格里斯河兩岸，位於現代巴格達南方約廿英里處，歷經數百年的城市發展因此有無數的皇宮建築聳立其間。阿拉伯大軍在西元六三六年跨到六三七年的冬季時分圍困住泰西封。同時間，（位於今日伊朗西北部）米底亞波斯王國的王公魯斯塔姆（Rustam, the Prince of Media），也召集了大批軍隊前來應戰。各地前來支援的部隊，分別來自亞美尼亞、高加索的阿爾巴尼亞（今日亞塞拜然的北部；非巴爾幹半島上的阿爾巴尼亞），以及休尼克（Siunik；今日亞美尼亞的南部）。魯斯塔姆集結了規模又大又強的軍隊，他還因此被描寫成「高傲地期望著把這些南方佬狠狠踐踏在馬蹄下。」此時，波斯皇帝伊嗣俟也出面參與抵抗阿拉伯人的行動，他對軍隊不僅用言語激勵，還發放獎金，藉此把各大軍隊團結在一起。

西元六三七年秋天，波斯大軍出動了。他們越過底格里斯河，慢慢地寸土不讓地把阿拉伯人往後逼退，然後在一場出其不意的激戰中把阿拉伯人打敗，最後終於把他們打得退回到「原來的國界」，也就是幼發拉底河的西岸。（有人在穆斯林的資料裡把那場出其不意的戰爭記錄為大橋之戰（the Battle of the Bridge）。）雙方人馬於是在卡達什（Qadash；阿拉伯文叫卡迪西亞Qadisiyya）旁邊紮起營來，就離南方的希拉不遠處。阿拉伯人雖然在雙方的首輪交戰中吃了敗仗，可是，幾天後，阿拉伯軍隊就得到了軍援。從阿拉伯半島來了「大批的騎兵隊，還有二萬人的步兵團」，就此壯大了他們的陣容。軍心振奮的阿拉伯大軍，「快速地向前挺進，在盾牌的掩護下，人人急切地想與波斯大軍決一死戰。」這似乎給波斯這一方造成大亂，許多人臨陣逃跑。緊接而來的是波斯軍隊全面的潰敗，許多貴族都被殺了，其中包括來自亞美尼亞、休尼克以及米底亞的諸位親王。有些人僥倖逃掉了，其中有高加索的阿爾巴尼亞國王賈萬希爾（Juansher）；他們把頭朝下，身子像箭一般筆直投入水中，拚命游到幼發拉底河對岸，這才保住了性命。最後的決戰，發生在西元六三八年一月六日，穆斯林的資料記載這場戰鬥的名稱叫卡迪西亞之戰（the Battle of Qadisiyya）。就像黎凡特的耶爾穆克戰役（the Battle of Yarmuk）之於拜占庭帝國，卡迪西亞之戰，在事後回顧起來，也可稱之為阿拉伯大軍征服波斯帝國的轉捩點。阿拉伯的大將，賽義德・本・阿比・瓦卡斯（Sa'd ibn Abi Waqqas），是古萊什族人，在這場戰役中可是大大地出名。而波斯方面的魯斯塔姆，也在這場戰役中贏得不朽的名聲。魯斯塔姆在波斯的民族史詩中，被讚揚是個悲劇英雄，是波斯帝國最後一位偉大高貴的騎士；他的一生行誼，悲壯地向世人預告了從此之後，「無論在家世或榮耀方面，再無人能出其右了。」

插圖2.4　從伊拉克平原遠望的札格羅斯山脈。圖片版權屬休・甘迺迪博士（© Hugh Kennedy）。

打了勝仗的阿拉伯人，又重新開始進攻了。在西元六三八年的這場戰役後，阿拉伯人控制了伊拉克南部，有位編年史作者告訴我們，「阿拉伯人開始收稅了。」[23]如此一來，既可以讓他們的軍人吃飽，又可以讓他們配備更好的武器。於是，阿拉伯人在征服了泰西封附近的地區後，回頭重新調整了對泰西封的圍城工事，這樣至少可以再封鎖它六個月。眼看解救都城無望，波斯皇帝伊嗣俟決定著手疏散計畫。他任命庫爾拉薩德（Khurrazad）擔任米底亞軍隊的新將領，並要他執行疏散後送計畫。庫爾拉薩德是大英雄魯斯塔姆的弟弟。計畫中，波斯皇帝要被安全地送出泰西封，送到相對安全的帝國領土去，大約是七十英里外的東北部。庫爾拉薩德命人趕緊打包國庫裡的貴重物品，再將城裡居民集合起來，由他率領，一行人浩浩蕩蕩朝著新家出發。不想，半路上，遇上一隊正好越過底格里斯河而來的阿拉伯兵馬。一場遭遇戰隨即展開（這也許就是穆斯林資料裡所說的賈勞拉之役；the Battle of Jalula'）。波斯士兵歷經卡達什之戰的慘敗，受到的驚嚇還未平復，開戰沒多久就放棄，逃跑了，這使得皇帝伊嗣俟也不得不跟著他們落荒而逃。阿拉伯人侵吞了波斯人遺落下來的金銀財寶，帶著大批珠寶回到新近佔領的泰西封。伊嗣俟和他的隨從，倉皇逃到札格羅斯山找尋庇護地點（the Zagros mountain；參見插圖2.4），中途在胡爾萬古城（Hulwan）停留了一下。高大的札格羅斯山保衛著伊朗，它能夠阻隔從巴比倫平原和美索不達米亞平原前來的軍隊。在西元六四〇這一年當中，伊嗣俟不停地四處移動，想要找到一個能夠讓他喘息的地方，好讓他有時間能再組成一支軍隊。他從札格羅斯山上下來，到達東南方的伊斯法罕（Isfahan），再往南來到了伊什塔克爾（Istakhr）。伊什塔克爾是法爾斯（Fars）的首府，也是薩珊王朝（Sasanian dynasty）的發源地，到了這裡，伊嗣俟相信當地的軍隊會對他伸出援手。

賈齊拉（美索不達米亞平原北部；參看地圖2.2）

到目前為止，我們所敘述的這些衝突事件，都是發生在黎凡特和伊拉克南部，十分靠近敘利亞沙漠。相較之下，當時的觀察者都沒有記述這些地區的北方曾發生過什麼戰爭。很可能是因為北部聚落往往很快就向阿拉伯人投降了，所以沒有發生什麼激烈戰鬥。北方的聚落，早就受夠了戰爭的苦日子，那發生在西元六〇三年到六二八年間，拜占庭和波斯之間連年的戰爭，讓他們吃足苦頭。尤其，南方頻頻傳來阿拉伯人打了勝仗的消息，他們實在也沒勇氣挺身出來抵抗。我們在北方唯一聽到的一場戰事，是發生在賈齊拉。賈齊拉，這個字在阿拉伯文裡的意思是「島嶼」，指的是幼發拉底和底格里斯這兩條大河的所沖積出來的北邊肥沃土地，涵蓋了以下各地的局部，包括今日伊拉克西北部、敘利亞東北部，還有土耳其東南部。這裡是講阿拉姆語的基督教（Aramaic Christianity）中心地帶，事實上，一直到今天都還是，只是目前此處的基督徒顯然已經是非常稀少。據當地的一位居民說，「賈齊拉，整個地區滿滿都是葡萄園，牧場，還有牛群；沒有一個村子裡有窮人或可憐的人；家家戶戶都有耕田的犁、驢子和山羊。」[24]賈齊拉也有幾個地區有著大片的草原，很適合放牧，那是屬於幾個勢力強大的阿拉伯遊牧部族出沒的地方。賈齊拉的富庶，意味著強勢大國會覬覦想要得到它；事實上，拜占庭和波斯兩大帝國已經為了它打了好幾世紀的仗，直到後來阿拉伯勢力興起，它變成橫在拜占庭和阿拉伯各部落之間的疆界。

駐守在敘利亞地區的阿拉伯指揮官是阿布・烏拜達。他委託一位以慷慨聞名的，名叫伊亞德・伊本・加姆（'Iyad ibn Ghanm）的親戚，替他看管所有在敘利亞北部征服得到的城市。西元六三八年，伊亞德來到一處名叫秦納斯林（Qinnasrin）的地方紮營，靠近偉大的希臘城市哈爾基斯（Chalcis），就在今日阿勒坡（Aleppo）的南方，約翰・卡塔亞斯（John Kataias）前來見他。約翰是拜占庭在美索不達米亞區的統治者，他身負的任務是保護他所統治的地區不要被阿拉伯人佔領，可是他沒有足夠的兵力，無法從軍事方面做到這一點。所以他前來見伊亞德，改用每年支付伊亞德十萬枚金幣來保住美索不達米亞，「條件是只要伊亞德拿到答應的金幣，保證絕不會渡過幼發拉底河，不論是用和平或武力的方式，都不可以。」[25]伊亞德答應了，而約翰也信守承諾，回到美索不達米亞去籌措當年要進貢的金幣。籌到了，就直接給伊亞德送了過去。可是，拜占庭皇帝希拉克略聽到了這項協議，大發雷霆，因為他完全沒有被告知竟有這樣的安排。希拉克略很生氣地解除了約翰的職務，把他放逐到非洲去，改派一名軍人，一位名叫托勒密（Ptolemy）的將軍取代約翰的職位。

隔年，到了該付年度貢金的時候了，托勒密拒絕批准支付，所以伊亞德就帶兵渡過幼發拉底河。在西元六三九年到六四〇年間，伊亞德依序一一拜訪了每座城市，要求它們投降。他先從該地區西部的埃德薩（Edessa）開始，慢慢地朝東邊的尼西比斯（Nisibis）一路前進。埃德薩大開城門迎接伊亞德，因而獲得一紙十分有利的合約，保證居民的生命財產安全。托勒密領兵就駐防在埃德薩。伊亞德還讓托勒密和他的士兵可以全數離開，回到

插圖2.5　達拉的城牆，位於土耳其東南方（西元一九七八年所見）。
圖片版權屬吉姆・克勞（© Jim Crow）。

拜占庭統治的領土去。附近絕大多數的城市都接受了同樣的懷柔招降，也都得到很慷慨的條件。然而，就有特拉（Tella）和達拉（Dara）兩個城市決定要抵抗到底。特拉為了對抗阿拉伯圍城，還做了長期準備。伊亞德卻用強力攻堅方式一舉拿下特拉城，並殺掉守城的三百名士兵。而達拉城，因為就處在原先拜占庭和波斯邊界的旁邊，曾經遭到波斯攻擊過好幾次，可能因此就自以為能夠阻擋得了阿拉伯人的前進（插圖2.5）。但是，它也一樣，在相當短的時間內很快就被打敗了，守城的士兵全數被殲滅。而後伊亞德回到秦納斯林，往後幾十年間，他就從這裡遠遠地管理著賈齊拉。遠遠的管理就表示，阿拉伯人極少涉入管轄區裡的事務。我們在這裡沒有聽到有大型的阿拉伯人定居的聚落形成，就如同在伊拉克和敘利亞一樣，他們就這般自絕於拜占庭統治的領域之外，從此再也不是帝國保護或迫害的對象了。原來各地政府的運作方式，還有稅收制度，絕大部分都維持不變：原來是波斯帝國的部分，還是由波斯貴族管理著，與阿拉伯征服之前一樣；原先是拜占庭的土地，就由受過希臘教育的基督徒來管理。有位編年史作家觀察到[26]，「所有文人的工作，領導人和統治者，仍然都由基督徒在做，」而這情形看起來至少是一直維持到七世紀末。

這些征服者究竟是什麼人？

從我們所讀的這些當年史料裡，我們得到的印象是在西元六二〇年代當中和六三〇年代早期，利用拜占庭和波斯兩帝國彼此對峙造成疲弱態勢，趁機對帝國領土下手的阿拉伯族群裡，穆罕默德帶領的阿拉伯半島西部聯軍，只是其中的一支隊伍。早在西元六二〇年代之前，兩大帝國的國境周邊，打家劫舍就已經時有所聞，情況還像瘟疫般蔓延。而到了西元六三〇年代晚期，有時甚至連阿拉伯大軍還未出擊，只是在準備階段時，就會有投機份子利用政治情勢的混亂，趁機私飽中囊。例如說有個長官，名叫凱南（Qanan），這既不是阿拉伯人的名字，也不是伊斯蘭的名字，他在安那托利亞（Anatolia）南部抓到幾名俘虜，只因有位拜占庭將軍上前盤查，凱南和他的隨行人員就把那位將軍給殺了[27]。在年代稍晚一點的穆斯林史料中，我們看到大量出現了各式各樣角色。這些角色人物，在穆斯林作者筆下，不是被描寫成冒牌的先知，就是被寫成忠貞的穆斯林。基督教的編年史作者倒是給了我們一些資料，說明這些打家劫舍的團體不是穆罕默德的軍隊，但是，他們對這些匪徒的來歷和身份也沒多大興趣，只會用一般普遍的說法，通稱他們為撒拉森人（Saracens）和塔亞耶人(Tayyaye)。對我們而言，幾乎不可能從這些晚近的穆斯林歷史學者所說的故事底下，去探究到這些征服事件的真相，無法考據所有的行動都是由來自麥地那的穆罕默德和他的繼任者全權領導並掌控的。然而，從這些故事底下，倒是有一些細小的縫隙足以讓我們看到一些事實，那就是阿拉伯大軍的征服並不是穆罕默德一個人首先發起的，而是早在他之前，有其他的領導人，在其他地區進行著這件事；只是我們無法輕易地找出他們這麼做的目的和他們的身份。

從好的一面來看，這些當年的史料，確實讓我們從裡面看到穆罕默德聯合大軍成軍的訊息。資料裡從兩方面解釋他聯軍之所以成功的原因：一是他的傳教（古蘭經，the Qur’an），一是他在遷到麥地那時所草擬的那份合約書。最令人吃驚的是穆罕默德所規劃的行動綱領，其實非常簡單，卻強而有力。那就是：組織一個正義的社群（烏瑪；*umma*），找到一個安全的基地（遷徙到麥加；希吉拉，*hijra*），從基地出發討伐不義的人（*mushrikun*，崇拜偶像的異教徒）。所謂不義的人，就是古蘭經裡所定義的那些不承認真主阿拉，或不相信真主阿拉是唯一真神的人。其實，我們很少從所謂不義之人這方面聽到他們的說法。穆罕默德到了麥地那之後，為消弭當地人的內鬨，擬訂了一份和平協議書；這可是為穆罕默德的社群奠定了穩固基礎。這份協議書，實際上是一份互相保衛協防的合約（全體簽約者，必須在其他簽約者受到攻擊時出手援助），而且是一份戰爭宣言（全體簽約者，必須加入對抗共同敵人的戰鬥）。合約中，對簽約者要求的條件必須是穆民（*mu’min*），意思是「忠誠」（faithful）。在英文裡，「faithful」這個字是忠誠的意思，而合約所要求的**穆民**（*mu’min*），既要忠誠（loyal），也要信任（believing）。在古蘭經裡，穆民可是個經常用到的普通字。可是，在這份奠基的合約書中，穆民一詞似乎有了特定的社會和法律上的意義，它專指那些發誓要對新加入的社群以及所宣誓的誓詞都要效忠的人，他們接受唯一的真神和穆罕默德是社群裡最高的仲裁者[28]。簽約的大多數是穆斯林，不論是從麥加遷移過來的穆哈吉勒（移民，*muhajirun*），或是在麥地那才改信的穆斯林，還有猶太教信徒，可能還有少數基督徒以及其他派別的一神教信徒。合約裡，明白地寫著「穆斯林有穆斯林的信仰，猶太人也有他們的，」但是，講到戰爭努力的目標，「在這個社群內全體目標一致。」

因此，在此階段的穆罕默德聯合大軍其實是有著多元性質的，不論信奉的是哪個派別的一神教，人人都承諾要發動聖戰去對抗多神信仰的異教徒[29]。這種情形，在穆罕默德死後還維持了一段時間。然而，在阿拉伯大軍進入敘利亞和伊拉克不久之後，在聯軍裡，猶太教徒的份量變得愈來愈低，而基督徒卻變得越來越重要。後來的穆斯林歷史學者都大幅減少書寫阿拉伯大軍裡多元組成的情形，一心就想著如何能把這些征服描寫成是阿拉伯穆斯林的遠征行動。有位知名的宗教法學家，艾哈邁德・伊本・罕百里（Ahmad ibn Hanbal，逝世於西元八五六年），在被問到關於穆罕默德社群裡猶太人和基督徒的問題時，他竟然回答「這是一個令人作噁的問題，我們不要討論這個話題。」[30]幸好，這些作者在資料收集方面的包容度和全面性算是夠的，所以，在轉述這些材料時，難免會出現一些與整體訊息不符的小歧義，而這些插曲正好讓我們瞥見在第九世紀穆斯林作者所呈現一面倒的集體畫面之外，還有不一樣的漏網鏡頭。例如說，他們記錄了穆斯林神學家們爭論的話題，究竟穆罕默德應該如何分配戰利品，那些一直陪著穆斯林作戰的猶太人和基督徒，應該拿到多少配額才算合理。

一支有多種兵源的軍隊當然是眾所希望的，因為歷史上所有打勝仗的大型部隊，除了有自己主要的擁護者之外，還會充份利用外部的兵力。當軍事行動進行到某個地方，發現自己的兵力人數竟然不及當地軍隊的時候，能夠取得當地的人力資源當然是最好的；一個成功的軍隊自然就會想盡辦法去招降叛逃的敵軍，或是徵召有意願的當地人前來入伍。舉例來說，在印度的英國軍隊，百分之八十的軍人不是英國人。非常早期的時候，穆罕默德的阿拉伯半島西部聯軍，曾經在敘利亞草原和沙漠上遭遇到信奉基督教的阿拉伯部族，其中有不少是跟拜占庭帝國或波斯帝國結盟的。這些阿拉伯部族時常表現得好像有著分裂的忠誠：有的是為兩大帝國作戰，有的是為征服者打仗。在征服者陣營裡，有人改信了伊斯蘭教，有的則很明顯看得出來並沒有改變信仰。例如早期一場發生在伊拉克南部的戰爭裡，納米爾和塔格利布的首領們各自帶了大隊人馬前來支援一位穆斯林將軍，「這些士兵都是基督徒」；他們奮勇作戰，戰爭打得激烈又不斷延長。當這位穆斯林將軍對著兩邊前來助陣的士兵鼓舞士氣時，他說：「雖然你我信奉不一樣的宗教，但你們每一位都是阿拉伯人。」[31]

征服者的陣營內，也是十分多元的社會。領導階層是來自阿拉伯半島西部綠洲城鎮的部族，尤其是從麥加、麥地那以及塔伊夫等地來的，或是其他從葉門肥沃的高原來的，這些地方大多是從事農業定居型的部族；就算到了今日也是如此。而一般的普通士兵，絕大部分是來自遊牧的部族。古蘭經裡對這些遊牧部族都存著點懷疑，認為他們不能讓人信賴，是翻臉無情、善變的一群，但是他們戰鬥力一流，又很容易召募到人，對阿拉伯大軍能夠征服成功是很關鍵的力量；即使到了廿世紀初，到了沙烏地阿拉伯的首任國王，伊本・沙特國王（Ibn Sa'ud）時代，對這些城市阿拉伯人的後人而言，遊牧部族的力量在征服行動中一直佔有舉足輕重的份量。遊牧部族是機動的，慣於為維護榮譽以及為保護全家族的人作戰，也善於擴充自己的收入。以士兵人數所佔的比例來說，從遊牧部族裡所招募到的人，幾乎是從定居社會裡所能夠招募到的二倍。所以，不管遊牧部族是否善變，他們都是很重要的資產。從當時流傳的話語裡，我們看到這些遊牧部族是如何被拉攏收服進了阿拉伯半島的西部聯軍。這要歸功於哈里發歐瑪爾一世所說的話：「要對遊牧部族（*a'rab*）好，因為他們是阿拉伯人的根源，是穆斯林的支柱，」還有就是大家都努力勸他們不要離開駐紮的軍隊，不要再回去過貝都因人遊牧的生活（*al-ta'arrub*）[32]。

由於征服大軍一直不斷成長壯大，勝利也持續不斷地到手，使得許多不是阿拉伯人也不是穆斯林的團體，也紛紛前來加入征服大軍的行列。這當然已經是符合帝國軍隊的標準特徵了：剛開始的時候，征服者人數是相對的少，但是，一旦證明成功了，很快就會吸引大量群眾加入他們的行列，尤其是那些在原來的團體裡還沒有完全被同化，或是覺得沒有受到平等待遇的，不管怎樣，這些都是可能的原因。這裡有好幾個例子，像是從裏海西南沿海德萊木來的人（The Daylam，《明史》作答兒密），還有賈特人（The Zutt）、沙亞比賈人（Sayabija）和安達加爾人（Andaghar），據說都是源自印度的人，他們在加入穆斯林軍團之前，都是在波斯軍隊裡服務。有些則是因為前雇主給的條件很差，所以逮到機會就跳槽，想要過得好一點的生活。就這方面，指的是來自盧瓦塔的柏柏爾人（The Luwata Berbers）。這群柏柏爾人，在西元五四〇年代，從拜占庭收復非洲北部時，就開始過苦日子，在某種程度上，他們其實是被排除在拜占庭社會以外的，所以，他們會在西元六四〇年代很快就加入阿拉伯侵襲的隊伍，一點兒都不令人感到意外。還有些人，只是純粹不喜歡留在輸的陣營。例如波斯的精銳騎兵隊（*asawira*），只要給他們最高的報酬，就能得到他們的服務；後來在西元六三八年，在伊拉克南部的戰役中，他們就把波斯打得落花流水其慘無比。還有一支斯拉夫人的部隊，只要答應把他們好好安頓在敘利亞，給他們妻子、金錢和種種條件，他們馬上就離開拜占庭，投效敵人陣營[33]。

穆斯林的歷史學者往往會認定這些不是阿拉伯人也不是穆斯林的合作盟友，一旦改換陣營加入聯軍，就會改信伊斯蘭教。資料記載中，確實有這樣的一個部族，「在歐瑪爾一世的時代，他們定居在巴士拉（Basra）的塔米姆部族（Tamim）當中，就在伊拉克南部，他們改信了伊斯蘭教，跟穆斯林並肩作戰，而且表現傑出；所以當時的人對他們說：雖然你們不是阿拉伯人，你們是我們的兄弟，是我們的人民。」不過，有時候我們也看到，參加聯軍的人，不一定就改信伊斯蘭教，也或者並不是立刻就改信。在美索不達米亞北部有位修道士，人稱來自費內克的約翰（John of Fenek），他在西元六八〇年代從事寫作，他在作品中告訴我們，在穆斯林的軍隊裡「有不少的基督徒，有些是屬於異端教會的，有的是來自我們教會的。」又有一份穆斯林資料，很清楚地告訴我們，德萊木部族的軍隊，他們和穆斯林一起作戰，卻「沒有信奉伊斯蘭教。」[34]而那些背叛波斯帝國的騎兵隊，雖然傳說他們很快就在西元六三八年改信了伊斯蘭教，可是他們取的名字，像是馬赫德動（MahAfridhun）和瑪哈威（Mahawayh），都是不倫不類，根本不是伊斯蘭信徒的名字，還一直用到第七世紀末才改掉。的確，在這個生活中常使用到宗教用語的時代裡，軍事上的合作和改變信仰，常常被認為差不多就是同一件事[35]。

簡而言之，在當時，縱使征服者的核心成員是來自阿拉伯半島以及在拜占庭和波斯兩大帝國邊境的部族，征服者的組成份子其實是相當多元的，而已且也會隨著時間的推移做改變。中世紀和現代的歷史學者，他們都喜歡把這些核心成員貼上阿拉伯人的標籤，但我們其實很難確定，早期階段這所謂阿拉伯人的定義，究竟它的範圍到哪裡，有多深，有多廣。在伊斯蘭教興起之前，「阿拉伯人」這個詞彙，極少出現在用阿拉伯文寫的詩文集中，但這有可能是因為當時作者在寫作時大部分都把焦點放在他們自己部族的身上或者是聯盟者／對手。到了伊斯蘭教成立初期，有的阿拉伯部族竟被指責說他們不是阿拉伯人，就像有個阿爾卡伊斯部族（the tribe of'al-Qays）的人，用下列言語嘲笑阿曼（Oman）的阿茲德族人（the Azd）：「雖然現在他們是波斯人（*'ajam*），可是在他們的老年，卻已經自己行了割禮，大聲嚷嚷自己的幻想，說自己是阿拉伯人。」[36]像這類質疑對手出身家世的文章，在當時諷刺文學裡是很常見的。其實，駐軍們同在一個地方住久了，彼此潛移默化，再加上領導人是阿拉伯的穆斯林，在軍營生活裡早就設定好生活基調了；我們可以有幾分自信地說這些征服者們，他們把阿拉伯人的定義加深、加廣了。而且，經過打勝仗這麼成功又盛大的事件，對於並肩作戰的戰友，多少會產生團結一致、與有榮焉的革命情感，而戰爭又製造了他們與其他人群接觸的機會，相較之下，他們對自己的獨特性就更加認同了。總之，就是一群離鄉背井的人，到了異地他鄉，會當作自己身處在一個更大的團體當中，然後像是在自己家鄉和同胞相處一樣，在原本的生活裡加入許多當地的生活方式。同樣的，這些征服者們彼此用姓氏和部族來結交，當遇上波斯人、拜占庭人、柏柏爾人、粟特人（Sogdians）、突厥人等等不同種族的人時，他們就採用更寬廣的歸屬感，強調大家都是阿拉伯人（Arabness）。再加上他們都是征服者，同樣都有高人一等的優越感，這又強化了他們同是阿拉伯人的歸屬感[37]。

為利益而戰，為真主而戰

如此說來，我們就不應該把這些征服當做類似民族主義者擴充版圖的結果；不能像有些十九世紀末年的歐洲學者，因為見到德國和義大利兩國的興起，因而對阿拉伯征服產生這樣的見解。雖說阿拉伯身分認同早在伊斯蘭教興起前就已經存在，但經過一連串的征服，就更加鞏固這份認同，而且把它推展得更廣更遠，再加上早期的穆斯林統治者們，他們讓作家和詩人寫出了阿拉伯人的實質內涵和具體形象。然而，究竟是什麼樣的力量推動著這些征服者繼續冒險前進呢？也許有人認為這根本不需要費心找出理由，原本生活在大國邊境的部族不時就會突襲一下大國，不管是用搶劫、擄人勒贖、還是敲詐取財的方式，總是會想辦法為自己增加一點收入。通常他們都是很快地就被趕走，要不就是被大國的保安人員收買離去。如果他們沒有被成功驅離，下次就會帶更多的人手捲土重來，如果再沒有被及時制止，他們很快就會像滾雪球一般地把事情擴大，變成波及範圍很廣的征服事件。這就是所謂自動催化的過程：剛開始很小的事件，經過觸發引起連鎖反應，演變成一個進展快速無比、規模又前所未見之大的結果。這個講法，有時會被拿來解釋歷史事件。例如，西元七九三年，維京人襲擊了英國林迪斯法恩島（the island of Lindisfarne），擄獲大量值錢的財物，因此引爆之後維京人接二連三的侵略。西元一四九二年，哥倫布發現新大陸，這項「發現」引起了歐洲人爭相投入海上探險。有人或許會反對說，他們只是引起社會動盪不安，並沒有建立一個國家。可是，如果佔領的土地夠大了，經驗老到的領導人就會開始整頓，然後控制住局面，就像維京人，還有稍後的蒙古人，都有這種很有能力的領袖出現。自動催化的講法，也跟我們從早期阿拉伯大軍征服時所留下來的銘內容文相符。銘文中記錄著，幾個隨機小型的襲奪贏得了勝利，很快就促成更多阿拉伯部族參與其中。從這個觀點來看，穆罕默德的聯軍，可能也只是眾多趁著拜占庭和波斯衝突所造成的混亂當中得利的一群人，只不過他們有一個優秀的組織，和意識型態上忠實的承諾，讓他們成為一支能夠領導眾人的隊伍。

然而，這種將歷史訴諸是偶發事件的歷史觀（也就是，視歷史事件只是人類對隨機行為、或偶發事件做了可能錯誤的判斷而採取的反應），並沒有得到普遍認同。這時候，且依建議，用一系列的推力和拉力因素分析（push and pull factors）試著找出答案。就這案例而言，最常被舉證的是拜占庭和波斯兩大帝國的衰弱，以致對帝國搜括財物成了很容易的事（這是拉邊，是誘因），另一方面，是阿拉伯半島經濟和環境貧瘠的問題（這是推邊，是推動力）。帝國的疲弱，經常被提到，可是卻從來沒有被列入正式記載，而希拉克略打敗波斯，還有接踵而來的失敗伴著政府經歷史上最衰弱時期，這段歷史現在被形容是「希拉克略送給伊斯蘭的禮物。」有個說法，在廿世紀上半很流行，說當時的阿拉伯世界發生了一個經濟、還是環境上的困境；但之後這個說法就退流行了。近來，考古研究報告指出第五、第六世紀，阿拉伯半島東部和西部定居聚落的經濟活動有大幅下滑現象，還有就是古老的葉門亡國了。有著一千五百年傳統的葉門王國，它的滅亡實在很讓人震驚，這一定也對鄰近的社群居民帶來負面影響。阿拉伯半島的人想必是受到發生在第五、第六世紀的經濟下滑之苦，就像是發生在第四、第五世紀時歐洲經濟衰退時的情形一樣。因此，就如同在歐洲所發生的情形一樣，許多阿拉伯半島的居民，為了補足自己短少的收入，也開始起來搶劫他們的帝國老闆。從巴爾幹半島到中國，許多地方都因為政治局勢不穩和經濟情況蕭條而苦惱，有鑒於此，更可以想見物資條件惡化的情形就更普遍了。當時受到氣候變化以及／或者環境變遷的影響，歐亞大陸許多地方都產生了災害，兩大帝國遭受人力物力的折損，也讓他們落入鄰近的草原民族和沙漠居民屢生侵略犯案的危險當中；聽起來似乎頗合理的，但這還必須要更進一步的調查才能做出結論[38]。

最近幾年來，最常被提到的拉力因素是伊斯蘭教，特別是自從幾個激進的穆斯林團體興起，像是蓋達組織（al-Qa'ida）成立之後。大家認為是伊斯蘭教將各種不同的阿拉伯部族統一在同一個旗幟底下，讓他們滿懷熱情去完成真主阿拉指示的工作，也就是去打擊所有不信伊斯蘭教的人，以及把全世界歸到真主阿拉的統治之下。這原本是第九世紀穆斯林歷史學者所傳達的訊息，近來也開始被現代西方學者所採納。「信仰，就是穆斯林征服背後的驅動力。」有人就這麼簡單明瞭地下結論[39]。不過，這說法讓有些現代學者感到不安，如果宗教是「讓人一心只想用自以為是正當的行為去贏得個人救贖，」應該也會鼓勵他的夥伴一起拿起武器戰鬥吧。所以，這批學者就努力想要降低這些征服行動裡面暴力的成分。雖然我們接受持有這種觀點的看法，但我們實在無法同意說這些征服是「一場全然和平的行動，絲毫沒有以暴力相向或威脅逼迫被征服地區的民眾。」[40]

這些意見反映出學者們的心態，他們企圖在伊斯蘭恐懼症（Islamophobia）一直成長擴大的社會裡，用比較正面的方式解釋伊斯蘭教。但是這些懷有歉意的意圖，雖然很令人欽佩，卻無法見容於歷史。其實，所有帝國都是靠使用暴力和控制手段維持生存的，只不過，因為帝國裡面在上位的人，跟民間老百姓在人數上比起來畢竟是少數，所有的帝國都會採用一系列非暴力的政策去維持他們對人民的統治與管理：攏絡有意願的，獎賞來聯盟的，保障投降者的安全，將各地分而治之等等，都是他們採行的辦法。阿拉伯帝國也不例外，過去也曾經採用過這些統治手法，所以現在阿拉伯帝國也不需要這些歷史學者給予特別待遇。況且，在阿拉伯人尚未登場之前，至少在中東地區的某些情況底下，早就有為宗教使用暴力的情形了，雖不可取，但尚可接受。西元三八八年，有一群基督徒攻擊敘利亞北部一座猶太人集會的會堂，當時的皇帝想要用羅馬法律制裁肇事者，可是被米蘭教會的安波羅修主教（Ambrose）阻擋下來，他指出，虔誠的人不需要尊重這些不虔誠的人。而在西元六二〇年代，希拉克略皇帝希望他的軍隊能團結一致去攻打波斯人，他對士兵們強調說，「戰死在沙場上的人能得永生」並且鼓勵他們為了同胞要將生命犧牲奉獻給上帝，還要「及時把握戴上殉道者的皇冠。」[41]這些訓示，和古蘭經裡同樣用來鼓舞人心的言論不謀而合：「以後世生活出賣今世生活的人，教他們為主道而戰吧！誰為主道而戰，以致殺身成仁，

或殺敵致果，我將賞賜誰重大的報酬。」（4:74）

古蘭經裡有相當清楚地講到報酬，那些為真主阿拉戰鬥的人可以在此生盼望得到報酬：「真主以你們所取得的許多戰利品應許你們，而將這戰利品迅速的賞賜你們」（48:20），所以「你們可以吃自己所獲得的合法而佳美的戰利品。」（8:69）而且古蘭經裡說得非常清楚「憑自己的財產和生命而奮鬥的人，真主使他們超過安坐家中的人一級。」（4:95）既然真主阿拉已經為戰鬥的目的和戰利品的取得制定了規矩，大家就沒有必要再爭論，穆罕默德所領導的阿拉伯半島西部士兵參戰的理由，究竟是為了自己的所得多一些，還是為了真主阿拉多一些——這兩者其實是分不開的，而且兩者又是相輔相成的：為真主而戰，獲得豐厚的戰利品，讓真主的戰士更加願意為真主而戰，而且更加崇拜真主。但是，不要以為有了這個信念的信徒，就一定願意讓被征服者一起改信伊斯蘭教。從很多方面看來，事實正好相反，因為如果戰利品必須由參戰者瓜分的話，戰爭所得就會被稀釋。這一點是非常多的阿拉伯穆斯林將軍的想法，從他們在出征前夕鼓舞將士們的談話中可以看出。正如同賽義德·本·阿比·瓦卡斯將軍，他在卡迪西亞戰爭前夕對士兵說：「這塊土地，是真主阿拉承諾給你們的，是你們繼承的財產」，「直到今天，你們一直在品嚐它的滋味，一直從其中取得食物，殺掉這塊土地上的人，徵收這塊土地上的稅金，把這塊土地上的人當俘虜。」為了維持現況，現在就是關鍵時刻，你們要為此奮戰[42]。實際上，他們是照字面解讀了「義人必承受地土，永居其上。」在古蘭經裡有註記（21:105），這段經文是引述自聖經詩篇裡的話（37:29）。

其實，把信仰視為是促成阿拉伯大軍征服的主要動力，這樣的假設會產生一個缺點。除了很難評斷究竟哪一個宗教團體比較熱忱以外（憑什麼我們認為拜占庭和波斯人對他們的宗教信仰不如阿拉伯人虔誠呢？），這樣的假設太過侷限在一個時空和一個人身上，也就是只限定在西元第七世紀初期，阿拉伯半島西部和穆罕默德；這樣就忽略了世界歷史中其他更寬廣的發展趨勢。就舉個現代的例子來看，穆罕默德·布瓦吉吉（Mohamed Bouazizi），突尼西亞的水果小販，他西元二〇一〇年十二月引火自焚的案子，可能一直會是點燃阿拉伯之春那場革命的火花。可是如果對此現象做更深入的探討後會發覺，應該考慮進來的因素會包括有：青年的高失業率，食品物價上揚，禁止進入權力高層等等原因。當然，先知穆罕默德在他死後的暴亂事件中扮演了十分關鍵性的角色，而且他在政治宗教方面傳遞的訊息以及他的組織，都是指引大軍征服往後發展方向的關鍵。不過，我們不能無視其他呈現出來的事實，那就是其他種族的人，像是突厥人、阿瓦爾人，在同一時期裡，他們也都極力要征服拜占庭和波斯，還有在西元第七世紀初期的時候，也有許多先知人物活躍在阿拉伯半島。這提醒了我們：對於阿拉伯大軍征服能夠成功的終極原因，我們應該要做更廣泛深入的思考和探討。

第三章　東征西討（西元六四〇年至六五二年）

西元六三六年，拜占庭皇帝希拉克略在耶爾穆克之役打了敗仗，折損了大量兵馬，他下令所有將領和各地區的統治者不要跟阿拉伯人正面開戰，要好好保留人力，儘量爭取時間，以便能夠重整軍隊，重新擬訂作戰計畫。此時的他，應該也是希望上帝能夠再顯神蹟，就像幾年前幫忙抵擋波斯人一樣，祈求上帝再度幫忙阻擋阿拉伯人的攻勢。但是，城市一座接著一座被攻佔了，恐慌開始四處漫延。到了西元六四一年二月，希拉克略去世，引發王位繼承危機，這更加重了人民的恐慌。有些人支持希拉克略的兒子，那是他和第二任妻子瑪蒂娜皇后（Martina）所生；瑪蒂娜皇后是希拉克略妹妹的女兒，也就是他的外甥女，她在政治上贊成要跟阿拉伯人和解。另一派人馬則是支持希拉克略的孫子，年僅十歲的康斯坦斯（Constans），這一派是由資深的大將軍瓦倫廷（Valentine）代表；瓦倫廷主張要用更強硬的手段對付阿拉伯人。西元六四一年九月，在一陣暴動混亂中，瓦倫廷成功進入了君士坦丁堡；瑪蒂娜和她的兒子被廢位，年輕的康斯坦斯被加冕，登上皇帝寶座。瓦倫廷利用皇帝年紀還小為藉口，篡奪了拜占庭皇室實質的政治和軍事權力，此舉激怒了眾人；眾人將瓦倫廷逮捕，把他綁到康斯坦斯面前。瓦倫廷當庭求饒，辯解一切都是為了帝國好，他只是不想讓帝國淪入阿拉伯人之手。年輕的康斯坦斯皇帝寬大為懷，他聽進了瓦倫廷的說詞，將他釋放，還指派他擔任帝國衛隊的首領。只不過，兩年過後，瓦倫廷在軍功上沒有什麼顯著的成績，他的勢力被削弱，最後被一名憤怒失控的暴民將他絞死。康斯坦斯終於可以保住他的帝位，可是這意味著，諾大的拜占庭帝國就要交由一位青少年領導。這位少年皇帝，他馬上就要帶領眾人抵禦對帝國生存有嚴重威脅的阿拉伯大軍[1]。

波斯方面，正應了一句俗話所說的：頭被斬了，身子猶作痛苦掙扎。隨著皇帝伊嗣俟三世落荒而逃，還有伊拉克南部經濟重鎮落入阿拉伯人之手，波斯帝國已經無法像個完整國家般運作了。伊朗當地的首長和貴族們既厭倦卅年來的戰爭紛擾，又被阿拉伯人接連的勝仗所震懾，於是分別前去找征服者商討簽訂和平條約，希望能為自己爭取最好的條件，儘量能保有原來的財產和權力，越多越好。各大家族間常常彼此傷害，有時淪為阿拉伯各個擊破政策下的犧牲品，有時則會利用阿拉伯力量幫自己找仇家算帳。舉例來說，庫爾拉薩德（Khurrazad），為了回報阿拉伯人為他保留他在米底亞（伊朗西北部）的權力地位，就答應幫忙阿拉伯人攻打雷伊（Rayy）。雷伊，位於現今德黑蘭的郊區，曾經是座輝煌的古老城市，貴族米赫蘭（Mihran）家族就居住在此。現任的米赫蘭家族領袖過去曾經幫忙暗殺了庫爾拉薩德的父親，兩家因此結下深仇大恨，誓不兩立。庫爾拉薩德為了報仇，把通往雷伊城的秘密通道洩露給阿拉伯人。阿拉伯人潛入雷伊城裡，城裡的守衛驚慌失措，阿拉伯人毫不留情掠奪全城並洗劫了米赫蘭家族，卻留給庫爾拉薩德家族一條生路，讓他在雷伊城裡享有完全的自由，可以成家立業，繁衍子孫。對阿拉伯人而言，這樁務實的交易真是明智之舉；對許多征服者而言——不論是在他們之前或在他們之後的——像這樣很不容易進攻的城市，如果硬要拿下，一定會耗費大量人力和物資；阿拉伯人會接受這筆交易，真是有他們的道理。就好比在裏海周圍的高山地區，也有許多類似這樣的交易。在南方，達馬萬德（Damavand）的城主，跟阿拉伯人簽署了一份互不侵犯條約，條件是保留他的統治權和祖傳的頭銜。另外還有戈爾甘（Gurgan）親王，以及一位波斯帝國指派的達班德（Darband）君王，他們統治的城市分別位在裏海兩邊，一個在東，一個在西，他們都可以不用繳稅給阿拉伯人，交換條件是，他們必須在軍事上幫助阿拉伯人對抗未來任何可能出現的敵人[2]。

我們從當年的資料當中，所能看到此一時期阿拉伯人軍事指揮結構的資料非常少。亞美尼亞歷史學家塞貝斯向我們指出，當時確實是有一位類似最高統治者的人；塞貝斯把統治階級分為兩種：一種是住在大馬士革的將軍或親王（*ishkhan*），還有一種是住在阿拉伯半島的國王（*ark'ay or t'agawor*）。國王從來不參與打仗－這些阿拉伯大軍從沙漠出征時，「他們的國王並沒有跟著一起出現」－但是看起來國王的確是負責做重大決定的人。依照塞貝斯的說法，國王要做決定，是國王下令把船隻集合起來，配上武器裝備，從海上對伊朗東南沿海地區發動攻擊[3]。在稍後的穆斯林資料裡，我們看到麥地那的統治者被描寫成是穆罕默德的繼任者，也就是哈里發（caliphs），掌理著宗教和人世間所有事務，而實際的日常運作卻是由大馬士革的總督負責。西元六四〇年到六六〇年之間，大馬士革的總督是穆阿維葉（Mu'awiya），他是阿布・蘇富揚（Abu Sufyan ibn Harb）的兒子；阿布・蘇富揚的女兒嫁給了先知穆罕默德，他的堂弟奧斯曼（'Uthman）是第三任的哈里發（西元六四四年至六五六年）。很顯然的，阿布・蘇富揚這一支脈，也就是伍麥亞家族（The Umayyads），他們從很早的時候就穩穩掌控了征服大業，光是穆阿維葉就貢獻非常久的時間，他擔任敘利亞總督長達廿年，又擔任哈里發廿年（西元六六一年至六八〇年），早已經將伍麥亞家族的地位牢牢地鞏固住了。

埃及（參看地圖3.1）

阿慕爾・伊本・阿斯（'Amr ibn al-'As），來自麥加古萊什族其中一支氏族的成員，發動了一場在這時期獲利

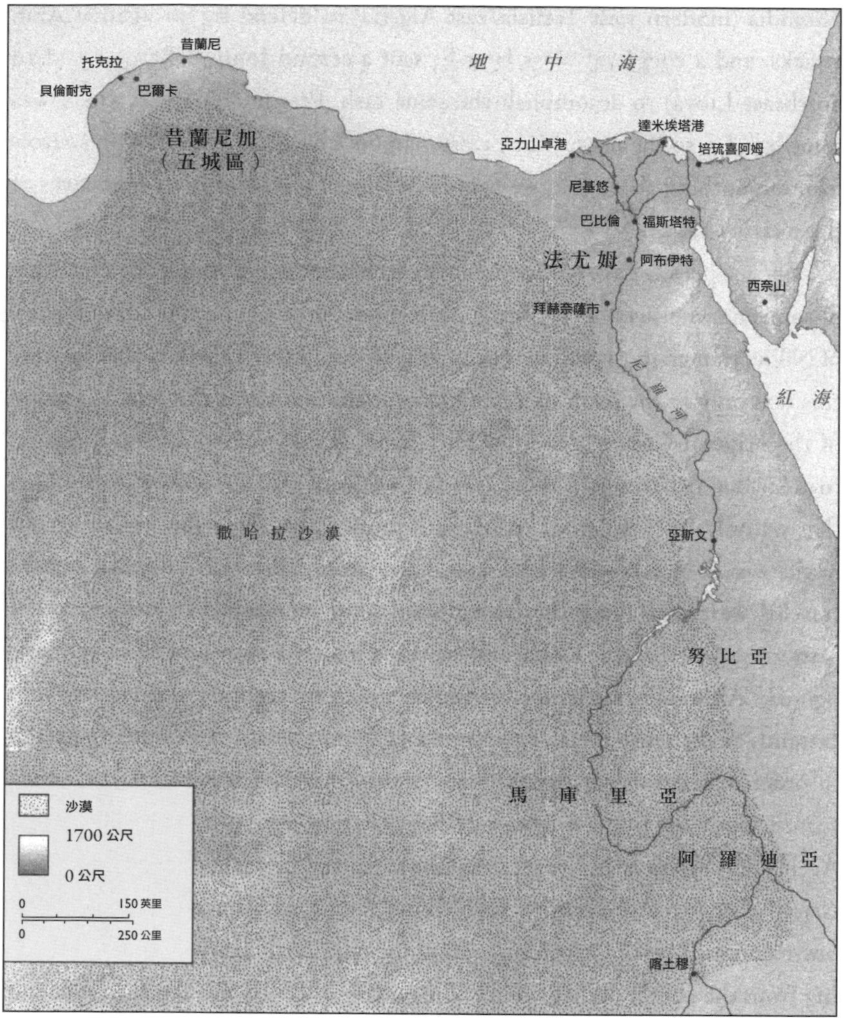

地圖3.1　埃及以及毗鄰國家

最豐的戰役：進攻埃及。埃及是拜占庭皇冠上的一顆寶石，由於尼羅河谷土壤肥沃，此處每年糧食莊稼收成好，稅收豐厚又按時繳納。每年從埃及運送到君士坦丁堡的穀物有三億蒲氏耳（bushel）之多，若全數以大麥計算，大約是六百六十萬公噸的大麥，做出來的麵包可以充分供應君士坦丁堡的市民和帝國的軍隊。埃及的好，不止是國家富裕，〔憑藉著地理條件〕外敵也很少，基本上只有南方的努巴人（the Nuba），還有東邊沙漠地帶的布雷米斯遊牧部族（the Blemmyes）。布雷米斯人，在很多文章裡都特別把他們挑出來加以譴責，說他們不尊重生命，枉顧修道院裡僧侶們的生命財產安全。但其實布雷米斯人的侵擾還算是零星輕微的。埃及除了在西元二六九年，經歷了帕米拉王國（Palmyra）「女王」芝諾比亞（Zenobia）的短暫入侵之外，一直到西元第七世紀，都沒有再遇過外來的侵略。也許正是這個原因，西元第七世紀的埃及士兵，遇上了外來的侵略，都是在還沒準備好的情況下就被迫上場，先是西元六一七年至六一九年，遭遇來自波斯的猛烈攻擊，接著是西元六四〇年到六四二年，遇上來自阿拉伯人的襲擊。西元六三三年夏天，希拉克略下令他在努米底亞（Numidia）的督軍前去保衛埃及，以抵禦阿拉伯人的攻擊；努米底亞位於今日北非突尼西亞西部／阿爾及利亞東部。幾年過後，希拉克略又從巴爾卡（Barqa）派了一位名叫約翰的將軍去保衛埃及；巴爾卡位於現今利比亞的東北方。如此看來，西元六四〇年代阿拉伯大軍似乎有增強對埃及侵略的攻勢，但是因為穆斯林的資料裡完全沒有提到此事，所以，這群早期入侵的阿拉伯大軍成員，他們的身份和目的究竟為何，我們無從得知[4]。

關於西元六四〇年到六四三年這段時期發生的事，我們很慶幸有尼基悠主教（bishop of Nikiu）約翰寫下的編年史，他當時就住在埃及，親身經歷了阿拉伯大軍征服埃及的過程。可是我們的運氣要打個折扣，因為我們拿到的文本是後來從阿拉伯文翻譯過來的衣索比亞版本，約翰主教的原文是用埃及科普特文字（Coptic）寫的[5]。這份編年史從天主創造宇宙開始寫到西元六四三年，令人扼腕的是西元六一〇年到六三九年這段時間的記錄卻付之闕如，我們就只有從穆斯林紀錄裡看到西元六三九年進入六四〇年的那一季冬天，阿慕爾帶領一支派遣隊從巴勒斯坦出發。穆斯林資料裡提到阿慕爾從巴勒斯坦出發後，順著沿海大道一路向西，來到尼羅河三角洲東部邊緣的培琉喜阿姆城（Pelusium），在經歷了大約一個多月斷斷續續的戰鬥後，終於拿下這座城。雖然我們無法從同時期其他的史料裡證實這件事，但是對於任何一支從東方前來入侵埃及的戰鬥部隊，先攻打下培琉喜阿姆城是有道理的，因為這樣可以確保將來西進時的物資補給線能夠暢通。阿慕爾接著轉向西南方朝巴比倫（Babylon）前進；埃及的巴比倫城是座古老的要塞城市，位於現今開羅郊區。從這裡開始，我們就可以參考尼基悠主教約翰的編年史了。他從這裡開始往下接著說故事。約翰主教很明確地告訴我們，當時實際上是有兩支阿拉伯軍隊。在阿慕爾帶領的軍隊之外，還有一支部隊從南部北上，只不過我們從穆斯林的資料裡只看到阿慕爾這一支軍隊的記錄。從南方來的這一支軍隊很可能是從海路而來，先從阿拉伯半島渡過紅海，登陸後一路從陸路走到尼羅河畔，渡河到尼羅河西岸後，再往北走，一直走到達拜赫奈薩（Bahnasa），此處古時稱俄克喜林庫斯（Oxyrhynchus），在靠近巴比倫要塞南方大約一百英里處，就位在肥美的法尤姆綠洲（Fayum oasis）南邊的入口。這樣的路線和走法，看起來就像是要前去北方與同伴會合。

阿慕爾，「從來不把防守堅固的城市放在眼裡」，現在他來到一個叫做譚杜尼雅司（Tendunias）的地方，也就是穆斯林資料裡稱做「Umm Dunayn」的城市，在今日開羅的邊緣，位於尼羅河東岸。阿慕爾此行的任務是要拿下稍微再往南方去的巴比倫要塞，那裡可是拜占庭的重要據點。可是他聽到一個讓他苦惱的消息，那從南方來的另一支阿拉伯軍隊現在卻到了尼羅河西岸。阿慕爾不想在阿拉伯大軍兵力分散的情況下對巴比倫進行圍城作戰，他想要把拜占庭人從城裡引誘出來，準備在空曠的地方交戰。於是他把自己的軍隊分成三路人馬，分別配置到成三角形方位座落的三座城市，也就是巴比倫（在南邊），譚杜尼雅司（在北邊），還有赫利奧波利斯（Heliopolis，在東北邊）（參見地圖3.2）。計劃是先由阿慕爾帶領安置在赫利奧波利斯前方的軍隊，由他的人馬牽制住拜占庭軍隊，再讓部署在巴比倫北方的阿拉伯軍出動，從拜占庭軍隊的後方夾擊。這個戰術成功奏效，西元六四〇年初夏，阿拉伯大軍在埃及這塊土地上贏得第一次重要的勝利。

阿拉伯大軍這一場勝利帶來很多重大的影響。最立即的影響就是阿拉伯人拿下了譚杜尼雅司。譚杜尼雅司的軍隊在赫利奧波利斯之役中被打垮，僥倖存活的士兵很快就跑得不見蹤影，紛紛逃命去了。這場勝利產生的第二個影響是，它讓埃及人明白這不是一般短暫的搶劫而已；威脅是全面的，必須趕緊想個對策解決才行。很多人決定要逃離當地，如尼基悠主教約翰所形容，不過他也許有些誇大其詞：「埃及每個城市都陷入恐慌，居民們飛快逃離，出走到亞力山卓港（Alexandria）。為了逃命他們不顧一切，拋下所有身家財產和牲畜。」就連高階軍官也害怕了；有位負責防守法尤姆的將軍嚇得逃到三角洲城市尼基悠去躲避，卻在那兒遇上南方來的阿拉伯大軍。一路由南北上的阿拉伯大軍，朝著這塊富庶的農業綠洲城市進攻，經過一場浴血大戰，終於拿下這座首府城市。另外有一群人做了不同的選擇，他們認為阿拉伯人會喜歡為他們效力的合作伙伴；約翰主教告訴我們，有官員「開始幫忙穆斯林」[6]打點交通運輸，還幫他們修建橋樑。他還見到兩位資深的行政官員迅速地為阿拉伯人補充口糧，使他們不虞匱乏，約翰主教說這兩位官員「愛護異教徒，卻憎恨基督徒」——我們從兩位官員遺留下來的書信內容得知，他們仍然保留基督徒身份，但很明顯的，與阿拉伯人合作這件事在當時是非常不受歡迎的[7]。更有一些人則是完全倒向了阿拉伯陣營，約翰主教僅用簡單幾個字寫道：「他們背棄了基督信仰，改去接受野獸的信仰。」

阿拉伯大軍雖然在赫利奧波利斯之役中大獲全勝，但是他們發現征服埃及之路很難再往前推進。尼羅河三角洲上很多城市都有水保護著，這大大阻礙了馬匹的行進。其他城市，像是尼基悠和達米埃塔港（Damietta），他們關上了城門，堅決抵抗絕不投降。約翰主教甚至說，阿慕爾花了十二個月攻打埃及北部的基督徒，但是「依然無法減少基督徒一絲一毫的土地」（時間大約是西元六四〇年三月至六四一年三月）。這實在是有點無謂的誇耀，不過，阿拉伯大軍的確是一直無法擊垮這最重要的目標；固若金湯的巴比倫要塞仍然還留在拜占庭手上。巴比倫佔地有五公頃之廣，城牆高度超過十五公尺，厚度超過三公尺，聳立的圓塔比城牆更要高出許多，直徑至少有卅公尺。更厲害的是，西邊圍牆外面正好就是一處尼羅河小港口，方便拜占庭人可以隨時從這裡上岸或登船離開。

阿拉伯人等尼羅河氾濫的大水退去就開始圍城攻勢，那是在西元六四〇年九月。由於缺乏攻城機器，阿拉伯人無法破城而入，於是他們開始想辦法打擊堡壘裡的士氣。他們在靠近巴比倫的河上建造一座又大又低矮的橋樑，用來阻止從巴比倫前往尼基悠和亞力山卓港的船隻通過，但同時又可以讓他們自己的馬匹和物資補給從橋上過河。他們俘虜巴比倫官員，把他們戴上鐵和木製的鐐銬囚禁起來，搶奪財產，燒掉莊稼，「只要是遇上拜占庭的士兵都一律把他們殺掉。」

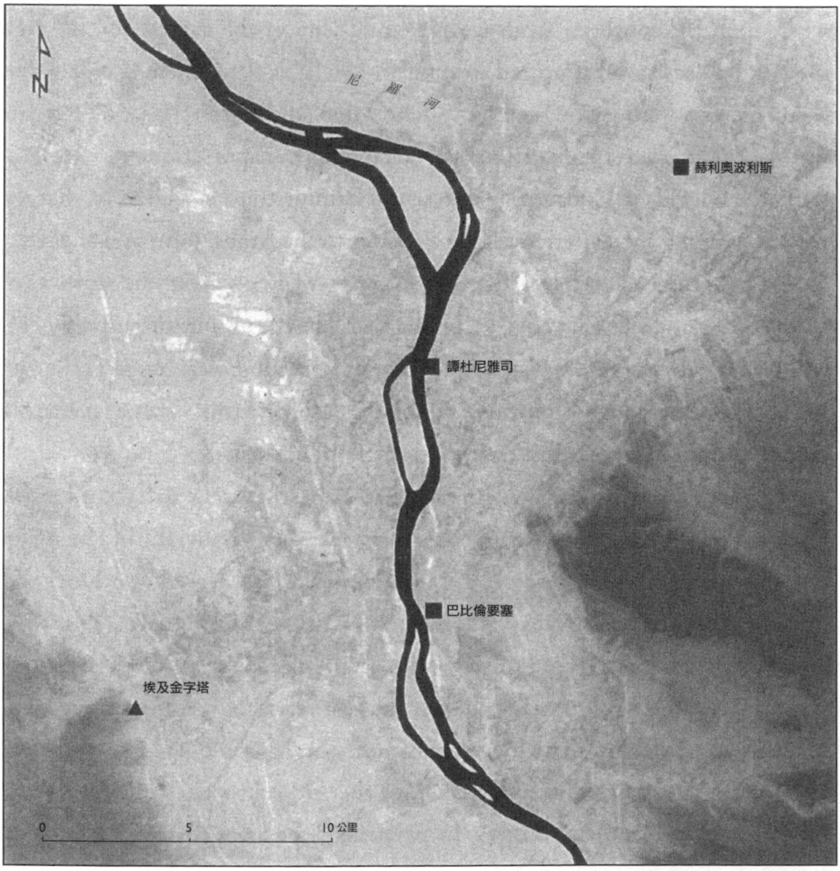

地圖3.2　赫利奧波利斯戰役

但是，對巴比倫居民最大的打擊還是羅馬皇帝希拉克略的死訊，以及隨之而來的帝位之爭。希拉克略在位超過卅年，早年曾經將埃及從波斯帝國的桎梏中解救出來。希拉克略死後引發的繼承爭鬥，使得君士坦丁堡不可能儘快地派兵支援。因此，城裡守衛的軍隊一聽到阿慕爾保證堡壘內的駐軍可以免於一死，他們就決定投降了。西元六四一年四月，就在耶穌復活節慶典的隔天，巴比倫城裡的守軍撤下所有防衛；這時，距離開始圍城的日子已經是七個多月後了。接著，阿慕爾又繼續推進他那緩慢卻不可擋的征途，朝亞力山卓港前進，一路上就把拜占庭殘留的部隊往北方趕。這些殘存的拜占庭軍隊，人數會因為經過幾個駐軍的城市而變多，像是經過尼基悠和卡利恩（Kariun）這兩個城市，守城的駐軍遠遠看到阿拉伯大軍往城裡方向前來，馬上就放棄職守，加入逃離的拜占庭軍人行列。阿拉伯大軍到了亞力山卓城下，剛開始發動攻擊時，遭到守城士兵朝他們投擲石塊，大量如雨點般凌空而下的石塊逼得他們只好先行撤退。就在西元六四一年初夏，阿拉伯大軍在亞力山卓城下紮起營來，他們決定在此蹲點，準備長期封鎖亞力山卓城。

現代學者們經常會爭辯，因為他們對後來所看到的目擊者說詞有不同的看法；有人說埃及居民當中，那些反對迦克敦信經的基督徒們（也就是，他們拒絕接受西元四五一年基督教迦克敦大公會議決議的信條）是歡迎阿拉伯人的，只有接受迦克敦信經的基督徒是反對阿拉伯人的[8]。但是，尼基悠的約翰主教卻從來沒有說過，也不曾暗示過，他和他的反迦克敦信徒對阿拉伯征服者有任何好感。約翰主教還很明確地表示阿拉伯人濫殺無辜，而埃及人之間的分歧並不在於宗教派系上，而是在面對如此重大挑戰時，不知該如何決定：是要向敵人投降、謀求和平，還是堅決抵抗、戰鬥到底？哪一個決定比較好呢？「在下埃及（Lower Egypt，埃及北部）的居民間產生了很大的爭執，有兩派意見相持不下。」其中一派是支持西奧多的，他是埃及軍隊的總司令，執意要跟阿拉伯人對抗到底；而另外一派的人只想要跟侵略者談判議和。整個政府高層都陷入舉棋不定的僵局。希拉克略的長子（君士坦丁三世〕曾經答應西奧多，他會在西元六四一年秋天派出大軍幫助埃及擊退敵人，可是，在他英年早逝後，他的弟弟〔希拉克略二世，俗稱赫拉克洛納斯〕卻決定不履行承諾，不但如此，還改派主和派的賽勒斯（Cyrus）來到埃及。賽勒斯在西元六三〇年代曾經是亞力山卓城裡迦克敦教派的宗主教，可是後來卻因為主張對阿拉伯人採寬容的立場而被解職。事實上，大家都知道，賽勒斯不僅贊成每年向侵略者進貢以換取和平，甚至還曾經建議皇帝將一位女兒許配給阿慕爾，「看在他終究有一天會在聖浴中受洗成為基督徒的份上，因為阿慕爾十分信任賽勒斯，對賽勒斯有特別濃厚的感情。」[9]這項提議當時惹惱了希拉克略的長子，可是他的繼任者卻授予賽勒斯權力和威望，讓他全權處理和阿拉伯人議和的事，停止一切抵抗阿拉伯人的行動，並且建構一個適宜的行政體系好應對未來新的局面。

賽勒斯在西元六四一年九月初抵達亞力山卓港。他在九月十七日那一天到凱撒里恩大教堂（The great Caesarion church）參加聖十字日慶典，街道上擠得滿滿人群夾道為他高唱讚美詩歌。看來很多人是贊同賽勒斯的和平政策，他們認為要是能跟阿拉伯人達成某種協議，這樣對埃及的未來最好。賽勒斯在跟亞力山卓城裡的精英商討之後，出發前往巴比倫尋求解套，他提議用每年納貢來換取和平，希望能讓阿拉伯人停止在埃及境內發動戰爭。阿慕爾歡迎賽勒斯的到來，並對他說：「你能來找我們真是太好了。」賽勒斯接著回答，對阿慕爾說：「上帝已經將這塊土地交到你們手上；從今以後，就讓羅馬和你們之間泯除一切恩仇吧。」他們談妥了每年納貢的數額，並且約定阿拉伯人給埃及十一個月的時間善後，在這十一個月內阿拉伯人不採取任何行動、不干預埃及人的事務，讓亞力山卓城裡的拜占庭軍隊在這段期間內能夠全數撤離，帶上他們所有的財產和武器裝備，走海路回家。拜占庭不能再派駐軍來取代這些軍隊，這些軍隊要停止一切對阿拉伯人的抵抗，而阿拉伯人這方面，不能再佔領教堂，並且停止干涉基督徒的事務。甚至，連猶太人都可以留在亞力山卓城。為了保證承諾得以實踐，阿拉伯人帶走一五〇名士兵和五〇位平民當作人質。

賽勒斯帶著沉重的心情回到亞力山卓城，他向總司令西奧多報告他洽談回來的合約條款，好讓西奧多能轉達給皇帝，並說服皇帝了解這份合約的好處。賽勒斯也讓民眾清楚議和的結果以及合約裡的條件。很多人一開始對合約內容很生氣，他們認為這是一份對敵人過度偏袒的不平等條約，於是起而反對賽勒斯，要對他處以投石致死的懲罰。賽勒斯懇求眾人要理智，他說：「我簽這份合約為的是保住你們和你孩子們的性命。」宗主教賽勒斯含著淚水滿懷悲傷地對這群人說。亞力山卓人最終勉強接受了合約，遵照合約開始募集黃金，不得不把湊齊了的數額雙手奉上交給阿拉伯人。而那些逃到亞力山卓尋求庇護的埃及人，乞求也能回到自己的家園，於是賽勒斯出面代他們向阿拉伯人商量。就這樣，「阿拉伯人拿下了整個埃及。」不久之後，才剛過了復活節，賽勒斯就過世了，他沒能活到看著亞力山卓交到阿拉伯人手中的那一天。依照合約，西元六四二年九月底，亞力山卓終於交到阿拉伯人手上。西奧多帶著他的軍隊和官員離開了亞力山卓城；阿慕爾一路暢行無阻地進到了亞力山卓。回顧起來，這可是件歷史上影響深遠的的大事，希臘羅馬在埃及的千年統治就此結束，從此開啟一段為期更長的穆斯林統治時代；對當時的人而言，或許比起失去土地，打擊更大的是他們失去了上帝的恩寵。「城裡人的哀傷和苦楚是無法言喻的……，沒人幫得了他們，上帝讓他們的希望破滅，祂把基督徒交到了敵人手上。」可是當時的他們並不認為事情已經結束，他們還是認為「上帝偉大的慈愛會令那使我們傷心的人感到慚愧；上帝會用祂對人類的愛讓我們戰勝我們的罪，還會把意圖折磨我們的邪惡化為烏有。」

我們的編年史作者尼基悠的約翰主教，把故事說到這裡就停下來了。但是有其他的資料來源告訴我們，有位拜占庭人試圖要奪回埃及。羅馬皇帝君士坦斯（Constans I）派出一位名叫曼紐爾（Manual）的亞美尼亞將軍，命令他將阿拉伯人趕出去。根據一份西元八世紀中葉的資料，曼紐爾遇上阿慕爾時，他靠上前去，一付輕蔑的態度對阿慕爾說：「我可不是賽勒斯主教，他因為怕你才會送錢給你。他是一位虔誠的僧侶，我可不同，我是一個軍人，在沙場上砍砍殺殺的人。」他接著警告阿慕爾立刻滾開，「否則我把你們通通殺光。」可是，上了戰場，曼紐爾很快就被阿慕爾打敗了。在穆斯林資料裡，大家也看到這位亞美尼亞曼紐爾的事蹟。依照穆斯林版本，君士坦斯皇帝接到一封亞力山卓居民寄來的信，告訴他目前城裡的穆斯林人數很少，還有拜占庭人可憐的處境，於是他決定派曼紐爾出兵奪回埃及。曼紐爾率領三百艘載滿戰士的大船從帝國首都出發，一開始他們的確打了勝仗：他們將駐守在亞力山卓城裡的阿拉伯人逐出城外，還出動游擊隊打擊駐守在城市四周村莊裡的阿拉伯駐軍。消息傳到阿慕爾耳中，他立刻率領一萬五千人的軍隊朝亞力山卓出發。阿慕爾狠狠打擊了敵人，隨之展開的激烈對戰，打得轟轟烈烈以致被寫入穆斯林啟示錄中，成為世界末日善惡大決戰的前兆之一。這一回，阿拉伯人用戰爭機器攻破了亞力山卓高大的城牆，終於贏得最後的勝利。部分的亞力山卓居民決定離開此地，投奔到仍然屬於拜占庭管轄的地方。亞力山卓從此以後就一直留在穆斯林手上[10]。

從埃及往南：努比亞和衣索比亞

從埃及往南，在現今的亞斯文（Aswan）和喀土木（Khartoum）之間，小國林立，其中最有名的是努比亞（Nubia，舊名 Nobadia）、馬庫里亞（Makuria）和艾瓦（‘Alwa，又稱阿羅迪亞 Alodia），它們承襲了美羅埃（Meroe）的古文明，直到西元第四、第五世紀之間，基督教傳入這地區，漸漸盛行。許多希臘文和拉丁文的資料都曾提到，西元第六世紀時，此處同時期有基督教的迦克敦教派和反迦克敦教派在此活躍。西元六五〇年，阿拉伯人從亞斯文派出一支部隊前來測試這個地區的防守實力。很可能就因為只是探測性的出擊，這支阿拉伯部隊竟被打得落花流水。戰事出乎意料地激烈，而讓這些阿拉伯人特別驚訝的是努比亞的弓箭手射得又快又準，使得這些原本是侵略者的卻被打得趕緊撤退，「帶著大批雙眼失明的傷兵。」[11]阿拉伯人立刻要求停戰，努比亞跟當時的埃及總督簽了一份停戰合約，內容約定努比亞人每天用一名奴隸來換取各式食糧，還有雙方不能阻擋商人做生意和信差往來送信，逃犯和難民都要被遣返回國。

阿拉伯人雖是被擊退了，這件事也讓周遭各個小國因此團結起來成立聯盟，我們不久就聽到這個地區產生一位「大王」（great king），在他旗下有十三個小國追隨他的領導。這位大王被勸服出來做二件事，一是救出一位科普特的宗主教，這位宗主教當時被埃及總督關在牢中；二是向埃及的阿拉伯人展示強大實力，因為這些阿拉伯人常常綁架努比亞人，把努比亞人賣去當奴隸。西元七四七年，大王帶領大隊人馬從努比亞出發，同時還帶上相同數量的戰馬。據當時目擊者描述，這些馬匹被訓練得前蹄和後蹄都能在戰場上作戰。努比亞大軍非常善用這些戰馬，不止殺了很多阿拉伯人，也抓了很多俘虜，搜括了大批財物。埃及總督聽到這個消息，由於手上沒有任何方法可以對付努比亞大軍，小心翼翼的他，趁著大軍還沒來到首都之前，趕緊把宗主教從牢裡給放了。此外，我們從一份西元七五八年的莎草紙文件裡看到，有另外一位埃及總督寫的一封信，在信中他稱呼對方是「馬庫里亞和努比亞君王殿下」，這讓我們知道這兩個國家已經合併在一起了[12]。我們從上述的兩件事中得到一個印象，努比亞這擁有廣大領土的國家，在當地確實有很大的影響力。而努比亞的喬治王子（George）在西元八三六年造訪伊斯蘭的哈里發，又強化了這份影響力。喬治是努比亞撒迦利亞國王的兒子（King Zachariah of Nubia），他在西元八三六年前往巴格達拜訪哈里發的王宮，此行在伊拉克當地的基督教社會造成轟動。到了西元第十世紀和第十一世紀時，有幾位努比亞統治者甚至將他們的勢力拓展到上埃及（Upper Eygpt）。努比亞文明一直蓬勃發展到中世紀晚期，這從流傳甚廣的努比亞風格的詩歌，以及使用舊式努比亞語言文字所寫下的文件裡可以得到證明；舊努比亞語和今日蘇丹國內某些地區所說的方言很相近。

努比亞每回受到攻擊都能迅速恢復原狀，這實力讓阿拉伯大軍在向南方推進去攻打衣索比亞時，完全不想借道努比亞。當然阿拉伯大軍是可以選擇從海上攻擊，而且一定有人早就想到這點，因為衣索比亞很早以前就是阿拉伯半島西部跨海而來很重要的一個貿易目的地，它在西元六世紀中葉曾經前去攻打葉門，還統治了葉門一段時間。現在葉門正好有機會可以為自己討回公道。但是看起來阿拉伯半島這邊似乎沒有發動任何大型的海上戰事。事實上，就我們所知唯一的一次事件是，衣索比亞派出一支小型的海上艦隊，跨海突襲阿拉伯半島西部海岸，卻被臨時緊急成軍的阿拉伯軍隊給擊退了；這可能是發生在西元六三〇年，由穆罕默德匆忙派出的軍隊，也或者更像是發生在西元六四一年，由哈里發歐瑪爾一世派出的臨時軍。這件事讓人不禁想把它跟一則七世紀晚期的預言聯想在一起，那是在基督教啟示錄裡的一則預言，說拜占庭人會「從庫什特人（the Kushites：衣索比亞人）的海上前來攻擊阿拉伯人，在耶斯里卜（Yathrib：麥地那）的土地上破壞，使它變成荒涼廢墟。」[13]但我們無從證實那衣索比亞艦隊是否真是拜占庭派來的。反而，我們從穆斯林資料裡得知，伍麥亞帝國後來的統治者常常把他們不喜歡的人放逐到達赫拉克島（Dahlak）上；達赫拉克島距離當時衣索比亞的港口城阿杜利斯（Adulis）只有一小段距離，是現今非洲東北部國家厄利垂亞（Eritrea）的島，位於紅海之中。在西元第七世紀和第八世紀初，當時很可能只要一隊阿拉伯突擊隊就能征服衣索比亞。我們不了解的是，既然當地的阿克蘇姆王國（the kingdom of Axum）在當時的早已過了它的全盛時期，阿拉伯大軍為何不在非洲大陸設立據點。不過，很有可能是因為他們碰到當地人頑強的抵抗，像是在努比亞發生的狀況一樣，要不然，就是因為他們給的獎勵給得不夠多。

從埃及往西：昔蘭尼加與的黎波里塔尼亞（利比亞）

從埃及往西，對阿拉伯人而言，這裡的土地是比較容易取得的，事後也證明確實如此。尼基悠的約翰主教告訴我們，阿慕爾・伊本・阿斯將軍在亞力山卓宗主教賽勒斯簽了和平條約後，一旦確認亞力山卓投降了，他隨即派出一支突擊隊前往北非的五城區（Pentapolis）。五城區在現今利比亞（Libya）的東北部，也叫昔蘭尼加（Cyrenaica），它包含五座城市，五座都是羅馬帝國繁榮的大城，包括了貝倫耐克（Berenike；現今的班加西，Benghazi），巴爾卡（Barqa；今日的邁爾季，al-Marj），還有昔蘭尼（Cyrene），是昔蘭尼加的首府。從亞力山卓城到五城區，至少要行軍六〇〇英里（將近一千公里），沿著一條平坦的海岸道路，南邊緊靠著沙漠。五城區本身處於高山地區，就是大家口中所說的綠山（傑貝爾・阿克達爾；the Jabal Akhdar）；綠山豐沛的降雨量滋潤了鄰近地區，使得附近的聚落得以有肥沃的土地可以使用。為躲避阿拉伯人，五城區的首長帶著軍隊和有錢的老百姓一起躲進了托克拉古城（Tokra），這座古城有著一百年前就築起的厚實高牆，能夠保護到此避難的人，也給了他們希望，但願能夠平安撐過這場阿拉伯風暴。果不其然，約翰主教告訴我們，這些侵略者一旦搶到了大量的財物和俘虜後，就退回他們自己原來的地方。穆斯林資料顯示阿慕爾在這個地區攻擊了好幾個地方，可是給人的印象就只是為了掠奪而長途遠征，並沒有長居久住的打算。就像西元第九世紀初期一位穆斯林學者所說，「那時候，收稅人並沒有進來到巴爾卡城裡（很可能指的是整個五城區）；反而是時間到了，居民就把貢品送上。」[14]

穆斯林資料裡，還把阿穆爾當作是第一位與柏柏爾人交戰的阿拉伯人，在這裡指的是來自盧瓦塔的柏柏爾部族，他們住在昔蘭尼加海岸南方的土地上，就在沙漠的前緣。他們被認定很可能是拜占庭史料裡所提到的拉古坦部族（the Laguatan），因為從來沒有被打敗過而聞名，他們有成千上萬的族人，多到數不清。他們在西元五四〇年代柏柏爾人反抗拜占庭的戰爭中扮演很重要的角色，雖然之後被平定了，可是看起來拜占庭並沒有真正能重新統治這塊內陸地區，也就是說，盧瓦塔在阿拉伯大軍征服之前，是享有高度自治權的地區。阿慕爾繼續維持當地的自治權；他並沒有攻擊盧瓦塔，反而是跟他們締結合約。根據最早期穆斯林歷史學者的資料指出，他們在合約中明訂，盧瓦塔的柏柏爾人要交付一筆進貢的錢，這筆錢可能是要他們「賣掉任何一個他們想賣的孩子來籌措這一筆錢。」關於這一點，我們沒有看到任何文字加以澄清，而這隱約說明了非洲之所以會有活絡的奴隸交易的由來。例如，聖奧古斯丁（St. Augustine）就哀嘆道，非洲到處都是奴隸販子，他們「把國內很多地方的大部分人口都清空了，他們把買到的人出口到海外去——被送到海外去的幾乎原來都是自由的人。」[15]

尼基悠的約翰主教在這裡停止了他的敘述（時間大約是在西元六四三年），從這裡開始，我們再也看不到任何關於第七世紀阿拉伯大軍在北非征服的詳細描述。當時的人沒有人願意寫下拜占庭一點一滴喪失土地的記錄，也或許他們有記錄下來，卻沒能傳到我們手上。倒是有兩份西元第八世紀中葉的編年史，寫的都是西班牙，但是當中有寫到一些敘利亞的事蹟，我們看到它簡單描述了阿拉伯大軍進攻了下一個目標。它提到該次進擊是由阿卜杜拉・伊本・賽耳德（'Abdallah ibn Sa'd）領軍。阿卜杜拉是哈里發奧斯曼的寄養兄弟，在奧斯曼家中受其父母養育長大。西元六四五年，奧斯曼派阿卜杜拉擔任埃及總督，取代了阿慕爾・伊本・阿斯將軍原來在埃及的職位。這兩份編年史中都寫到阿卜杜拉抵達的黎波里後，「開始發動對西達莫（Cidamo）和萊比達（Lebida）的戰爭。」前者是位於的黎波里西南方的綠洲城鎮古達米斯（Gadamis），阿拉伯大軍後來可能有去找當地的柏柏爾部族談和談的條件。後者，則是位於的黎波里東方的大萊普提斯（Leptis Magna），這是一座宏偉的羅馬古城，是現今世界上保存最完美的羅馬遺址之一（參見插圖3.1），西元五三三年，羅馬人將它從汪達爾人手中奪回時，它已經慘遭嚴重破壞，當阿拉伯大軍入侵時，它已經完全沒有昔日的風采。在一陣橫掃掠奪搜括之後，阿卜杜拉，因著他的忠誠

插圖3.1　利比亞大萊普提斯的古羅馬劇院

度，「奉命接收這些被他征服、變得滿目瘡痍的城鎮，繼續前往非洲，依舊嗜血殘暴。」阿卜杜拉當時走的路線應該是經過的黎波里，沿著海岸往西前進，然後進入當時所稱的非洲；當時被羅馬人稱作非洲的地方（阿拉伯文：Ifriqiya）相當於今日的突尼西亞（Tunisia）和阿爾及利亞（Algeria）東部。抵達當時的非洲後，阿卜杜拉來到拜扎凱納（Byzacena）省轄境內；在西班牙塞維亞（Seville）總主教依西多祿（Isidore；卒於西元六三六年）筆下所形容的拜扎凱納省，是「盛產橄欖油的地方，它的土地肥沃，在那兒播下的種子可以回收將近百倍的收成。」[16]很顯然的，阿卜度拉此行的目標是挑戰拜占庭在非洲的治理者格雷戈里（Gregory）；格雷戈里是拜占庭貴族，皇帝希拉克略在位時派他擔任非洲總督，而他卻在希拉克略死後「帶領非洲人民跟著他」反叛了希拉克略的孫子君士坦斯。格雷戈里開始鑄造自己的錢幣，而且據稱，他「控制了從利比亞的黎波里到摩洛哥丹吉爾（Tangiers）之間所有的疆土。」他可能當作自己是在拯救拜占庭帝國，因為龐大的帝國就要在他眼前崩塌了；既然非洲孕育了希拉克略（譯註：希拉克略的母親是突尼西亞人，父親曾任非洲總督），希拉克略又曾經把拜占庭從波斯人手下解救出來，也許現在可以由非洲出手，幫忙拜占庭解除來自阿拉伯人的威嚇[17]。

西元六四七年夏天，當時格雷戈里住在斯貝特拉（Sbeitla），那是古老的蘇菲杜爾（Sufetula）古城，至今仍以一座精緻的古羅馬論壇廣場和神殿聞名，市內還有許多禮拜堂和教堂的遺址。斯貝特拉城本身並沒有商業或文化上特別顯著的重要性，也沒有要塞堡壘或厚實高大的城牆，但是它的位置靠近凱賽林隘口（the Kasserine pass），是出入泰貝薩山區（the Tebessa mountain range）必經之路，斯貝特拉就正好擋在任何侵略者要向西前進的道路上。就它的地理位置，再加上這地區的土地還算是肥沃，方便供給軍隊伙食，這可能就是格雷戈里選擇據守在此處的原因。聽人說起阿卜杜拉正率領大軍從海岸線衝著他前來時，格雷戈里就帶著他的人馬等在半路攔阻侵略者。我們沒有看到任何關於這場戰役的詳情描述，資料裡只是簡單扼要寫著「摩爾人的戰線潰敗，所有非洲的貴族，包括格雷戈里伯爵在內，全部被消滅。」打完這場大勝仗的阿卜杜拉帶著滿滿的戰利品，又回到埃及去了。沒有資料顯示當時有阿拉伯人留駐在非洲，而穆斯林資料更明白地寫著，當拜占庭人看到斯貝特拉戰後被阿拉伯人掠奪的模樣，他們請求阿卜杜拉・伊本・賽耳德收下他們的錢，條件是拿了錢就請離開他們的國家。阿卜杜拉答應了他們的請求，回到埃及去，「既沒有指派任何人來管理他們，也沒有在當地留下任何駐軍。」[18]

伊朗（地圖2.3及3.3）

在阿慕爾大軍進攻埃及的同時，其他的阿拉伯軍隊也忙著鞏固他們在伊拉克的佔領地，還有積極籌劃準備要向伊朗進軍。他們需要一個指揮總部來完成這些目標。原本他們可以使用波斯首都泰西封，可是這座城實在太大又蓋得雜亂無章，不太適合用來當軍事基地，也許還因為它仍然散發著前朝舊政濃烈風格的緣故。他們放棄使用泰西封，另外選了兩座城市，巴士拉和庫法，在兩地各建立了龐大的駐軍。巴士拉的駐軍是由阿布・穆薩・阿敘艾里（Abu Musa al-Ash'ari）所建置，根據一位當時的編年史作家記錄，阿布・穆薩是葉門人，是穆罕默德早期的夥伴；而巴士拉的位置，「正好位在底格里斯河流入大海之處，就夾在耕地和沙漠之間。」至於庫法的駐軍，則是由另一位穆罕默德早期的夥伴賽義德・伊本・阿比・瓦卡

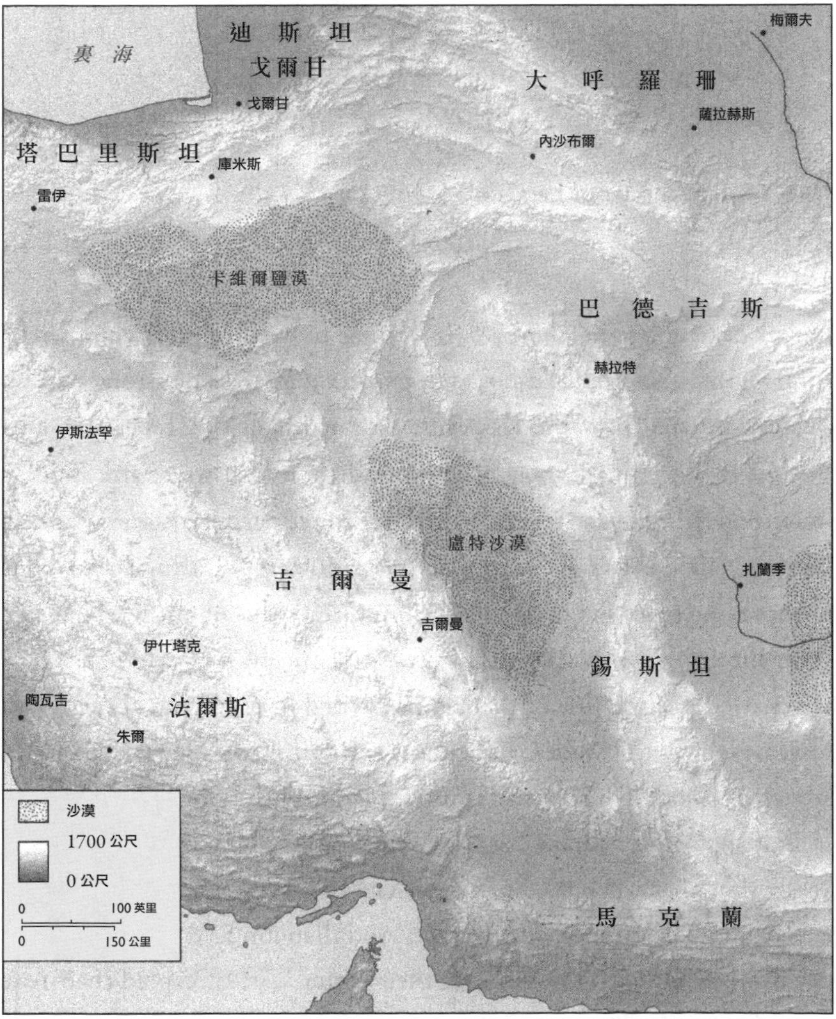

地圖3.3　伊朗中部及東部

斯負責；賽義德曾經對波斯人打過仗，是位資深老將。庫法的位置比較偏北，在幼發拉底河一處轉彎處，正好就在希拉城的對面；希拉城是個古老的基督教聚落，裡面住著信奉基督教的阿拉伯人[19]。他們一開始的盤算是先將軍隊駐紮於此，等將來要出征北方和東方時，就可以有軍隊可供調派上陣。可是軍隊一下子就人滿為患了，軍中充斥著從中東和中亞帶回來的戰俘，還有想靠從軍致富的人，他們自願投入阿拉伯陣營全是因為近來看到阿拉伯人獲得大量的財富，他們也想能夠進入繁華的大城市裡發財。

西元六四〇年代初期，阿拉伯人分別從三個不同方向出兵攻打伊朗。其中一線是往胡齊斯坦（Khuzistan）推進；胡齊斯坦是今日伊朗的一個省份，位在伊朗遙遠的西南方。胡齊斯坦中心有一條名為卡倫（Karun river）的大河流過，卡倫河的源頭在扎格羅斯山脈，它先朝西流了一段然後轉向南流，最後注入波斯灣，就在底格里斯河入海口不遠處。薩珊王朝在胡齊斯坦花了不少金錢和人力建設，在它的北方整修並建造運河，為的是增加農作物收成，特別是穀類、甘蔗，和稻米。所以說，誰要能得到胡齊斯坦，就等於拿到一份豐厚的獎賞（參看插圖3.2）。幾座城市中，強迪莎布爾（Jundishapur）和卡爾卡・得萊丹（Karka d-Ledan）投降了，可是夏嘘（Shush）和舒什塔爾（Shustar）卻不一樣。波斯老將霍米茲丹將軍（General Hormizdan）成功召來軍隊協助防禦，他守住了夏嘘和舒什塔爾這兩座重要的城市。霍米茲丹將軍一開始時是與阿布・穆薩達成協議，答應每年繳交貢金，可是兩年過後，霍米茲丹覺得他的陣地防禦加強得夠了，就破壞和平協議，他殺了雙方居間聯絡的信差。阿布・穆薩於是派出大軍與霍米茲丹的騎兵大隊廝殺，霍米茲丹大敗。阿拉伯大軍先向夏嘘下手，那是蘇薩古城（Susa），是波斯大流士大帝（Darius the Great）當年最愛居住的城市，不到幾天就被阿拉伯大軍拿下。「他們大肆殺戮，殺光所有尊貴傑出的市民，還占據了名為但以理之家（the House of Daniel）的大宅第，侵吞了存放在宅第裡的寶物，」包括其中的一座銀棺，裡面有具木乃伊，據說那若不是先知但以理的，就是大流士大帝本人的屍身。阿拉伯大軍接

插圖3.2　伊朗西南部舒什塔爾市（Shustar）卡倫河上的大橋。貞・杜拉夫瓦女士（Jeanne Dieulafoy）畫作，大約完成於西元一八八〇年。

著移往下一座古城舒什塔爾——建在卡倫河的一座島上，四周都受到很好的防護。阿拉伯大軍圍攻了兩年沒有一絲進展，到後來，來了一位住在城裡的卡達人（Qatar），他和一位朋友密謀可以提供阿拉伯人進城的管道，條件是他們要拿走三分之一的戰利品。城外的阿拉伯人答應了他們的條件。卡達人的朋友在城牆上有間房子，他們倆在城牆下方鑿出一條地道，讓阿拉伯人得以進城。「阿拉伯人進了城，拿下舒什塔爾古城，殺得血水染紅了卡倫河。」

阿拉伯大軍第二條進攻伊朗的主線，也是最重要的一線是穿越扎格羅斯山脈，走一條很久很久以前亞歷山大帝曾經走過的古道，也是很久很久以後蒙古大軍將會踏上的大道。穿過伊拉克，經過克爾曼沙赫（Kermanshah），前進到納哈萬德（Nihawand）；納哈萬德是進入伊朗那片肥沃農耕高原的控制點。對波斯人而言，在丟掉了伊拉克南部的肥沃平原之後，現在最要緊的是一定要把阿拉伯人阻擋於此，以免又要丟失一座重要的糧倉。當時的歷史學家塞貝斯，他非常留意事件發生的日期，他明白表示這次的交手是一場非常重要的戰役：「這次戰爭，發生在康斯坦斯登上拜占庭王位的第一年，是波斯皇帝伊嗣俟三世在位的第十年，」也就是在西元六四一年到六四二年。阿拉伯人組織了一支「四萬人的部隊，人人佩帶刀劍」，塞貝斯說，他們對抗的是波斯方面調集來「六萬人的武裝部隊。」激戰三天後，雙方步兵的損失都多得不計其數。突然，波斯民間謠傳敵方的增援軍隊即將到來，神經緊繃的波斯軍隊，等不及證實消息的真偽，連夜棄城逃走。隔天一早，阿拉伯人攻打波斯軍營陣地時，發現裡面空無一人，於是進而大肆掠奪周遭地區。「整個地區都被襲擊，遇到的人畜都被殺死；阿拉伯大軍拿下廿二座要塞堡壘，屠殺了裡面所有的人和牲口。」

第三條進攻伊朗的主線是沿著伊朗南方的海岸線，從底格里斯河口一路打到印度西北方的港口。再一次，塞貝斯提供了我們主要的訊息，他告訴我們，他的資料來源是「一群曾經被捕捉去當過俘虜的人。」塞貝斯說，阿拉伯人的王，派了船隊從阿拉伯半島東部出發，沿路搶奪伊朗南方沿海地區，一直到印度邊界為止。剛開始時，他們在行動之後都會回到阿拉伯半島東岸基地，但是過了一陣子，他們就想在伊朗西南部建置駐軍，如此一來，他們的海上出擊就可以機動地配合陸上的軍事行動。負責這次建置駐軍的是奧斯曼・伊本・阿比・阿亞斯（'Uthman ibn Abi al-'As），他是塔伊夫（Thaqif）部族的人，西元六三六年到六五〇年期間擔任巴林（Bahrain）和阿曼（Oman）的總督，並且在西元六四〇年到六五〇年之間，就是由他指揮對法爾斯（Fars）海岸地區的攻擊行動。西元六四〇年，奧斯曼佔領了陶瓦吉（Tawwaj），並把軍隊留下駐紮於此；而陶瓦吉就位在法爾斯首府設拉子（Shiraz）的西南方。然而，很可能是留駐在陶瓦吉的軍隊人數有限，他們無法拿下伊什塔克爾（Istakhr）和朱爾（Jur）在山區的軍事據點，只有一次成功達標。西元六四九年，巴士拉新上任的總督，名叫阿卜杜拉・伊本・阿米爾（'Abdallah ibn 'Amir），他跟先知穆罕默德同是古萊什族人，一直都表現得像是活力充沛、積極幹練的領袖。他把駐守在巴士拉的大隊兵馬派去攻打住在法爾斯地區的薩珊皇族，攻勢十分猛烈。根據穆斯林資料裡所記載的，朱爾和伊什塔克爾奮力抗戰，但是漸漸不敵，雙雙敗下陣來，時間大約是在西元六五〇年代初期。據說，伊什塔克爾有四萬居民慘遭屠殺，其中包括薩珊王朝的精英；這些精英稍早還曾經向住在當地的王室尋求援助[20]。

阿拉伯大軍為了確保薩珊王朝的勢力不會捲土重來，才會這麼對伊朗西南部下此重手，凡是薩珊王室的人員和支持者，全數屠殺殆盡，還消滅了王室所有的據點。現在他們只剩下一件重要的任務，就是追殺薩珊王朝最後一位統治者——伊嗣俟三世。為了捉到波斯皇帝伊嗣俟三世，一支阿拉伯部隊從伊朗西南部一路往東北方追趕，一直追到了「帕提亞人（The Parthians）的土地上。」而此時的伊嗣俟正躲在梅爾夫（Merv，後漢書西域傳作木鹿城），就在現今的土庫曼（Turkmenistan），「他被伊朗主要的貴族所拋棄。」庫爾拉薩德，米底亞（伊朗西南方）的親王，在他哥哥魯斯塔姆去世後，也向東方前進，他一直很想聯合波斯軍隊與阿拉伯大軍作戰，可是，據塞貝斯告訴我們，他背叛了波斯，「另起爐灶壯大自己。」可惜關於背叛一事，塞貝斯沒有做任何說明。而穆斯林資料記載的是，庫爾拉薩德跟伊嗣俟對於下一步的行動有很大的歧見。伊嗣俟想要向突厥人和中國人求助，請他們協助出兵攻打阿拉伯人，他認為他們是唯一還有足夠甚至多餘的兵力可以支援的人。而庫爾拉薩德則堅決認為伊嗣俟不應該拋下自己的人，還有，在實力如此薄弱的時刻，如果深入陌生的他鄉異國，將會是一件很危險的事。他比較想跟阿拉伯人議和，好為自己爭取一些時間。

不論原因為何，庫爾拉薩德決定投靠阿拉伯人。對伊嗣俟皇帝而言，這可是件大災難；阿拉伯軍隊正在快速逼近，米底亞強大的軍隊是他的關鍵利器，他就是想靠米底亞的軍隊去對付正快速逼近的阿拉伯軍隊，而庫爾拉薩德這一走，讓留下來的人變得人心惶惶。伊嗣俟轉往東方，但是很快就被阿拉伯人追上，把他的部隊打得潰不成軍。伊嗣俟雖然在戰役中逃過一劫，可是不久之後卻在莫名其妙的情況下被謀殺了。關於伊嗣俟的死因，當時的作者有描述了一些細節，可是無可避免的，有很多的傳言和揣測鬧得滿城飛舞。流傳最廣的版本是說伊嗣俟躲在一間磨坊裡，就在梅爾夫城門附近一條河上的一座磨坊，磨坊主人發現了他，把他給殺了，還把他的頭砍下來交去給當地首長。然而，這個案子裡有太多引人探究的疑點，關於殺手的身份（磨坊主人，是突厥人，還是憤怒的伊朗東部的貴族，不滿薩珊家族讓大家日子難過），還有殺人的手法（究竟是頭上致命的一擊，還是將他溺斃），這是意外（也許磨坊主人根本沒認出闖進來的人是誰），還是陰謀（難道是梅爾夫首長瑪哈威和信奉佛教的親王尼札克的一場交易；尼札克對伊嗣俟心懷不滿，因為伊嗣俟曾經拒絕把女兒嫁給他）[21]。

波斯皇帝伊嗣俟死在草原人手上，這無疑是件令人震驚的大事，但類似的事件過去也曾經發生過：西元四八四年，波斯皇帝卑路斯一世和他的軍隊在戈爾甘（Gurgan）被嚈噠人殲滅，爾後的波斯帝國仍然可以屹立不搖。此時歷史重演，伊嗣俟的兒子們當然會極力維護自己的王位繼承權。伊嗣俟的長子卑路斯三世，對突厥和中國乞求加上不斷示好，希望他們能給他兵馬幫他重建軍隊。在阿拉伯第一次內戰期間（西元六五六年至六六〇年），卑路斯三世在伊朗東部頗有進展，他甚至可以鑄造自己的錢幣。這段期間，唐高宗（西元六五〇年至六八三年）——也或許是掌握實權的女強人武則天（西元六五五年至七〇五年）——在遙遠的伊朗東部設了一個保護區，名為「波斯都督府」，並且任命卑路斯為波斯都督，是該地區的首領。然而，西元六六三年，阿拉伯人又重拾東方發展路線，逼得年輕的波斯王子不得不撤離伊朗東部，出奔到中國的首都長安（現今西安市）尋求庇護。卑路斯三世流亡期間，他在長安搭建了一座臨時的波斯王宮。西元六七七年，卑路斯，也或許是他的兒子泥涅師（Narseh），又嘗試一次重返波斯，但是中國軍隊只肯送他到半路就不願再繼續；復國計劃終告失敗－其實，要中國的軍隊從遙遠的東方一路行軍到遙遠的西方，去攻打在伊拉克駐紮的阿拉伯大軍，這實在是太困難了。西元六八〇年，卑路斯死在長安的波斯行宮，他的紀念雕像上刻有文字如下：「卑路斯，波斯王，右武衛大將軍兼波斯都督。」卑路斯的弟弟巴赫拉姆（Bahram），這名字也流傳了下來，不是因為他成就了什麼事，而是念舊的波斯人期待他能做些什麼；他們把這樣的希望傾注於詩歌之中，期待有朝一日能重返舊時榮耀，而舊時榮耀將伴隨著「即將出現的神奇的巴赫拉姆」一起到來[22]。

高加索（地圖3.4）

西元六四〇年代，阿拉伯人不論向東或向西都有大豐收，可是向北，過了賈齊拉（Jazira）和伊拉克北部，多山的地形對這些想要進犯的侵略者來說，真是嚴峻的挑戰。西元四二八年之前，這裡的土地多數是屬於亞美尼亞王國的，也就是今日土耳其東部、亞美尼亞共和國，還有伊朗的北端。然而漸漸地，拜占庭和伊朗兩大強國對於這個地區的事務涉入得越來越多，到了西元四二八年以後，兩國竟然就把此處瓜分成兩大勢力範圍。所幸亞美尼亞的貴族們夠強韌，好幾個家族都還能維持相當程度的自治，尤其是他們出了名的軍事武功，實力堅強到讓兩大強國都分別跟他們合作結盟。而後，穆阿維葉出現，這位打從西邊而來的阿拉伯總司令，他決定要涉險挑戰這處高聳的土地。他指派哈比卜・伊本・馬斯拉馬（Habib ibn Maslama）完成這項任務；哈比卜是位很厲害的戰士，個性冷酷，有位基督教編年史家形容他是「邪惡的敘利亞人。」哈比卜挑了一條最好走的通道穿過賈齊拉東北部的山區，然後沿著凡湖（Lake Van）北岸前進。繼續往東北方走，穿過高聳的亞拉拉特山（Mount Ararat）附近的山路；亞拉拉特山高度超過海拔五千公尺以上。現在時序已是十月初，地上已經有了白雪。事不宜遲，為加速通過這裡的山路，阿拉伯人趕來一群公牛在前方為他們開道。走在牛群踩踏之後的道路，他們快速前進到了亞拉拉特地區，這裡是亞美尼亞的行政中心，他們隨即就在亞美尼亞首府德汶（Dvin）大肆掠奪；德汶位於今日亞美尼亞共和國首都伊利凡（Erevan）南方大約廿英里處（約合三十公里）。時值冬季降臨，亞美尼亞人根本沒有料到阿拉伯人會在這種時節出擊，所以他們被俘時都是在毫無防備的狀況下。西元六四〇年十月，阿拉伯人穿越廣大地區成功進行掠奪，又靠著濃煙密佈，萬箭齊發，架設長梯，他們得以進入德汶城裡，殺死許多居民，又帶走大量俘虜和當地的有錢人[23]。

三年過後，西元六四三年夏天，阿拉伯大軍又對亞美尼亞發動另一次攻擊。這次要比上次的程度和範圍更大，是對整個地區展開全面攻擊。也許阿拉伯人是想測試波斯帝國對西北邊境的防禦實力；別忘了，此時的波斯帝國依然健在。阿拉伯大軍先是行進到亞塞拜然，就在爾米亞湖（Lake Urmiah）的東北方。然後他們在此兵分三路，每路大約是三千人左右。第一縱隊往西北方，向上走阿拉斯河（Araxes River）山谷，經過德汶，襲擊整個城市北方一大片弧型的地帶，分別到黑海和裏海的岸邊。第二縱隊，往西北方，攻擊亞美尼亞高原的南方，就是今日土耳其和伊朗交界附近的區域。第三縱隊則圍攻戰略城市納希契凡（Nakhchawan），因為它的位置正好控制著德汶南方的阿拉斯河山谷。第二縱隊的任務最艱鉅，因為當地居民可以躲進高山堡壘裡。他們前面攻打了兩座堡壘，人員損失慘重，只好撤退。他們倒是成功佔領了第三座堡壘，可是到了第二天，拜占庭支持的亞美尼亞大將西奧多・拉什圖尼（Theodore Rshtuni）突然來襲，將他們制伏。第二縱隊裡超過三千人，「阿拉伯軍隊裡全部的精英」，除了少數幾位拔腿跑到沼澤低窪處躲起來的人，全數被殲滅，無一倖免。為了張揚這次的勝利，西奧多特別挑選了一百匹最好的阿拉伯馬，把牠們送去給拜占庭皇帝當作禮物。一聽到這個戰敗的消息，第三路縱隊馬上取消對納希契凡的圍城行動，倉惶撤退。整個行動，在其他縱隊損失慘重下，幸好有第一縱隊奪取的戰利品可以聊表安慰。

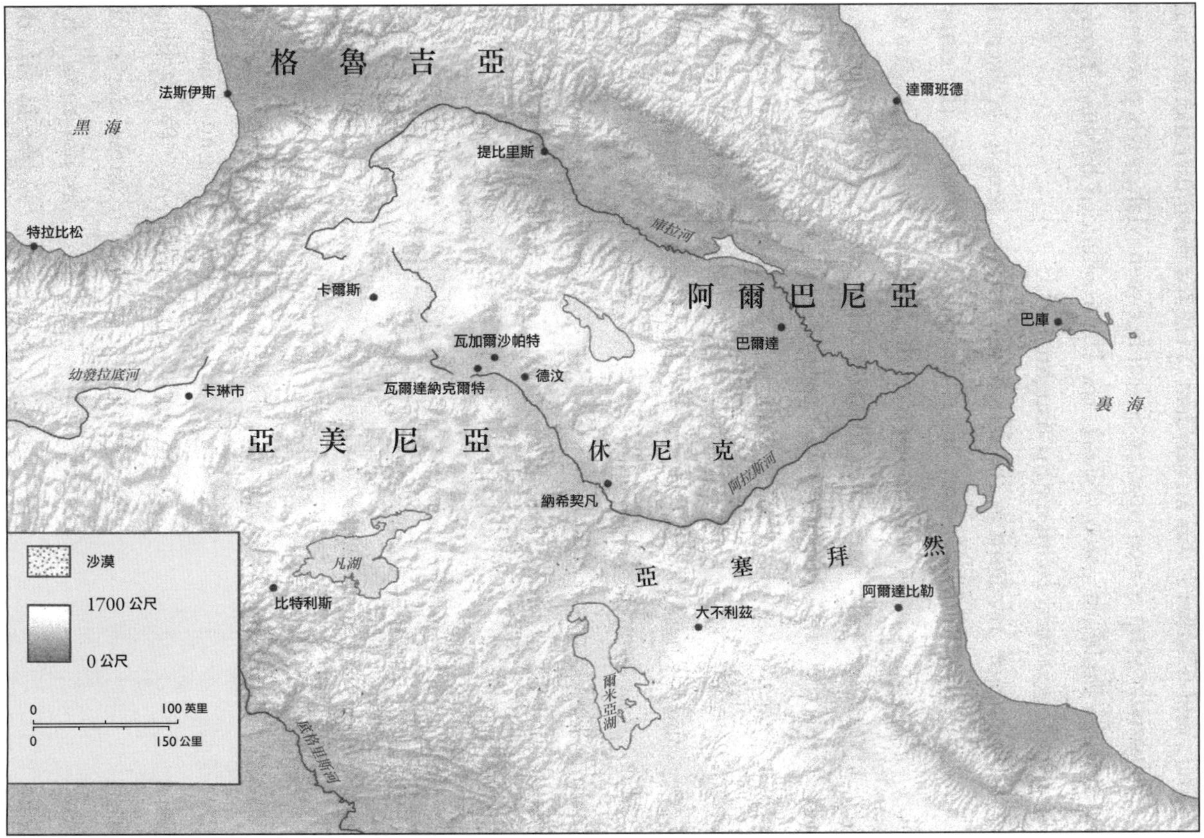
格魯吉亞
法斯伊斯
黑海
特拉比松
提比里斯
達爾班德
庫拉河
阿爾巴尼亞
巴爾達
巴庫
裏海
卡爾斯
瓦加爾沙帕特
德汶
瓦爾達納克爾特
幼發拉底河
卡琳市
亞美尼亞
休尼克
阿拉斯河
納希契凡
然拜塞亞
阿爾達比勒
大不利茲
爾米亞湖
凡湖
比特利斯
底格里斯河
沙漠
1700 公尺
0 公尺
0
100 英里
0
150 公里

地圖3.4　高加索

亞美尼亞因此又跟拜占庭維持了一段時間的自由夥伴。然而，到了西元六五二年到六五三年間，西奧多·拉什圖尼，也許是受了薩珊皇帝伊嗣俟之死的影響，決定要轉換陣營。亞美尼亞並不是向阿拉伯人投降，只是答應當個附庸，而這可能也是正好符合阿拉伯人的需要，畢竟十年前吃敗仗的慘況仍記憶猶新，而且他們本來也就不急著回頭攻打這個地勢崎嶇而居民又強悍的地方。雙方議定的合約對亞美尼亞十分有利，他們可以先行免除三年的歲貢，之後他們只需繳交自認合理的數額就好。而他們必須隨時準備好一萬五千名的騎兵，以備阿拉伯大軍有需要時可以召喚前往支援，作為回報，他們可以保有自治權。這份由穆阿維葉草擬的合約上寫道：「吾將不派公候將相來此為王，也不派一兵一卒進駐此地——既不會派很多騎兵來，也不會派很少，而是連一名騎兵也不會派來。」而且，如果亞美尼亞受到攻擊，阿拉伯大軍一定派兵前來支援，要多少給多少。西奧多的這個舉動，並不是所有的亞美尼亞人都樂觀其成。塞貝斯就哀嘆道，西奧多「竟然跟死神簽訂協議，和地獄結盟友，他背棄了神聖盟約。」塞貝斯所言，也許正反映了許多基督教神職人員的心聲。

賽普勒斯與艾爾瓦德島

西元六四六年，拜占庭軍隊輕易地從亞力山卓港上岸，把亞力山卓城從阿拉伯人手中搶奪回去；這件事讓穆阿維葉理解到阿拉伯人需要有海軍，這樣才能確保守得住戰利品。而且，如果他們將來要拿下君士坦丁堡的話，除了從陸上發動攻擊，若能再加上海軍的助攻，應該會是致勝關鍵。說做就做，穆阿維葉馬上派人從埃及和黎凡特的造船廠裡強徵造船工人，立即開工打造一支艦隊。三年之後，一切準備就緒。穆阿維葉決定拿賽普勒斯來測試他的新武裝力量。在一份西元第八世紀中葉的編年史料裡，留著一段當時人寫下滿懷激動的敘述，它為我們生動描述阿拉伯人史上第一遭海上出擊畫面[24]。西元六四九年春天，穆阿維葉發號施令，艦隊整軍之後由敘利亞海岸出發，總共大約一千七百艘船隻，看那海面上的桅桿，就像一座巨大的漂浮森林。站在岸上目送艦隊出航的群眾莫不對壯濶的景觀感到讚嘆，一眼望去，海面上除了戰艦，根本看不到船身以下的海浪。船員們個個全副武裝站在甲板上，誇口就要拿下賽普勒斯人奢華的首府，那可是從來不曾被任何侵略者拿下的城池。

當船隊航行到賽普勒斯島附近海域時，穆阿維葉下令收起船帆，將船隻靜停在海上就像停在陸地上一樣。他想向島民表示他寬大為懷，給他們一個機會，只要投降就保證平安無事。他將自己的船隻停在艦隊的第一艘，對他的同行者說：「我們就停在這裡，看看賽普勒斯人會不會前來跟我們談和，這樣，他們自己可以保住一命，他們的土地也可以免於被摧毀的災難。」時間一分一秒過去了，沒有人前來求和。到後來，等得不耐煩的埃及部隊鼓噪起來，穆阿維葉只好讓步，同意對賽普勒斯展開地面攻擊。賽普勒斯方面，他們看到海上大批船隻時，以為來的是拜占庭海軍艦隊，所以當阿拉伯人靠岸時，完全無人攔阻，他們停船下錨，整理裝備，從容上岸，沒有遭遇絲毫阻礙。穆阿維葉率領著他的將領和貼身隨從，直奔首府康士坦奇亞（Constantia），將它拿下，就在當地主教的府邸建立起他的營帳。阿拉伯士兵們全島搜括財物，搶到大量的黃金、俘虜和華麗昂貴的服飾，送到穆阿維葉面前；穆阿維葉對於這批戰利品數量之多覺得非常滿意，俘虜當中男男女女、老老少少，任何年齡層的人都有。穆阿維葉把黃金白銀和其他所有戰利品合在一起分成兩大份，讓埃及和敘利亞兩大部隊抽籤決定他們贏取的份。幾天後，所有的俘虜都裝上了船，一批送往亞力山卓港，另一批送往敘利亞。

穆阿維葉趁機又對君士坦丁堡發動海上攻擊，可是被打敗了，還被驅離海域。不死心的他又轉向攻擊艾爾瓦德島（Arwad），那是敘利亞海岸外的一座小島。穆阿維葉用盡全力想要奪下這座島，圍城時連攻城機器和類似的器具都用上了，可是島上的居民堅決抵抗，因為他們的首府有高大城牆保護著。於是穆阿維葉派了一位基督教主教前去說服島民，勸他們離開這個島，搬到拜占庭帝國去。可是島民不理會主教的說詞，還把他關進牢裡。由於當時冬天就要到了，穆阿維葉只好暫時回到大馬士革去，等到來年春天，他立刻帶了更多軍隊回到艾爾瓦德島，安營紮寨準備做長期圍城。島民一看，有這麼多軍隊部署要來對付他們，他們決定接受穆阿維葉的提議，只要保證他們生命安全，讓他們能遷移到他們想去的地方就好；他們有的搬到拜占庭的領土去，其他的則搬到敘利亞。等到島上居民全數離開後，穆阿維葉下令摧毀島上所有防禦措施，放火燒了整座城，將之夷為平地。傳言說穆阿維葉之所以要這麼做，「為的是讓這裡無法重建，再也無法住人，」有人認為如此一來，拜占庭就無法再利用這座島嶼，不能把它當作基地對敘利亞沿岸發動對攻擊。

同一年，西元六五〇年，阿拉伯海軍在一位名叫阿布・阿瓦爾（Abu l-A’war）的艦長帶領下，再度回到賽普勒斯。阿布死忠效命於伍麥亞家族的人，後來成為能幹的海軍上將。這次會再度攻打賽普勒斯的原因是，傳聞拜占庭派出了一支陣容強大軍隊駐紮在島上，可能是從君士坦丁派來為帝國據守此地。拜占庭軍隊鼓舞當地居民要堅強，不要驚慌，可是，當他們和當地人目睹阿拉伯艦隊從海平面出現時，船隻數量之龐大讓他們頓時勇氣全消，全都嚇得逃跑了。島上的有錢人和士兵搭船逃往拜占庭別處領土，剩下那些無法搭船逃走的人，為了不讓阿拉伯人殺害或淪為奴隸，就跑去拉帕索斯（Lapathos）躲起來。阿拉伯人在平地和山區之間來回尋找，搜括財物，捕捉奴隸，「他們翻開石縫把當地人抓了出來，這些被捕的人，就跟被拋棄在鳥巢裡的蛋一樣。」接著，阿拉伯人決心要拿下拉帕索斯。他們花了幾天時間用和平方式想要勸服賽普勒斯人，可是被拒絕了。於是他們發動猛烈攻擊，用投石機從四面八方向城裡投擲石塊。居民們眼看沒有希望了，而且此時沒有任何救援會前來幫助他們，於是他們向阿布・阿瓦爾請願，請求饒過他們的性命。阿布・阿瓦爾展現了他的寬宏大量，很爽快地一口就答應他們，並給了以下的指示：「凡是城裡的黃金、白銀，和所有財物都是我的。至於你們，我送你們一份和平契約，向你們鄭重保證，你們可以選擇離開，前往拜占庭領土，而那些選擇留下來的人，既不會被殺，也不會被當作奴隸。」就這樣，拉帕索斯被拿下了，城裡的寶物被裝載上船，跟其他的戰利品還有奴隸們裝在一起。阿拉伯人揚起勝利之帆回到敘利亞。當時有銘文記錄了這時期有許多人淪為奴隸，西元六四九年有十二萬人之多，西元六五〇年的五萬人；這些數字可能有些誇大，或最多只是大略的估算，但是也確實反映了當時受影響的人數的確是非常可觀[25]。

阿拉伯人征服的成功之道

所有阿拉伯大軍在西元六三〇年代所獲得的勝利，相較之下，都只是在距離敘利亞沙漠很近的地區：西邊的巴勒斯坦和敘利亞，東邊的伊拉克，還有北邊的賈齊拉。然而，到了西元六四〇年代，他們大舉擴大了攻擊範圍，往西推進到了埃及，向東到了伊朗，往北到了高加索。對阿拉伯人而言，攻打高加索是很艱難的戰役，畢竟他們不習慣高山地形，但是到了埃及和伊朗，他們可以只靠著征服幾座重要的大城，就能掌控他們所有的領土。這真是令人讚嘆的成就，也難免就讓人想問，為什麼阿拉伯大軍可以如此成功地征服各地。對當時的觀察家而言，答案十分簡單：這都是上帝／真主阿拉決定的，不論是因為上帝懲罰眾人所犯的罪（如同許多基督教領袖所說），或是因為真主阿拉獎賞阿拉伯人虔誠的信仰（如同征服者所說）。但究竟我們該如何解讀呢？

拜占庭和波斯兩大帝國的羸弱很顯然是造成他們迅速落敗很重要的原因。這兩大強國，自西元五〇二年以後，雙方持續爆發戰爭，特別是在西元六〇三年到六二八年之間，他們的財政和國力簡直是一落千丈。西元五五〇年左右在整個地區爆發的鼠疫，接連反覆復發，也對軍隊在招募人力方面造成不利的影響。鼠疫在人口密度高的地區迅速漫延，所到之處像是施了死亡魔咒，但是在空曠的地方，人煙稀少，它就沒有那麼大的威力。因此，拜占庭和波斯的核心地區——也就是，地中海沿岸城市和伊拉克南部的農業聚落——受鼠疫的災害最嚴重，反而在最靠近敘利亞草原的內陸地區，和中亞廣大的放牧地區，受到鼠疫的災厄較小。我們可以拿來說明拜占庭人力吃緊最明顯的例子，就是希拉克略從高加索到伊拉克，對波斯帝國的心臟做致命一擊的那一場戰役。希拉克略的兵力大約有五千人，而前來支援他的突厥可汗，卻調動四萬人前來幫他助陣。在中國的歷史資料裡，乾脆就寫西元六二七年突厥人大敗波斯帝國，完全沒有提到拜占庭，這樣的說法事實上也算正確[26]。現在可以說是草原部族操縱大局的時候。在這場大戰裡打了敗仗的波斯王室，還面臨被質疑的危機，貴族們懷疑薩珊王朝已經失去了眾神的眷顧。四百年來第一次，薩珊王朝的政權受到挑戰，而就在它政權最薄弱的時候，一場毀滅性的內戰卻就此展開。

然而，阿拉伯人一步步的進展，並不完全只是因為對手衰弱有助於他們興起。對於阿拉伯征服者的形象，說他們是「一大群完全沒有軍事經驗的遊牧民族」，或者是文明世界的門外漢[27]，偶爾會在學術文獻裡被提到，但是這兩種說法都不對。在過去三個世紀或更久之前，很多阿拉伯部族的人就在拜占庭和波斯兩大帝國的軍隊裡服務。有的在皇家軍隊裡服務，有的則獨立自主，是帝國的附庸盟友，在帝國有需要時聽候召喚前來，與帝國並肩作戰。這裡有個很好的例子，西元第六世紀時，有位阿拉伯隊長名叫阿特法爾（Atfar），當時有位觀察家就描寫他是「一位很有經驗的軍人，在拜占庭軍隊裡受過很好的軍事訓練。」[28]這些與帝國結盟的阿拉伯人，一直持續在為帝國主人打仗，一段時間後，有人開始轉變，漸漸成為阿拉伯半島西部穆罕默德和他繼任者的聯軍夥伴。之所以會有這個情形，部分原因是他們看到穆罕默德和他的繼任者不斷打勝仗，得到很多戰利品，同時也是因為存在已經超過五個世紀的阿拉伯省，與生活在四周的部族互動頻繁，如邊境地區的敘利亞、約旦、阿拉伯半島西部，彼此生活圈裡已經產生太多連結——商業上、個人方面，諸如此類的——所以對阿拉伯半島西部聯軍而言，他們很容易就可以感召北方的兄弟成為他們的同盟。舉例來說，西元六三四年，率領阿拉伯大軍進入巴勒斯坦的阿慕爾・伊本・阿斯將軍，他跟巴里（Bali）族人有母系祖母這邊的血緣關係；巴里族就是第一個從拜占庭附庸變成阿拉伯半島西部聯軍的阿拉伯部族，從此與阿拉伯西部聯軍攜手並肩作戰。有份編年史，記載了阿拉伯大軍第一次與拜占庭大軍遭遇作戰的事蹟，它寫道，「來自『阿拉伯省』的拜占庭士兵，與來自『阿拉伯省』的阿拉伯士兵交戰。」[29]而在穆斯林資料中寫的是，在與拜占庭大軍對戰的耶爾穆克之戰中，那些信奉基督教的阿拉伯族人與阿拉伯半島西部聯軍並肩作戰，就像「回到他們的家鄉。」同樣的情形也發生在波斯帝國，「來自伊拉克」的部族跟波斯帝國統治下的部族打仗[30]。從這個角度來看，一開始的阿拉伯征服可以說是阿拉伯人的起義行動，也就是說，剛開始的這些征服者，他們並不是從帝國外面來的人，而是帝國內部的人想要分一杯羹，他們想要分享拜占庭帝國的權力和財富。這正好幫忙解釋何以這些阿拉伯征服者並不是那麼具有破壞性：征服者的領導人已經熟悉帝國運作，他們是想當統治者，並不想要摧毀征服之地。

對拜占庭和波斯兩大帝國而言，失去阿拉伯人當他們的聯盟是很嚴重的打擊。西元六三六年耶爾穆克之役後，為數可觀的信仰基督教的阿拉伯人投靠到勝利的對方，結果竟導致戰敗的拜占庭希拉克略皇帝「招募不到足夠的兵力可以對抗阿拉伯大軍。」反之，阿拉伯半島西部的阿拉伯人卻可以徵得大量的遊牧人加入他們，正如我們上一章提到，在遊牧人社會裡能徵得到士兵的比例高過在定居社會裡的比例。穆阿維葉時期，他轄下軍事登記處的負責人曾經對庫法和巴士拉的駐軍做過人數調查，結果顯示兩地駐軍人數分別是六萬人和八萬[31]。我們假設其他佔領地阿拉伯大軍人數都差不多這個數字的話，總數將高達廿五萬人之多，跟任何標準比起來這都是十分驚人的軍事武力，更別說是跟國力衰弱的拜占庭和波斯相比。對阿拉伯半島西部民眾而言，如果光有人力優勢卻沒有一個好的組織，終究也是不成氣候。而伊斯蘭教此時的出現可說是正逢其時。現代很多學者往往會強調熱情是這項行動的特質，但其實更重要的是，這項行動給出清楚的動機和行動綱領，那就是加入為真主而戰的部隊，在真主大道上打擊真主的敵人（*hijra*：出走和 *jihad*：奮鬥）。這是個清楚又簡單的訊息，為一個共同的理由把不同背景的人集合起來共同奮鬥[32]。所有加入穆罕默德社群的人，基本上就是要接受穆罕默德和真主是社群裡唯一的仲裁者。在穆罕默德死後，這項責任就落到他的繼任者哈里發身上。在征服者和被征服者的社會裡，哈里發至少在理論上是掌管一切有關宗教和世俗事務的最高權威。這就表示，儘管大家會為取得繼承權而相爭，但至少有個透明的指揮結構在，可以給征服行動一個整體的大方向。

阿拉伯大軍其實並不只是使用軍事手段來達成目的。他們也大量藉由簽訂和約，尊重生命、財產和地方風俗，來換取對方臣服和繳納貢品。這種以締結和平條約終止戰爭的方式，其實一部分是源自中東地區自古以來的古老傳統作法，它的例子可以追溯到西元前三千年。在阿拉伯大軍征服時期，當時的議和模式主要是依照羅馬—拜占庭的投誠儀式（*deditio in fidem*）。儀式中，受降者以勝利者之姿，在互信（*fides*）的基礎上，向投降者（*deditio*）承諾保證，通常是保障生命財產安全以及維持原有的法律制度，用這些保證來換取某些條件，再把這一切都寫在條約（*pactum*）中，然後彼此宣誓遵守。此時，雖然被征服者的命運掌握在征服者手中，總是期待著正義和憐憫，正如羅馬政治家西塞羅（Cicero）所說：「我們不只要關心被我們用武力打敗的人，也一定要接受那些因為相信我們的將士會守信用（*fides*）而向我們投降的人；儘管他們曾經想要用破城錘擊破我們的城牆。」[33]波斯方面也採用了相同的原則——皇帝庫斯洛二世鼓勵他的將士們「殺光那些抵抗的人，」但同時也指示他們「要用友善的方式接受願意投降的人，還要讓他們保持和平與繁榮。」[34]

阿拉伯的指揮官都了解締結和約可以縮短圍城的時間；圍城只會讓他們把有用的軍事人力綁在一個地方，最後贏來的可能是未來潛在的敵人，對他們也是麻煩。西元第九世紀的穆斯林歷史學者，他們希望用系統化方式整理資料，常常看到他們說征服者都會給他們遇到的每一個人三選一的權利：改變信仰，投降並繳納人頭稅，或戰死沙場。但是，我們也看到有很多不是這麼標準化的招降方式也被留存下來，從其中我們瞥見更多不同的選項。例如說，巴勒斯坦的撒馬利亞人同意當阿拉伯人的嚮導和間諜，以換取免繳土地稅；加爾吉馬人（Jarajima），長久以來居住在安提阿附近的黑山地區（the Black Mountain region），他們願意當邊防守衛，條件是不用繳稅，還有，如果他們有參與協助阿拉伯人作戰時，他們可以保留任何搶奪到手的戰利品。波斯派駐在達班德的總督和他的軍隊，他們可以用提供軍事服務換取不用繳交貢品；事實上，「如果非穆斯林有幫阿拉伯人上戰場殺敵的，或甚至只是準備好隨時待命為阿拉伯人上戰場的人，都不用繳交貢品，而且這已經變成一種大家都能接受慣例。」[35]

總之，懷柔的態度和廣泛使用免稅手段來增加人力的作法，對阿拉伯大軍的征服非常有幫助。現代學術文獻裡經常會出現的一個老舊的說法，認為當地民眾十分歡迎征服者的到來，這說法是錯誤的。他們是事後才這麼說的，而且是為了討好穆斯林當局，後來這些基督教作者才會對阿拉伯入侵給予正面評價。其實，西元第六世紀末年到第七世紀初年的時候，基督教裡反迦克敦信約的教徒有受到迦克敦信約教徒的迫害，所以在敘利亞和埃及的反迦克敦信約的教徒似乎有被排擠的疏離感，這使得他們在遇上阿拉伯大軍時，經過初次交手，當阿拉伯人不再行搶時，他們很容易就跟阿拉伯統治者和解，而且事實也很清楚，只要他們按時繳納貢品，阿拉伯人就絕不干涉他們的信仰。

阿拉伯政府成立初期

雖然我們可以辨識得出阿拉伯大軍開始出征時的指揮結構，但是我們幾乎沒有當年麥地那哈里發時期（西元六三二年至六六〇年）相關的資料。很可能是因為麥地那距離當時的大城市太遠了，像是大馬士革、巴士拉，麥地那與兩地相隔大約有六五〇英里（約一千多公里），中間還有高山、草原和沙漠阻隔，也可能是因為這幾年的動亂導致中斷了平時的溝通管道。不論是什麼原因，生活在當時的作者們，歷經四任的哈里發，卻幾乎沒有留下關於他們的任何記錄——阿布・巴克爾（Abu Bakr）（西元六三二年至六三四年）、歐瑪爾（西元六三四年至六四四年）、奧斯曼（西元六四四年至六五六年）、阿里（西元六五六年至六六〇年）——他們的名字也都完全沒有出現在錢幣、銘文，或任何文件上。一直到第五任的哈里發，也就是穆阿維葉（西元六六一年至六八〇年），我們才看到有像是阿拉伯政府在運作的證明，因為他的名字出現在當時所有的官方媒體上。穆阿維葉駐守在大馬士革擔任敘利亞總督已經有廿年（西元六四〇年至六六〇年），他與當地行省的行政官員共事了廿年，所以，比起他那在遙遠麥地那的前任哈里發，他懂得要開始建立一個中央集權的政府，這對於將來如何能把征服的成果長久保留下來是十分重要的關鍵。可是，這使得他成了一個不受歡迎的人，對於要割讓手上的戰利品和放棄自治權，去臣服於一個中央單位，很多人對這件事很不滿。很多人覺得在穆阿維葉開始建立國家政府之前的日子比較好過，他們認為在穆阿維葉之前的哈里發已經讓他們明白政府是應該如何運作的，尤其是歐瑪爾，他治理國家打理各種事務，漸漸樹立起政治家和仲裁者的模範。例如，傳聞歐瑪爾就曾經堅持政府應該將財富分配給大家，而不是幫大家囤積起來。有人拿這問題去問穆阿維葉：「噢，可信賴的指揮官大人，您不覺得為了幾乎不會發生的緊急狀況而把財物囤積起來，這是不對的嗎？」他回答道：「這是撒旦讓你有這種想法。撒旦的說法對我起不了作用，可是它會誘惑我的追隨者。」[36]

究竟麥地那時期的哈里發是如何統治征服所取得的城市和土地呢？答案是，很大程度上都是讓原有的系統繼續運作。例如拜占庭的錢幣，至少到了西元六五〇年代都還在大量使用，多數是在君士坦丁堡鑄造然後送到敘利亞去，在當地一直持續流通；而薩珊王朝的迪拉姆銀幣（dirhams），直到西元六九〇年代都一直是波斯地區的主要貨幣。有位來自大馬士革的敘利亞作家——寫作時間大約是在西元六六〇年左右——他仍舊不斷地使用「我們的帝國」和「我們的皇帝」；他其實很清楚「其他人」已經佔領了耶路撒冷，可是他還是很有信心地宣稱「只要頭顱和帝國保持堅定，身體本身就能輕易地重生。」有位跟他同時代的人，來自來自費內克的修道士約翰，用拜占庭和波斯之間的爭執來比擬解釋阿拉伯部族間的爭吵，看來似乎他的世界仍然建構在舊有的帝國裡。舊思維很難消滅，大家也很難馬上就看出阿拉伯大軍的征服會變成長久的佔領，更別說看到它會帶來新的文明。就像我們那位敘利亞作家所寫的，在大馬士革仍然是基督徒佔主導地位，他們的教堂沒有被破壞，他們的高牆維持得完好如初。更何況，說阿拉伯語的部族，長期以來已經在當地人口中占有很高比例，對於當地的生活，他們並不像我們想像的那麼生疏[37]。

因此，當時政府機構每天日常的運作都維持跟阿拉伯大軍征服前一樣，辦事的也多半是從前同樣的人員。舉例來說在埃及，稅務員系統（*pagarchs*：負責城市及農業地區），各地的大公（*dukes*：負責國內各個區域），還有他們原來一開始就使用的辦公室，都維持不變[38]。不過，麥地那時期倒是推行了兩項重要的新政策，兩者對以後造成非常長期的不良影響。第一項是發放薪水（*'ata'*）給每位士兵，發放金額依照服務年資因人而異，而這筆支出是以直接收取的稅金來支付。第二項新政策是開徵人頭稅，而且依照支付者每年財力狀況來調整徵收稅率，但是婦女、未成年人和窮人免繳人頭稅。這種徵稅方式，當初應該是為了方便才會如此設計，因為簡單又透明，容易計算又方便執行（一人一筆），所以通常是在時局動盪或侵略時期才會用上（例如，蒙古人對他的人民就是這麼規定的。）然而，在穆斯林的資料中說這是仿效波斯人的人頭稅，它也是依能力分級徵收，而波斯的精英份子（這在阿拉伯人的社會裡指的就是征服者）是免繳人頭稅的[39]。軍人的薪酬制度有時候也被認為是參考波斯的例子，雖然也很可能是阿拉伯人自己想到的，因為之前曾經在帝國軍中服務過的人，他們早已經習慣用服役換取薪水。為了方便發薪水給阿拉伯軍隊，他們把軍隊集中在少數的駐軍區，安置在離當時人口密集中心不遠處，至少他們在伊拉克和埃及就是這麼做的，像是福斯塔特（Fustat，埃及的巴比倫要塞附近）、庫法（伊拉克中南部的希拉附近），還有巴士拉（靠近伊拉克南部的歐布拉〔Ubulla〕）。這樣的作法不知道是不是刻意的，它產生一種效果，既能讓士兵之間互相有聯繫，又把軍人多少有跟當地居民做些隔開。這麼做會提升群體裡的團結感，也會降低軍人們在最初幾十年內就在地化的機會。當年西羅馬帝國的侵略者最常用土地犒賞軍人，將他們分散在整個鄉村，很容易就發生所謂軍人在地化的情形[40]。

關於當時的一些措施，如果不是因為埃及，我們可能無法得知這麼多；這是埃及送給學者們的一份大禮：感謝埃及極度乾燥的氣候，將大量的莎草紙文件保存良好。從這些文件中，我們發現最早可以追溯到西元六四二年的記載，寫著當地阿拉伯人如何在埃及施行行政管理。對於新成立的軍隊，政府不只支付他們薪水，供他們吃，給他們房子住，還提供他們武器，這就會產生一連串的文書作業，要送出需求單，開立收據，經手的貨品琳琅滿目，有糧食、油品、飼料、毯子、涼鞋，還有馬匹。為了應付軍中這麼大量的軍需品需求，阿拉伯總督們緊盯著政府財務狀況和人民的遷徙，這都可以從寫出去堆積如山的信件中看得很清楚，鼓勵並指示低階的官員去追討逾期未繳的稅金，去圍捕逃跑的納稅人。在維也納有位奧地利大公雷納（Archduke Rainer），他收藏了大量的莎草紙文件，在最早一批殘存的莎草紙文件編號第五五八號當中，有張上頭寫著它是「收據，茲交付羊隻給阿拉伯人

（*the magaritai*）和跟著一起來的人，當做是繳納第一個財稅年度的訂金」（參見插圖3.3）內容看來很平淡無奇，莎草紙也相當殘破，可是它給了我們很多訊息，讓我們對這批初來乍到新征服者的世界有所了解。首先，它的日期明確標示著兩個紀元系統——埃及基督教殉道者紀元和伊斯蘭曆——當時是西元六四三年四月廿五日。穆斯林從穆罕默德的希吉拉（*hijra*）那一年起算，也就是西元六二二年，他在那一年離開麥加遷徙到麥地那，並且在麥地那建立了新社群。因此在西元六四三年之前，文件裡就一直有在使用伊斯蘭曆，而且不久之後，我們也在埃及和伊拉克發現，在他們的錢幣、墓碑、房子、和岩石（版畫塗鴉）上發現有用阿拉伯文寫的銘文，裡面也使用了伊斯蘭曆。

第二點是，莎草紙文件是用希臘文和阿拉伯文寫成的，這是很令人驚訝的事，因為我們沒有看過在西元六四三年以前用阿拉伯文寫下的文件。在此之前，從前面幾個世紀發現的一些用阿拉伯文寫的銘文上，我們看到阿拉伯已經有在使用行政系統，而現在有鑑於莎草紙文件，像是編號五五八上所寫的有力證明，我們就可以推斷，早在西元第七世紀之前，阿拉伯人就已經有一個行政系統在運作了。很明顯的，這個行政系統是取法自拜占庭帝國，對於像是合約、擔保，和互相保證等，他們都有相同的概念。他們也同樣遵循著一個慣例，那是羅馬皇帝莫里斯（西元五八〇年至六〇二年）所創下的，凡事都祈求上帝賜福：阿拉伯文裡的真主（*bismillah*）正好就是希臘文裡的「奉上帝之名」（*en onomati tou theou*）。而最明顯能夠代為推行這項傳統的人，就是那些在第五世紀和第六世紀與拜占庭和波斯結為聯盟的阿拉伯族人，就我們所知，他們在第六世紀時就已經在用阿拉伯文，而且至少也有了初步的官僚制度。

編號第五五八號莎草紙文件向我們揭露的第三點訊息是，它稱這些征服者為阿拉伯人（*magaritai*，也寫做 *moagaritai*），這同時也是在西元第七世紀時的希臘文件裡對阿拉伯征服者最常見的稱呼。我們也在敘利亞出土

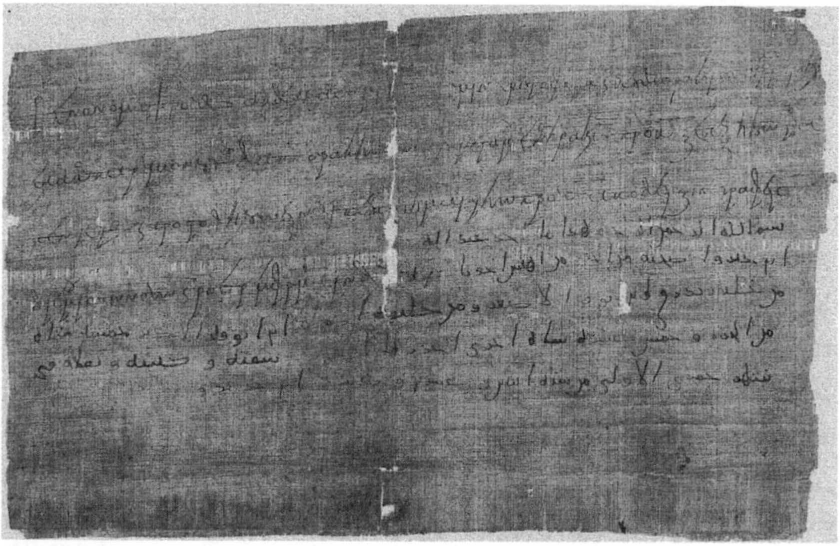

插圖3.3　奧地利大公雷納自埃及購入的莎草紙，該文件年份在西元六四三年。©版權屬維也納國家博物館（Vienna National Museum）。

的文學作品中，發現一個很明顯跟此有關連的用語：*mhaggre*（阿拉伯人），而且從西元六四〇年代開始，往後這名詞就一直被使用。這兩種用語都指向阿拉伯文裡的一個名詞：穆哈吉爾（*muhajir*；遷士），這是穆罕默德用在麥地那奠基合約書中的名詞，特別用來指稱那些陪他一起從麥加出走到麥地那的人，又陪著他一起打擊不肯信奉伊斯蘭教的人。很明顯地，從此以後這個名詞就用來指稱那些離開家鄉，加入對抗帝國戰爭的人。在穆哈吉爾的涵意裡，還有個很重要的要件，就是安頓（settling），它經常會和另一個字「Ta'arrub」拿來對比；「Ta'arrub」的意思是「回到沙漠生活」。就如一位伊拉克早期的總督說的：「一個穆哈吉爾絕對不會是遊牧人。」在古蘭經裡，穆哈吉爾（遷士）經常跟吉哈德（聖戰）連結在一起，兩者都一直不斷在努力「邁向真主之路。」因此，穆哈吉爾（遷士）這個名詞代表著兩個意義，既是會打仗的人，也是要定居下來的人（soldier and settler），但是對於被征服的人而言，這名詞只是一個標籤，代表著前來征服的軍隊。曾經出現極少的情況是穆哈吉爾出現在希臘文和阿拉伯文雙語的文件裡，而他們用另外一個阿拉伯字「*juyush*」來詮釋穆哈吉爾；「juyush」指的是軍隊[41]。既然穆哈吉爾是第七世紀裡最常用來稱呼征服者的用語，不論是征服者自己或是被征服的人都在用它，那我們就應該改用穆哈吉勒（*muhajirun*）征服，而不是阿拉伯征服或穆斯林征服，因為阿拉伯征服或穆斯林征服這樣的說法是到了西元第八世紀才開始流行起來。最起碼，我們要知道在穆罕默德死後，這是他們最主要的動機，那就是去征服，並且安頓下來。應該就是這樣的信條，在征服初期的時候，促使他們前去阿拉伯半島和敘利亞沙漠裡招募遊牧民族來加入他們出征的行列。

第四章　前進君士坦丁堡（西元六五二年至六八五年）

阿拉伯的領土在過去這卅年裡沒有明顯擴張。有部分的原因是阿拉伯在這段時間裡發生了兩場內戰（西元六五六年至六六一年，以及西元六八三年至六九二年），讓他們分身乏術。還有部分原因是哈里發穆阿維葉認為他應該要努力建置一個行政管理中心，用來掌控所有征服到手的土地，免得它們又從阿拉伯人手上溜走。此外，穆阿維葉還相信，如果能夠拿下君士坦丁堡，那麼拜占庭帝國其餘的地區就會跟著瓦解，就像發生在波斯帝國的情形一樣，波斯首都泰西封被阿拉伯人圍城許久，一旦首都被攻佔，波斯從此一蹶不振。穆阿維葉老是喜歡跟他的心腹幕僚說：「只要拉緊拴住拜占庭的套繩，其它的國家就會跟著走。」[1]為了這個目的，穆阿維葉會定期派人出兵攻打安那托利亞，就從敘利亞北部出擊，藉此不斷消耗拜占庭的國力，等到機會來臨，他就要發動一場海陸大軍聯手的戰爭，直逼拜占庭皇家所在的城市。

西元六五四年，阿拉伯發動了第一場對君士坦丁堡的海陸聯手大戰，結果卻匆促收場，因為阿拉伯艦隊被一場暴風雨摧毀了大部分。這場戰爭的損失，多少讓哈里發奧斯曼的聲譽受損，因而導致西元六五六年爆發內戰，戰爭一直持續到西元六六一年，在此期間，阿拉伯部族飽受戰爭折騰。他們彼此打了起來，當時亞美尼亞編年史作者塞貝斯觀察到這樣的情形：埃及和阿拉伯半島上的阿拉伯人聯手起來，他們殺死了哈里發奧斯曼，搜括國庫，另外扶植一位國王，也就是阿里，穆罕默德的女婿。此時，身為敘利亞總督的穆阿維葉，眼看發生這樣的事，他也調動軍隊加入戰鬥。於是，「眾多士兵被殺，血流成河」，穆阿維葉加入打鬥並且殺死了阿里，全體阿拉伯人都來歸順穆阿維葉，「他跟大家都和平相處。」[2]由於阿拉伯帝國的統治者能享有諾大權勢，因此大家拚命競爭就為爭奪大位。此外，戰爭中掠奪來豐厚的戰利品要如何分配，在他們之間也引起了激烈爭執。早期就參與戰爭的老將們主張，他們應該要分得多一點，要分得比後來才加入的年輕後輩更多；新成立的政府覺得應該要將收入繳納到中央財政部門，但是地方上的首長和大將軍們卻吵著應該要就地分配。

為了能騰出手來處理國內發生的這些內訌，穆阿維葉不得不向拜占庭低頭請求停戰，為此，他付出了一筆高額的停戰金。這對拜占庭康斯坦斯皇帝而言，不啻是天賜的禮物，令他喜出望外，睿智的他趕緊趁機休養生息，重整軍隊，補強軍事防禦，尤其是安托利亞最是需要加強防護，才能抵擋得住阿拉伯人不時從敘利亞北部發動的攻擊。康斯坦斯把安那托利亞分為四個區域，每個區域都有自己的常備軍，其中部分軍源是來自東部地區殘餘的野戰部隊，包括色雷斯（Thrace；位在君士坦丁堡西邊）、亞美尼亞，還有所謂的皇家護衛隊（the Obsequium），這是一支專門在戰時保衛皇帝的部隊，由各單位派員組成。康斯坦斯想要利用此時強化與盟軍的關係，首先是高加索，他在西元六六〇年到六六一年之間到高加索巡視，而後到義大利，他在倫巴第（Lombard）得到一位最重要的親王的支持。西元六六三年，康斯坦斯禮貌性拜訪完羅馬之後，他來到西西里島的敘拉古（Syracuse），接下來他花了六年時間在敘拉古籌組一支艦隊。他募款、監工、招募人員，為的是打造一支強大的海上艦隊，希望維持住拜占庭在地中海的霸權地位，並且能將非洲留在拜占庭手上。這些安排在他兒子君士坦丁四世（Constantine IV）在位時發揮了功用。君士坦丁四世（在位期間：西元六六八年至六八五年）登基不久後，阿拉伯人就在西元六六八年到六七〇年間，對拜占庭發動新一波攻擊，君士坦丁四世利用這支艦隊成功保衛了君士坦丁堡。

穆阿維葉做了一件事，他原本的用意是要維持帝國的穩定，結果卻引起了反效果。穆阿維葉提名自己的兒子繼任哈里發，引起眾人的憤怒；這個舉動被解讀成是伍麥亞家族想要壟斷權力。其他的家族，像是祖拜爾家族（Zubayrids）和阿里家族（'Alids），他們認為就算沒有得到更多，但至少也要有同等的權力，他們也要求要統治阿拉伯帝國。有人主張應該依功勳大小選出領導人，而不是由某個家族宣稱自己的霸主地位；領導人應該遵行真神的旨意，不能只為自己的家族謀取利益。穆阿維葉新王朝的開始，也開啟了阿拉伯帝國第二次的內戰，這次要比第一次內戰帶來更大的破壞——有位早期基督教編年史作家簡單扼要地記錄下這一段：「雙方大戰不知多少回合，兩邊都有數不清的人被殺。」[3]——這場殺戮維持了將近十年（西元六八三年至六九二年）。這場內戰，讓阿拉伯帝國周邊鄰居逮到機會甩開與阿拉伯的聯盟關係，讓拜占庭獲益，得到進一步喘息的機會；它逼得伍麥亞家族不得不再度提出停戰要求，以便全心應付內部的反對勢力。

進攻君士坦丁堡

西元六四九年，拜占庭輕易地就把穆阿維葉朝君士坦丁堡發動試探性的突襲瓦解掉。可是面對阿拉伯人一波接著一波的攻擊，康斯坦斯皇帝憂心忡忡，因而向阿拉伯人提出停戰三年的請求（大約在西元六五〇年到六五三年之間）。我們從塞貝斯的記載中得知此事發生的經過，他描寫得十分詳盡[4]。西元六五二年波斯皇帝伊嗣俟的死刺激了穆阿維葉，讓他又重新發動對拜占庭的攻擊，「他們很有機會攻占君士坦丁堡，並一舉滅掉拜占庭帝國。」傳說穆阿維葉曾經寫一封信給康斯坦斯向他招降，他同意讓康斯坦斯留在自己的土地上保有「偉大王子」的頭銜，還可以保留帝國內四分之一的財富，只要康斯坦斯願意投降，並且「放棄從小到大毫無用處的邪教信仰，也就是背棄耶穌，轉而追隨我穆阿維葉信奉偉大的真主阿拉，這是我們聖父亞伯拉罕所信仰的真神。」在接下來的二年裡，穆阿維葉全力投入籌備一場大型的海陸聯合戰爭。他從所有征服地區的駐軍裡徵召隊員，讓他們在亞力山卓港和黎凡特地區的港口建造戰艦。我們從當時留下來的莎草紙文件裡看到對此事的描寫，簡直是個熱鬧的場面，木匠、捻縫工（堵塞船底縫隙的人）、鐵匠和划槳手，全都是被強迫徵召來造船的人，還有許多徵收來的物資，全數交給軍人和船員使用。他們造的是一般大型軍艦，大約有三百艘，每艘可以運送一千名精銳騎兵，還可裝載像是投石機和攻城塔等軍事裝備，讓他們在攻城時可以破城而入，或攀爬而上。此外，他們還打造一些特別輕型的船隻，大約只能乘載一百人，「可以在海上快速來回穿梭在大船之間」，讓阿拉伯艦隊擁有戰術上的優勢。

穆阿維葉原本的計畫是，他率領大軍從陸路出擊，一直攻到迦克敦，與君士坦丁堡隔著博斯普魯斯海峽（Bosphorus）相望，同時，阿布・阿瓦爾將軍從海上出發，率領阿拉伯艦隊航行到拜占庭首都（參見地圖4.1）。事情卻有了點耽擱，在黎凡特的黎波里港（Levantine Tripoli）發生了意外。兩名男子破壞了的黎波里城裡監獄的門，放走許多拜占庭俘虜，他們把市長和他的隨從殺死，隨後乘坐一艘小船逃往拜占庭；逃離之前，他們放火把停泊在港灣裡的阿拉伯大船全數燒掉。穆阿維葉得知此事十分震怒，但是他不願讓這個意外阻撓他出征的計畫。他如期率領大軍往迦克敦前進，而阿布・阿瓦爾則留下來監督趕造船艦直到他能夠出征為止，時間大約是在西元六五四年夏天。當阿拉伯艦隊航行到安塔利亞（Antalya）南方，接近呂基亞（Lycia）外海的腓尼克斯（Phoenix）時，遇上了拜占庭艦隊，當時是康斯坦斯皇帝和他的弟弟一同親自率領著海洋艦隊前來迎戰。皇帝兄弟倆親自領軍迎敵，由此可知拜占庭感受到的威脅是何其嚴重。在這場戰役中，阿拉伯人的海上輕舟以其機動性勝過拜占庭笨重的大軍艦。拜占庭皇帝眼看就要被俘虜了，幸好有一名眼尖的士兵及時將他送上另一艘船，讓他得以迅速逃離。而就在拜占庭皇帝逃離的同時，「有位勇敢的士兵留守在皇帝軍艦上，他披上皇帝的袍子，奮勇殺敵，在倒下成為皇帝的替死鬼之前，他還殺死了好幾個敵人。」皇帝兄弟倆乘船飛快逃回君士坦丁堡，丟下艦隊裡其餘的船隻被敵人殺個精光，「就在波濤洶湧的海上，據說當時一波波推升而起的海浪打在船隻之間，就像從旱地揚起風沙，海水全部都被戰士的血染成紅色。」阿布・阿瓦爾命人從海裡將拜占庭人的屍體打撈上來，估算起來大約有二萬人之多。

阿拉伯艦隊繼續往君士坦丁堡前進，沿路追捕是否有脫逃掉的拜占庭船隻，一直追到了希臘羅得島（Rhodes）。君士坦丁堡的居民開始緊張了，他們得知阿拉伯大軍分別從陸上和海上進逼，又被發生在腓尼克斯海戰的慘況嚇得害怕起來。拜占庭皇帝趕到聖索菲亞大教堂（the church of Hagia Sophia），來此祈求上帝能解救這座城市；他從頭上摘下皇冠，把身上的長袍脫下放在一旁，披上麻衣，坐在灰燼上，並且下令在君士坦丁堡宣布禁食。西元六五四年初秋，阿拉伯艦隊駛近君士坦丁堡，阿布・阿瓦爾下令部署好戰線，馬上就要展開攻擊。突然，天空烏雲密佈，一場暴風雨逼近，這是上帝施行奇蹟，拜占庭的居民們說，上帝救了拜占庭首都。大海從深處被翻攪起來；「波浪濤天有如山高」，把船上的戰爭機械和船員們狂掃入大海之中。紮營在迦克敦的阿拉伯大軍，他們看到暴風雨的威力和它造成的破壞，連夜悄悄溜走，趕緊打道回府。穆阿維葉留下一支為他斷後的軍隊在卡帕多細亞的凱撒利亞（Cappadocian Caesarea）附近，也就是今日的開塞利（Kayseri）。這支軍隊想要挽回面子，就去攻打當地的拜占庭駐軍，沒想到在這裡也被打敗，就只好逃到美索不達米亞北方的安全地帶。這場敗仗，穆斯林歷史學者完全沒有記載，他們只強調在腓尼克斯的那場海上勝仗，在阿拉伯文中稱之為桅杆之戰（the Battle of the Masts）。但是塞貝斯的記載應該是很可信的，他生活在事件發生的年代，他從西元六六〇年代初期開始寫作，距離事件發生當時還不到十個年頭。況且，他對事件描寫得既詳盡又有大量豐富的細節，很難相信這些都是他編造出來的故事。如果不是阿拉伯人在此打了敗仗，很難解釋何以阿拉伯艦隊不趁勝追擊，竟然會在拜占

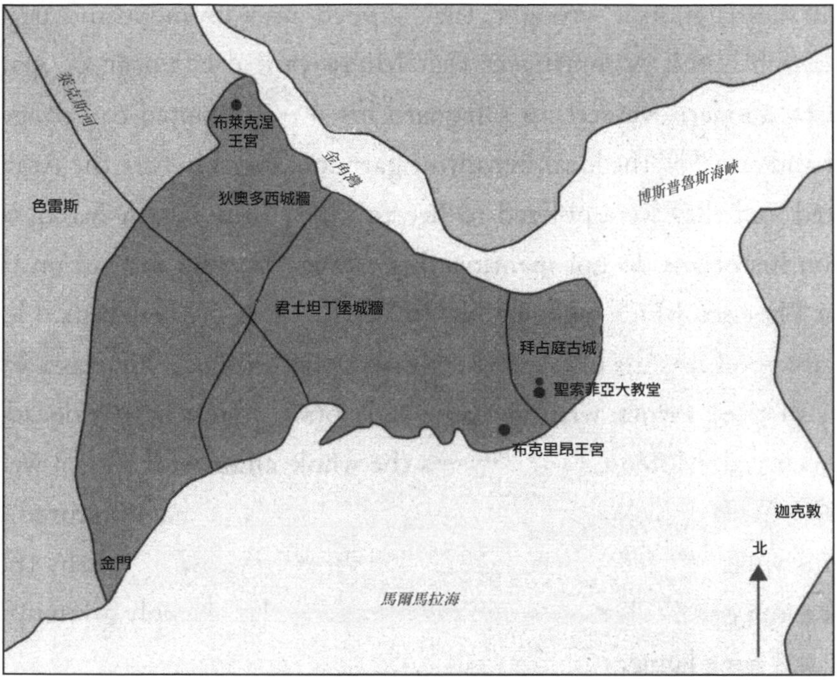

地圖4.1　君士坦丁堡

庭即將到手的時刻撒手放棄，打道回府，這是不合情理的。

當穆阿維葉轉移注意力為內戰操心時，拜占庭倒是過了一段相對寧靜平和的日子，直到西元六六七年，這段寧靜才被打斷；亞美尼亞軍隊的一位拜占庭指揮官，名叫沙布爾（Shabur），他起兵叛變，反對康斯坦斯。沙布爾向阿拉伯哈里發穆阿維葉尋求協助，他願付出代價只要能讓他統治拜占庭。離事件發生時間很近的一位敘利亞作者，他對此事件做了非常生動又詳細的描述[5]。事件場景就在大馬士革穆阿維葉的宮廷內，沙布爾派了一位使者，塞爾吉斯（Sergius），前來求見穆阿維葉。康斯坦斯聽到這起叛變時，也派人前去大馬士革請求穆阿維葉不要涉入這起叛變。他派了宦官安德魯（the eunuch Andrew）出使這項任務。故事中，塞爾吉斯被描寫成一個懦弱又諂媚的人；一開始，他見到他的上司安德魯時，對他畢恭畢敬，拜倒行禮，可是聽了穆阿維葉的言語刺激，嘲弄他膽小逢迎的樣子後，他反過來嘲笑安德魯沒有男性雄風。安德魯是故事裡的主角；他見了哈里發，態度從容，不卑不亢，他責怪穆阿維葉分不清正統合法的皇帝和背信忘義的叛亂份子，又嚴厲警告叛亂者的信差，當心他的無禮會為他帶來嚴重後果。事情往後的發展一切都如男主角的意，塞爾吉斯在返回亞美尼亞的路上被逮，被殺之後，他的睪丸被割下丟在屍體旁，對一個「自傲於自己私處的人」而言，這真是一個最恰當的處罰。沙布爾的腦漿爆出；他在城門前面被自己騎乘的馬兒暴跳起來將他的腦袋踩破。

穆阿維葉這下子可為難了，因為他已經派了備受尊敬的法達拉・伊本・烏貝德・安薩里（Fadala ibn 'Ubayd al-Ansari）帶領軍隊前去協助沙布爾。當法達拉聽到沙布爾的死訊時，他寫信問穆阿維葉現在該如何是好。身為哈里發的穆阿維葉此時決定，他要趁機對拜占庭首都再發動一次大規模攻擊。於是他命令法達拉留在安那托利亞南部的梅利特內（Melitene）過冬，然後派他自己的兒子雅季德（Yazid）帶領大批騎兵隊趕上法達拉，等兩隊人馬會合後，再一齊進攻君士坦丁堡。他們會合之後，在西元六六八年夏天，他們攻到了迦克敦。同一時間，一支海洋艦隊也準備好上場執行任務了。君士坦丁四世得知即將有支大型征戰隊伍朝君士坦丁堡而來，他命人建造大型的雙列槳座戰船（bireme），並把這些戰船停靠在城市東側的港口。隔年，阿拉伯艦隊出發，航行到君士坦丁堡西南方的色雷斯停了下來，在此下錨，就停在靠歐洲這邊的海岸邊。「每天從早到晚戰火連天，雙方你來我往」，從春天打到秋天，雙方纏鬥卻一直無法給對方致命的打擊。冬天將至，天氣惡化，阿拉伯人必須找個地方過冬。他們佔領了一處古城基齊庫斯（Cyzicus），隔著馬爾馬拉海（the Sea of Marmara）對面就是君士坦丁堡；他們就把船隻停泊在基齊庫斯。隔年春天一到，阿拉伯艦隊重新出發，再度展開海上交戰。

西元六六八年和六六九年，阿拉伯大軍連續在這兩年當中對君士坦丁堡實施封鎖。我們之所以會得知這件事，全是拜當時的一位檔案管理員所賜。這位檔案管理員在西元六八一年君士坦丁堡舉行基督教主教理事會期間，他前往取回文件時，發現一封前任宗主教托馬斯二世（Thomas；在位期間：西元六六七年至六六九年）寫給教宗的信，信還仍然是完好密封著的。這封信放置了兩年還無法寄出，寫信當時托馬斯還是宗主教，「全都是因為對上帝不敬的撒拉森人長時間對我們的侵擾和圍城所致。」[6]我們一直不明白究竟是何原因導致阿拉伯大軍結束對君士坦丁堡的封鎖。但是，有位早期的編年史作者說，阿拉伯人一直堅持著圍城行動直到「受不了飢餓和瘟疫」，直到此刻，阿拉伯陸軍才撤退離開，回程路上還沿途打劫安那托利亞各個城鎮。另外還有兩個因素，可能也是打破平衡僵局，造成對拜占庭比較有利的可能原因。第一個因素是君士坦丁皇帝從地中海中部地區偷偷運進了幾艘船，那些地區不在阿拉伯人的控制範圍。他們沿著希臘海岸，把船隻加上滾輪走陸路運送，一路拖行走過加利波利半島（the Gallipoli peninsula）——這是一項艱鉅的任務，但也唯有如此才能為拜占庭海軍增添裝備，才能躲過被阿拉伯人封鎖的赫勒斯滂海峽（The Hellespont；即達達尼爾海峽）。第二個因素是拜占庭人有了一項新創的武器叫希臘火（Greek fire）。希臘火是由某位名叫加利尼科斯（Callinicus）的人發明的，他是位建築師，也或許是木匠，從敘利亞的巴勒貝克（Baalbek）逃難到拜占庭帝國；他調製一種名為焦油腦（naphthalene）的燃燒物質，利用一條長長的金屬虹吸管，製成火焰噴射器，可操縱方向，將火焰噴向敵人船隻（參見插圖4.1）。[7]拜占庭人的這種武器效果很好，一次又一次地發揮功用。舉個例子，西元六七三年，一支阿拉伯軍隊從海上出擊要打劫呂基亞這地方，那些登陸上岸的阿拉伯人，被三位拜占庭將軍帶領的大批軍隊打敗，而那些沒有上岸卻要乘船逃走的阿拉伯人，讓幾艘拜占庭的輕舟小船給追上，被他們用希臘火侍候。[8]

插圖4.1
希臘火的使用範例，出自位於馬德里的西班牙國家圖書館手抄本插畫　gr. Vitr. 26-2, fol. 34v.©版權屬馬德里西班牙國家圖書館（Madrid NationalLibrary）。

高加索

拜占庭皇帝康斯坦斯一直很擔心東邊的國境邊界，因為亞美尼亞總督西奧多・拉什圖尼和阿拉伯人在西元六五三年簽訂了停戰協議。長期以來，亞美尼亞不只是拜占庭親密的戰友，還是軍中兵力主要的來源，更是東部防禦最重要的堡壘。康斯坦斯寫了好幾封信給西奧多，請求恢復雙方長期合作的同盟關係，卻沒有得到任何回應[9]。於是康斯坦斯決定親自走一趟拜訪西奧多，他在西元六五三年夏天動身前往卡琳（Karin），也就是現今土耳其東部的埃爾祖魯姆（Erzerum）。康斯坦斯一行浩浩蕩蕩，有大批軍隊護送，意在宣揚國力，想要讓人印象深刻。半路上，突然有個阿拉伯代表團帶來穆阿維葉給康斯坦斯的信息。穆阿維葉警告說：「亞美尼亞是我的，你不要再往前走了；如果你執意要繼續前往亞美尼亞，我會出兵打你，到時候你可是躲也躲不了。」可是康斯坦斯不理會這項警告，而且還用輕蔑的口氣回答說，這是只有上帝才能作主的事。抵達卡琳後，康斯坦斯立刻前往拜訪那些對拜占庭帝國始終忠誠的王親貴族，他花了幾天時間跟他們相處談話，聽他們向他解釋西奧多的想法，也了解到「阿拉伯方面經常派使臣來來回回頻繁地拜訪西奧多。」接著，康斯坦斯讓大部分的軍隊返回崗位，自己帶著幾名隨從繼續前往德汶（Drin）。到了德汶，他就跟亞美尼亞教會的最高總主教在一起，共同主持教會儀典，用以展現拜占庭和亞美尼亞之間良好緊密的關係。

就在此時，君士坦丁堡傳來阿拉伯人計畫出兵攻打首都的消息，迫使康斯坦斯趕緊縮短行程，匆忙趕回首都。臨走之前，康斯坦斯指示亞美尼亞的拜占庭軍隊去找當地貴族毛里奧努斯（Maurianus），請他務必持續不停地去提醒亞美尼亞王公們，請他們繼續效忠拜占庭。然而，就在此時，西奧多・拉什圖尼得到阿拉伯人給他增援七千名阿拉伯士兵，冬天一過，他很輕易地就把拜占庭軍隊打敗，逼著他們退回到黑海岸邊。這件事發生之後，再加上四處謠傳說阿拉伯大軍馬上就要大規模進軍君士坦丁堡，這使得其餘的亞美尼亞親王們也紛紛倒向阿拉伯人這邊。就這樣，西奧多風風光光地來到大馬士革，給穆阿維葉送上大禮，也收到穆阿維葉送給他的黃金長袍，還有一面用了他自己顏色的旗幟。最重要的是他得到亞美尼亞親王的爵位，還有監管喬治亞、阿爾巴尼亞，還有休尼克（Siunik）等地的權力。這三個封地從前都曾與波斯帝國結盟，如今波斯帝國已經垮台，西奧多希望能帶領它們重返西元四二八年以前的大亞美尼亞王國時代。

西元六五四秋天，高加索地區開始傳出阿拉伯遠征軍在君士坦丁堡嚴重挫敗的消息。這個消息產生雙重效果，一是打擊了當地阿拉伯大軍的士氣，二是使得那些對抗阿拉伯的人得到鼓舞，變得更加堅強。阿拉伯派駐在德汶軍事單位的將領是哈比卜・伊本・馬斯拉馬將軍，人稱「無情的劊子手」，他想要出兵攻打喬治亞。喬治亞的居民被警告說，「不投降，就要放棄家園。」但是喬治亞人不理會這項威脅，誓言要戰到最後一兵一卒。後來，喬治亞人的煩惱解除了，因為阿拉伯派來攻打的隊伍被大雪困住，最後不得不撤退。亞美尼亞貴族毛里奧努斯和他的手下們，在西元六五四那一年，他們大部分時間都蟄伏在特拉比松（Trebizond），此時，他們覺得有信心可以再試一次，要把亞美尼亞奪回拜占庭手中，這是康斯坦斯皇帝當年指派給他們的任務。首先，他們襲擊正在撤退的阿拉伯軍隊；這些阿拉伯士兵無法適應嚴寒的天氣，戰鬥士氣不高，他們沒有回到原來德汶的營區，反而渡過阿拉斯河，往南方爾米亞湖周圍的平原前進。毛里奧努斯趁此機會把德汶要塞大肆搜括一番，還攻擊了東南方大約七十英里（約一一二公里）以外的納希契凡堡壘。除此之外，住在米底亞的居民，他們也不願意再臣服於阿拉伯人，揭竿起義還「把負責收稅的代理人殺掉」；米底亞就在今日伊朗西北部。康斯坦斯皇帝一直想要與北方聯盟加強合作共同對付阿拉伯人，米底亞事件發生以後，他立刻派了特使前去「拜訪米底亞人的國君，向他提出和平計劃，」並且收到許多回贈的禮物。

為了至少挽回一點顏面，也為了阻止各個地方發生全面性的叛變，阿拉伯大軍亟需在此刻展示一下自己的軍事實力，於是緊急從伊拉克調派兩個軍團趕往北方。其中一支特遣隊是由哈比卜・伊本・馬斯拉馬帶領，目標是奪回對亞美尼亞的控制權。西元六五五年春天，他們朝著正在圍攻納希契凡的拜占庭人開戰。相對容易之下，他們打贏了拜占庭軍隊，許多拜占庭人被殺死，剩下的都逃跑了，其中包括毛里奧努斯本人也在逃跑之列。阿拉伯大軍繼續往卡琳前進。卡琳的居民，軍事裝備不足以對抗阿拉伯大軍，於是打開城門，向阿拉伯人投降，被迫放棄許多金銀財寶和貴重物品。阿拉伯大軍接著就「大肆蹂躪整個亞美尼亞、阿爾巴尼亞，以及休尼克等地，拆掉所有的教堂；他們把當地最重要的王公貴族，還有許多人的妻子兒女，都抓去當作人質。」第二支特遣隊的任務是要制伏高加索東部地區。根據穆斯林資料記載，這支隊伍是由一名資深士兵薩爾曼・伊本・拉比亞・阿爾巴希利（Salman ibn Rabi’s al-Bahili）帶隊，他們的目標是拿下可薩人（the Khazar）在巴蘭加爾（Balanjar）的前線作戰基地；巴蘭加爾在今日的達吉斯坦共和國（Dagestan）。他們往裏海沿岸前進，然後轉向北邊「要去攻打裏海隘口（the Caspian Gates）附近的人。」他們要穿過一座名為達爾班德（Darband）的堡壘，阿拉伯人稱之為「山門之門」（Gate of Gates;阿拉伯文為Bab al-Abwab），指的是它的地理位置，就位於東西長城的起點；薩珊人當初建造這座長城是要把它當作出入高加索的屏障，用以阻擋來自北方的蠻族（參見插圖4.2）。剛開始，薩爾曼的兵馬只遭到當地人的抵抗，就是所謂「當地的守衛」，之後卻出現一大群遊牧人部隊，用傳統包抄夾擊方式抓住了阿拉伯人。遊牧人一隊人馬由前方攻擊，另一隊則從後方攔住了退路。唯一的出路就是越過艱難的高加索山區，只有極少數的人成功脫逃，「赤身裸體，渾身是傷，光著腳丫走到泰西封，回到他們自己的老家。」這群遊牧部隊幾乎可以確定就是可薩人；此時，可薩人正開始在俄羅斯的南方草原和高加索的北方建立自己的勢力範圍，摩拳擦掌隨時準備好要大展身手。

西元六五五年，西奧多・拉什圖尼過世，他在亞美尼亞親王的位子交由他的女婿哈馬扎斯普・馬米科尼安（Hamazasp Mamikonean）接任，「他是個善良的人，從各方面看來……但他沒有受過軍事訓練，也不曾上過戰場。」哈馬札斯普一直想要維持家族聲譽，要對得起「祖宗家傳的英勇特性」。在阿拉伯遠征軍重大慘敗之後，再加上西元六五六年阿拉伯內戰興起，這讓哈馬札斯普壯起膽子放棄效忠阿拉伯人，恢復與拜占庭帝國締結聯盟。康斯坦斯非常高興他做了這項改變，賜他銀質座墊，還有亞美尼亞親王的頭銜。可是他做的這項政策改變也付出了很大的代價。憤怒的穆阿維葉命人把從亞美尼亞抓來的人質驅趕到一處，通通殺掉，人數「大約有一千七百五十五人。」所有在休尼克和阿爾巴尼亞的王公們都群起仿傚亞美尼亞人，也向康斯坦斯皇帝輸誠，同意締結同盟。這表示在高加索地區已然形成了一個親拜占庭的基督教聯盟，康斯坦斯此時可以充分利用阿拉伯內戰帶給他喘息的機會，好好鞏固這座他要用來對抗阿拉伯人的堡壘。在他執政的第十九年（西元六五九至六六〇年），他在整個地區舉辦一場盛大的遊行，與當地貴族們會面，大方贈送他們禮物和頭銜。其中，賈萬希爾，也就是阿爾巴尼亞的王公，來到米底亞與康斯坦斯見面；這也是康斯坦斯想要從阿拉伯人手中爭取過來的人物。康斯坦斯取出聖十字架，當著賈萬希爾的面敲下一角，交給他，對他說：「願此成為你和你的子孫們對抗敵人的強力支柱。」

插圖4.2
達爾班德（Bab al-Abwab）的長城，在達吉斯坦共和國（俄羅斯）境內，鄰近就是裏海。由十九世紀俄羅斯知名攝影師德米特里·耶爾馬科夫（Dmitry Yermakov）拍攝，大約攝於西元一八九〇年。

然而，到了西元六六一年，阿拉伯人內戰結束了，穆阿維葉要重新奪回過去曾經被阿拉伯人佔領過的土地。賈萬希爾猶豫了；他看到拜占庭皇帝面對阿拉伯人時的無能為力，「阿拉伯人像烈焰一樣燒燬了拜占庭人口稠密的市集和城市，」他擔心自己的土地也會遭到同樣的待遇，於是他決定改變立場，加入阿拉伯陣營。西元六六四年，賈萬希爾準備了豐厚的禮物帶去拜見穆阿維葉，「向世界的征服者致敬。」穆阿維葉用極其盛大隆重的場面接見賈萬希爾，並在雙方的和平契約上蓋上大印，保證彼此真誠和永恆的友誼。賈萬希爾在回程路上遇見幾位亞美尼亞的貴族，他們用十分榮幸的態度接待了他，顯然他們心中也有了類似的想法。至此，拜占庭的高加索堡壘已然瓦解。穆阿維葉為了樹立自己的威信，他指派留在大馬士革當人質的格雷戈里·馬米科尼安（Gregory Mamikonean）返國擔任亞美尼亞王公，並且高調地護送他光榮回國。在格雷戈里任內，也就是西元六六二年到六八五年之間，他的確能守護亞美尼亞不受到任何掠奪和攻擊，這也說明了何以在這他執政的這段時間，亞美尼亞地區興建了許多基督教教堂。在當時，這些高加索王公，雖然必須「套上附庸國的桎梏向南方霸主低頭」，但至少保住了他們的地位，可以全權管理自己的轄區。在阿拉伯第二次內戰期間（西元六八三年至六九二年），他們都得到喘息的機會，因為這段時間內，亞美尼亞人、喬治亞人和阿爾巴尼亞人都不再繳納貢品給阿拉伯人。就某些方面看來，對這些王公貴族而言，事情其實沒什麼多大的改變：從前，他們處在波斯和拜占庭兩大帝國之間左右為難；現在，只不過是阿拉伯人取代了波斯人。

伊朗北部與帝國東部邊境（地圖3.3和4.2）

伊朗北部和中亞一帶，就跟高加索一樣，地形險峻不容易被征服，所以能在西元第七世紀始終維持著相當程度的獨立。不僅有高山屏障，還有沙漠阻隔：北方有艾布士山脈（Elburz），東北有科佩達格山脈（Kopet Dag），東邊有帕羅帕米蘇山脈（Paropamisus）和興都庫什山（Hindu Kush）；中央有卡維爾鹽漠（Kavir Desert）和盧特沙漠（Lut Desert），還有馬戈沙漠（Margo）雷吉斯坦沙漠（Rigestan）在東南邊。如此看來，不容分說，對阿拉伯大軍而言，要想征服這塊土地，進度一定會是非常緩慢。在西元六五二年之前，阿拉伯人一度掌控了納哈萬德中西部附近的高原，還有西南部各省，像是胡齊斯坦省、法爾斯省，和吉爾曼省（Kirman），但是對於北部和東部地區，就只能做隨機零星的出擊。阿拉伯人只在梅爾夫有大型的駐軍，而且還是用輪調方式從伊拉克派軍來此，並不是長期駐守；可見阿拉伯對此處的統治還不是非常全面的。波斯皇帝伊嗣俟死後，他的兒子們逃到了東方，波斯顯然是再也不會有人回頭執政了；此地的當權者很樂意跟新來的統治者打交道，若能換得個不被甘涉是最好。舉例來說，阿拉伯大軍快要攻打到位於今日阿富汗西北方的小梅爾夫（Merv al-Rudh）時，當地的領主寫了一封信給阿拉伯人，請他們務必要遵守當年他的曾祖父與波斯皇帝庫斯洛一世所簽訂的條約，「在他殺死一條經常吃人的巨蛇，為地方除害之後」，他的家族從此不用繳納稅金，還保證能夠世襲當地領主的統治權[10]。阿拉伯人通常都會答應這樣的請求，因為這也給了他們寬裕的時間，可以在當地從容建立行政管理的基礎設施，慢慢收服個別的貴族，或一次征服一座城市，不用全部一起征服。

伊朗北部

伊朗北部分成三個不同區域：西區、中區，和東區。西區是亞塞拜然，從裏海西岸向西南邊延伸。亞塞拜然的統治者住在阿爾達比勒（Ardabil）的首府，他起初是反對阿拉伯人的，後來因為阿拉伯人答應不殺他任何一人，不會把他的人當奴隸，也不會摧毀拜火廟，准許他們可以繼續進行祆教的儀式，還有維持他們「傳統的舞蹈節慶」，他終於答應跟阿拉伯人簽訂合約。作為回報，阿拉伯人每年會收到歲貢，還可以在他們的首府駐紮軍隊。再來說到伊朗北部的中區，它被艾布士山脈把它跟中部的伊朗高原區隔開來，指的就是裏海沿岸各省；由於裏海帶來豐沛的水氣，這裡生長了豐富又多樣的植物群。由於這個區域與外界隔絕，有助它生成強烈的地方特色，以及恣意而為的小統治者，在中世紀時期，他們的故事常常被寫在當地歷史中，個個都非常有名。「他們會在此時要求簽訂合約，之後又反悔拒繳貢品，」有位穆斯林作者抱怨他們的行徑，「一直反覆在發動戰爭和請求和解之間。」當時塔巴里斯坦（Tabaristan；也被稱為馬贊德蘭，Mazandaran）的統治者，是位特別有獨立思想的人，連中國人都知道他的名聲，因為他曾派人出使到中國；他拒絕向阿拉伯人投降。阿拉伯大軍的將領們，時不時地都想對這些地方試著施展一下身手，可是都落得鼻青臉腫，無功而返。舉例來說，西元六七四年，馬斯卡拉・伊本・胡貝拉（Masqala ibn Hubayra）帶領了一萬名士兵前去攻打塔巴里斯坦這塊分配給他的土地，當他們開始踏上陡峭的山谷時，當地人從山上滾下了巨石砸中他們的頭，就這樣殺死了馬斯卡拉大多數的士兵。馬斯卡拉不得不跟當地人講和，承認他們有自治權，回報是取得「五十萬的迪拉姆幣，一百件的披肩，還有（奴隸）三百人。」

最後，說到伊朗北部的東區，也就是戈爾甘肥沃的平原和迪斯坦（Dihistan）的草原，夾在裏海和卡拉庫姆沙漠之間；西元四八四年，波斯皇帝卑路斯一世就是死在這個地區。這裡從以前就是突厥古王朝（the Turkish Chol dynasty；阿拉伯文：Sul）的地區，他們在阿拉伯大軍征服之前就以此處為家。這裡原本是無人聞問的地方，直到蘇萊曼（Sulayman）擔任哈里發時（統治期間：西元七一五年至七一七年），他派了一位很厲害的將軍雅季德・伊本・穆海萊卜（Yazid ibn al-Muhallab）前去降服這個地方。雅季德將軍在當地把現任的君主圍攻數個月，還是無法讓他投降，只好跟他談條件，同意拿到貢品就走人。可是雅季德才剛離開，當地的人就拋開談好的忠誠擁護，把留在當地的阿拉伯官府人員給殺了。這下子可激怒了雅季德，他調回頭再繼續猛攻數個月，終於打到他們投降。而這次，憤怒的雅季德「他絞死了他們的戰士」，並且一如他之前所威脅的，他真的拿他們的血製做麵包，還吃了它。從此，這個地方很不情願地成了阿拉伯帝國的一部分。雖然如此，它就跟其它裏海周遭的省份一樣，在未來好幾個世紀裡，依舊保持著自己的獨特性，不受中央政府管轄[11]。

國境東北邊

伊朗東邊的邊境實際上分為北區和南區，分別位在雄偉的興都庫什山脈南北兩側。北區是在阿姆河和錫爾河及其支流（Jaxartes Rivers）的上游，它的西邊緊臨卡拉庫姆沙漠，北邊是克孜爾庫姆沙漠（the Kizilkum desert）。

這是個被高山、河流和沙漠分割成好幾個區塊的區域，它地形上的多樣與它政治上的多樣相符合，在各個獨立的地方上有各個不同的王公貴冑在管理，是個令人眼花撩亂的管理陣容。在這裡，最重要的地方小國是土克哈里斯坦（Tukharistan），也就是老巴克特里亞（ancient Bactria），它以巴爾赫（Balkh）為中心，就在今日阿富汗的最北邊；另一個就是粟特（Sogdia），它是由澤拉夫尚河（Zarafshan river）沿岸好幾個城市串連而成，還要再加上它們的腹地農業區，特別是現今烏茲別克的兩座大城布哈拉（Bukhara）和撒馬爾罕。北區相對上要比南區富庶許多，尤其是粟特，在伊斯蘭進入之前，它的居民就已經是中國、伊朗和拜占庭之間陸上貿易的主要中間人了。富庶的北區比南區留下比較多的史料記錄；它不只吸引到列強的注意，特別是中國的覬覦，甚至還留給我們一些當地的資料，是用巴克特里亞和粟特的方言文字所寫。當時的穆斯林作者往往只看得到信徒和非信徒的異同，而此地豐富的史料卻能夠讓我們了解到當時這塊土地上的多樣性。從當時的文章中，我們很清楚地知道，伊斯蘭教要跟其它像是祆教、佛教、摩尼教（Manichaeism）還有基督教等宗教爭得一席之地，還需要好一陣子的努力。再者，穆斯林作者只想把這裡的人簡單分類，在他們筆下的每個人，不是突厥人就是波斯人，可是，我們從其他人寫的作品中，卻可以看到在這個地區裡可是住著許多不同族群的人，在他們身上發生許多佚事插曲。

西元第七世紀初期，中國的取經者玄奘法師來到此處朝聖，他揭露了這個地區的多元面貌。他告訴我們，這個地方分成廿七個小國，每個小國都有個首領，但全部都臣服於突厥汗國。他剛抵達此處時，正是西突厥受到唐朝中興後強大威脅以致即將分裂之前，但此時的突厥可汗，在他看來依舊是威風凜凜，令人印象深印。玄奘法師是在西元六二九年至六三〇年之間前去拜見突厥可汗，地點就在伊塞克湖（Lake Issykul）附近，在今日的吉爾吉斯共和國（Kyrgyzstan）境內。據玄奘描述：「可汗身邊大約有兩百位高階武將（*tarkhans*，唐朝官書中稱**達干**，是**帶兵武將**）圍繞著他，他們全都身穿錦緞，頭髮編成辮子。左右兩側都是可汗的軍隊，或騎駱駝或騎馬，身上穿著皮草和細紡的毛衣，手上拿著長矛、弓箭或旌旗。」可汗和玄奘坐進了「用金花裝飾得富麗堂皇的帳篷裡，金光閃耀，光彩奪目。」一群當差的身穿華麗刺繡絲綢服，把座位用墊子鋪上，同時，可汗的隨扈已經在他身後就定位站好了。佳餚美酒，雙方相談甚歡，筵席結束時，可汗對玄奘讚譽有加，熱情的歡送，贈送他紅色緞面外衣和五十塊絲綢做為禮物[12]。但是不久之後，這位可汗就在一場叛亂中被殺，他領導的政權搖搖欲墜。到了西元六五九年，西突厥最後一位可汗被大唐囚禁，死在中國。就在此時，來到這裡的阿拉伯大軍正好遇上最高權力出缺的真空期，雖然中國皇帝唐高宗（在位期間：西元六五〇年至六八三年）宣稱接管了這塊原先受突厥人統治的地方，因為他一直把突厥人為中國的附庸，但實際上這並沒有太大的意義，因為此處地理形勢困難，離中國皇家所在的中心位置又太遙遠。而來到此地的阿拉伯大軍，別無選擇，只能一一跟當地各個地方的首領打交道，有的用武力對付，有的則是用外交手段征服。一直要到西元第七世紀末年，這裡的情勢才又開始發生變化：突厥勢力再度興起，他們重申對此處的統治權，對阿拉伯人造成嚴重威脅。

阿卜杜拉・伊本・埃米爾是首位領軍前來北區進行征服任務的阿拉伯大將，他是位充滿鬥志又能幹的將軍，當時還是巴士拉的統治者（西元六四九年至六五六年，以及西元六六一年至六六四年）[13]。首先，他先降服了梅爾夫和大呼羅珊（Khurasan）地區裡比較小型的幾個聚落，像是內沙布爾（Nishapur）和薩拉赫斯（Sarakhs），然後再往東向今日的阿富汗西部推進。阿拉伯大軍與這些地區簽訂的和平條約內容，不外乎就是保證當地人的生命財產安全，條件是他們每年要支付現金給阿拉伯人，有時候也會要拿奴隸、牲畜和食物當作貢品，有時是現金、奴隸和物品全部都拿，有時是只拿現金，也或有時只用物品取代現金。至於當地人如何分配湊出這些現金或貢品，這是當地貴族們（*dihqans*，**地方統治者**）的責任，穆斯林只管如數收下就是。就像阿拉伯遠征軍攻到了土克哈里斯坦，就在今日阿富汗北部，他們同意接受巴爾赫提出的條件，保證不會渡過阿姆河；巴爾赫是個農業興盛的綠洲，也是阿富汗知名的佛教中心。伊本・埃米爾親自跟這些以水為界的首領們談條件，他同意只要他們按時交出貢品，阿拉伯大軍就絕不會渡河侵犯他們的土地；貢品的內容是牲口，男、女奴隸，絲綢，還有衣物。然而，就在阿拉伯發生內戰期間（西元六五六年至六六一年），這些承諾的收益都被推翻了，所有伊朗東北部的地區都不再效忠阿拉伯。西元六七〇年，齊亞德・伊本・阿比・蘇富揚（Ziyad ibn Abi Sufyan）幫穆阿維葉掌管整個波斯地區，他為阿拉伯人東部邊境帶來了秩序和穩定。齊亞德以梅爾夫為中心，將行政事務都移到此處集中管理，他把五萬個家庭從伊拉克大舉遷徙到梅爾夫以及周邊的地區定居，據推測，他應該是有提供豐厚划算的報酬給願意參加此次向東遷徙的人。這下子，當地既有了軍事行動基地又有了兵力來源，這使得要出擊河中地區（Transoxania，在阿姆河流域的土地）變得比以往更加容易；在此之前，他們都必須遠從巴士拉調遣軍隊過來才行。大呼羅珊地區接下來的幾位總督都善加利用這項便利，在此地大力擴展阿拉伯勢力。齊亞德的兒子，歐拜杜拉（'Ubaydallah）是「第一位渡河（阿姆河）到布哈拉的阿拉伯人（西元六七三年至六七六年）」，他出兵攻打布哈拉胡達（the Bukhar Khuda，即「布哈拉的領主」），這位布哈拉的領主管理著佩以罕（Paykand）和布哈拉這兩座富裕的商業中心；歐拜杜拉一舉成功的將他打敗。

講到這裡，當地歷史學者習慣上都會提到一位重點人物，就是布哈拉領主的妻子，在此就簡單稱作可敦（the Khatun，可汗的夫人），她的聰明才智和管理能力都十分受人稱讚。她丈夫死時，兒子還很幼小，她接手掌管國家，攝政十五年，跟好幾位阿拉伯大軍的首領交易，為她的子民爭取到最有利的條件。據說，她每天都會騎馬出城，停在販賣飼馬草料的賣家門口；她會坐在寶座上，面前站著奴隸、宦官和貴族們。遠遠站著「兩百位出身地主和王親貴族的年輕人，他們腰上束著金腰帶，身上佩帶著刀劍，準備好要為國服務」，只要可敦一現身，「所有人都向她鞠躬行禮，並分列成兩行，聽憑她垂詢國家大事，下達命令或禁止令。」西元六七六年，這位可敦派出一支布哈拉人軍隊，前去幫助阿拉伯人攻打撒馬爾罕；撒馬爾罕是這塊土地鑲在皇冠上的另一顆寶石，是粟特人的首都。粟特人雖然強力抵抗，但很快就投降了，因為阿拉伯人得到一位當地人做內應，帶他們進入一座古堡，「古堡裡住的盡是王親貴族的子女」，粟特人害怕他們的子女全數被殺，只好投降。阿拉伯大軍終於為穆阿維葉拿下這耗費時日得來不易但是非常穩固的收益。然而，西元六八三年，哈里發雅季德的死，引爆了阿拉伯第二次內戰。這場內戰造成的損耗太大，延緩了阿拉伯人的征服進度，讓他們要花上廿年光陰才能彌補這一仗帶來的損失。

國境東南邊

阿拉伯東部邊境的南區，它最重要的地帶，大約就是在現今阿富汗的東邊和南邊，以及今日巴基斯坦的西北邊，包括了下列幾座城市：扎蘭季（Zarang）、博斯特（Bust）、坎達哈（Kandahar）、喀布爾（Kabul），以及卡皮薩（Kapisa）。這些都是很難行走穿越的土地，因為遍布不毛的沙漠和聳立的高山，只有在赫爾曼德河（the Helmand River）和阿爾甘達布河（the Arghandab River）流經的西南方才可能發展一些農業，以及在東部有豐富的貴金屬礦層，特別是潘傑希爾省（Panjshir）的銀礦，給當地居民帶來很好的生活。扎蘭季和它的腹地受到阿拉伯人不算高壓但是合理的管控，特別是在阿卜杜勒・拉赫曼・伊本・薩馬拉（'Abd al-Rahman ibn Samura）長期統治期間（西元六五四年至六五六年，西元六六一年至六七〇年）。以上說的是錫斯坦省（Sistan）的西邊；錫斯坦東邊的地形更是崎嶇，過了札蘭季就是馬戈沙漠，再加上興都庫什山，特別難行。在這邊，產生許多在地的統治者，像是在扎布利斯坦（Zabulistan）和阿魯克哈伊（Arrukhaj），即古時的阿拉霍西亞（ancient Arachosia），這裡由盧比爾人（the Rutbils）統治；而喀布爾沙阿（the Kabul Shahs）和欽古人（the Khingals）則是統治喀布爾和健馱邏（Gandhara）；健馱邏位於今日巴基斯坦西北部的白夏瓦（Peshawar）附近。這些統治者的痕跡，我們從他們鑄造的錢幣上可以看到，也看到了他們獨特的藝術風格和宗教傳統。在興都庫什山的西端是巴德吉斯省（Badghis），首府在赫拉特（Herat）；巴德吉斯省曾經是嚈噠帝國堅持到最後的據點之一。嚈噠帝國曾經在第西元第五世紀中葉到第六世紀中葉，統治了幾乎整個中亞，之後敗給了突厥人。這些在地的統治者，都十分珍惜他們所擁有的獨立自主權，也都受到特有地形的保護，因此，即使他們有時也會一時之間簽下停戰條約或和平協議，可是只要情勢轉變到允許時，他們常常會翻臉食言、一再毀約。舉例來說，西元六五四年，赫拉特和巴德吉斯省就棄守承諾，趕走阿拉伯政府的代表，很顯然他們是受到卡琳波斯貴族成員的唆使才會這麼做。扎蘭季就毀約了三次，而且在西元六七一年還成功抗拒了齊亞德・伊本・阿比・蘇富揚的命令：札蘭季拒絕殺掉他們祆教的祭司，也不肯熄滅他們的聖火。還有，當阿卜杜勒・拉赫曼・伊本・薩馬拉去世時，喀布爾的統治者就集結了一股反對力量，竟然能把喀布爾城裡和它周邊地區的阿拉伯軍隊趕走。盧比爾人收復了對扎布利斯坦和阿魯克哈伊的統治權，甚至遠至博斯特都收復了。就在要重新談判簽約的時刻，卻因為哈里發雅季德（在位期間：西元六八〇年至六八三年）去世了，「喀布爾人，背信忘義，打破協商，」又再一次毀約，甚至還把前去重新簽約的阿拉伯軍隊打得潰不成軍。在整個阿拉伯第二次內戰期間，盧比爾人就靠著挑撥不同陣營的阿拉伯人互鬥，所以能一直維持著他們的政權[14]。

非洲（地圖4.3）

非洲北部的阿拉伯大軍發現，要想在這裡進一步擴大征服地區，進度也是十分緩慢。以下這些城市，原本是拜占庭非洲省（Africa）的精華地區，後來變成了阿拉伯人的非洲（*Ifriqiya*）：非洲北海岸的祖吉塔那（Zeugitana），或叫非洲行省（Africa Proconsularis，在今日突尼西亞北部），拜扎凱納（Byzacena，突尼西亞南部），以及努米底亞（Numidia，阿爾及利亞東部）。在以上所謂精華區的西邊則是茅利塔尼亞（Mauretania，現今的阿爾及利亞西部和摩洛哥北部），這裡有高聳的亞特拉斯山脈（Atlas mountain range）。汪達爾人曾經在西元四三〇年代佔領這個地區，維持了將近一百年後才在西元五三〇年代被拜占庭奪回。汪達爾人對這裡的管理很鬆散，他們只在意靠近沿海地區肥沃的農業區，因此，內陸的居民——指的是住在山區和沙漠區的人——就開始建立自己的小國家，這些國家，通常會展現一種揉合拜占庭和摩爾人（Moorish）的混合特色。例如說，我們在阿爾塔瓦（Altava），也就是現今的阿爾及利亞西部，發現一份紀念堡壘落成的銘文，這是在西元五〇八年，為某位名叫馬蘇納（Masuna）的統治者起造的堡壘，「他是摩爾人和羅馬人的王。」大約就在同一時期，可是更往東邊去的地方，在現今阿爾及利亞東部的奧雷斯山脈（Aures Mountains），我們發現了馬斯蒂斯（Masties）的銘文，「他是統帥，也是皇帝（chief and emperor，*Dux et imp[e]r[ator]*）」，他「對羅馬人和摩爾人，從不背信棄義。」[15]再者，這裡很多統治者和居民都是信奉基督教的，從西元第五世紀到第七世紀，從這個區域裡各地的墓園中看到有大量基督徒的墓碑就可以了解。當拜占庭從汪達爾人手中奪回這個地區時，當然會想要重振帝國威望，可是當地的領導人早已習慣用自己的一套管理當地事務了。所以，衝突才會一觸即發：當的黎波里塔尼亞新上任的統治者，拒絕聆聽幾位摩爾領導人向他抱怨拜占庭軍隊的掠奪行為，而且，他殺了其中一位領導人，只因為他的袖子被這位領導人扯了一下，馬上就爆發一場鋪天蓋地全面的暴動。這場暴動花了拜占庭四年的時間才加以平息（西元五四四年至五四八年），而且也算不上是一場勝仗，因為累積已久隨時會瞬間爆發的民怨，逼得拜占庭只能把管轄範圍局限在沿海平原地帶，而各個摩爾人的王國依舊可以各行其是，擁有充分的自治權。

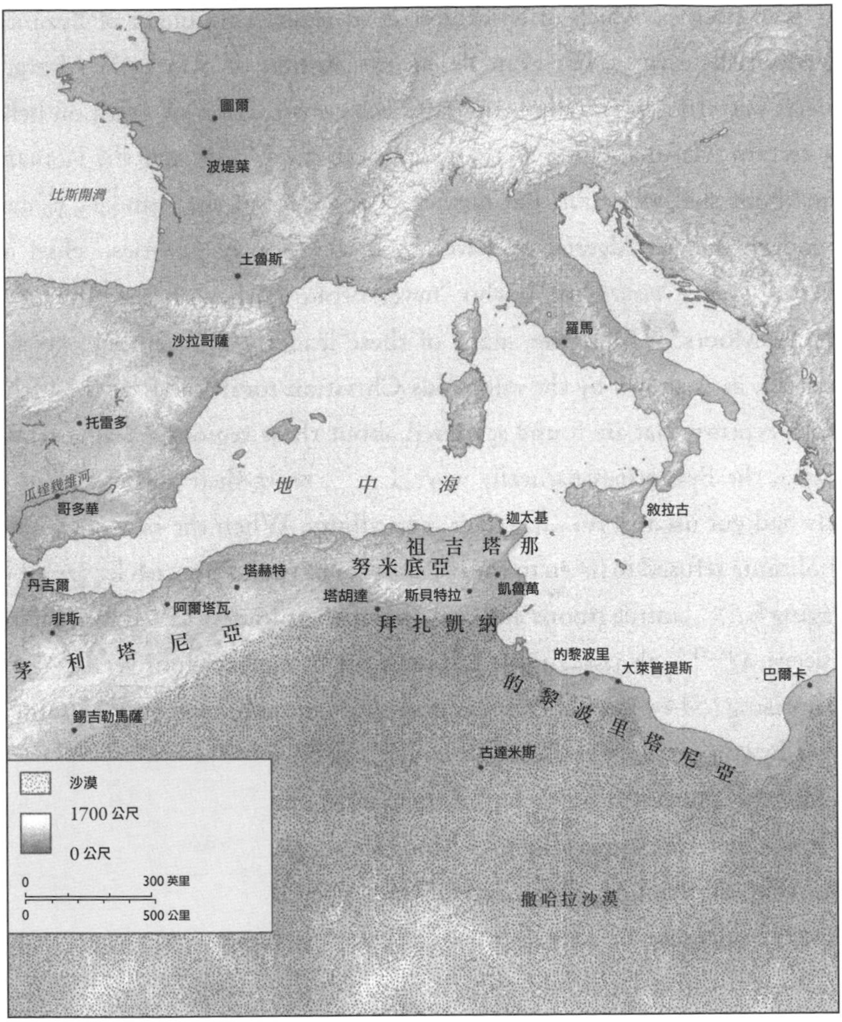

地圖4.3　西地中海區

因此，當阿拉伯人在西元六四七年把拜占庭在非洲的統治者格雷戈里趕下台之後，基本上他們交手的對象就是非洲的摩爾人，或是他們所說的柏柏爾人，在非洲似乎已經看不到來自拜占庭軍隊的威脅了，這也可能就是阿拉伯人會有好長一段時間把北非西部放任不管的原因吧。我們從一份基督教資料裡看到直到西元六七〇年，阿拉伯大軍才又出兵前進到這個區域，「他們從此地抓走八萬名俘虜帶回他們國家。」同樣的事件，我們在穆斯林的資料裡也有看到，而且還特別指出是由穆阿維葉・伊本・胡達伊將軍（Mu'awiya ibn Hudayj）領兵前來的。伊本・胡達伊將軍出身於阿拉伯南部一支強大的金達部族（tribe of Kinda），他此行的目標是拿下嘉魯拉（Jalulah），舊時的喀魯里斯（ancient Cululis），位於今日的突尼西亞。我們從一份用拉丁文寫成十行詩格式的銘文裡了解到，西元五四〇年左右，這裡曾經進行許多復元工作，包括修復堡壘城牆。在城裡一處剛修建好的城門門楣石上，雕刻著華麗的裝飾，還刻印著一首詩，詩裡寫著「拜查士丁尼大帝之賜，」他採用健全的行政制度，以法治管理國家，建設高大的城牆，因此化解人們心中「對摩爾人的恐懼。」即使到了西元第七世紀，嘉魯拉仍然有拜占庭軍隊進駐在此，看起來似乎是為了這個緣故，它才會成為阿拉伯人首要攻擊的明顯目標。穆阿維葉・伊本・胡達伊將軍用投石機削弱高牆的防禦，破城而入後，他很快就擊垮城裡的士兵，然後帶著大批俘虜，揚長而去。

大約就在同一時期，在拜扎凱納的中心蓋起一座阿拉伯軍營凱魯萬（Qayrawan；參見插圖4.3），就在突尼斯（Tunis）往南大約一〇〇英里（約一六一公里）遠處。關於它的建造日期，我們在穆斯林資料裡通常看到的是西元六七〇年，同一年，阿拉伯大軍在梅爾夫有了常備駐軍。從這些舉動看來，我們應該視之為穆阿維葉已經為他自己的政策做好了決定。就從梅爾夫駐軍這件事來看，這可說是阿拉伯人為鞏固和穩定統治政權，向前邁出很重要的一大步。有了凱魯萬，阿拉伯大軍在非洲總算有了一座前線基地，軍隊可以停駐在此，補充軍需用品，把此地當作下次出征的「發射台」，不用再千里迢迢回到東邊的亞力山卓港去；兩地的直線距離有一二〇〇英里之遙（大約是一九三〇公里）。穆阿維葉・伊本・胡達伊將軍似乎很有可能就是負責建造凱魯萬的人，時間就在他以圍城方式攻下嘉魯拉之後；嘉魯拉就在凱魯萬西北方，兩地相距只有廿英里（大約卅二公里）。但是，建造者也可能另有其人。有份早期的資料就很明確的說阿布・穆哈吉爾（Abu al-Muhajir）是「第一位在非洲住下來的將軍。」

插圖 4.3
位於突尼西亞凱魯萬（Qayrawan／Kairouan）的清真寺，大約建造於西元六七〇年，並於第九世紀擴建過。由一位熱愛東方文化未具名的德國人士拍攝，時間大約在西元一九〇〇年。

阿布是個被解放的奴隸，他從埃及行政機構被提拔成為將領，據說，在他之前，阿拉伯大軍通常都是在突襲掠奪之後立刻就返回埃及。而另外有其它的史料卻屬意他的對手，烏克巴・伊本・納菲（'Uqba ibn Nafi'）。烏克巴對阿布・穆哈吉爾懷恨在心，因為原本是他的非洲總督位子被阿布・穆哈吉爾給取代了。烏克巴年輕時和先知穆罕默德是同時期的人，又是首位埃及征服者阿慕爾・伊本・阿斯將軍的姪子，他自認應該獲得更高的地位。烏克巴被描寫成是一位既了不起又勇猛的英雄，因此他有一批狂熱的追隨者；他幾乎是單槍匹馬為伊斯蘭打天下，拿下今日阿爾及利亞和摩洛哥等地（在阿爾及利亞中部還有一座聖殿供奉著他）。「我已經把我的靈魂交付給全能的真神，」他說。他以驚人的速度一路向西推進，勢如破竹，一直打到大西洋岸邊，不得不就此打住。他埋怨大海擋住他的去路，他向真神起誓，要是他有辦法越過這片海洋，繼續為主征戰，他絕對會這麼做。

拜占庭慘敗，波斯等待起死回生

阿拉伯大軍初期的出征會打勝仗，從很多方面看來，這樣的結果並不令人訝異。這些在草原和沙漠上奔馳的部族，機動性高又有人力優勢，經常出擊得又猛又快，所以能迅速攻占土地。舉例來說，西元第四世紀時，有位名叫馬維亞（Mawiya）的撒拉森女王，她率領大軍打下腓尼基（Phoenicia）和巴勒斯坦（Palestine），最遠還打到埃及，所到之處攻無不克，最後羅馬帝國不得不派出使臣前去跟她商討和平條件。蒙古人，他們就是有本事在短短七十年之間（西元一二〇六年至一二七九年），佔領了比固定住所的大國還要多的土地。但是，一旦帝國的軍事力量終於啟動運作起來的時候，它通常會比遊牧部族更有能力抵禦侵略，因為它有比較好的組織能力，也可以用外交手段或提供一系列的誘因，化解威脅。所以我們就很想問西元第七世紀時，這些帝國究竟做錯了什麼事？或許從另一個角度問，這些阿拉伯大軍他們又做對了什麼事呢？這期間，波斯帝國的瓦解可能是最令人震驚的事了，畢竟薩珊王朝已經成功統治長達四三〇年的歷史了。〔國祚始自二二四年，亡於六五一年〕

波斯肯定不會輕易放棄束手就擒的——基督教和穆斯林的歷史學者都曾提到波斯人在整個伊朗所做的困獸之鬥，發生在不同時間、不同的城市裡。就拿雷伊城（Rayy）來說，它就反覆好幾次違背與阿拉伯人的和平協議，甚至在西元六五四年至六五五年間，在伊朗西北部發動大規模暴動，殺死負責幫阿拉伯人收取稅金的代表[16]。這些起義造反的人，在地形崎嶇的山區裡，利用此處的「深林峽谷、懸崖峭壁和岩石高山，」以不定時出沒的游擊戰打法對付征服者。他們把倖存的民兵組織成部隊，展開全面抗爭，希望能藉此「脫離巨龍的利齒。」這些人的怨氣，一部分來自高漲的稅金，一部分是因為阿拉伯人廢除了當地的騎兵隊，還奪走他們王公傳統的辦公處所。他們的策略明顯見效，至少有一段時日是成功的，因為有許多阿拉伯人死於此處困難的地形，還有許多人身受箭傷，受困在走不出的沼澤地區。這樣的結果造成在某段時間裡，阿拉伯人紛紛逃離此地。但是，不管是此處的叛亂，或是別處的抗爭，都無法反轉阿拉伯人到處攻城掠地的局面。就波斯人而言，他們遇到的問題是到處林立的高山和廣大沙漠的阻隔，也使得他們彼此之間很難聯繫串連成大規模行動，無法連成一氣的情況下，頂多只是造成地方事件，卻無法變成全國性的行動。這也表示，伊朗其實是被分隔成好幾個地區，各自有當地的貴族或領主統治。這些地區原本在薩珊王朝統治底下彼此緊密結合、團結一致，可是在西元六二八年庫斯洛二世慘敗之後，緊接而來的長年內戰削弱了彼此的鏈結，以致於伊嗣俟皇帝的死會導致整個波斯帝國徹底瓦解。

說到抵擋阿拉伯的侵略，拜占庭人所處的地理環境就比波斯人要好得多。就以兩者的首都來看，波斯的首都泰西封與阿拉伯半島之間，距離不遠又沒有天然屏障，反觀拜占庭帝國的首都君士坦丁堡，不僅有陡峭的托魯斯山脈（Taurus Mountains）阻隔，距離敘利亞沙漠的最北端至少相隔六〇〇英里（約九六六公里）。為了打擊拜占庭，阿拉伯大軍每年都會出兵攻打安那托利亞，但是只要到了冬天，又冷又長的嚴冬往往會迫使他們放棄夏天攻占的土地。但是，反過來說，拜占庭地處的缺點是，當它要經過安那托利亞攻打敘利亞時，也會遇到相同的地理上的問題。他們所能做的就是在敵人攻擊行動發生之初，就要把它阻擋在國土的南部和地中海東部沿岸。拜占庭帝國曾經幾次成功抵抗阿拉伯人對君士坦丁堡的攻擊，其中，由君士坦丁四世率領拜占庭大軍化解阿拉伯人連續幾次的攻擊最成功，時間就在西元六七〇年代末期到六八〇年代初期這段期間。君士坦丁四世派遣了一支游擊隊，成員號稱是「馬代特人」，他們航行到了提爾（Tyre）和西頓（Sidon），登陸之後，一路猛攻，直上黎巴嫩山區。就在這裡，他們贏得加爾吉馬人（Jarajima）加入他們的行列。長期以來，加爾吉馬人生活在安提阿附近的努爾山區（the Mount Amanus），有個生活年代與他們相近的人稱他們是「居住在黎巴嫩（Lebanon）山區的武裝份子，自古以來做的都是盜匪的勾當。」一開始，他們都避免捲入拜占庭與阿拉伯之間的戰爭，而後經不住阿拉伯人遊說，他們勉強答應當阿拉伯人的內應，幫阿拉伯人防守邊疆，條件是不必向阿拉伯人繳稅。但是加爾吉馬人並不喜歡受阿拉伯人統治，因此，當這群**米底亞特人**鼓勵他們起來反抗阿拉伯時，他們都欣然同意。此外，也有很多脫逃的奴隸和亞美尼亞的農夫加入他們，這使得他們的人數在短時間內迅速膨脹到數千人之多。人數一旦到達夠多的數字，他們就分支出去，從北方安提阿山區，一直分布到南方加利利海附近的高山，然後再以這些高山為中心，出兵襲擊環繞在他們四周固定居所的城鎮。

這群**馬代特人**（*mardaites*）顯然是戰績輝煌，對阿拉伯人形成芒刺在背。因此，當哈里發阿卜杜勒・馬利克（'Abd al-Malik）在自家內戰打得吃緊的時候，他向拜占庭提出要把前任哈里發所訂定的合約拿出來重新議定，其中很重要的一項條件是，「請拜占庭皇帝把馬代特人從黎巴嫩趕出去，並請制止他們的侵略行動。」[17]拜占庭因此讓阿拉伯人做了一些讓步，特別是讓他們放棄了一些地中海沿岸的城鎮，就算如此，依舊無法做到全面收復舊有國土。以拜占庭目前的能力，它也還做不到派遣大軍穿越高山一路打到大馬士革去，再加上阿拉伯人把首都遷到更遠的巴格達（Baghdad），這使得拜占庭要收復失土的機會更加渺茫。

穆阿維葉的統治

或許有人盼望著拜占庭和波斯帝國會突然出兵打過來，把失去的土地都搶奪回來，但這樣的事並沒有發生。另一件期盼中的事倒是發生了，阿拉伯帝國內部開戰了，就像許多邊疆地區的征服者一樣，不同派系的阿拉伯人打了起來，就跟在西元第六世紀晚期突厥人發生分裂時的情形一樣。阿拉伯內戰的確讓阿拉伯人在很多方面受到折損，但他們還是能夠團結在一起，保持住他們新近攻城掠地的成果。要想知道阿拉伯人何以能有這番成就，最重要的原因是，請不要忘了這些遊牧部族除了有與生俱來的戰鬥能力，帶領他們征服天下的這群領導人，並不是一群對文明世界全然陌生的人。這些領導人，基本上都來自葉門和阿拉伯半島中西部和西北部的綠洲城市。葉門建國已經有一千五百年歷史了；阿拉伯半島的中西部和西北部與羅馬—拜占庭帝國各行省的互動也有好幾百年歷史，彼此關係十分緊密。穆罕默德本人就曾經參加過好幾次到敘利亞的商業貿易旅程，而他出身的古萊什族在當地也認識很多信仰基督教的阿拉伯部族，一直都維持很好的關係。因此，雖然這些征服者可能未曾料到自己會坐到掌握方向盤的統治者大位上，但是他們對政府的事務一點都不陌生[18]。

穆亞維亞是阿拉伯統治者當中，第一位讓自己的姓名出現在錢幣、銘文和文件上的人，就連當時的編年史也寫上他的事蹟；他建立了伍麥亞王朝（西元六六一年至七五〇年）。關於他的治理，我們從這些資料裡會得到什麼答案呢？首先，有位觀察家提到：「穆阿維葉拒絕前往穆罕默德的所在地。」也就是說，他不去麥地那上任；在他之前，每位阿拉伯統治者都是住在麥地那。穆阿維葉決定以大馬士革作為他的首都，他在當地統領作戰已經有廿年了。顯然穆阿維葉想通了一件事，要他從麥地那距離那麼遠的地方，遙控如此龐大的阿拉伯帝國，那根本是不切實際。穆阿維葉的決定聽起來十分務實，但的確引起很大爭議，畢竟穆罕默德是在麥地那起家，在麥地那創建他的社群。在西元六八〇年代，有位不滿伍麥亞王朝的主要反對者，阿卜杜拉・伊本・祖拜爾（'Abdallah ibn al-Zubayr），他就有一項承諾是要讓麥加和麥地那重回帝國的中心，這項保證為他贏得許多支持者。然而，穆阿維葉的決定很可能不只是個講求實際的決定，他是將自己的統治視為新朝代的開始。他的兒子雅季德想當然爾承襲了他的想法，因為他在上任之初就做了一件令人震驚的事，他在錢幣上打印著「雅季德元年」，而不使用伊斯蘭希吉拉（hijra）曆法；希吉拉曆法是以穆罕默德從麥加遷徙到麥地那，在麥地那建立社群的那一年起算，一般記成「AH」，表示是希吉拉第幾年，這早在雅季德之前已經是行之有年的標準慣例。穆阿維葉的這些舉措，對古代中東地區的各位領導人而言是非常重大的事，這說明他並不僅只是把自己當做是先知穆罕默德的代理人而已[19]。

第二點，穆阿維葉注意到他該如何管理敘利亞以東這片廣大領土的問題，他想要加以中央集權管理，否則將來這裡會變成伍麥亞王朝的隱憂，可能導致王朝滅亡。穆阿維葉的解決辦法就是把它託付給自己的親信管理：首先他交給阿卜杜拉・伊本・埃米爾，然後又交給了齊亞德。阿卜杜拉・伊本・埃米爾與穆阿維葉是同一部族的人，而且是他的女婿。齊亞德是穆阿維葉父親的小妾所生，後來穆阿維葉正式認他作弟弟。在西元六六一年至六七四年（希吉拉四一年至五四年）期間，這兩人的姓名都出現在東方這片領土的錢幣上。齊亞德的統治勢力似乎推廣得更遠，他在西元六七〇年到六七四年間鑄造的錢幣，是在整個伊朗地區廿四家鑄造廠打造出來的。這也證實了穆斯林歷史學者所記載的，齊亞德在整個東方地區儼然就是僅次於穆阿維葉的副王（viceroy）。齊亞德是第一位在錢幣上用阿拉伯文字加上宗教標語的人，他在錢幣上刻了一句「奉真主阿拉我主之名（*bismillah rabbi*）」。他的兒子追隨他的腳步，也接手管理東邊這片廣大土地，他們父子倆在這裡為穆阿維葉和雅季德父子管理總共超過廿年時間[20]。

第三點，穆阿維葉採用放任政策（lassez-faire policy）來管理征服地區的民眾——「他讓每個人依自己喜歡的生活方式過活，」當時是有人這麼形容他的管理政策——而且他會安撫民眾，讓他們了解其實他並不反對他們的宗教。舉例來說，當穆阿維葉知道大多數住在他征服地區裡的居民是基督徒時，他做了一個睿智的動作，他去到耶路撒冷，要求許多阿拉伯領袖在耶路撒冷對他宣誓效忠；而後「他去到城郊各各他山（Golgotha，髑髏山），在耶穌基督被釘十字架的山頭，他坐下來跟大家一起禱告；他也去到客西馬尼（Gethsemane），那是耶穌母親瑪利亞安葬的地方，他在聖母瑪利亞的墓園裡祈禱。」穆阿維葉也在敘利亞積極拉攏信奉基督教的阿拉伯精英（像是我們在第一章裡提到的沙哈里・伊本・沙林那樣的精英人士），他們可都是對政府管理有寶貴經驗的人。這些精英裡後來有很多人成了他朝廷裡的資深顧問和行政官員，像是在大馬士革的曼蘇爾家族（the Mansur family）就是；信仰基督的詩人經常出入他的宮廷，他在部落裡有許多支持者是基督徒。穆阿維葉本人還娶了最有勢力的基督教卡爾布（Kalb）部族首領的女兒梅森（Maysun），與她生下了後來的哈里發雅季德。雅季德繼續這樣的政治聯姻，他娶了兩位加桑王國（Ghassan）的女子為妻，其中一位據說是加桑國王的女兒；聽說那是加桑最後一位信奉基督教的國王[21]。穆阿維葉確實也努力推行讓大家親近穆斯林的政策，像是取消錢幣上的十字架圖像，把大馬士革的施洗者聖約翰教堂（Church of St John the Baptist）與清真寺合併，可是顯然受到基督徒們反對，所以後來他就放棄了[22]。

最後，穆阿維葉考慮到了經濟問題。征服行動給阿拉伯人帶來大量的現金收入，分別從稅金、貢銀和戰利品而來，但這些收入大多轉手就發放給了軍隊；軍人的餉銀不只是發給軍人，還要給他們的家人和親屬。在一份西元六七〇年記錄伊拉克南部的年度收支報告書裡，我們看到它的稅金收入有六千萬迪拉姆，其中就有五千二百萬當作軍餉和配給付給了軍隊和他們的家庭。收入的百分之八十七是費用支出，這真是相當高的比例（現代人對羅馬晚期軍事費用所做的估算，大約只佔國家總收入從三分之一到一半不等的比例），而且我們確定，從伍麥亞王朝的埃及莎草紙上，沒有看到有把錢繳納入國庫的記錄。所以，穆阿維葉究竟如何應付他王室的生活開銷，又如何支付國家運作所需要的經費呢？這些費用包括了：道路、橋樑還有運河的維修和保養；船隻、圍城機械的建造和人員的配置；各項設備、貨物的製作和運輸。他的確是可以從俘虜、奴隸和徵求義務勞動來解決人力方面的需求，但是我們從莎草紙的記錄裡看到，所有大型工程的建設和軍隊的作戰，基本上都是有支付薪資的，我們還看到他用現金購買原物料的記錄。所以，回到老問題：穆阿維葉是如何籌錢的呢？從一份資料上我們看到，穆阿維葉拿同樣的問題問了他在伊拉克的財政大臣，財政大臣在徵詢當地的貴族之後，給了穆阿維葉一個建議，說他可以好好利用從前波斯皇家的農業莊園。這些莊園裡的農地都不用繳交標準的土地稅，但是管理莊園的人要把農地裡某一比例的收成直接繳給薩珊王室。穆阿維葉決定仿照這樣的作法；而這些農地在把灌溉系統整修好了之後，為穆阿維葉帶來豐厚可觀的收入[23]。

穆阿維葉用同樣的手法也在其它各地為自己開闢財源。他找到許多被地主棄置的土地；這些地主，大多是在征戰的過程中，逃跑了，被殺了，或許是被俘虜了。而這些土地，不是被穆阿維葉家族給佔有了，就是被他當作獎賞送給他的親戚或盟友，條件是他們要繼續開發這些土地。此外，當時的基督教作家還告訴我們一些他們的發現，像是在埃及東部的克利茲馬港（Clysma），有被俘的基督徒在猶太領班手下做事，還有在佐爾（Zoara）和特拉伏利吉亞（Tetraphrygia）地區靠近死海的地方，在當地公共莊園裡工作的人，都是被俘虜的賽普勒斯人，他們很有可能是西元六四九年至六五〇年間，被阿拉伯人從他們家鄉島上捕捉來的戰俘。但是，從阿拉伯大軍征服中受惠而變成富有的人，並不只有伍麥亞家族和他們的支持者。我們在西元七世紀阿拉伯的啟示錄中看到穆罕默德的預言：「你們的財富會多到這種的程度：送人一百枚的金幣都會被嫌棄太少而惹人不高興。」多數的財富都用到了鋪張浪費的程度，但是也刺激了經濟發展。許多當代的基督教作者都記錄到這一段歷史，他們說貿易量翻倍，社會一片祥和繁榮，公共建設大興土本，甚至連教堂也都修復了[24]。

然而，在阿拉伯大軍征服的前幾十年間，有很多地區的人是沒有什麼機會和阿拉伯征服者有日常的接觸，因為這些征服者不是忙於作戰，就是被限制居住在駐守的城鎮中；只有在敘利亞內陸，原本就有許多會講阿拉伯話的人，還有在大呼羅珊城，有許多新移入的外來者和當地人一起定居。舉例來說，從當時埃及莎草紙記錄裡看來，在穆阿維葉統治時期，這些鄉野頭目、地方官員（*pagarchs*），甚至行省裡的公爵，都是基督徒，而且很可能是當地土生土長的埃及人，只有各地的總督、幾位資深幹部、軍隊，才是從征服者裡面挑選出來的。西元六七〇年代，在上埃及有位名叫帕帕斯（Papas）的地主，他出身當地貴族又擔任地方官員，從他個人的檔案資料裡，我們光從外表是很難看出他和一位阿拉伯統治者有什麼明顯差別。他和宮廷裡的秘書們（*notarioi*）通信時，都是用希臘文書寫。他們是用同樣方式培養出來同一類型的人，寫信時都會使用一種文謅謅的語言，像是：「吾兄，各方面都令人敬重的您」，「受上帝保佑的，我的尊長和兄弟」，「您尊貴又使人愛戴的友誼」。帕帕斯身為教會的一員，又因為當時鄉鎮議會傳統上都是由他們這些教會人士組成，他常常會出面協調當地的糾紛，或私下幫人解決一些法律問題，像是租賃、抵押，或擔保品貸款等事。但是，表面上看起來一切一如往昔運作正常，但實際上，背後還是感覺得到有新政權的陰影籠罩；從帕帕斯收到的信件裡可以看出一些端倪，像是「我不能違抗我的領主們，」以及「我的統帥，埃米爾（emir）的命令，是絕不可能更改的。」對於新來的統治者，他們累積了三項抱怨不時就會冒出來，而且是一而再的發生。第一項就是稅金和供養軍隊，他們必須不停地提供物資滿足軍需；這一切好像是從上層最高長官執意要求下來的。第二項是被徵召到海軍艦隊服務，像是木匠、捻縫工（堵塞船底縫隙的人）、划槳手和相關人員，雖然這些工作都有支付薪水，但是海上生活本來就很危險，出海打仗就更危險，很少有人願意冒著生命危險從事海上工作，尤其他們對付的對象是來自拜占庭同為基督徒的弟兄。第三項是和發生在奴隸身上的一些現象有關。教會當局不斷收到各地發愁的教友們詢問：「如果我們因為在戰爭中被俘虜或淪為奴隸，失去自由，從此無法按時上教堂，不能行齋戒，無法守夜禱告，我們要如何贖罪呢？而那些因為被俘虜、成為奴隸之後又被迫賣淫的婦女，我們該如何安慰她們呢？」[25]這些人被迫離開家鄉、在千里之外淪為異國人的奴隸，這種經歷太痛苦，無怪乎這些受壓迫的苦楚與艱辛會充斥在我們所找到的資料裡。

穆阿維葉的宗教與穆阿維葉的形象

穆阿維葉是穆罕默德的妻舅，據說還曾經當過他的抄寫員，他是敘利亞總司令，擔任公職超過四十年，他是阿拉伯帝國的領袖，但是，他在西元第九世紀的穆斯林資料裡卻有著相當負面的形象。在阿拉伯的第一次內戰裡，他反對阿里，有許多阿拉伯人死於這場內戰；他提名自己的兒子雅季德繼續擔任哈里發，被後人視為不可原諒的舉措。他建構了阿拉伯人的政府框架，用來管理新近征服所取得的土地，就連他的這項成就也備受批評。晚近的學者們一致認為，在麥地那的哈里發們（阿布・巴克爾、歐麥爾、奧斯曼和阿里）都是用正義和虔誠來治理民眾，而穆阿維葉卻是效法拜占庭和波斯帝國的皇帝，把原本合乎正道的治理方式轉變成了專制的王朝制度。「穆阿維葉是第一個設置隨扈、警衛和侍從的人……他命人手持長矛走在他的前面；他強迫軍人從軍餉裡掏錢出來捐獻；他高高在上坐在王椅上，而眾人要站立在他的下方……他強征民夫為他建設工程……，他沒收人民的財產據為己有，……他是第一個把哈里發（先知代理人）的職務當成皇帝來做的人。」[26]

穆阿維葉的形象顯然受到以下兩件事的影響而受損。首先是他參與的第一次阿拉伯內戰給大家帶來痛苦和殘忍屠殺，再來是他從一個小小的精英份子變成一個大權在握的霸王，給人觀感不佳。然而，在奧斯曼治理時期就已經創下用人唯親的先例，阿里也參與密謀引起第一次內戰，為何他們兩人和阿布・巴克爾及歐麥爾都被認為是受到真神指引，唯獨穆阿維葉和他的繼任者就被描寫成是專制的暴君呢？答案是，這其實是一群宗教學者商討之後妥協的結果。整整西元第八和第九兩個世紀當中，這群宗教學者就極力辯證他們才是穆罕默德先知真正的繼承人，哈里發們都不是；他們主張，只有先知的後代才能守護先知的律法，只有先知的後代才能建立新法。但是，因為阿布・巴克爾及歐麥爾與先知穆罕默德實在太親近了，他們曾經輔佐先知，幫忙傳達許多先知的指導，還有這群學者也不願意譴責奧斯曼和阿里，恐怕因此會失去親伍麥亞的溫和派和親阿里的這兩派人馬對他們的支持。因此，他們把音樂裡的休止和詩歌中停頓（caesura）的觀念帶入了伊斯蘭的歷史：他們界定在穆阿維葉之前的四任哈里發，因為他們有受到真神導引，伊斯蘭在他們任職期間都能好好地推廣，那是一段黃金歲月；而穆阿維葉和他的繼任者，在他們治理期間，他們削弱了伊斯蘭的影響力，因此他們被指責是專制的暴君。

所謂在合乎正道治理的黃金歲月以後，緊接而來的是暴君專政，這種見解即使在經過很長一段時間之後，也沒有被大家普遍認同。直到西元第九世紀中葉，這個說法才廣泛流行起來，並且在備受尊崇的巴格達學者艾哈邁德・伊本・罕百里（Ahmad ibn Hanbal，逝世於西元八五五年）也接受了這種看法之後，竟變成了當時的主流思潮[27]。接受這種歷史觀點的人自稱是遜尼派（Sunnis：也就是遵循聖訓〔*sunna*〕，走規定的道路的人），而反對這個觀點的人，他們另外建立了有別於「正統」主流而有著自己看法的派別。溫和的親阿里派人士也被說服接受了這個妥協的觀點（也就是說，他們接受麥地那另外三位哈里發也跟阿里一樣，是合法的先知代理人），但是其他強硬派人士則堅持，只有阿里和他的後代才是唯一有資格領導穆斯林世界的人。支持阿里的信徒，他們從此跟主流的遜尼派永遠決裂，自己另外組織一個團體，稱為「阿里黨」（*shi'at Ali'*）或是「什葉派（Shi'is）」，也就是從這一刻起（西元第九世紀中葉），遜尼派與什葉派的千古對抗就此開啟。其實在穆罕默德時代，大家並不會因不同的學說定義產生派別之分（就算彼此之間有特別的怨懟，也不會破壞團結），很多與穆罕默德同時期的人都把他當成是合法的、受真神指引的領袖，穆阿維葉的才能與在他之前的四任哈里發比起來是不相上下的[28]。

現代歷史學者也曾對穆阿維葉是否對伊斯蘭忠誠提出懷疑，只是從不同角度提出他們的質疑。穆阿維葉在他的錢幣和文件上所使用的頭銜，只用過這兩種稱謂，即「真神的僕人（servant of God）」和「忠實的指揮官（commander of the faithful）」，而且他自稱他的統治是「忠實的治理（*qada' al-mu'minin*）」[29]「忠實的」這個詞彙，是穆罕默德在他社群奠基時所簽署的那份合約中使用的字眼，用來指稱凡是同意對他新創的社群效忠的人，效忠的對象還包括：社群的目標和社群的領袖，而且不論他信仰的是哪種宗教的一神教。看來穆阿維葉只是繼續維持同樣的作法。然而，由於穆阿維葉沒有公開明確地說出他效忠的對象是伊斯蘭或穆罕默德，因此惹惱了某些

插圖4.4　穆阿維葉的銘文，用阿拉伯文寫成，發現於沙烏地阿拉伯西部的塔伊夫。©版權屬卡爾．薩本．特威切爾（Karl S. Twitchell），美國採礦工程師（生於西元一八八五年，卒於西元一九六八年）。

人，這些人指責穆阿維葉，說他如果不是基督徒，就是「無特定教派」或「不特定」形式的一神教信徒，他的作為看起來就像是要促進基督教不同教派大結合的作法[30]。有人認為，其實穆斯林一開始並不認為他們的信仰跟其它的一神教完全不一樣，這話可能有幾分真實性。古蘭經裡傳遞的觀念是自古以來世上只有一個真正的宗教，就是順從（*islam*）唯一真神；而那些將耶穌（Jesus）神格化的人（正如基督徒們），或是將以斯拉（Ezra）尊奉為神的人（也就是信奉猶太教的人），他們都背離了這純正的一神教。從這個觀點看來，它們並不是不同的一神教，它們都是唯一真正的一神教，只是變異成了不同的版本。只不過，古蘭經沒有容忍「無特定教派」和「不特定形式宗教」這樣的立場，反而想要說服基督徒和信奉猶太教的人，要和他們論證自己信仰的才是真正的宗教，希望他們可以放棄錯誤的信念，回歸到真正的一神教，否則就只能繼續維持在次等地位、站在錯誤的立足點上。穆阿維葉顯然也是支持這個不容妥協的觀點，我們從他挑釁康斯坦斯皇帝時所說的話就可以明白這一點：「放棄相信耶穌〔的神性〕吧，快來信仰我所崇拜的偉大真神，祂是我們聖父亞伯拉罕的神。」[31]

我們或許可以透過波斯皇帝庫斯洛二世的作為更加瞭解穆阿維葉的宗教觀點；庫斯洛二世也曾被質疑他是否改信了基督教。庫斯洛的作法和穆阿維葉是大相逕庭的，因為他頒布禁令，禁止他的百姓放棄他們祖先流傳下來的宗教信仰。他沒有強迫人民改變信仰，反而誇耀現在要由他來接收上帝的寵愛。西元六二〇年代，就在庫斯洛征服了敘利亞、巴勒斯坦還有埃及之後，他成了這些地區裡面廣大基督徒的統治者，他得意地表示，只有他才是上帝眷顧的人——不是拜占庭皇帝，所以他才會在戰場上處處打勝仗，這就是最好的證明。庫斯洛因而想要從東方基督徒最尊崇的人得到祝福，他到敘利亞北部的聖塞爾吉斯教堂（St. Sergius）裡祈禱，並且命人造了一間儲藏室，用來保管基督十字架的碎片，那是他的軍隊從耶路撒冷搶下帶回來送給他的禮物[32]。我們或許應該如此解讀，穆阿維葉正是本著這種精神前往基督聖城耶路撒冷的，他不是出於促進基督教大團結的宗教熱忱，而是要向世人宣示，現在這個世界上——不是拜占庭皇帝，他才是偉大真神的代理人。

在阿拉伯半島西部，有一份慶祝水壩落成的銘文，它的出現使得這場論戰吵得更加激烈。它的內容寫著穆阿維葉對真主阿拉的請求和禱告，他祈求阿拉賜予寬恕、給予力量和支持，並懇求讓「忠實的信徒可以因真主阿拉而獲益」（參見插圖4.4）。這意味著穆阿維葉是真神與信徒之間的中間人，信徒們需要靠他為大家爭取福祉。他顯然是沒有想到他需要靠穆罕默德來鞏固他的合法性。有幾份伍麥亞王朝的文件裡，在提到跟指定王位繼承人有關的部分，它們都一致表達了相同的看法：真主阿拉「將祂的先知帶回去之後，真主就把祂的啟示對他密封起來了」，真主阿拉委託祂的哈里發去執行祂的旨意，並且制定祂的規範。很明顯的，伍麥亞人的思想觀念就是先知的時代已經結束了，現在真主阿拉在世上的代理人就是哈里發。穆罕默德的作法和規定，在他們的社群裡當然還是非常重要：阿拉伯人「還是維持著穆罕默德，他們的導師，當年所立下的傳統，嚴格執行到以下這種程度，也就是，任何人若敢明目張膽公開違反穆罕默德所訂的律法，他們會把這違法的人處以死刑。」這是西元第七世紀一位來自費內克的修道士約翰所說的[33]。可是，講到制定新的律法，伍麥亞人可就堅持這是哈里發的責任。宗教學者很快就出來反駁伍麥亞人的主張，如我們前面提到過，他們聲稱穆罕默德已經把他所有的語錄和行為規矩都清楚地傳遞給他們；他們用這個說辭來反對伍麥亞人的主張。在穆罕默德去世後的前幾個世代中，以下這種說法是很稀奇的：「我花一整年時間陪在哈里發歐瑪爾一世的兒子阿卜杜拉（逝世於西元六九三年）身邊，」一位法律學者說，「但我從沒有聽到他傳遞任何有關先知的事。」可是，不久之後，這種說法在民間基層得到了支持，然後我們又聽到另外一位學者的說詞，他寫作的年代大約是在西元七四〇年，他觀察到的情形是：「我從沒有從神學家賈比爾・伊本・扎伊德（Jabir ibn Zayd，大約去世於西元七二〇年）的口中聽到他說：『先知說……』，可是就在這裡的這些年輕人，一個鐘頭裡就會引述廿幾次先知講過的話。」[34]再過不久之後，穆罕默德的語錄已經跟古蘭經一樣，都是伊斯蘭所有律法的根源了。在穆罕默德時代，制定律法是一件遙不可及的事，而現在，哈里發可以立法了，但宗教學者不能。

第五章　大躍進（西元六八五年至七一五年）

西元六八三年冬天，穆阿維葉的兒子雅季德在穆阿維葉去世後上台執政僅僅三年就過世了，而雅季德自己的兒子（穆阿維葉二世）在雅季德去世後四個月，也過世了，至此，這個家族的政治生命已完全斷絕，他們手上的政權要重新開放給其他候選人。當時有兩位主要的競爭者：第一位是馬爾萬·伊本·哈卡姆（Marwan ibn al-Hakam），他跟穆阿維葉同樣都是伍麥亞家族的人；另一位是阿卜杜拉·伊本·祖拜爾，他的父親是穆罕默德的親密戰友，母親是穆罕默德的小姨子。阿卜杜拉除了強調自己家人與先知親密的關係以外，他還讓大家都知道「他挺身而出完全是出於對真主之家的熱愛，」他要駐留在穆罕默德的家鄉麥加，而且他鑄造了一些自己的錢幣，上面印著標語：「穆罕默德是真主阿拉的使者。」他的這些舉動確實為他贏得不少人支持，有位第八世紀早期的編年史作者說「所有人都支持選他當統治者，」還有，從西元六八四年（希吉拉六四年）開始，東部有很多省份，特別是法爾斯省和吉爾曼省，在他們的錢幣上稱阿卜杜拉是「忠實信徒們的指揮官」。但是，後來傳統上並沒有視阿卜杜拉為官方正式的統治者，雖然他一直用留在穆罕默德出生地這件事來強調自己的合法性，但是他沒有讓人看到他有處理大事的能力。相反的，馬爾萬，他選擇以大馬士革為根據地，雖然他的人氣不高，但他有穆阿維葉在敘利亞建設數十年的軍事基地可供利用。前面稱讚阿卜杜拉的那位編年史作者是這麼批評馬爾萬的：「就是有那麼多軍人支持他，馬爾萬被推上權力寶座，真主阿拉對此卻視而不見。」[1]

為了坐穩自己的位子，馬爾萬很快就去找拜占庭皇帝君士坦丁四世簽下和平條約，從此可以不怕北方敵人來攻；他又讓長子阿卜杜勒・馬利克對他宣誓效忠，確保將來在他死後，帝國不會因為繼承人產生問題。這些作法到後來都證明了是馬爾萬明智的安排。因為，事情才剛過了九個月，馬爾萬就去世了。雖說阿卜杜勒・馬利克能夠在敘利亞順利接下他父親的位子，但是他在其它地方卻遇到阻礙，難以被大家接受。其中有一群人，強力爭取要讓阿里的一個兒子繼任哈里發，他們認為，既然阿里娶了先知的女兒法蒂瑪（Fatima），他和他的後代就繼承了像穆罕默德一樣先知的能力。另外還有一群人，所謂的「哈里哲派（Kharijites）」（按照字面的意思：「出走者」），他們反對父死子繼的王朝政府，主張領導人應該能體現古蘭經當中真主阿拉的旨意，並且能做到如穆罕默德先知的言行。哈里哲派堅持「世上唯有真主阿拉能統治（*la hukmaillalillah*）」，這話看來像是打臉阿卜杜勒・馬利克所講的話；阿卜杜勒・馬利克說他自己是「真主阿拉的代理人（*khalifat Allah*）」，這話意味著他是直接代替真主阿拉統治世界的人（參看插圖5.1）。有很多出走者過著像盜匪般生活，他們住在鄉下地方，時不時就對政府設施做小規模攻擊，有時也會得到比較可觀的斬獲，像是其中有位成員，在西元六八〇年代，為自己在阿拉伯半島中部和東部拿下大片土地，還有另外一位，在西元六八九到六九六年間，佔領了伊朗西部和中部地區，並且鑄造了錢幣，錢幣之上他被譽為是「忠實信徒們的指揮官」。精明的阿卜杜勒・馬利克先讓這些競爭對手彼此消耗戰力，然後他再出動敘利亞大軍一舉拿下最後的勝利；他在西元六九二年殺死了阿卜杜拉・伊本・祖拜爾，結束長達十年的動亂[2]。

阿拉伯第二次內戰造成阿拉伯內部很大的分裂，阿卜杜勒・馬利克知道他必須要讓憤怒的同胞冷靜團結，還要讓那些被征服以及還未被征服的人看到阿拉伯統治者的厲害。他下令做了幾項影響深遠的變革，將幾個不同的

插圖 5.1　卡塔爾・伊本・富賈（Qatari ibn al-Fuja'a）的銀幣，鑄造於比沙普爾（Bishapur），年代是希吉拉七五年（西元六九四年至六九五年），上面有薩珊王朝皇帝的頭像，還有著名的阿拉伯名言「唯有真神能統治（rule belongs to God alone）」（英國阿什莫爾博物館所收藏的伊斯蘭硬幣編目（SICA）1/198）©版權屬英國牛津大學阿什莫林博物館訪客委員會（Visitors of the Ashmolean Museum，University of Oxford）。

系統改成一致：他統一幣制，並規定政府單位只能使用一種官方語言，那就是阿拉伯語。他更加尊重伊斯蘭，提升了伊斯蘭在大眾生活裡的份量。這和以往的做法不同，從前的統治者，因為顧慮到廣大的基督教人口以及阿拉伯軍中各級戰士有不同的信仰，所以沒有這麼做。而阿卜杜勒・馬利克，他觀察到他的對手阿卜杜拉・伊本・祖拜爾，由於他以穆罕默德最佳追隨者以及麥加地位捍衛者自居，得到廣大群眾支持，因此，他決定要奪下阿卜杜拉・伊本・祖拜爾在穆民心目中的地位。阿卜杜勒・馬利克因此頒布了一項新的伊斯蘭律法——「除了真主阿拉，世上再沒有其他的神，穆罕默德是真主阿拉的使者」——他下令在所有公開文件上都必須加上這句話，還把這句話印在他新造的錢幣上（參看插圖5.2）。他也比照穆阿維葉在東部設置副手的政策，指派鐵腕無情的哈查吉・伊本・優素福（Hajjaj ibn Yusuf）在東部當他的副手（於西元六九三年至七一四年期間），這位副手被充分授權來統治這塊當年波斯帝國的土地，他一方面要加強當地對伍麥亞王朝效忠，一方面要徹底消除波斯餘孽。終於，阿卜杜勒・馬利

插圖 5.2　阿卜杜勒・馬利克鑄造的金幣，年代是希吉拉七七年（西元六九六年至六九七年），上面有哈里發整身圖像，和阿拉伯名言「除了真主阿拉，世上再沒有其他的神，穆罕默德是真主阿拉的使者」（英國阿什莫爾博物館所收藏的伊斯蘭硬幣編目（SICA） 1/705）©版權屬英國牛津大學阿什莫爾博物館訪客委員會（Visitors of the Ashmolean Museum，University of Oxford）。

克又重新啟動阿拉伯征服的動能，首先就從非洲和伊朗東南部邊境開始。他的兒子瓦利德（Walid）延續他擴張領土的政策，短短廿年間，他手下的將領們就在西邊拿下了西班牙和北非，在東邊拿下了信德和河中地區。

就在阿卜杜勒・馬利克取得大權的同一年，年輕的查士丁尼二世登基成了拜占庭新任的皇帝（兩次在位期間：西元六八五年至六九五年，西元七〇五年至七一一年）。查士丁尼二世也有雄心壯志要跟之前與自己同名的查士丁尼大帝看齊（西元五二七年至五六五年）。他一始就先去拜訪亞美尼亞，急著展示他已經重新掌握這個地區的控制權。的確，在與阿卜杜勒・馬利克締結的和平條約中，亞美尼亞又重回拜占庭統治之下了。他接著又把注意力轉移到巴爾幹半島，他把想要將勢力拓展到巴爾幹半島的保加爾人打敗了，然後繼續向前推進，遠至塞薩洛尼基（Thessalonica）。這次出征，他帶回了很多斯拉夫人，他把他們一部分安置在安那托利亞，一部分留在軍中充當兵源。他從其中挑出三萬人，將他們武裝起來，稱他們是「特種部隊」，要把他們當作精銳武力用來與阿拉伯人作戰。他很快就有了可以表現的機會。西元六九二年，拜占庭和阿拉伯之間的和平條約在雙方互有齟齬期間被解除了。這份合約原本是查士丁尼二世的父親跟穆阿維葉簽訂的，在馬爾萬和阿卜杜勒・馬利克時代都有重新議定過，如今失效了。雙方軍隊在塞巴斯托波利斯（Sebastopolis）交鋒，也就是在安那托利亞的朋土斯（Pontus）開戰。剛開始看起來像是阿拉伯這一方會輸，可是它的大將穆罕默德・伊本・馬爾萬（Muhammad ibn Marwan），他是阿卜杜勒・馬利克同父異母的弟弟，他成功說服斯拉夫人從拜占庭軍中叛離，投靠到阿拉伯陣營。拜占庭大軍聽到這消息，立刻潰散逃跑。因為這場敗仗，查士丁尼二世的鼻子被割掉，還被放逐到克里米亞半島去。十年過後，他逃出了克里米亞，又藉著保加爾人的幫助重新坐上拜占庭皇帝寶座。然而，由於他報復心切，打亂了他原本想要改善國防的策略，反倒讓阿拉伯人屢次得手，甚至深入到拜占庭安那托利亞的心臟地帶[3]。

非洲

依照教宗若望五世（Pope John V；任職期間：西元六八五年至六八六年）所寫的傳記來看，查士丁尼二世在他任內有一項重要的成就，就是「收復非洲行省，讓它重新回到羅馬帝國懷抱。」可是若望五世對這件事並沒有詳加說明，我們從其它基督教文獻中也找不到關於這方面的資料，但是這很可能跟一位名叫庫賽拉（Kusayla）的柏柏爾人酋長有關。我們就只有從穆斯林資料裡看得到庫賽拉的事蹟，但是對他的身分講得很模糊，若再加上他保衛家園和同胞的英雄形象，他的身分可就變得更複雜了。最早的作家只記載他是基督徒，西元六八三年時，他殺了兩位征服非洲的阿拉伯英雄：烏克巴・伊本・納菲和阿布・穆哈吉爾。接下來的資料依時間順序再加上一些重要的細節：庫賽拉的軍隊是由「拜占庭人和柏柏爾人」組成的，這支軍隊在塔胡達（Tahuda），也就是塔布迪奧斯古城（ancient Thabudeos）贏得勝利，然後他們繼續前進拿下了凱魯萬。雖然穆斯林的資料都寫著庫賽拉在不久之後很快就被打敗了，但是依照教宗若望五世所寫的傳記，庫賽拉的成就似乎維持得更長久，況且，阿拉伯所指派的埃及總督在內戰期間應該沒有多餘的兵力可以運用。稍後有位歷史學者就做了比較合理的觀察，他認為當時是庫賽拉統治著非洲，他就住在凱魯萬，一直到西元六八九年，阿卜杜勒・馬利克在政權穩固之後派了一位大將到邊境巴爾卡，想要重新取回對非洲的控制權。當這位阿拉伯將軍攻打到凱魯萬時，因為當時還沒有高牆可以抵擋，庫賽拉只好撤出這個城市，跑到附近的馬米西（Mammis）暫時住下，住這裡是方便他隨時可以往阿特拉斯山脈（Dorsal Mountains）延伸的山脊撤退。就在庫賽拉躲藏的同一地點，西元五三四年時，柏柏爾人領袖庫辛納（Cusina）也在此與拜占庭人對抗，很不幸的，他們都遭遇同樣的命運：同樣都在長期苦戰之後被敵人打敗了。

阿拉伯大軍的下一個重要任務就是拿下迦太基（Carthage），這是拜占庭人在非洲最後一個據點。之前接連好幾位征戰非洲的阿拉伯大將都把迦太基放一邊，先不攻打它，他們認為應該要先把內陸的柏柏爾部族安撫住比較重要，同時因為迦太基有高大城牆保護，又因為它靠海，一直可以從海上取得補給，要想拿下迦太基，勢必是一場漫長的圍城之戰。不過，要是能把迦太基拿下，無疑地將是對拜占庭嚴重的打擊，這會剝奪拜占庭在非洲富裕的糧倉和豐富的稅金收入。為了這項重大任務，阿卜杜勒・馬利克特別挑中哈桑・伊本・努曼（Hassan ibn Nu'man）領軍主攻。哈桑・伊本・努曼是加桑王國的人，加桑王國從前曾經是拜占庭的盟國。阿卜杜勒・馬利克給了哈桑大批軍隊，有人說是四萬人，為了確保他能夠出師告捷。當迦太基居民看到阿拉伯大軍龐大的部署陣容衝著城牆而來，他們決定棄城出走，逃到義大利的西西里島和西班牙去，哈桑因此能夠相對輕易地就拿下了迦太基城。此時，拜占庭皇帝利昂提奧斯（Leontius）對迦太基人這種膽小行徑十分震怒，他立刻派出一支武力強大的海洋艦隊前往迦太基港，很快就突破了它的海岸防線。順帶一提，利昂提奧斯就是在西元六九五年把查士丁尼二世驅趕下台，將他放逐的人。拜占庭艦隊迅速登上岸去，狠狠擊潰了駐守在城裡的阿拉伯軍隊，還解救許多周遭的城鎮。這下子換阿卜杜勒・馬利克被激怒了，他派出一支更強大的阿拉伯艦隊，硬是把拜占庭軍艦趕出迦太基港，這也就是說，從西元六九八年起，哈桑又回到迦太基，重新掌管迦太基和它鄰近的地區[4]。

哈桑在非洲還有一件未完的任務，那就是剷除最後一位對阿拉伯大軍有威脅的柏柏爾人，通常他們稱她為「女先知」（卡希納，*kahina*）；也有人傳說庫賽拉是這位「女先知的兒子」，也就是說，這位接替庫賽拉守護家園的強悍女性很有可能就是他的母親。然而，要知道她究竟是誰或是為誰而戰，這實在是一件極為困難的事，因為早期資料裡關於她的記載都很簡短，而晚期資料說起她時又充滿了傳奇和神秘色彩。我們從最早的穆斯林資料裡只看到記載著哈桑・伊本・努曼在西元六九二年征服了奧雷斯（the Aures），到了西元六九四年，「女先知」被殺身亡。直到西元第十世紀才有一位基督教編年史作者，他在西元六九七年這個年份加了一條註記：「哈桑・伊本・努曼跟柏柏爾女王開戰，她打敗了他和他的手下。」也許哈桑跟柏柏爾女王曾經打過兩次仗——他在第一次時被柏柏爾女王打敗，而在第二次時打贏她，並且把她給殺了。由於眾說紛紜，我們只能說柏柏爾女王的戰亂大約就是發生在西元六九〇年代中期。奧雷斯，地處阿爾及利亞東部山區，在西元五三〇年代和五四〇年代由一位名叫伊奧迪斯（Iaudas）的柏柏爾人領袖所盤據；很可能從西元第六世紀初期一直到第七世紀晚期早就有一個獨立的柏柏爾政權存在於這個區域。在這些微量的訊息之外，我們看到比較多的是關於這位天賦異稟女先知的傳奇故事，她的預知能力讓她知道自己終將敗在哈桑手下，她看到自己悲劇結束的畫面，英勇地騎在馬上奮勇作戰，長髮在背後飛散開來，注定要戰到倒下的最後一口氣；在整個過程中，她始終知曉自己的命運。然而，她不僅只象徵舊時代結束，也象徵新時代開始。她曾經嘉許她兩個兒子照顧一位被她俘虜的阿拉伯人，而這位阿拉伯人，一如她所預言的，的確做到讓哈桑保證她兒子們的安全，並且讓他們加入了阿拉伯征服大軍。不只是她的家人，就連她的人民也都可以活命，還能繼續過繁榮生活，跟著阿拉伯征服者一起享受美好的未來[5]。

哈桑完成兩大任務後回到了凱魯萬，開始著手在這片廣大又缺乏行政效率的非洲省建立一個有效運作的政府。他蓋了一座供信眾集會的清真寺，設置首長官邸，還訂定非穆斯林應繳的稅，「只要是像這些信仰基督教的非洲人和柏柏爾人，」都要繳納稅金。在這一點上，穆斯林資料做了一個很隨意又很古怪的註腳：「大多數的基督教柏柏爾人是*baranis*，只有少數是*butr*。」很可惜卻從沒有解釋這是什麼意。在阿拉伯人之前，羅馬人——拜占庭人從沒有把他們做這種區分，就只是簡單通稱他們是摩爾人（Moors），偶爾也會稱他們是蠻族（barbarians）或直接稱呼個別部族的名字。有人推測阿拉伯文字裡的「柏柏爾（Berber）」是源自於蠻族（barbarians）這個字。照字面的意思來看，「*baranis*」是「兜帽（hoods）」或「連帽斗篷（cowls）」的意思，這說明他們在外觀上可以看出差異；而「*butr*」這個字指的是「切掉／除掉」，字義就沒那麼明顯，雖然有些穆斯林資料中說這些**布塔爾**柏柏爾人（*butr*Berbers）把頭髮剃光了，說是為了表示對穆斯林效忠的決心。我們不太確定這種區分跟柏柏爾人本身有什麼關係，我們只觀察到一個事實是剃髮的**布塔爾**柏柏爾人，他們來自東邊的昔蘭尼加和的黎波里塔尼亞（現代利比亞）滿是沙漠的地區，羅馬化和基督教化得不深，還有許多信奉異教的人；而頭戴**巴拉尼斯**的柏柏爾人（*baranis*），他們基本上是住在西邊的人，西邊有廣大富庶的農業區，比較徹底羅馬化和基督教化。在西元五四〇年代柏柏爾人叛亂事件中，拜占庭人努力安撫平定了西邊內陸的柏柏爾人，但是對於東邊的這一群——特別是盧瓦塔族的柏柏爾人，他們既殘暴又野蠻，令人不寒而慄——就只能「把他們趕出我們的疆界。」到了阿拉伯大軍征服時期，我們看到東邊的部族，尤其是盧瓦塔人，他們就平靜地默認了阿拉伯的征服，反而在西邊爆發了庫賽拉領導的大規模抗爭，還有「女先知」帶領拜占庭和柏柏爾人聯軍奮力抵抗。很有可能是當時東邊的柏柏爾人比較少羅馬化／基督教化，所以比他們西邊的鄰居較有意願和阿拉伯人合作。阿拉伯人也許就是注意到這些穿著兜帽或剃了光頭的柏柏爾人之間的差別，所以就用這種方式把他們從眾人之中粗略地區分出來[6]。

基督教文獻中最後一則非洲被征服的記錄是老茅利塔尼亞，相當於今日阿爾及利亞西部和摩洛哥等地。這是由穆薩・伊本・納塞爾（Musa bin Nusayr）立下的功勞。穆薩的父親納塞爾，曾經在阿拉伯早期征服伊拉克南部時被俘虜，然後被送去新政府的行政單位工作。納塞爾在阿拉伯政府裡工作表現良好，改信伊斯蘭、解除奴隸身分後，工作上一路升官。他的兒子穆薩接續他的腳步，在伍麥亞王朝擔任高官，分別在大馬士革、巴士拉和福斯塔特等地幫伍麥亞家族做事。穆薩在福斯塔特服務時，埃及總督阿卜杜勒・阿齊茲（'Abd al-'Aziz）注意到了他的才幹，十分賞識他，派他接替非洲總督哈桑・伊本・努曼。穆薩在西元六九八年到了非洲，接下來幾年都把心力花在平定非洲北部的最西端，贏得了哈里發阿卜杜勒・馬利克和他的繼任者瓦利德對他的感謝和讚賞。穆薩因為成功攻下北非西部最重要的殖民地丹吉爾（Tangiers）而登上非洲總督一職。穆薩一旦拿下了丹吉爾，就在西元七〇八年，他立刻在當地安置軍隊駐防，然後交給一位柏柏爾自由人塔里克・伊本・齊亞德（Tariq ibn Ziyad）管理，他自己則回到凱魯萬享清福去[7]。

西班牙（參見地圖4.3）

西元七一〇年，西班牙西哥德王國的威特薩（Witiza）國王去世了，雖然他有幾位已經成年的兒子，可是王國卻被一位名叫羅德里克（Roderick）的貴族給強佔了，據說是元老院慫恿他這麼做的。從當時不同的幣制可以看出西班牙確實處於分裂狀態：羅德里克的錢幣是在中部和西南部鑄造，而另一位名叫阿奇拉（Achila）的人，他的錢幣則在東北部流通。塔里克・伊本・齊亞德決定要好好利用這分裂的局面，西元七一一年初夏，他帶著大批軍隊從北非摩洛哥北部的丹吉爾渡過海峽到達西班牙；這批軍隊是由阿拉伯人和柏柏爾人組成。我們取得最早的資料出自一位西元第八世紀中期的西班牙基督教編年史作家，他記載這支軍隊是穆薩派來的。但是穆斯林資料卻說是塔里克主動這麼做的，而穆薩是在隔年才來到西班牙。而且穆斯林資料說穆薩原本很不高興塔里克事先沒有跟他商量就採取行動，但是在他得知此舉獲利豐碩後，態度很快就轉變為欣然同意。西元七一一年夏天，阿拉伯大軍與西哥德王國雙方人馬在西班牙南部沿海城市加的斯（Cadiz）的東邊交戰。這場戰役，依照這位基督教作家略顯誇張的手法描述道，「西哥德整支軍隊都潰敗逃走了，這支由背信忘義、野心勃勃、搶奪王位的羅德里克所率領的軍隊，打了敗仗之後四處逃竄，羅德里克被殺身亡。」

早期的穆斯林作者對這段期間的歷史都寫得多所保留，而我們在後來的穆斯林資料中反而看到在這個區域有阿拉伯和柏柏爾聯合大軍和當地居民交戰的描述，各式各樣的戰鬥，在各個不同地點。舉例來說，早先的伊斯蘭學者拜拉祖里（Baladhuri，卒於西元八九二年）非常簡短地記錄佔領哥多華（Cordoba）和托雷多（Toledo）。而前面提到的那位基督教編年史作家，他也只簡單地說托雷多被征服了，雖然他還有提到穆薩強迫這些地區接受「邪惡又騙人的和平」，還說穆薩破壞的區域不只是遠西班牙（Hispania Ulterior，西班牙南部和西部），還包括近了西班牙（Hispania Citerior，西班牙東北部），一直到伊比利半島東北部繁榮的沙拉哥薩城（Zaragoza）以及更遠的地方。很可能是征服過程中的細節實在太令人難過了，他不忍鉅細靡遺地描寫，就只寫出一般大眾心裡的哀痛：「穆薩摧毀了美麗的城市，一把火把它們焚燒殆盡；貴族和有權有勢的人被釘上了十字架，年輕人和嬰孩都被利劍殺死，」在看到諸多誇張離譜的行徑後，他描寫群眾的悲憤之情到了極點：「惡魔的罪狀實在是罄竹難書，他們對西班牙的摧殘，罪孽深重，就算人的四肢都變成了舌頭也難以道盡他們的罪行。」

前面提到的「騙人的和平」，讓我們有條線索可以弄懂為何這個國家（至少是西部的三分之二，因為東北部還維持著獨立）如此輕易就向侵略者投降，原來是各地的領主都跟阿拉伯和柏柏爾聯合大軍的將領們簽下了和約，不過，這當然是後來穆斯林資料所給的印象，其中最有名的例子就是穆薩的兒子和一位名叫西奧多米爾（Theodemir）的西哥德貴族所簽的和約。西奧多米爾統治著西班牙東南部的一小塊區域，就在現今的莫夕亞（Murcia）附近。他們的和約，也就比照之前在東方所簽的和約，跟以往的作戰傳統一樣，穆薩的兒子保證他們生命財產安全，可以保留基督教的信仰，條件是他們必須投降，繳貢品，並且答應不包庇逃犯，也不會幫敵軍打仗。就這樣，西哥德貴族可以留下一些他們的土地和生活習慣。西哥德人的祖先此時看起來好像還是有點價值，因為，就算被征服了很久之後，當時還有不少作者會吹噓他們跟舊時代還有所聯結，像是歷史作家伊本・奎提亞（Ibn al-Qutiya，自稱是「哥德女人的兒子」；死於西元九七七年），他就很驕傲地到處宣傳自己是莎拉（Sarah）的後代，而莎拉是哥德王國最後一位合法國王的孫女。

阿拉伯和柏柏爾聯合大軍征服西班牙的事，它的書面資料非常的少，這讓人不禁想問，這種事怎麼會發生在傳統敘事裡呢？有人回答說，也許因為這事是慢慢發生的，當時撒克遜英格蘭（Saxon England）剛剛崛起，西班牙一直持續有人不斷地從境外移入，不同部族的社會互動頻繁；因為不是突然爆發的大規模侵略，所以不見大書特書[8]。發生在此地的征服應該是小型且而零碎的，但絕不會像資料裡讓我們以為的那麼少，而當地的伊斯蘭化應該主要是靠社會的力量，而不是靠軍事武力。例如，教宗阿德里安（Pope Hadrian；任職期間：西元七七二年至七九五年）抱怨，西班牙有許多天主教徒把他們的女兒嫁給了異教徒（此處指的是穆斯林）。但是，自從西元七一六年起，在西班牙使用的錢幣上開始出現用阿拉伯文和拉丁文鑄印阿拉伯當權者的姓名，這就清楚表示一個新的政權已然開始；縱使軍隊裡大多數都是柏柏爾人，阿拉伯人已經控制了大局（參看插圖5.3）。最後，答案終於

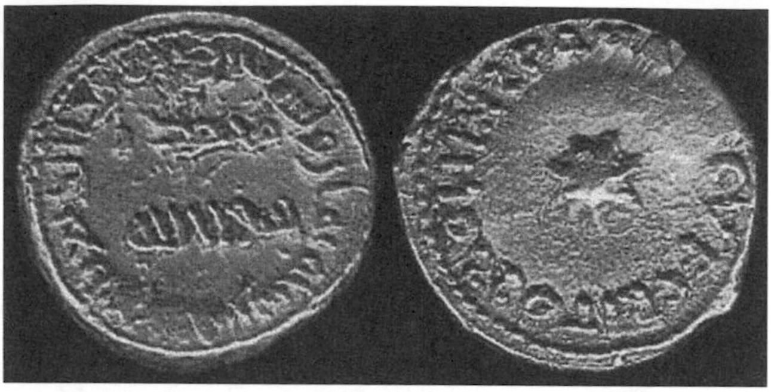

插圖 5.3　金幣，鑄造於西班牙，年代是希吉拉九八年（西元七一六年至七一七年），上面有拉丁文和阿拉伯文的名言©版權屬利根川進收藏品（TonegawaCollecti）

揭曉，伊斯蘭中土的穆斯林作家之所對西班牙事務不感興趣，原因在於他們認為西班牙是一個遙遠的國度，對他們生活產生的影響根本微不足道。因為這個緣故，他們要不就是很少提及此處，要不就只關心這裡的天方夜譚——一座到處都是沉重拱頂的黃銅之城，一間上了鎖的屋子，只有西班牙征服者才能打開大門——他們只有在極少數情況下才會寫上一筆，比如說西班牙侵犯了東鄰，或是塔里克和穆薩到大馬士革在哈里發瓦利德面前起了爭執，他們爭論著兩人之中究竟是誰在西班牙找到了以色列所羅門王放置陳設餅的金桌子[9]。

伊朗東北部和河中地區

西元第八世紀初期的阿拉伯帝國東部也跟帝國西部一樣，在經過一番新的土地擴張後，這個區域在政治上產生了重大變革。中國玄奘大師在西元六二九年至六四四年期間經過大呼羅珊東部、土克哈里斯坦（現今阿富汗北部），以及河中地區（現今烏茲別克和塔吉克）時，還不曾遇上任何阿拉伯人；當時該地區還是由突厥首領和當地的貴族統治著。到了西元七二〇年代，唐朝的新羅僧人慧超（Huichao）經過這些地區時，卻已完全改觀[10]。釋慧超發現阿富汗的佛教中心巴爾赫已經「被阿拉伯用武力鎮壓並有軍隊守衛著。」粟特已經被分隔成幾個行政區，基本上就是一個城市加上它的腹地，像是布哈拉和撒馬爾罕，雖然每個城市都有自己的管理者，但他們全都要聽命於阿拉伯人。當乃就連塔吉克南邊的庫塔爾（Khuttal）和烏茲別克南邊的費爾干納（Ferghana），也都在阿拉伯人的控制下，而位於阿富汗和中國邊境的瓦罕帕米爾（Wakhan），它的國王每年要交出三千匹絲綢給阿拉伯人。然而，當地人原來的信仰並沒有受到影響，例如粟特人，還是維持信仰「拜火教」（祆教）；在土克哈里斯坦，它的國王、將領，還有一般民眾都還皈依「佛、法、僧三寶」（佛教），並且「不再信奉其它宗教。」然而，釋慧超在東南部的邊境地區看到的都不是阿拉伯的統治者，這從他們的錢幣上就可以確認，上面都印著當地國王的名字。反觀這個地區的東北部，地理位置正好位於從中國到伊朗和拜占庭主要的貿易路線上，阿拉伯大軍看上這裡所能帶來的財富，所以急切地想要得到此處更勝於東南部，也因此在這裡投入更多的力氣和資源，非要得到它不可。此外，與東北邊境接壤的伊朗省份，也就是大呼羅珊，是比較富庶的省份，也是更廣大的阿拉伯聚落的中心點，跟東南邊境上接壤的伊朗省份錫斯坦比起來，大呼羅珊可以容許更多的大軍從此出發，與目標相隔不太遠的距離，一旦出動很快就可以抵達目的地。

然而，阿拉伯大軍對東北邊境地區的征戰進度卻是十分緩慢。剛開始的前面幾十年間確實有打過幾場勝仗，但是直到西元六八三年第二次阿拉伯內戰爆發時，他們都還未能長期佔有這塊區域。而這場內戰衝突，拖延了將近十年（西元六八三年至六九二年），為阿拉伯世界帶來的紊亂，更不利於重新出發征服這個地區，甚至在內戰結束後又經過好長一段時間，也還沒有足夠的資源，或找到能夠勝任的將領再度領軍出征。此外，阿拉伯並不是唯一一個對這個富庶地區有興趣的強國，在西元第八世紀上半，我們就看到有許多新興的勢力或重新振作的大國想要插手這個地區，就像是急於登上歷史舞台的角色，個個躍躍欲試。中國唐朝當時正值最輝煌的年代，長壽的唐玄宗（在位期間：西元七一二年至七五六年）所居住的長安城，是當時世界上人口最稠密的城市。另一方面，在西元六六〇年代，藏族人（the Tibetans）遷徙進入帕米爾地區，該地區有許多條道路可以一直從東邊穿越塔里木盆地，到達西邊的粟特和土克哈里斯坦；從此這個地區也開始捲入這場地域爭奪戰之中，而且戰火持續延燒了整個西元第八世紀。最後，還有幾個突厥族群也成功拓展了他們的勢力範圍：特別是東突厥，他們在西元六八〇年代甩掉中國霸主，重新建立自己的王國；而西突厥的土地，則是落入了一支新的突厥聯盟手中，這個聯盟叫做突騎施（Turgesh）。面對這些強權——中國，西藏，突厥人，還有阿拉伯人——要跟他們聯盟或是對抗，還要周旋在當地貴族的政治漩渦裡，如此這般的錯綜複雜就是當年西元第八世紀初期幾十年間的政治氛圍。我們很慶幸能夠取得這些主要角色們提供的資料，不過，它們可真是多樣、複雜，零碎又片斷（阿拉伯人和西藏人的編年史、突厥人的銘文、中國人的史冊、巴克特里亞人和粟特人的文獻等等），讓學者們至今還無法把這些歷史事件拼湊整理出清晰又詳盡的敘述。

哈里發瓦利德（在位期間：西元七〇五年至七一五年），繼他父親阿卜杜勒・馬利克之後，持續推動擴張領土政策，他指示他派駐在東部的副手哈查吉・伊本・優素福（Hajjaj ibn Yusuf）要在河中地區找人執行他的政令。哈查吉就找了屈底波・伊本・穆斯林（Qutayba ibn Muslim）來擔任這個工作。屈底波是個嚴厲但很能幹的人，他不是出身於什麼有影響力的部族，完全是靠哈查吉賞識提拔才做到大呼羅珊總督這個職位，所以，在哈查吉看來，他應該是不會起叛變之心的人。屈底波要處理的地區不算很大——就以粟特來講，長度只有大約二百英里（約三二二公里），是沿著澤拉夫尚河一條狹長的聚落。然而，如同釋慧超所觀察到的，這裡每個地方都有自己的君主，不像是在波斯帝國薩珊王朝時，只要跟一個皇帝交涉就好；因此，在這裡的征服方式就只能各個擊破，面對各地的君主，一個一個逐一解決。對侵略者而言，這種地區上的不團結反而有好處，可以善加利用他們之間的矛盾衝突。就像沙克阿尼昂（Chaganiyan）的統治者，他想找聯盟來對付他鄰近地區的阿哈倫（Akharun）和舒朮曼

（Shuman），就邀請屈底波進入他的國度。而花剌子模，一個靠近鹹海的綠洲王國，當地的君王就答應給屈底波好處，條件是要幫他除掉他叛亂的弟弟。

屈底波除了採用各個擊破、分而治之的策略以外，在粟特他也只挑大的聚落出手，由西而東，分別是：佩以罕，西元七〇六年拿下；布哈拉，西元七〇九年拿下；撒馬爾罕，西元七一二年拿下。而這些城市每一座城市都是辛苦奮戰得來的，而且有許多到手之後還會翻盤。以佩以罕為例，它就是經過再次征服的城市，而屈底波為了警告其它可能出爾反爾的城市，他徹底毀掉佩以罕用泥磚砌起的高牆，他在城牆底下挖了地道，他屠殺了所有的戰士，搶走鉅額的金銀財寶。而布哈拉則是苦戰一年，直到它撐不下去才得以到手。但是抗爭還是持續不斷，就像西元七〇九年到七一〇年之間，有一位赫拉特地區篤信佛教的國君尼札克（Nizak），他就極力鼓吹土克哈里斯坦的幾位首領起來反抗阿拉伯人的統治。一開始這些首領們都正面回應尼札克的號召，但是當他們聽到阿拉伯大軍朝著他們而來，很快便倒戈，回頭向阿拉伯人重申效忠之意。尼札克的計畫功敗垂成，他也只好逃亡。這個地區的勢力無法結合成統一戰線，到最後就只能一一垮台，而阿拉伯方面總是能找到有人願意為他們做馬前卒去攻打別人。就像撒馬爾罕的統治者兼粟特的國王古拉克（Ghurak，在位期間：西元七一〇年至七三七年）對屈底波所說的：「你正在用我的兄弟和我的人民跟我打仗。」[11]

伊朗東南部和喀布爾地區

西元六九二年阿拉伯內戰停止後，阿拉伯大軍往邊境東北方的征戰，成果豐碩，而在邊境東南方的發展卻完全相反，不僅進度十分緩慢，事實上還慘遭好幾次挫敗[12]。

扎布利斯坦（Zabulistan），在今日阿富汗中部，該地區統治者的頭銜是盧比爾（Rutbil），他在西元六九〇年阿拉伯大軍入侵時被殺了，他的繼任者很快就向阿拉伯人投降，並且承諾要送上一百萬迪拉姆的貢金。但是錫斯坦的總督不答應這個條件，他認為他應該可以拿到比這更高的價錢，並且他想要羞辱一下這個民風慓悍地區的人。他沿著赫爾曼德河繼續前進，進到更深更遠的高山地區。新上任的盧比爾就任由他往深山前進，然後等到一個特別蜿蜒曲折的道路上，突然出兵突襲，殺死他許多兵馬，逼得他只好撤退。最後，錫斯坦的總督不得不接受微不足道的貢金三十萬迪拉姆，還因為這次戰役讓阿拉伯大軍名譽受損，這位總督很快就被解除職務了。

阿拉伯派出的下一位出馬征服這個頑強邊境的大將是歐拜杜拉・伊本・阿比・巴克拉（'Ubaydallah ibn Abi Bakra），他的父親是先知穆罕默德當年解放的一名奴隸，他在西元六七一年至六七三年這段期間就曾擔任錫斯坦的總督。西元六九七年春天，哈查吉・伊本・優素福派他出征並下達以下命令：「用你穆斯林的武力對付那位盧比爾，不達目的決不罷休，一定要蹂躪他的土地、摧毀他的要塞、殺光他的戰士，還要把他的人民抓來當奴隸。」歐拜杜拉帶領從巴士拉和庫法來的阿拉伯大軍進攻扎布利斯坦，所到之處，捕捉活口，摧毀要塞。但是，由於太想得到戰利品和勝利的榮耀，歐拜杜拉深入到了敵營內地，才發現軍隊的糧草不夠，人員和馬匹都無法餵飽。這下子他又重蹈他前一任將領的覆轍，所以，也只好像他前任一樣，用比較不利的條件跟對方談和。他的副將拒絕接受這種向異教徒乞求的羞辱，繼續領軍奮戰，結果被殺身亡，還損失不少兵馬。和平條約簽了，雙方放下仇恨，歐拜杜拉獲准帶著他的人馬離開，但有許多人都因為飢寒交迫死於半路上，這是一支落難的隊伍，最後終於回到了他們的營區，當時的人稱他們是「滅亡之軍」（*jaysh al-fana'*）。西元六九八年，歐拜杜拉無法釋懷這次的慘敗，抑鬱而終。

哈查吉決定出手展現實力好挽回阿拉伯大軍的面子，他要教訓冥頑不靈的盧比爾，警告他不再容忍他的放肆無禮了。哈查吉從阿拉伯的名門當中挑出一位人選，阿卜杜勒・拉赫曼・伊本・阿什阿瑟（'Abd al-Rahman ibn al-Ash'ath），他是金達王國其中一位國王的後人。哈查吉給了伊本・阿什阿瑟一支由巴士拉人和庫法人組成的兩萬人軍隊，有許多是出身顯赫氏族的軍人，預先把酬勞都支付給他們，並給予最精壯的馬匹和精良的武器配備，當時的目擊者給了這支軍隊「孔雀軍」（*jaysh al-tawawis*）的稱號。西元六九九年初，伊本・阿什阿瑟率領這支「孔雀軍」抵達了錫斯坦，他在首場主持的週五禮拜中，請求當地的阿拉伯戰士支持他，跟他一起對付「那些一直在蹂躪你們家鄉並搶奪你們財物的人。」有許多人加入了伊本・阿什阿瑟的軍隊。盧比爾驚覺來者陣容浩大，於是要求雙方和談，他請求依照舊時的價碼支付貢金，並且答應送回當年歐拜杜拉・伊本・阿比・巴克拉交給他的人質。然而，伊本・阿什阿瑟接到的命令是懲罰而不是懷柔盧比爾，因此拒絕和談，開始向東進軍。伊本・阿什阿瑟沒有像他的前任者們盲進冒險受困於敵營，他讓軍隊住進博斯特，那裡正好是赫爾曼德河和阿爾甘達布河兩河交會的地方，他以博斯特（Bust，位於阿富汗西南，今日稱拉什卡爾加）為基地，命人建造好幾座瞭望塔，把軍隊駐紮在各個戰略位置上，並指派專人負責收取稅金還擔任傳令信差。他讓他的哥哥帶一隊人馬去到阿爾甘達布河上游，到了阿拉霍西亞，發現盧比爾已經撤離此處，只留下一堆老人和幾具阿拉伯人屍體。

伊本・阿什阿瑟很滿意於自己這一年來的成績，他通知哈查吉他暫時不想要繼續征戰了。哈查吉氣極了，認為這是懦弱和猶豫不決的表現，他接連寫了三封信給伊本・阿什阿瑟，命令他繼續討伐盧比爾，否則就要把他降職成一名普通士兵。伊本・阿什阿瑟不滿哈查吉竟然這樣侮辱他，於是他煽動他的軍隊跟他一起反對哈查吉。他操弄自古以來軍人心中最深的不滿，就是長期被派去駐守遙遠的邊關。「如果你們聽從哈查吉的領導，」他聳動地勸說，「他就會罰你們永遠駐守在這個地方直到老死，就像埃及法老一直讓他的軍隊駐守在遙遠的地方，你們大多數人在被人殺死之前大概都再也見不到心愛的人了。」伊本・阿什阿瑟跟盧比爾講和了，條件是萬一他的起義失敗了，盧比爾要收容他，給他庇護，接著他就帶著自己大部分的軍隊還有一些從錫斯坦來的人，一起朝西邊進攻哈查吉所在的伊拉克。當他經過伊朗的吉爾曼和法爾斯省時，有更多人加入了他的行列。到了西元七〇一年，在錢幣上都鑄上伊本．阿什阿瑟的名字了。由此可見，現在的目標已經不止是懲罰哈查吉的剛愎自用，而是發展成要推翻整個伍麥亞王朝的統治了。伊本．阿什阿瑟到了伊拉克，可是他在伊拉克接連打了好幾場敗仗，最後，西元七〇四年，在他還沒來得及回去找盧比爾兌現提供他避難所的諾言，哈查吉派一支強大的軍隊追上了他，伊本．阿什阿瑟不願意向他的死敵投降，於是自殺。阿拉伯大軍重新統治了扎蘭季和博斯特，不過，這裡就是他們在東部土地擴張的極限了。

平定伊本．阿什阿瑟叛變之後，阿拉伯大軍幾乎就不太理會這個地區，因此許多當地的貴族們就享有高度的自治權。根據穆斯林資料記載，盧比爾拒絕把稅金交給伍麥亞王朝的收稅員，而中國的史書記載盧比爾在西元七一〇年和七二四年分別派遣特使到中國朝廷，他得到中國皇帝確認他一國之君的身分，還送給他絲綢當作禮物。很有可能同樣是這一位盧比爾，他在西元七一四年在喀布爾西南方建造了一座佛塔，根據我們從最近發現的銘文上看到，這是用來紀念「加茲尼（Ghazni）的國王」；加茲尼是扎布利斯坦的首都。從西元七〇〇年到七三八年之間，位於喀布爾東北方的卡皮薩（Kapisa），當地的統治者自己鑄造了錢幣，上面刻印的頭銜是「大呼羅珊國王」，或甚至更大膽的刻著「東方之王」。他的兒子更大膽，他使用當地巴克特里亞人的語言把自己描繪得如同「凱撒，高貴的王，重創阿拉伯人」，藉用語言文化宣示他效忠的對象。唐朝高麗國的釋慧超記錄了這樣好鬥的精神，他提到在卡皮薩、扎布利斯坦，還有巴米揚，有許多佛教的寺廟和僧人都受到庇護，這些地區的國王都勢力強大而且獨立自主。巴米揚國王，他最出名的兩座立佛最近被塔利班（Taliban）摧毀，他甚至揚言說「他的騎兵隊戰力強大，數量又龐大，讓人不敢侵犯這片土地。」（參看插圖5.4）像這樣各國自治的情況一直維持著，直到後來起源於波斯的薩法爾王朝（the Saffarids，西元八六一年至一〇〇三年）和源自於突厥的伽色尼王朝（the Ghaznavids，西元九七五年至一一八七年）出現後，伊斯蘭才在他們的推波助瀾下在東方推展開來[13]。

高加索

阿拉伯人在他們領土的北邊也遭遇到類似的頑強抵抗。西元六九九年，穆罕默德・伊本・馬爾萬，這位阿卜杜勒・馬利克同父異母的弟弟，他是帝國北方領土的管理者，他決定要改變現行的統治方式，從間接經由亞美尼亞王公管理，改為直接聽命於他所指派的代理人。但是，對於這些高山地區驕傲的居民而言，任何會降低他們的自主性和剝奪他們既有特權的舉動都會引起敵意，在亞美尼亞資料中記載，譴責了指派來此的統治者密謀要消滅亞美尼亞的貴族和騎士。西元六九三年，才剛上任不久的亞美尼亞國君斯姆巴特・巴格拉圖尼（Smbat Bagratuni），他鼓動貴族們起來反抗阿拉伯人，並組織了一支軍隊，在西元七〇三年一月，他們沿著阿拉斯河前進到了納希契凡附近；納希契凡當地大約有一支五千多人的阿拉伯軍隊駐守。亞美尼亞軍隊渡過了河，就停留在瓦爾達納克爾特（Vardanakert）紮營，同時間一路上都有阿拉伯大軍在後追趕他們。當時已是夜幕低垂，他們把通往城裡的每條道路都封鎖起來，整晚派人看哨直到天亮。隔天一早，太陽初昇起時，他們先望彌撒，再領聖體，儀式結束後就整隊分組，蓄勢待發。雖然亞美尼亞戰士人數不過就是二千人，可是他們有出其不意的優勢，就在阿拉伯大軍剛起床時發動拂曉攻擊。躲得過刀劍的阿拉伯人，卻掉進了阿拉斯河裡，很快地不是淹死就是凍死，因為當時正值嚴寒的冬季。有些逃出來的阿拉伯人，「衣不蔽體、足不履鞋，又身受重傷，」躲到當地一位女王公的府邸中。「她為傷兵們包紮傷口、治療他們，拿衣服給他們穿，」還護送他們回國去，因此贏得哈里發本人對她至深的感激。斯姆巴特向拜占庭皇帝報告打了這場勝仗，還送了一些精挑細選的戰利品給皇帝，為此，皇帝對他嘉勉褒獎，給了他無上的光榮，還給他升了官[14]。

亞美尼亞大軍的下一個攻擊目標是一支較小的阿拉伯駐軍，駐守在瓦斯普拉坎城（Vaspurakan），靠近凡湖的東南邊。當他們得知阿拉伯駐軍人數並不多時，他們火速出兵，毫不留情地殺死了這些駐軍。當時有二百八十名阿拉伯人逃了出來，他們躲到一間教堂裡。亞美尼亞大軍不想破壞教堂，因此他們就把這些阿拉伯人圍困在教堂裡，在外頭等他們出來。受困的阿拉伯人當中，有一人出面求情，他呼籲亞美尼亞將領要有慈悲心，而這位將領回答說：「我們的上帝教導我們，要對慈悲為懷的人做慈悲的事。而你們是個沒有慈悲心的民族，你們不配我們用慈悲心對待。」聽到這樣的回答，這名阿拉伯代表退回到他同伴身邊，鼓勵他們做個真正的戰士，於是大家走出教堂，與亞美尼亞軍隊決一死戰。這群阿拉伯軍人都成了刀下之魂，除了那名談判的代表，事實證明他與亞美尼亞軍隊達成協議，只要他能讓他的夥伴走出教堂，他可以免於死在

插圖5.4　巴米揚大佛，坐落在阿富汗巴米揚谷內山崖上的立佛像©版權屬維也納西部喜馬拉雅檔案數據資料庫（Western Himalaya Archive Vienna）。

刀劍之下，所以，亞美尼亞人把他丟進了大海之中。這些亞美尼亞人真是要後悔他們做了這件事，因為，不久將來，同樣的事就因為這個緣故而發生到他們的身上。

阿卜杜勒・馬利克得知阿拉伯大軍遭受這兩起的挫敗，他立刻派遣他的弟弟穆罕默德將軍前去亞美尼亞，重申阿拉伯對亞美尼亞人的統治權。亞美尼亞人害怕阿拉伯人對他們的報復，於是請他們教會的領袖，宗主教薩哈克（Patriarch Sahak），前去跟穆罕默德將軍談判。計畫中原本雙方要在敘利亞北部的哈蘭（Harran）會面，就在今日土耳其南部剛跨過國界的地方，可是很不幸的，宗主教薩哈克生了重病，就在穆罕默德將軍即將抵達的前幾天，薩哈克因病重去世了，就在西元七〇三年年尾。不過，薩哈克主教留下了一封信給穆罕默德將軍，哀求他憐憫他的亞美尼亞同胞。穆罕默德將軍尊重薩哈克臨終的遺願，於是他承諾給亞美尼亞人三年的和平歲月。就在三年期限快到之時，亞美尼亞君主斯姆巴特・巴格拉圖尼寫信向拜占庭皇帝請求軍隊支援，因為他恐怕新上任的阿拉伯統治者瓦利德，很可能會對亞美尼亞做出報復性攻擊。時間一到，穆罕默德將軍再度穿上了他的盔甲，他要親自率軍迎戰斯姆巴特所率領的拜占庭和亞美尼亞聯軍。雙方人馬在卡爾斯（Kars）附近交會，就在今日土耳其東部地區。穆罕默德，這位戰技優良、經驗豐富的大將軍，輕鬆地拿下勝利，然後便率軍返回阿拉伯人設在德汶的基地。但是，瓦利德顯然決定該是要給亞美尼亞人教訓的時候了。納希契凡的阿拉伯指揮官接到瓦利德的指示，要他把亞美尼亞的貴族們召集起來，所用的理由是要他們前來辦理官方登記，以便領取政府發放給他們的津貼，這些津貼是「政府給亞美尼亞貴族和騎兵隊的生活津貼，」這項原本是舊時薩珊王朝對待貴族們的制度，現在阿拉伯人也要繼續沿用這套制度。然而，就在這些亞美尼亞貴族集合起來時，阿拉伯指揮官「把他們關進一間大教堂裡，放把火，把他們通通燒成灰。他還允許眾人把這些貴族的女人拿去當做戰利品。」

這番屠殺的消息顯然很快就傳遍各地了，因為在亞美尼亞、拜占庭和穆斯林三方的歷史資料中都記載了這件事。這件事促使很多亞美尼亞貴族逃離了他們的家園。斯姆巴特‧巴格拉圖尼跟著他的族人一起逃到了黑海之濱的法斯伊斯（Phasis），拜占庭同意讓他在法斯伊斯建立安全的家園。此時，瓦利德認為他的目的已經達到，於是召回穆罕默德將軍，另外派了一位名叫阿卜杜勒‧阿齊茲‧伊本‧哈蒂姆（'Abd al-'Aziz ibn Hatim）的人前去擔任亞美尼亞的總督（西元七〇六年至七〇九年）。這位新任的阿拉伯總督，出乎意料地在亞美尼亞史料中被寫下讚許的話、得到正面評價：「他雖然聽力不好，但他是個謹慎、充滿生活智慧的人，又很會說故事和諺語。……他保護這個國家免於遭受任何不公義的攻擊，大家因此能過上太平的日子。」他用文字寫下誓詞，保證貴族們的生命財產安全，因此說服他們回來承接他們祖先的爵位。既然如此，他也小心翼翼地把德汶的城牆做了強化，加裝新的城門，還有一道環繞城池的護城河，這樣就更能保護駐守在當地的阿拉伯駐軍。對亞美尼亞實施這些懷柔的政策，甚至也擴及了高加索其它的國家，像是喬治亞和阿爾巴尼亞，而阿拉伯之所以會這麼做的原因，有可能是因為他們正面臨來自北方逐漸茁壯的威脅，也就是來自可薩人的威脅，所以他們想要確保高加索南方附庸國對他們的忠誠，那麼，為這個目的所採取的懷柔措施也是理所當然的事了。

阿拉伯人與非阿拉伯裔的融合

在先知穆罕默德死後的頭五十年間，征服者和被征服者之間有道很清楚的分野。在這期間，征服者大多是阿拉伯人，也大多是穆斯林，雖然當時並沒有像後來歷史寫的有那麼高的一致性。而被征服者們則大多是非阿拉伯裔的人，只有極少數改信了伊斯蘭[15]。征服者多半就是從軍的人，有津貼收入，住在軍營裡，而被征服者就是平民百姓，要付稅金，住在鄉村和城市。看到征服者如此的成功，能夠享有許多好處，還能進入權力圈，自然有被征服者想要加入他們。但在剛開始時，想要加入征服者其實並不容易，只是情況慢慢轉變，直到阿卜杜勒・馬利克和緊接著他的繼任者們決定以政策推動，才開始有大量的人民和不同傳統之間的融合發生，從北非到中亞，大量混合交融的結果就產生了新興的文明，也就是所謂的伊斯蘭文明。這是個錯綜複雜的過程，是被征服者接納征服者的信仰（伊斯蘭）和身分認同（阿拉伯人）的過程。這不是被動發生的，而是由接受伊斯蘭信仰和願意成為阿拉伯的人將自我身上的信仰和身分認同這兩份素材打破重塑和創新的過程。

上一段最後所提的論點，是很值得再多加探討的題目，因為中世紀的穆斯林和現代的西方歷史學者往往都給出單一的一種印象就是，征服者只是征服，他們只會將自己的價值觀和身分認同強加在被征服者身上，被征服的當地人只能被動接受。但事實上，經過時間的洗禮，被征服者也吸引收服了阿拉伯人，他們也會影響改造阿拉伯人的價值觀。我們可以從數量這方面來思考這個問題。古代人口的估算其實是很困難的，不過我們可以用數量的級數來看，廿五萬至卅萬的阿拉伯大軍征服了二千五百萬至三千萬的居民，大概就是一比一百，一位阿拉伯人對一百位非阿拉伯裔人。不過，在剛開始的前半個世紀，阿拉伯征服大軍大多都與百姓分開住，他們住在駐防的營區，並沒有跟被征服的定居居民住在一起，所以並沒有立即發生同化的情形。但是，阿拉伯大軍有從各個戰場帶回大批的俘虜回到營區，一方面是要把還有戰鬥能力的人帶離開他原來的團隊，以便削弱他們可能再起抗爭的力量[16]，一方面也可以利用他們的人力，用來當貼身侍從或雜務傭人，有的可以當文人導師或幫忙文書抄寫，甚至還有婦女可以當妻子或侍妾。長久下來，這絕對是會沖淡征服者和被征服者之間的隔閡，再者，當年從阿拉伯半島和敘利亞草原前來參加吉哈德聖戰的那一代人都已凋零，他們的後代有很多都是生長在離父母出生地很遠的地方，他們看到的多半是駐軍所在地的城市景觀，像是埃及、敘利亞、伊拉克和伊朗，這當然也會加快瓦解征服者和被征服者之間的藩籬。簡言之，過不了多久，種族之間就產生了融合，邊界也變得模糊，宗教和社會都快速產生了變革。

非阿拉伯裔改信伊斯蘭

產生變革的一個重要關鍵，就是有大量的被征服者改信了伊斯蘭。如此一來，伊斯蘭成了非阿拉伯裔人擠身征服者精英行列的途徑，也因為如此，非阿拉伯裔人在型塑伊斯蘭文化和思想型態時也扮演了重要角色。阿拉伯征服者似乎沒有料到，也沒有計畫要讓這種情況發生。真主阿拉的確有指示讓被征服者成為阿拉伯大軍的戰利品，但阿拉並沒有說要讓被征服者成為跟征服者一樣的人。稍晚的穆斯林歷史學者會說征服者在開戰前都會給對手一個機會決定是否要改信伊斯蘭，但這在早期的穆斯林資料裡是絕對看不到的。正如來自費內克的修道士約翰所觀察到的：「他們對每個人要求的就是繳交貢銀，然後允許每個人都維持原來的信仰，無論想信什麼宗教都可以。」[17]但是，既然古蘭經和先知穆罕默德都沒有設下障礙攔阻任何想要改信伊斯蘭的人，既然有機會可以跟征服者一起分享好處，那麼就毫不意外會有那麼多人立志要加入伊斯蘭征服者行列[18]。但是想要改信伊斯蘭，會遇到唯一的一件小麻煩事，那就是需要一位阿拉伯人當教長（patron），至少在信教初期需要有人帶領和指導。阿拉伯人起初是從部族的角度來設想改信宗教這件事，所以他們會要求想要成為穆斯林的人一定要先隸屬於某個部族。就某些方面看來，這不失是個務實的做法，因為身為部族的一員，就表示如果遭遇困難，或是在某個情況下被人傷害或傷害了他人，就會有同部族的人可以出面幫忙。而且這也就表示，至少表面上看來如此，這些非阿拉伯裔的人已經全盤接受了征服者的世界（阿拉伯化），例如取一個阿拉伯名字就能從名字看出所代表的族譜系統。有很多非阿拉伯裔人在原本部族裡是有地位的人，他們會遲疑是否要把自己交付給一位阿拉伯教長。但是，這樣的事對被俘虜的非阿拉伯裔人而言，根本就不是問題，因為他們早就已經是阿拉伯人手中的戰利品了，他們活生生被扯離開了家人和朋友，遠離家鄉，被帶到駐軍營區裡做著各式各樣的雜役工作。他們身處在宗教色彩鮮明的穆斯林環境中，實在有很強大的誘因吸引他們改信伊斯蘭。改信伊斯蘭的奴隸並不保證就會被解放，但是有很多主人會想要改善他們跟伊斯蘭奴隸之間的關係，常常就會同意解放他們，為的是加深彼此良好的關係。而做為回報，解放的奴隸或者改為固定一段時間為主人服務，或者繼續服務而按月得到薪水，如此一來，他們就從奴隸轉身變成自由人了[19]。

很多像這樣的奴隸最後進到了阿拉伯人家裡，為他們做各種各樣的服務。例如，我們從一份莎草紙史料裡看到它保存了阿卜杜勒・阿齊茲・伊本・馬爾萬（'Abd al-'Aziz ibn Marwan）家中維護管理的登記本。他是哈里發阿卜杜勒・馬利克的弟弟，曾經是埃及的總督（在位期間：西元六八五年至七〇四年）。我們發現他用了很多自由人在他家裡做事，包括了：秘書、醫師、信差、裁縫、馬鞍工，還有一群勞工。登記本裡也有信奉基督教的埃及自由人，還有一位來自美索不達米亞的貴族阿塔納西烏斯・巴・古梅耶（Athanasius bar Gumaye），登記本裡說他「負責總管好幾個省份的事務」，手下有個四十四位秘書組成的團隊供他差遣。他是一位自由人（從來不曾當過奴隸），他完全是自願為阿拉伯政府效勞的人。但是普遍說來，曾經被俘虜的人通常更能夠在政府單位裡擔任高階幹部，我們有個很好的例子就是拉加・伊本・海沃（Raja' ibn Haywa）：他的老家在伊拉克南部的梅山省（Mayshan），他被金達族的戰士從老家俘虜到了約旦—巴勒基坦一帶，只好跟著主人住下來了。他優秀的辦事能力獲得哈里發阿卜杜勒・馬利克的賞識，找他來為自己做事。他為阿卜杜勒・馬利克工作時，身兼數職：首先，他擔任他兒子蘇萊曼的老師，又當他在耶路撒冷聖殿山建造圓頂清真寺的財務官，還為他擔任特使出過幾次重要的外交任務（參看插圖5.5）。

阿拉伯剛開始統治的前幾十年間，從當時的資料中極少看到有改信伊斯蘭的例子。有一份埃及編年史作者尼基悠的約翰主教在他所寫的報告中提到阿拉伯人成功入侵後，有幾位同胞「背棄了基督信仰，改去相信野獸信奉的宗教，」但我們一直要到哈里發阿卜杜勒・馬利克執政時，才開始在各種史料中經常看到改信伊斯蘭的記錄。這個現象顯然引起基督教幾位當權者的擔憂，他們出面強力譴責那些背棄基督社群和信仰的人，特別是看到他們竟然都「沒有受到任何制裁、懲罰或抨擊。」[21]有些基督教的在上位者則是採取十分務實的對策，像是埃德薩的雅各布大主教（Jacob，卒於西元七〇八年）就給他的教徒寫了建議信。舉例來說，他裁定叛教者在臨終前，只要懺悔就仍然可以領聖體；基督徒改信穆斯林後，若再改回信奉基督者，不需要再重新受洗，但是必須悔過苦修一段時間；嫁給穆斯林當妻子的基督徒們，如若威脅著領不到聖體就要改信伊斯蘭者，可以讓她們領聖體，但是會有相對的處罰。

在每個宗教社群中發生改信伊斯蘭的比例大不相同。以猶太人而言，他們長久以來就很能適應以少數

插圖 5.5　耶路撒冷的圓頂清真寺，阿卜杜勒・馬利克建造，大約完工於西元六九二年。照片（EA.CA.1406）是克雷斯韋爾爵士（K. A. C. Creswell）拍攝©版權屬英國牛津大學阿什莫爾博物館。

族群身份在外來政權底下生活，所以他們的遭遇可能是最好的（變動相對較小）。基督徒有過對抗異教時期羅馬帝國的歷史經驗，他們可以從中取得借鏡並獲得鼓舞，而在他們當中的反迦克敦派，早在伊斯蘭成立前就已經有自己一套完整獨立的階級治理制度，簡直就是實質的自治政府，而那正是阿拉伯人對他們的期待。祆教方面，住在山區和偏遠地區的祆教徒過得很好，還可以挺得過去，可是住在城裡的祆教徒就不一樣，不管怎麼說，他們從西元第六世紀就開始抵擋不住基督教，如今又失去國家的庇護，更是跌落谷底、徹底無望，所以他們會比較容易放棄原來的宗教信仰。改信伊斯蘭的速度也跟各個族群與穆斯林之間的互動與通婚有潛在關連，因為與穆斯林結婚之後生下的孩子，政府會認定他們就是穆斯林。在埃及，在阿拉伯人統治的前兩百年間，這裡很少看到穆斯林的影子，改信伊斯蘭的進度非常緩慢，一直要到西元第十四世紀，伊斯蘭才成為埃及人主要的宗教信仰。但是，鏡頭轉到伊拉克和大呼羅珊就不同了，他們首當其衝，地理上緊鄰著穆斯林早期定居的聚落，很有機會與穆斯林互動，因此，改信伊斯蘭的機會大增，如果不是更早的話，最晚也是到了西元第十世紀，這裡大多數的居民都成了穆斯林。

非阿拉伯裔和伊斯蘭的變遷

改信伊斯蘭的這群人——甚至是他們一出生就活在伊斯蘭世界裡的子孫們——顯然一定會想要探索並闡釋他們新的宗教信仰，並且把它跟昔日的信仰和舊文化做一番調和。還有，當個伊斯蘭學者，對新加入伊斯蘭和出身低微的人而言，也是一種可以贏得尊重和提高社會地位的方式。有位非阿拉伯裔的宗教權威說：「如果沒有研究先知穆罕默德說過的話〔那是我們的專長〕，我們的地位就會跟菜市場裡的販夫走卒一樣。」[22]因為伊斯蘭是沒有神父、牧師等神職人員，成立初期也沒有學院可以進行認證，所以，任何人都可以成為伊斯蘭學者，只要是有時間、有興趣、立定志向又有能力的人，都可以往這一條道路努力。因此有許多改信伊斯蘭的人就把握這樣的機會，獻身投入鑽研闡揚這新的世界觀。這樣的人實在是太多了，不勝枚舉，僅列舉以下少數幾位最知名的人士供各位參考：穆卡蒂爾・伊本・蘇萊曼（Muqatil ibn Sulayman，卒於西元七六七年），他是個俘虜，老家在巴爾赫，是最早幫現存的古蘭經做註解的人；雅季德・伊本・阿比・哈比卜（Yazid ibn Abi Habib，卒於西元七四六年），他父親是努比亞俘虜，他本人則是當時埃及最佳的法律權威；伊本・伊沙克（Ibn Ishaq，卒於西元七六七年），他的祖父是來自伊拉克艾因塔姆爾市的俘虜，穆罕默德最有名的傳記是出自於他的筆下；伊本・胡里傑（Ibn Jurayj，卒於西元七六七年），他的祖父是來自安那托利亞的俘虜，他收集到大量豐富的穆罕默德聖訓；阿布・哈尼法（Abu Hanifa，卒於西元七六七年），他的祖父是來自阿富汗喀布爾的俘虜，他興建了一所與自己同名的法律學校；還有哈馬德・拉威亞（Hammad al-Rawiya，卒於西元七七二年），他的父親是來自伊朗德萊木的俘虜，他是古典阿拉伯詩歌的專家。雖然以上這幾位人士的成名時間都在本章所探討的年代之後，但他們卻都是出生在阿卜杜勒・馬利克和瓦利德在位期間，實際上可說是在這兩位統治者所推行的伊斯蘭化政策下的產物。

征服者自己也明白非阿拉伯裔的改信者在他們當中的社會階層開始爬升上來了，因為當代很多傳聞軼事都說明了這個現象。有人描寫大學者伊本・施哈布・祖赫（Ibn Shihab al-Zuhri）前去拜見哈里發阿卜杜勒・馬利克的情形。哈里發詢問學者，在阿拉伯帝國主要地區和城市當中——阿拉伯半島、埃及、敘利亞、賈齊拉、大呼羅珊、巴士拉和庫法——有哪些人是頂尖的宗教權威，這些人是阿拉伯裔穆斯林或是非阿拉伯裔穆斯林。結果，除了庫法以外，其它地方的頂尖權威都是非阿拉伯裔的穆斯林。這個答案讓哈里發驚呼這些非阿拉伯裔的人「竟然就要凌駕阿拉伯人到這種地步了，這會變成非阿拉伯裔的人在講壇上面講道，而阿拉伯人坐在下面聽講了。」「但是，忠實信徒們的長官」伊本・施哈布回應道，「這完全是宗教問題；對於教義，只要能夠理解吸收的人就能主導，凡是輕忽它的就會被淘汰出局。」[23]這個故事本身很有可能是杜撰的，但它的流傳正好說明當時人們對阿拉伯人的定義正在慢慢轉變中。阿卜杜勒・馬利克是堅持原本舊定義的，我們也可以稱之為原生的阿拉伯人（an ethnic Arab）：一個完全是阿拉伯種族的人（連他的父母及祖父母都是），而不是後來（隨著他的父母或是祖父母）變成附屬在阿拉伯種族裡的人（自由人／*mawla*）[24]。可是漸漸地，這種對阿拉伯人須要具備原生資格的限定，包括講求族譜和地緣關係這兩個重要的元素，都變得無關緊要了，而文化上的阿拉伯人定義開始確立：只要會講阿拉伯語，取一個阿拉伯名字，願意認同征服者世界的道德規範和其不斷更新的文化，就是阿拉伯人。

想要區分文化上所定義的阿拉伯人和原生的阿拉伯人，很快就成了一件非常困難的事。舉例來說，當易卜拉欣・納凱（Ibrahim al-Nakha'i）成為穆斯林法學家時，人們談論他究竟是不是「真正的」阿拉伯人（也就是，原生的），沒有人能確定是或不是，使得他們必須要去查看他在軍中登錄的入伍資料，而後發現他是被登記在納凱部族名下的非阿拉伯裔人。再看另外一個例子，有位出身塔米姆・阿里吉利族（the Tamim al-'Ijli tribe）的軍人，他在伊朗北方邊界遇見一位家庭舊識，這位舊識聲稱自己是阿里吉祖先直系的後人。他對這位舊識說，「您父親過去並沒有從阿拉伯人中去追溯祖宗血緣，反而是在波斯人裡找到血緣關係，如今您又怎麼能說阿里吉利族就是您的祖先呢？」對於這個問題，那位朋友回答說，「是我母親告訴我的。」當然，一說到究竟誰才是「真正的」阿拉伯人這個議題，各種成見和誹謗就會不斷從某些地方冒出來，尤其是在舊定義之下那些家世背景良好的阿拉伯人，他們是既得利益者，他們擔心好處會被這些新加入者席捲瓜分掉。但是，新阿拉伯人的定義漸漸被越來越多的人認同，從某個現象就可以明顯看出，那就是越來越多人說是從先知穆罕默德的聖訓裡解讀出先知是贊同廣義的阿拉伯人；其中最開明的定義就是，「只要是講阿拉伯語的，就是阿拉伯人。」[25]

我們可以說阿拉伯帝國儼然成了一個移民大國，但人們不是從別的國家移入這個國家（雖然某些人確實是如此），而是從被征服者階層移入到征服者的社會。而且它很快就從一個主要是原生阿拉伯人的征服者社會，轉變成各個地方、各種部族的人組成的移民社會，其中的穆斯林都是來自世界各地四面八方的人，而當中又有許多人，尤其是他們的後代，都被當做是阿拉伯人。所以，阿拉伯人這個稱呼，變成像是「美國人」一詞的用法，用來指稱這個國家裡有來自不同種族的人民，他們認同相同的文化價值，並且使用共同的語言。在伍麥亞王朝結束前，我們發現自哈里發以下，非阿拉伯裔的穆斯林已經深入到社會各個階層以及各行各業當中了。起初，非阿拉伯裔的征服者與阿拉伯穆斯林彼此之間是不能通婚的，只有社會地位高和各方關係良好的人才能辦到。例如，哈里發雅季德一世的阿姨嫁給了一位自由人，就只有他的兄弟敢公開開玩笑說是把她送給了一名奴隸；另外有一位名叫卡赫德姆・伊本・蘇萊曼（Qahdham ibn Sulayman）的人，他的祖父是名俘虜，來自伊斯法罕，他娶了一位阿拉伯巴努・賈魯德家族（the Banu al-Jarud）的女子為妻，這樁婚姻能辦得成全因為他是伍麥亞政府裡的一名高級財政官員，也因為他娶的是阿拉伯豪門的女兒。但是隨著時間推移，這些限制漸漸鬆綁，特別是西元七五〇年伍麥亞王朝被來自伊朗東部和河中地區的人推翻以後，這些限制就更沒有什麼效力了；推翻伍麥亞王朝的人，大部分是非阿拉伯裔的人[26]。

非阿拉伯裔從軍

非阿拉伯裔者，不只在宗教方面出人頭地，在軍事上也是表現優異，只是剛開始時，軍事領域對他們而言，是比宗教還難切入的範疇。最起初，征服大軍裡基本上都是阿拉伯部族的人。非阿拉伯部族的人，除了有特殊被認可的軍事才能，像是盧瓦塔的柏柏爾人、德萊木人、薩珊的騎兵單位等等，其餘在軍中多半都是擔任輔助性質的工作，像是工匠、苦力、帶路人、私人助理，或類似的工作。這種部族性質濃厚的軍隊，很難容納不同部族的新兵，只有在特殊情況下特別處理才能辦到——例如，薩珊的騎兵隊，必須要把他們重新編組為新的阿拉伯東方塔米姆族這樣的單位才行。然而，這到了戰場上，不同部族的動員調度顯得十分沒有效率，後來演變成難解的政治議題，這問題在阿拉伯第二次內戰中顯現出來。阿卜杜勒・馬利克的得力助手哈查吉・伊本・優素福，因此決定要把軍隊專業化，他把軍隊中原本是首領領導部族，漸漸替換成是由將領來率領軍團。他也趁機改變軍中的薪酬制度，把津貼改成定期發放的薪水加上過去參戰的獎金，用以鼓勵軍人能繼續留在軍中服務。實際上他這是創立了一支專職的常備軍，那些不願意擔任全職軍人的阿拉伯人，他們可以選擇從軍中退出，回家當個平民百姓。

如此一來，這就把投身軍旅的機會開放給了非阿拉伯裔的人，而在當時推動他們投入軍中的動力有二項。從需求面來說，自從第二次阿拉伯內戰開打，各方不同陣營的阿拉伯大軍彼此頻繁多次的苦戰下來，使得各方交戰團體都想要招募非阿拉伯裔者加入，以便得到較多的兵力優勢。例如說，阿卜杜勒・馬利克發現有越來越多穆斯林的奴隸逃跑，他們跑到黎巴嫩山區加入拜占庭人領導的反抗軍活動，於是他派出傳令官到處去宣傳，只要逃跑的奴隸願意回到他的陣營，就可以獲得解放成為自由人，還可以列名軍冊成為阿拉伯軍人；他說到做到，並且讓他們有自己的軍事單位。有一回，穆迪爾・伊本・祖拜爾（Mundhir ibn al-Zubayr）對他的兄弟阿卜杜拉抱怨道，現在打仗遇到的對手竟然是「耕田的阿拉米人」（Aramaean peasants）；當時阿卜杜拉・伊本・祖拜爾正在跟阿卜杜勒・馬利克爭奪哈里發寶座。這也成了敘利亞軍隊經常拿出來批評的事，那就是，現在跟他們併肩作戰的是一群非阿拉伯裔的各種部族組成的拼裝大隊。西元七二〇年，起義反對當時哈里發的雅季德・伊本・穆海萊卜（Yazid ibn al-Muhallab），他在即將出發迎戰敘利亞大軍時，對著追隨他打仗的戰士說：「現在來攻打你們的軍隊裡有柏柏爾人、斯拉夫人、傑拉米卡人（Jaramiqa）、科普特人、阿拉米農夫，還有一群各色人種混雜的雜牌軍。」這些措辭當然是刻意侮辱，但其中有充足的事實，證明這番措辭並非全然捏造。其實，像他形容的這種軍隊是符合一般設想一支成功的帝國軍隊應有的樣貌。這樣的發展一直持續到阿拔斯王朝（the Abbasids）時達到巔峰，有人在西元七六〇年代賈齊拉之役中觀察到它軍中人員的組成，可說是「所有國家的綜合體；人稱他們是『哈里發的客卿』，包括有信德族人（Sindis）、阿蘭王國的人（Alans）、米底亞人、波斯人、庫法人、阿拉伯人、大呼羅珊人，以及突厥人。」[27]

另外再從供給面來看，阿拉伯人發現根本不乏有非阿拉伯裔自願者可以運用。大家都知道，「只要你讓傳令官宣布消息，說改信伊斯蘭者可以免繳稅金，馬上就會有五萬名穆斯林找你報到，」隨時準備好為你服務。當一名軍人，不但不用繳稅，還可以領到薪水，因此有許多被征服的人都願意前去登記從軍。有了這種召募方便的人力資源，又遇上經常發生的阿拉伯人抗爭事件，使得這些哈里發們、各地的統治者，甚至還有一些有權有勢並且／或是有錢的個人，開始全面進用被解放的自由人當他們的貼身隨扈，偶爾也會讓奴隸來保護他們。而且，不只是阿拉伯的皇親貴冑會使用到自由人和奴隸：在阿拉伯第二次內戰期間，就有人記錄到波斯的貴族們，他們帶著自己的自由人和奴隸，與阿拉伯將領們並肩作戰。這些隨扈的來源，當然很多是從各個不同地區來的人混合組成，但其中有些人是從特定地區來的——像是奇安尼亞的人（Qiqaniyya，來自今日巴基斯坦西南部）以及布哈拉的人（Bukhariyya，來自布哈拉）——或者是由專門負責的人為他家主人招募並管理的隨行人員，例如說瓦大的人（Waddahiyya），他們就是一群由伍麥亞家族裡一位名叫瓦大（Waddah）的柏柏爾自由人所領導的隨扈；瓦大的職位還可以傳給他的後代繼續做下去。這讓人想起羅馬帝國晚期出現私人籌募的騎兵團「*bucellarii*」（**吃行軍餅的食客**），他們完全是由將軍、權貴、富豪、巨亨等各種支付得起軍備和酬勞的人自行招募的私人軍隊，他們的工作就像是私人保鑣或精英特種部隊。不過，比起來，這些自由人隨扈更像在穆斯林時代之前在中亞的一種職業軍人組織「*chakars*」，那是一群是由粟特地區的突厥親王們從一般大眾裡招募來的職業軍人，他們一切聽命於主人，並且只對主人效忠，至少就某方面而言，這就像是一種假想的領養。「他們是熱情勇敢的人，」西元第七世紀前往西方取經的玄奘大師寫道，「視死如歸，萬夫莫敵。」[28]

起初，非阿拉伯裔者只在軍事的名冊和檔案裡出現有他們的記錄，漸漸地他們從工作職場上一路爬升到政府官員階層。哈揚・納巴提（Hayyan al-Nabati）（卒於西元七二〇年）的職業生涯就非常具有啟發性。馬斯卡拉・伊本・胡貝拉將軍選中了他，不知是在法爾斯省長任內，或者是在塔巴里斯坦戰役中，抑或是在巴斯拉或庫法的奴隸市場中。我們並不清楚哈揚早年從事什麼行業，但我們知道他在西元第八世紀早期曾在大呼羅珊擔任一支非阿拉伯裔軍隊的指揮官。很有可能因為他本人是波斯貴族，會講波斯話，由他出面與伊朗統治者談判停戰協議，並簽訂和平條約，因而受到尊重。他的兒子穆卡蒂爾後來成為巴爾赫知名的學者，並且由於他聲譽卓著，很多東部的統治者慕名而來聘請他擔任使者，或者代表他們出面協商，當個居中協調的中間人。西元七四七年，他成了整個巴爾赫效忠伍麥亞王朝部隊的軍事指揮官，由此可見非阿拉伯裔者如今在阿拉伯隊中已經成了非常重要的一員。

非阿拉伯裔的抗爭

我們從資料中經常看到的這些非阿拉伯裔穆斯林，他們大多都參與了阿拉伯穆斯林政權的建立，但是有少部分決定要跟它抗衡，他們結合各種各樣的反對者形成反對勢力，其中有阿拉伯人和非阿拉伯人，有穆斯林也有非穆斯林，他們發動過許多抗爭行動，其中有幾個鮮明的例子很值得探討一下。首先是在尼西比斯（Nisibis）發生的一場暴動；尼西比斯是座戰略城市，位於今日土耳其和敘利亞邊界，過去拜占庭人和波斯人曾經為它打過仗，如今，依照住在附近的、那位來自費內克的修道士約翰所說，伍麥亞王朝的統治者和政府反抗軍雙方都聲稱擁有這座城市[29]。反抗軍的領袖是穆赫塔爾・伊本・阿比・烏貝德（Mukhtar ibn Abi 'Ubayd），他支持的是哈里發阿里的一位兒子。當時有一場戰役，他的庫法阿拉伯軍敗給了伍麥亞王朝的軍隊，他大發雷霆，下令要把他們的奴隸都解放自由，讓這群解放自由的人上戰場取代他們主人的位置作戰。於是，成千上萬的奴隸們團結在穆赫塔爾的領導下，「他們手上的武器，不是刀劍就是長矛，或拿著棍棒。」「他們全部都是，」修士約翰說，「從戰場上俘虜來的奴隸，」而且，「在這群人當中，包括了全天下所有民族的人。」西元六八六年八月，他們參加了在卡齊爾河（river Khazir）的戰役，靠近伊拉克摩蘇爾（Mosul）附近，他們支持穆赫塔爾，對抗伍麥亞王朝的統治者歐拜杜拉・伊本・齊亞德（'Ubaydallah ibn Ziyad）。歐拜杜拉被打敗了，奴隸們攻進了尼西比斯並且佔領了這座城，他們擊退所有想從他們手上奪走這座城池的人。他們殺死由穆赫塔爾的心腹派來領導他們的將軍，以及將軍的同僚，「他們只想讓跟他們同類的自己人當指揮官，而不是某位從阿拉伯人當中派來的人。」其他地方解放的俘虜們也都聚集起來，一起加入尼西比斯城的陣營。每天都有從各個角落來的人前來加入他們。他們又接連佔領了幾座城堡，「讓阿拉伯人開始對他們產生了恐懼。」

穆斯林資料也證實了的確有奴隸的反抗事件正在發生，雖然他們在意的只是阿拉伯人對這件事的反應：「我們的奴隸起來造反了，」庫法有頭有臉的人都出來抗議，「他們只不過是我們的戰利品，真主阿拉把他們連人帶土地都送給我們了呀。」修士約翰很清楚描繪了這些的奴隸反叛歷程，他們被阿拉伯人從家鄉強行擄走，被迫在異國它鄉的阿拉伯軍營中做勞動服務，現在他們只是把握住穆赫塔爾給他們的機會，趁機起來反抗他們的阿拉伯主人。在穆赫塔爾軍隊中服勞役的奴隸並不完全是不自由的，還是有些被解放的自由人在服侍這些阿拉伯主人（在阿拉伯資料中通常稱他們是「自由人奴隸」）；但是，這些佔領尼西比斯的自由人都曾經是戰俘，他們十分憎恨俘虜他們的阿拉伯人，一直想要恢復自由。西元六七〇年代拜占庭皇帝君士坦丁四世在黎巴嫩山區解放的游擊隊員，顯然也陷入了同樣怨恨的深淵，因為他們的人數同樣也是不斷增多，有許多逃跑的俘虜加入了他們的陣容。阿拉伯人的征服造成大量人員被俘虜並且被迫離鄉背井，如今，阿拉伯帝國似乎正在分裂，有許多戰俘就把握大好機會脫離被奴役的生活。光是看到這些戰俘數量之多，以及他們對軍中兵力招募的影響，就知道這會是個很有意思的發展：在這五十年的征戰中，他們都已經被視為阿拉伯強國政治的參與者，這可能也預告了未來事件的發展。可是，因為這些戰俘並沒有很好的武器配備，也沒有受過良好的軍事訓練，到後來，一旦阿拉伯人內部的分歧消弭了，內戰結束了，這些戰俘就不是作戰經驗豐富的阿拉伯大軍的對手了。

第二個例子是關於穆薩・伊本・阿卜杜拉・伊本・卡齊姆（Musa ibn 'Abdallah ibn Khazim）的事蹟，他在父親被暗殺身亡後，結合了一群他自己阿拉伯部族的人，以及一些當地有犯罪前科的惡棍（*sa'alik*），他們一起越過河中地區為前途打拼。由於貴族們對他們的意圖感到不安，所以通常沒有人願意收留他們，他們就一直繼續往前走，直到遇見泰爾梅茲（Tirmidh）的城主給他們盛情款待；泰爾梅茲是阿姆河上的一座城堡。但是這位城主很快就懊悔了，因為穆薩決定要住下來，要把泰爾梅茲當做自己的家，他毫不客氣地鳩佔鵲巢把主人趕出家門。穆薩和他的追隨者把這座城市經營得頗有聲色，於是城裡跟他們同樣階層的人很快就增多起來，各色各樣背景的人都有，這些人同樣都是對伍麥亞王朝以及他們的統治者心懷不滿。其中最有名的兩位客卿是呼圖白家（Qutba）的兩兄弟，胡萊（Hurayth）和塔比特（Thabit），他們是改信伊斯蘭的貴族，依附在一個阿拉伯部族底下，但後來感到被大呼羅珊的統治者雅季德・伊本・穆海萊卜侮辱了（雅季德在位期間：西元七〇二年至七〇四年，七一五年至七一七年），於是改投到穆薩陣營來效力。阿拉伯和突厥兩邊的軍隊都想要把泰爾梅茲從穆薩的手上搶奪過來，但是都被穆薩給擊退。穆薩的成功最後卻讓他落入死地，因為他當初一手打造的阿拉伯人與當地人聯盟開始產生分裂，雙方最後以打得你死我活告終。穆薩之所以長期以來能夠結合兩個不同世界的人馬，有部分歸因於他是這兩個世界結合下的產物。穆薩的父親，阿卜杜拉・伊本・卡齊姆（'Abdallah ibn Khazim）是來自阿拉伯半島西部蘇萊姆部族的人（tribe of Sulaym），從小在阿拉伯部落的環境裡長大，跟著阿拉伯軍隊在東部邊境的戰場上作戰。穆薩的母親，則是伊朗北部靠近庫米斯（Qumis）阿茲達瓦（Azadawar）地區統治者的女兒。穆薩本人則大部份時間生活在東部。在記述他豐功偉業的長篇敘事中，我們見到他打破了像是黑白兩界對立的藩籬，跨越了阿拉伯與非阿拉伯、穆斯林與非穆斯林，以及出身高與出身低的界線，並且向我們展現了在各種不同對立的位階裡，人們如何野心勃勃、尋求換位和彼此糾結錯綜複雜的關係[30]。

第六章　勢力消長與抗爭四起（西元七一五年至七五〇年）

西元七一五年起，時代見證了阿拉伯帝國宏偉的版圖，西起非洲北部和西班牙，東至巴基斯坦的信德（Sind）和中亞的河中地區。哈里發蘇萊曼（在位期間：西元七一五年至七一七年）原本希望能延續先前的勝利之勢，繼續擴大版圖，拿下終極大獎君士坦丁堡，只可惜西元七一七年至七一八年為期兩年對君士坦丁堡的圍城行動完全失敗了，征服大軍也損失慘重。這場失敗不僅讓阿拉伯帝國征服拜占庭的夢碎，還鼓舞了其他勢力起來挑戰阿拉伯宗主國的地位，讓阿拉伯大軍所向披靡的氣勢受到重挫。到了西元七三〇年代，阿拉伯大軍更連續多次敗在法蘭克人、可薩人、突厥人，還有印度人手下，這使得阿拉伯帝國的統治範圍受到了限縮。而後，到了西元七四〇年，柏柏爾人在整個非洲北部發起了抗爭，這個區域逐漸分區、分段脫離了阿拉伯帝國的統治範圍，當地的小國陸續成立；直到西元第九世紀，這種現象已經擴散漫延到整個阿拉伯帝國。

西元六九八年，拜占庭在失去迦太基之後，地位岌岌可危，緊接下來的十年又在安那托利亞吃了一連串敗仗。幸好，能幹的皇帝利奧（Leo III the Isaurian，在位期間：西元七一七年至七四一年）能夠帶領拜占庭人民保持信心、沉著應戰，成功抵抗了阿拉伯大軍的圍城攻擊。受到成功的鼓舞，利奧皇帝才能繼續完成康斯坦斯和君士坦丁四世的心願——確保拜占庭的強盛和富足。事實上，利奧皇帝確實保住了拜占庭，讓它又繼續繁榮了好幾個世紀。利奧最大的成就是在西元七四〇年的一場戰役，他成功抵抗了來襲的兩萬名阿拉伯大軍。這支兩萬人的阿拉伯騎兵隊，由知名大將阿卜杜拉・巴塔爾（'Abdallah al-Battal）率領，已經成功打到了安那托利亞中西部的弗里吉亞（Phrygia），卻被拜占庭軍隊包圍，全數被殺，無一倖免；根據一位基督教的觀察家所述，「這樣的慘況從來不曾落到阿拉伯大軍頭上。」[1]長達一整個世紀都對阿拉伯採取守勢的拜占庭，這下子終於恢復了信心，願意再度在戰場上與阿拉伯軍隊正面對決，不再只是躲在碉堡裡了。而阿拉伯方面也因此認清了一個事實，儘管很不情願但也只得默認，至少到目前為止，拜占庭人，還有其他的可薩人、法蘭克人以及印度人，他們可不是那麼輕易就被征服的。

對阿拉伯統治者而言，情況也並不全然是失望和不愉快的。他們開始對手上握有的這些以往不曾擁有的財富感到安逸富足，於是決定要把錢財花在視覺展示上，好用來彰顯他們的虔誠與力量。哈里發瓦利德一世（在位期間：西元七〇五年至七一五年），是最早開始這項行動的人，他在大馬士革建造一座宏偉漂亮的清真寺（參看插圖6.1），讓穆斯林們終於有一座可以自豪的場地做禱告，可以媲美基督徒華麗的大教堂。[2]他的繼任者也踴躍跟進他的作法，建造了許多大型建築物，不論是公共使用或私人場所，數量都十分驚人。哈里發蘇萊曼在耶利哥城（Jericho）的泉水旁「蓋了宮殿、花園，以及磨坊」，而另一位哈里發希沙姆一世（Hisham，在位期間：西元七二四年至七四三年）則是建造了連當時的基督徒都讚嘆的「別墅、商店、行宮，和花園。」[3]有許多像這樣具有紀念性的巨大建築物從建造當時一直屹立至今，有的則是在被考古界重新發掘後加以修復重現，這些都證實了伍麥亞王朝和它的人民確實有過這麼一個大型建設計劃，他們用石頭砌造出令人讚賞宏偉的建築，用以彰顯他們在俗世裡偉大的力量（參看插圖6.2和6.3）。然而，批評者這下子就站出來指責了，因為太大的權力和太多的財富都被把持在同一個家族手中：瓦利德、蘇萊曼、希沙姆，他們都是阿卜杜勒・馬利克的兒子，而雅季德二世（在位

插圖6.1　伍麥亞王朝於大馬士革建造的大清真寺，大約完工於西元七〇六年；圖中所示是大清真寺的庭院及進入祈禱大廳的入口。圖片版權屬亞倫・喬治（© Alain George）。

期間：西元七二〇年至七二四年）、歐瑪爾二世（在位期間：西元七一七年至七二〇年），以及馬爾萬二世（在位期間：西元七四三年至七五〇年），都是阿卜杜勒・馬利克的姪子。這麼狹隘的權力集中確實是可以穩固繼承權，但也只能維持一小段時間，很快就會引起強烈的反感，到了西元七四〇年代，埋怨已經累積到了爆發邊緣，抗爭陸續發生了，直到西元七五〇年終於推翻了整個伍麥亞王朝，連同它在敘利亞整個的支持者網絡都被根除。

君士坦丁堡與安那托利亞

西元七一五年蘇萊曼登基時，適逢伊斯蘭曆第一百年（西元七一八年）即將到來；關於伊曆一百年，當時有個廣為流傳的說法，說穆斯林將會在這一年統治全世界。為了成就這個預言，蘇萊曼發誓：「我一定要征服君士坦丁堡，就算賠上整個阿拉伯帝國也要完成這個目標，我會持續努力直到戰勝它為止。」[4]蘇萊曼指派他同父異母的弟弟，馬斯拉馬（Maslama），負責組織這次攻擊君士坦丁堡的行動。馬斯拉馬調動了大隊人馬，打造五千艘大船，船上滿載軍隊和糧食。他另外又招募一萬二千名工人，用來照顧六千頭用以負載武器和投石機的駱駝，還有六千頭用來運送糧食的騾子。除此之外，還有三千名志願軍投入支援正規軍，根據敘利亞資料來源，這批志願軍都是「一無所有的阿拉伯人，」想必是為了得到真主阿拉的嘉勉和實質的戰利品而前來登記入伍。連有錢人們也出力贊助這次行動，他們出錢雇用或買來人手為國家軍隊增添戰力，為的是將來可以從君士坦丁堡這座皇家大城的戰利品裡分一杯羹。依照以往進攻君士坦丁堡的經驗，這次的攻擊也是雙管齊下、海陸並進：蘇萊曼・伊本・穆阿德（Sulayman ibn Mu'adh）領著大軍由陸上進攻，歐瑪爾・伊本・胡貝拉（'Umar ibn Hubayra）則率領艦隊從海上進攻。

蘇萊曼・伊本・穆阿德經過長途跋涉來到了阿莫里安（Amorium），這是一座位於安那托利亞中西部的城市，在這裡他遇上了拜占庭的利奧將軍（general Leo）。利奧將軍前來與阿拉伯人達成協議，他讓阿拉伯人相信他可以幫忙拿下君士坦丁堡，條件是馬斯拉馬必須下令不准傷害利奧所管轄的地區，「連一片麵包都不可以搶。」而利奧這方，承諾他會為阿拉伯人安排一個流動市場，販賣阿拉伯人的日常所需，雙方基於誠信原則做生意，拜占庭人可以在此自由買賣，不必擔心害怕。利奧的本意是想取代拜占庭皇室，他覺得自己才是最有資格從阿拉伯人手下保住拜占庭的人，然而，拜占庭人看到他出現在敵人的軍營裡，他的舉動讓拜占庭人感到緊張，對他的動機產生了疑慮。當利奧從阿拉伯陣營回到阿莫里安城時，他直接登上城頭對軍隊裡的諸位隊長和城裡的重要人士講話，他解釋自己絕對不是背叛拜占庭，他只是和馬斯拉馬虛與委蛇，目的是要保護自己的國家不要遭受敵人破壞。眾人感知到利奧才是真正適合擔任拜占庭皇帝的最佳人選，他們與利奧互相許下諾言，大家集體對利奧宣誓效忠。

插圖 6.2　伍麥亞王朝所建造之西海爾堡（Qasr al-Hayr al-Gharbi）宮廷裡的壁畫，畫中所示是正在演奏的宮廷樂師，以及騎馬狩獵的射箭手，兩者服飾皆是波斯風格；西海爾堡位於大馬士革東北方。©版權屬大馬士革國家博物館。

不久之後，拜占庭皇帝狄奧多西（Theodosius）派來討伐利奧的軍隊抵達阿莫里安，雙方人馬會合後，皇帝派來的軍隊與支持利奧的駐軍雙方竟然達成共識，一致推舉利奧為拜占庭皇帝。之後，利奧率領大隊人馬揮軍直搗君士坦丁堡，抵達之時，居然受到城裡百姓熱烈的歡迎，夾道護送他們直抵皇宮，皇帝狄奧多西於是被免職下台，時值西元七一七年春天。

與此同時，就在西元七一六年跨至至七一七年之際，阿拉伯大軍的主要部隊在安那托利亞度過了嚴寒的冬天。馬斯馬拉派蘇萊曼・伊本・穆阿德率領一萬二千名士兵前去圍攻迦克敦；迦克敦位於博斯普魯斯海峽東側，隔海與君士坦丁堡相望；馬斯馬拉的用意是要從此處切斷對君士坦丁堡的補給管道，使它資源耗盡，一般而言，這裡也是方便對君士坦丁堡出兵掠奪的地點（參看地圖4.1）。當馬斯馬拉聽說利奧當上拜占庭皇帝時，真是喜出望外，他以為利奧很快就會實踐諾言，雙手送上君士坦丁堡，因為利奧不時就寫信給他，灌輸他這些虛幻不實的夢想。此時的利奧，卻加緊鞏固城池，準備充足的補給，並且將海上艦隊準備好隨時都可開戰。他還找上保加爾人調度財務資金，如此一來，保加爾人也會一起加入這場城市保衛戰。終於，馬斯馬拉看穿了利奧的謊言，於是他準備好陸軍和海軍，就在西元七一七年六月，他跨海進入歐洲發動了對君士坦丁堡的戰爭。至於利奧方面，他手上有關於馬斯馬拉一舉一動的情資，決定實施焦土政策，他派人將城外整個地區的田地燒燬，一直燒到城市的西邊，並且阻斷每一條可以從敘利亞運送補給給阿拉伯大軍的道路。

馬斯馬拉大軍在君士坦丁堡西邊的城牆外紮營，就面對著城市南邊的（金色）大門（參看插圖6.4）。他們在城牆與營地之間挖了一條壕溝，然後在營地和保加爾人之間又挖了另一條壕溝，接著在整個營地外圍築起半個人高的石造女兒牆做為防禦。九月一日，阿拉伯海上大軍也抵達了：「超級軍艦、軍用運輸船、輕快小艇，總數高達一千八百艘。」然而，海上無風，這些載滿軍備吃水沉重的大船竟然停滯在海上無法前進。利奧早就料到有這種

插圖 6.3　遠眺伍麥亞王朝的東海爾堡（Qasr al-Hayr al-Sharq），該城堡建造於大馬士革東方的敘利亞沙漠中。照片（EA.CA.549）是克雷斯韋爾爵士（K. A. C. Creswell）拍攝©版權屬英國牛津大學阿什莫爾博物館。

可能，預先做了準備，他派出裝載有希臘火的船隻對付阿拉伯艦隊。整個阿拉伯艦隊成了一個不動的標靶：「有幾艘被棄的船隻沖到海邊還繼續燃燒著，有些則連同船員一起沉到了海底，還有一些著了火的船隻在海面上逐漸被海水漂走。」雪上加霜的是，西元七一七年跨至七一八年的冬天特別嚴寒：「大雪紛飛讓眼前一片模糊不清，就這樣連續下了一百天。」阿拉伯大軍現在糧食物資短缺，就要面臨缺糧的嚴重窘境，更糟的是保加爾人還不時會偷襲他們；阿拉伯大軍現在害怕保加爾人更甚於拜占庭人。這些阿拉伯大軍，沒有得到哈里發的許可是不敢撤退的，況且海象惡劣也讓他們無法離開。「各個方面都遇上阻礙，進退不得，眼前晃動的盡是死神的影子，他們完全絕望了。」在馬斯拉馬這方面卻還一直哄騙他們，讓他們相信拜占庭馬上就要放棄君士坦丁堡了，很快就會有捐贈的物資和補給品從敘利亞運送到他們跟前。

拜占庭人讓這些阿拉伯大軍困頓缺糧到居然吃起動物屍體和糞便的地步了。在阿拉伯營區裡，一單位的麥子價錢飆高到十個金幣，而一頭牲畜可以賣到兩到三個金幣，他們有很多人會跑到船底下扯一塊防水瀝青然後嚼上一整天。正當他們生活在如此不堪的困境當中時，哈里發蘇萊曼死了，他的兒子也死了，阿拉伯人準備要宣誓效忠的繼承者竟然也死了。哈里發的位子落到歐瑪爾二世身上，他是阿卜杜勒・馬利克的姪子，是個說話輕聲細語的人，以虔敬和真誠聞名。他一登上統治者位子，立刻就卯足全力要拯救困在拜占庭帝國的阿拉伯大軍。首先，他安排船隊給他們送去補給品；四百艘運輸船載滿了穀物從埃及駛向君士坦丁堡，另外三百六十艘運輸船載滿武器和糧食則從非洲出發。然而，就在他們抵達君士坦丁堡時，船員當中有幾名埃及的基督徒在半夜偷偷乘坐小船溜到城裡尋求庇護，卻因而向城裡人走漏了兩支阿拉伯艦隊停泊在港灣的消息。利奧得知以後馬上派出輕艇帶著希臘火半夜突襲，打得阿拉伯艦隊沉的沉，逃的逃，全不見了踪影。只見拜占庭船隊滿載著從海裡打撈起來的軍需物品，勝利凱旋回到了君士坦丁堡。

哈里發歐瑪爾接到這個消息後，知道已經求助無門了，他決定要取消圍攻君士坦丁堡的行動。他寫了一封措辭嚴厲的信給馬斯馬拉，警告他不要毀了帝國的軍隊，並且命令他馬上撤營。馬斯馬拉一開始還對軍中將士隱瞞哈里發歐瑪爾下令撤退的事，他們是到後來才知道哈里發命令的內容，他們將命令的內容在整個營區公布出來：「哈里發歐瑪爾已經下令要你離開，要你回你自己的國家去。」西元七一八年夏天，阿拉伯大軍開始踏上回家的漫漫長路。他們當中有人想從海路回家，他們登上殘留下來的船隻返航，即便到了這個階段也是萬般險阻，他們在海上遇到了暴風雨，大部份船隻都翻覆沉沒了，落海的倖存者緊緊抓住海上漂浮的船隻殘骸，有的被沖上色雷斯的海岸邊，有人則被沖到偏遠的小島，再度受困在島上。哈里發歐瑪爾派了軍隊帶上騾子和馬匹前去迎接走陸路回國的軍人，因為他們的牲口不是已經被他們吃掉了，就是老早就被餓死了[5]。他還送了錢和食物給家中有兄弟或親人在馬斯拉馬麾下服役的人，並且向全國人民呼籲要幫助這些軍人回家。「有許多人都出去迎接他們，並且極

插圖 6.4　君士坦丁堡的狄奧多西牆（Theodosian Walls）（大約拍攝於西元一九三〇年）。圖片版權屬伊恩．里奇蒙爵士（©Ian Richmond）。

盡所能地救助他們。」

法蘭西與法蘭克人

相較之下，阿拉伯人早先在遠西（far west）的際遇是比較好的。哥德王國分散的特性特別適合用各個擊破的方式分而治之，這讓阿拉伯人可以很輕易地用慷慨的條件贏得當地許多貴族的臣服，而當地貴族們也能保有他們的土地和自主權。可是事情到了法蘭克人這裡就變得不一樣了，阿拉伯—柏柏爾大軍在此遇到比較頑強的抵抗[6]。西元七二〇年代，阿拉伯統治者對法蘭克人曾經發動一連串的攻擊，甚至還對土魯斯（Toulouse）進行圍城之戰，然而，即使成功打了勝仗卻都沒辦法維持太久。阿拉伯大軍對法蘭克人的最後一場戰役，也是最激烈的一場，是由總督阿卜杜勒．拉赫曼．伊本．阿卜杜拉．加菲奇（'Abd al-Rahman ibn 'Abdallah al-Ghafiqi，在位期間：西元七三〇年至七三二年）所發動的。他原本的目的是要抓拿叛變的柏柏爾人穆努札（Munnuza）。穆努札是阿拉伯的叛將，他娶了阿基坦公爵（the duke of Aquitaine）奧多（Odo）的女兒，變節投入法蘭克人陣營。阿卜杜勒・拉赫曼把穆努札圍困在他庇里牛斯山（the Pyrenees）的藏身處。在水源嚴重缺乏之下，穆努札從藏身處負傷逃走，卻一直無法擺脫追兵，在極度絕望又不願被敵人生擒的情況下，他縱身跳下懸崖，摔死在谷底，尖石刺穿了他的身體。阿卜杜勒・拉赫曼趁機在法蘭克人的土地上大肆掠奪一番。在他渡過加倫河（Garonne River）和多多涅河（Dordogne River）後，遇上了奧多。奧多發現戰況對自己不利時，悄悄溜走，阿卜杜勒・拉赫曼緊追在後，沿途還洗劫了圖爾（Tours）。西元七三二年十月，就在波堤葉（Poitiers）和圖爾之間某處，阿卜杜勒・拉赫曼遇上了查爾斯（Charles），他是奧斯特拉西亞（Austrasia）有權有勢的執政官；奧斯特拉西亞位於法蘭克王國的東北角。兩軍緊張對峙了七天，彼此嚴密監視對方的一舉一動，期間只發生一些零星試探性的戰鬥。最後，雙方終於畫下戰鬥線，正式開打。「北方人像座牆一樣，固若金湯，」有人這麼形容，「他們團結一致像寒冷地區的冰川一樣，一眨眼就把阿拉伯人給全數殲滅。」這場勝利對許多基督徒而言簡直是上帝的恩典，英國盎格魯撒克遜時期編年史家聖貝德修士（Bede）用幾個字總結他對這次事件的描述：「那些在高盧大肆殺戮殘忍的撒拉森人，……他們因為對上帝不敬而被懲處了。」

關於這場戰役，我們幾乎找不到任何當時留下來的記錄，更別說細節的描述；就連它發生的地點也不明確，通常就用最接近的兩座大城市其中之一的名字來為它命名，稱之為圖爾之役，或波堤葉之役。然而，歐洲人卻漸漸喜歡拿這場戰役的意義做文章，不斷地發揮想像力。查爾斯被形容是上帝派來的救世主，後來還被冠上「戰槌」（the hammer）的綽號，成了戰槌查爾斯（Charles Martel）。這場戰役在中世紀之後到近代之前的歷史中佔有很重要的份量：是這段時期的「世界史」中很重要的一場戰役，「世界的命運就交付在法蘭克人與阿拉伯人手中」，這場戰役讓歐洲免於落入「亞洲人和非洲人手中。」愛德華・吉朋（Edward Gibbon）在他風格獨特、筆觸生動的散文裡推論著，要是查爾斯當年沒有打贏阿拉伯人的話，古蘭經就會是今日「在牛津大學裡所教授的課程，教師們要對著講壇底下坐著一堆行過割禮的人講授穆罕默德所揭示的神聖與真理。」[7]然而，對阿拉伯人而言，這固然是一次重大的失敗，但這並不是他們一直無法在庇里牛斯山以北贏得勝利的原因。事實上，緊接在阿卜杜勒·拉赫曼之後上任的統治者，他的確有所行動——對法蘭克人發動新的攻擊——但就在他快要抵達伊比利半島東北部的沙拉哥薩（Zaragoza）前，他接到一封信，通知他非洲的柏柏爾人發生嚴重暴動，因此他又急忙返回哥多華去。柏柏爾人在此階段的暴動還只是發出情緒不滿的聲音，到了西元七四〇年代就演變成各個不同陣線全面的叛亂，而且還持續好幾年，因為柏柏爾人已經「公然表示要甩開阿拉伯人架在他們脖子上的枷鎖。」阿拉伯帝國對非洲的統治從此不曾全面恢復，反而一直不斷看著各個小國林立；這些小國有些是當地人建立的，有些則是外來政權。失去對北非的全面統治權，就讓阿拉伯統治所的西班牙，也就是大家所知的安達魯斯（Andalus），變得與中央政府所在的大馬士革有點隔絕了，也因此在西元七五〇年，當阿拔斯革命政權推翻伍麥亞王朝時，伍麥亞家族有位直系後代（阿卜杜拉赫曼，其祖父是伍麥亞朝第十任哈里發）會逃到安達魯斯來建立新的政權（後伍麥亞王朝），這事也就可以理解了。這個在安達魯斯建立起來的阿拉伯政權，得不到已經從大馬士革遷都到巴格達的哈里發支持，再也沒有能力可以侵略別的國家來擴充領土，甚至還要小心翼翼地守護自己的土地，不但要對柏柏爾部族示好，還要跟當地受羅馬文化洗禮的西班牙貴族打好關係，以免他們聯手起來把自己趕走。

北非與柏柏爾人

西元七四〇年代，柏柏爾人掀起反抗阿拉伯人的地區，與他們在二百年前反抗拜占庭人的地區大致相同，但是現在主要參與的柏柏爾人，已經不只是基督徒，還有穆斯林裡面的哈里哲派的信徒（Kharijites，出走者），他們堅持的伊斯蘭信仰是反對由一個家族壟斷政權，並且主張哈里發的職位應該是開放給眾人，而得到該職位的人應該要照顧他的百姓。這種主張相當符合北非這一群柏柏爾人的想法，他們覺得與遙遠的大馬士革哈里發以及他們派來的阿拉伯代表們在生活上並沒有什麼共同點，他們反而習慣接受位階比較低的首領們的領導。他們之所以會有這樣的想法，主要還是跟當地人的自尊以及不喜歡被外來人統治有關，這就跟在拜占庭時代是一樣的。不過，這也可能跟他們想要掌控撒哈拉以南非洲地區那些有利可圖的黃金以及奴隸買賣有關。阿拉伯大軍來此征服只是近來才發生的事，阿拉伯人也只出現在駐軍營區裡，當地大部分居民認為他們只是短暫一時之間的外來侵略，所以很討厭他們插手介入當地事務。基督教編年史中似乎有提到關於兩者的差異性和距離感的記錄，雖然只有簡短幾句：「好多的撒拉森人〔即阿拉伯人〕被非洲的羅馬人〔指的是當地人／非阿拉伯人〕殺掉。」以及「非洲人起來反抗，他們殺掉了他們的統治者和在場的每一個穆斯林〔即阿拉伯人〕。」

我們手上最早關於此地抗爭事件的穆斯林記錄寫的是，當時有兩位帶領人，一位是柏柏爾人，另一位是非洲的拜占庭人，兩位都是改宗伊斯蘭的穆斯林，他們事先安排好，相約一起在西元七四〇年八月在摩洛哥北部的丹吉爾發動抗爭。到了當年的十一月份，叛軍和阿拉伯大軍雙方發生了第一次大規模的戰爭，這群起義者殲滅了大部分的阿拉伯軍隊，殺死相當多當地出身的阿拉伯將領，這場戰役因此被稱為貴族之戰（the Battle of the Nobles）。大馬士革緊急派了一位新任的非洲統治者到來，他在隔年就領兵攻打柏柏爾人。當時柏柏爾人的領袖是一位札納塔部族（Zanata tribe）的首領，這群柏柏爾人「全身赤裸，身上除了內衣什麼都沒穿。」[8]不過，阿拉伯大軍在這一場戰役裡又打輸了，新任的總督慘遭殺害。當地有位柏柏爾人，出身哈瓦拉（Hawwara）部族，名叫阿卜杜勒·瓦利德·伊本·雅季德（'Abd al-Walid ibn Yazid），被譽為是當地人的哈里發，他在西元七四一年秋天，又擊敗了另一支前來的阿拉伯部隊。阿拉伯的哈里發希沙姆知道情況變得嚴重了，因此他派出手下經驗最豐富的大將漢達拉・伊本・薩夫萬（Hanzala ibn Safwan）出任非洲新的總督。漢達拉出身敘利亞強勢的卡爾布部族，哈里發希沙姆讓他到非洲上任的唯一任務就是：粉碎反叛勢力。西元七四二年三月，漢達拉帶著一支龐大軍隊抵達凱魯萬，隨後立即將城裡的成年男子全部武裝起來編入軍隊，更加強化他的軍事力量。幾個月後，阿卜杜勒・瓦利德領軍攻打凱魯萬，雖然他和他的手下都奮力作戰，殺死很多阿拉伯士兵，可是在作戰人數上他們卻是寡不敵眾，碰上漢達拉冷酷無情地用盡所有力量還擊，打得阿卜杜勒・瓦利德和他的人馬不是死，就是逃。

柏柏爾人想在非洲建立一個統一的哈里發國（Caliphate），雖然這個夢想在西元七四二年被粉碎了，可是，從此之後，這個地區還是持續努力著要脫離阿拉伯中央政府的掌控。整個地區竄出了許多當地人建立的小國，有些小國能維持相當久的時間，他們大多數都將柏柏爾人的文化元素融入到自己國內。例如，在摩洛哥大西洋沿岸建立的巴爾格瓦塔王朝（Barghawata）就延續了四個世紀之久（西元七四四年至一〇五八年）；他們有自己的神聖家族，據說他們是先知薩利赫（prophet Salih）的後代，使用柏柏爾版本的古蘭經，奉行柏柏爾飲食以及神奇的宗教儀式[9]。最後，非洲出現了兩個強大的柏柏爾王國，一個是阿爾摩拉維王朝（the Almoravids，西元一〇六二年至一一四七年），另外一個是阿爾摩哈德王朝（the Almohads，西元一一四七年至一二四八年）。阿爾摩哈德王朝儼然就是一個柏柏爾帝國，它的統治範圍曾經一度擴及到非洲沿岸從班加西（Benghazi）到大西洋整個沿海地區，還包括西班牙的南部。

河中地區與突厥人

阿拉伯帝國在哈里發瓦利德執政時期（西元七〇五年至七一五年），屈底波・伊本・穆斯林將軍在帝國遙遠的東方征服了大半的中亞地區。當瓦利德去世，新任哈里發蘇萊曼繼位時，屈底波害怕會被解職，於是他號召他的手下隨他一起叛變。他的手下當場拒絕了他，而正當他在斥責他們時，他們一擁而上把他撲倒在地，殺死了他——一代猛將就這麼悲慘地結束一生。在接下來的五年內，這個地區平靜無戰事；因為蘇萊曼把資源集中都用去對付君士坦丁堡了，而阿拉伯大軍在君士坦丁堡遭受的重大挫敗，使得蘇萊曼的繼任者歐瑪爾二世，對於擴張領土的態度變得謹慎保守起來。中亞河中地區的貴族們感覺機會來了，又因為受到傳言鼓舞，說阿拉伯帝國的統治時間注定只有一個世紀，他們當中就有許多人寫信給中國皇帝，請求派兵前來支援。其中撒馬爾罕君主兼粟特國王古拉克（Ghurak，在位期間：西元七一〇年至七三七年），他所寫的一封信最引人注目，因為他在信中描述了阿拉伯如何征服他的城市：

> 我們已經連續卅五年與阿拉伯（大食，*ta-shih*）這幫匪徒抗戰了；每年我們都把大批的軍人和騎兵送上戰場，卻從來不曾有幸運之神眷顧讓我們能得到貴國對我們出兵相助。六年前，阿拉伯的主將，也就是他們的軍事統帥屈底波，帶了大批軍隊來到此地；他攻擊我們，我們慘敗在敵人手下，許多人被殺身亡或身受重傷。因為阿拉伯步兵和騎兵人數眾多，我們的兵力抵擋不住他們，只好退守到城堡裡才能保住性命。於是阿拉伯大軍就圍攻我們的城堡：他們投擲三百發的石塊攻擊我們的城牆，有三處被他們擊破了。他們想要摧毀我們的城市，還要滅掉我們的國家。謹在此向您報告以上狀況，謙卑地請求貴國伸出援手，懇請派遣一支中國軍隊

前來解救敝國脫離困境。

另外還有一位小國的國王也派了特使出使到中國，他的國家就位於喀布爾西南方，座落在蘇哈卜河谷（Surkhab valley）。他的特使就在中國朝廷上抱怨起了阿拉伯人，說是「所有存放在我國金庫和倉庫裡的東西，所有珍貴的寶物和珠寶，還有我國人民當中那些富貴人家的金銀財寶，都被阿拉伯人搶走了，他們把所有東西都據為己有。」還有一位布哈拉市的領主哀嘆道，「我們每年都受到阿拉伯土匪的侵略和掠奪，逼得我們都無法喘息了，」他還要求中國皇帝能夠下一道聖旨，命令突厥人前來幫忙抵抗阿拉伯人[10]。

不論是否是因為收到中國皇帝的聖旨，西突厥人的確在河中地區變得積極參與起反抗阿拉伯人的行動了。他們有位能幹的領袖蘇魯克（Suluk，在位期間：西元七一五年至七三八年）帶領著他們重新過上富足的好日子。蘇魯克是西突厥其中一支突騎施（Turgesh）部落的首領，中國歷史上稱他是突騎施汗國的蘇祿可汗（Sulu），他們描寫他是一位「勤勉又溫和」的人，他「愛護子民，又把國家治理得很好。」當時他兩面受敵，必須對抗來自東西兩邊的威脅：東邊要對付東突厥聯盟，西邊要阻擋阿拉伯大軍。對東邊，他採取懷柔政策，娶了幾位東突厥首領的女兒，還有西藏的公主，藉以安撫東邊側翼。接著他把注意力轉向西邊，在西元七二〇至七二一年間，他聯合幾位粟特貴族一起出兵攻打撒馬爾罕東北邊的阿拉伯駐軍；雖然不是什麼值得大書特書的勝利，但是可以明顯看到阿拉伯大軍已經被迫成了防守的一方。有了突騎施的兵力加入戰鬥行列，幾位粟特人壯起膽來起兵反抗阿拉伯人，由一位名叫迪瓦什蒂奇（Dewashtich）的人領軍，他是彭吉肯特（Panjikent）的統治者（參見插圖6.5），而我們之所以有機會知道他的事蹟，全靠他與人通信留下來的斷簡殘篇所賜。在信中，他自稱同時也被稱作是「撒馬爾罕的君主、粟特的國王」，他對當時擁有這兩項頭銜的人，也就是古拉克，非常不滿；因為古拉克長期以來都不敢公開反抗阿拉伯人。我們看到迪瓦什蒂奇寫信給好幾個國家的當權者，特別是突厥人還有費爾干納（Ferghana）以及塔什干（Shash）的貴族們，他寫信請求他們能支持他，讓他能繼續奮戰下去。

新任的大呼羅珊總督是心狠手辣的薩伊德・哈拉希（Sa'id al-Harashi，在位期間：西元七二二年至七二四年），這對迪瓦什蒂奇而言真是個天大的不幸。薩伊德收到情資，他知道阿拉伯對大呼羅珊的統治出現了漏洞，所以，西元七二二年六月下旬，他一接到職務派令就馬上起程，渡過阿姆河趕著去上任。而粟特這方面，貴族們因意見分歧而分裂成兩派：其中有一批人立場堅定，選擇留在迪瓦什蒂奇身邊，而大多數人選擇依附費爾干納國王以得到庇護。可是，費爾干納的皇太后跟這些避難於此的粟特人處得不好，她通知了薩伊德說粟特人已經離開了他們國家，現在都安頓在苦盞（Khojand），就在撒馬爾罕東北方直線距離大概一五〇英里（大約廿四一公里）處，那裡正是通往富庶的費爾干納谷地進出的要道。薩伊德率領大軍快馬加鞭全速趕到苦盞，圍城不到多久，城裡的居民就投

插圖6.5　翻拍自彭吉肯特（Panjikent）一座宮殿裡的壁畫，此畫繪製於西元第八世紀中葉，畫中這位當地的貴族，身上穿著典型的胡人服飾。©版權屬俄羅斯聖彼得堡國家冬宮博物館（State Hermitage Museum，St. Petersburg）。

降了。有位驛站站長給迪瓦什蒂奇送來消息，向他報告事件的結果：「消息如下：苦盞完了，所有人都在阿拉伯埃米爾（大將軍）的保證下離開；包括貴族、商人和農人等，大約一萬四千人左右，都已經撤離了。」如果這個資料中所指的人員只是粟特人，而不包括當地人的話，那麼很明顯的這就是粟特人的一場大撤離，為的是逃離阿拉伯人可能會對他們採取的報復手段。他們的恐懼後來真的被證實了，薩伊德雖然答應要讓他們安全離開，可是他後來還是把他們全都處決了，至少是把他們當中的貴族都殺害了。一個月後，西元七二二年夏天，薩伊德派出的一支特遣隊在彭吉肯特山區找到了迪瓦什蒂奇的藏身處，這位企圖成為粟特國王的抗爭到此就完全終結了。[11]

以上就暫時是阿拉伯人在此地的最後一場勝利了，因為突騎施汗國的蘇魯克一直在努力增強攻擊的實力；西元七二四年，蘇魯克的軍隊圍攻了正在費爾干納城裡掠奪的阿拉伯人，除了少數幾人逃走，其餘的阿拉伯人全數被蘇魯克大軍給殲滅了，這場戰役在穆斯林資料裡稱之為渴水日之戰（the Day of Thirst）。這場戰役鼓舞河中地區人們在此掀起一場全面反抗阿拉伯人的鬥爭，到了西元七三〇年，阿拉伯人在河中地區所掌握的就只剩下撒馬爾罕和少數幾個城堡。西元七三一年，蘇魯克帶兵圍攻撒馬爾罕。當時駐守在城裡的阿拉伯大軍指揮官寫了一封軍情緊急的求救信給大呼羅珊長官榮奈德・穆里（Junayd al-Murri），當時他人正在巴爾赫城。榮奈德立即領軍出發救援，行進到基什（Kish）時，他停下來考慮，究竟是要繞遠路往西邊穿越平原去撒馬爾罕，還是要選擇走較直的路徑但是要穿越塔什塔卡拉查山口（Tashtakaracha Pass），走在陡峭山脊的山路上。他最後決定選擇了後者，但是很不巧的，就在山口附近他遇上了突騎施的軍隊。榮奈德的兵馬奮勇作戰，但是，如果沒有新增兵力前來奧援，他們顯然絕對無法活著離開此地。唯一的辦法就是向他們原本要去救援的撒馬爾罕求救，於是，他請撒馬爾罕的駐軍指揮官帶兵前來求援。撒馬爾罕指揮官很不情願地領著一萬二千人的軍隊前來，終於救出了榮奈德，但在整個過程中他帶來的軍隊損失殆盡就只剩下了一千人。榮奈德領著他殘存的部隊終於抵達撒馬爾罕，在這裡，他們奮勇抵抗突厥人，讓突厥人久攻不下，支撐到突厥人師老兵疫，最終罷兵離開了。這場山口戰役（the Battle of the Defile），後來變得史上聞名，因為它保住阿拉伯勢力在河中地區的最低水位。如果阿拉伯大軍當時沒有保住撒馬爾罕，整個地區就會完全落入突騎施汗國手中。

突騎施汗國西進的計畫失利，於是把目標轉向東邊；但是東向政策也沒有讓他們嚐到甜頭，西元七三六年，蘇魯克在塔里木盆地被中國人（唐朝）徹底打敗。蘇魯克於是決定再試最後一次要把阿拉伯人趕走。西元七三六年，蘇魯克聯合粟特人和土克哈里斯坦人渡過阿姆河；他們的目標是攻打巴爾赫，是現任大呼羅珊總督阿薩德·伊本·阿卜杜拉（Asad ibn 'Abdallah）的總部所在。蘇魯克把軍隊分為幾條不同路線進行突襲，這真不是個好主意，因為阿薩德帶領一支人數龐大的軍隊出來迎戰，而蘇魯克汗只帶了少數幾名隨從。蘇魯克被逼得只得落荒而逃，而這是他第二次被阿拉伯人打敗，也使得他的名聲掃地；隔年，突騎施陣營內一股反對勢力起來討伐他，將他誅殺身亡。蘇魯克這道威脅解除之後，阿拉伯新任的這位大呼羅珊總督，奈斯爾·伊本·賽雅爾（Nasr ibn Sayyar，在位期間：西元七三八年至七四八年），可說是個適人適所的安排，他可以趁機好好重振阿拉伯在這地區的勢力。不同於前面幾任的總督都是來自西邊的人，他們或許不了解這個地區，或者對此地不熟悉，奈斯爾可是成年以後就生活在此地的人，他是前任幾位總督的幹部，也曾經擔任過巴爾赫的首長。他對當地的文化和政治有一定程度的了解，也察覺到超過卅年以上連續的征戰對雙方人員都有很大的損傷。因此，初上任的他，採取了舒緩和解的立場，不想引起對立。他寫信給粟特的貴族們，邀請他們返回家鄉，也答應他們早先提出來的請求，那就是「曾經是穆斯林而後叛教的人，不會受到懲罰；不會強制人民償還過於苛刻的債務；不會要求他們繳納積欠國庫的稅款；他們不必交出穆斯林犯人，除非有法官的判決或是有可靠證人的證詞。」[12]許多人認為奈斯爾太過軟弱了，怎麼能屈服於這種要求，但是他的和解政策確實緩和了這邊境地區的不安和緊張情勢，讓伍麥亞王朝在此又多統治了十年左右的時間。

然而，像奈斯爾施行的這種和緩政策到頭來還是來得太晚了，根本救不了伍麥亞王朝，它現在還面臨來自東邊的諸多挑戰。其中鬧得最大的一起事件是阿布・穆斯林（Abu Muslim）所主導的叛亂；阿布的出身和前半生事蹟不明，只知他是伊朗東部河中地區的人，他從自己的家鄉招募一群人組成了軍隊，其中包括阿拉伯人和非阿拉伯人，他派這支軍隊往西邊進軍，目標是要推翻伍麥亞王朝。中國人對此地的侵擾在史料中倒是比較少被提及，他們緊跟在西突厥人突騎施沒落（西元七三八年），以及東突厥聯盟垮台（西元七四四年）之後，企圖在此區域重振聲威。首先是，由中國知名的唐朝大將高仙芝（Gao Xianzhi，也可拼寫成 Kao Hsien-Chih）打頭陣；高仙芝是韓國裔（高句麗人）的中國武將，他在帕米爾高原喜馬拉雅山區立下許多戰功，尤其在對付吐蕃帝國（Tibetan Empire 吐蕃）方面，西元七四四年，他從吐蕃手中奪下了佛教國度吉爾吉特（Gilgit）的統治權；吉爾吉特位於今日巴基斯坦北部。幾年過後，當費爾干納和塔什干兩國起衝突時，他們的國王分別向背後撐腰的帝國求援，也就是中國和穆斯林，高仙芝二話不說就領兵圍攻塔什干，不消多時就攻克了它的首都，抓了許多俘虜，連國王本人也被抓。看起來，中國和穆斯林這兩大帝國的衝突勢在難免了。駐守在撒馬爾罕的穆斯林軍隊從塔什干逃出來的難民口中得到消息，他的守將，一位名叫齊亞德・伊本・薩利赫（Ziyad ibn Salih）的將軍，他一等到從土克哈里斯坦派來的增援軍隊和他會合後，就立刻領兵出發往東方進攻，他決定要好好給中國一個教訓。齊亞德率領阿拉伯大軍朝撒馬爾罕東北方行進了三百英里（約四八三公里）後，抵達了塔拉斯（Talas），也就是今日哈薩克（Kazak）與吉爾吉斯共和國邊境，他在這裡遇上了高仙芝的部隊，高仙芝的軍隊裡有費爾干納的人馬，還有突厥葛邏祿（Karluk）部族的人，時值西元七五一年七月，兩軍交戰，雙方連續打了至少五天都沒有停下來歇息，最後因為葛邏祿部族的人臨陣倒戈，很快地，唐朝大軍就被穆斯林軍隊給打敗了[13]。

這場塔拉斯之役，就跟之前的波堤葉／圖爾之役一樣，也被賦予傳奇性的地位，只不過這次是對阿拉伯大軍有利的說法。卓越的美籍漢學家傅路特教授（Luther Carrington Goodrich）將這次戰役排行在「史上具決定性的關鍵戰役之一」，而知名的俄國東方歷史學博士瓦西里・巴托爾德（VasilyBarthold）則是把這場打敗唐朝大軍的場役視為一個決定性的關鍵，它可是關係到中亞地區將會是由中國文明或穆斯林文明來統治的關鍵戰役。其實，就跟波堤葉／圖爾之役一樣，這場戰役只不過是單一事件，實在不必被賦予過多的意義。它只不過是延緩了中國的西征，並沒有就此讓中國停下西征的腳步；事實上，兩年以後，中國就成功地把吐蕃人從帕米爾高原給趕走了。唐朝西征之所以會停頓完全是因為安祿山之亂；安祿山原本就統領大唐整個東北大軍，大唐足足花了七年才將他的叛亂弭平（西元七五五年至七六三年），這場叛亂讓大唐元氣大傷。大唐經歷了藩鎮割據，偏遠地區國土喪失，西藏人和突厥部族的維吾爾人搶占了今日中國西半部大半的土地，他們就地把這塊土地給瓜分了。事變結束大約過了五十年後，有人撰寫了《安祿山事蹟》（*History of An Lushan*），書中特別強調他的胡人血統（伊朗東部與河中地區人氏）：他的父親是胡人（昭武九姓粟特人），他本人穿著胡人服飾，跟他親近的追隨者都是胡人。它還描寫他舉行了有如邪教一般的儀式：「安祿山坐在雙人大床上，面前焚著香，邊上擺著奇珍異寶。……在他周圍有一群胡人，個個拜倒在他腳下，祈求上蒼賜福。他命人將祭祀的動物陳列在他面前，準備好了要獻祭，旁邊有幾個女巫在擊鼓、唱歌，跳舞。」[14]安祿山和阿布・穆斯林兩人之間有許多相似的地方：他們都出身在伊朗東部河中地區大都會商業區的有錢人家，兩人都是自己一手策劃叛變的謀略家，他們同樣都能讓支持者瘋狂崇拜，甚至在他們死後都還把他們如宗教神明般供奉著。不同的是安祿山失敗了，他原本想要在中國帝國裡提升胡人地位的計畫失敗了，而阿布・穆斯林成功了，他為伊朗東部河中地區的百姓在穆斯林帝國的未來發展裡爭取到能夠扮演更大、更重要角色的機會。

高加索與可薩人

此時，另一個讓阿拉伯人頭痛的族群是可薩人。自從西突厥聯盟在西元六三〇年退出高加索之後，可薩人就開始慢慢強化自己族群的認同，建立了自己的政權。他們吸收很多當地人加入他們陣營，像是阿蘭人和薩比爾人（the Sabirs），也都聽命於他們。他們以窩瓦河畔（the river Volga）的首都為起點，控制了大部份的東歐大草原，也就是今日俄羅斯西南部的大片土地。西元六八五年，阿拉伯第二次內戰期間，可薩人趁機在高加索到處發動襲擊，這下子可點燃了阿拉伯人和他們之間的衝突，導致在西元第八世紀的前半段，這兩個同是年輕又野心勃勃的強國互相打了無數次的戰爭，一次比一次嚴重。阿卜杜勒・馬利克的兒子馬斯拉馬，他在西元七一〇年從他叔父手上接管了亞美尼亞和亞塞拜然兩地，他曾經好幾次領軍到可薩人的地盤上襲擊，因為他只要越過達爾班德就到了，雖說斬獲不多，但也足以使得可薩人必須隨時保持警戒才行。然而，到了西元七一八年，可薩人得知阿拉伯圍攻君士坦丁堡失敗了，受到此事鼓舞，可薩人開始反守為攻，也對阿拉伯人的領土發動攻擊。如此持續了幾年，到了西元七二二年，遇上特別嚴寒的冬天，可薩人打敗了一支防備不足的阿拉伯軍團，殲滅了大部份的阿拉伯駐軍，從此奠定了可薩人在高加索地區的領導地位[15]。

西元七二六年，可薩可汗派他的兒子馬爾蒂克（Martik）往南方的亞塞拜然進軍，圍攻瓦爾坦（Warthan）的定居聚落，就在今天大不里士（Tabriz）的東北方。馬爾蒂克出師告捷，還把前來解危的阿拉伯亞美尼亞總督給殺了。兩年後，馬斯拉馬把攻擊目標對準可薩可汗本人，但是，才開打了幾天，他就快要敗在敵人手上了，只好拋下營區裡的所有東西拔腿開溜，連僕人、侍妾和婢女都沒帶走。穆斯林的資料裡只寫著「他平安地回來了，」完全沒有以勝利者之姿發表高調言論——像是真主阿拉透過他教訓了那些異教徒，諸如此類的話——這樣倒是增加了基督教記錄裡關於馬斯拉馬發生如此丟人現眼逃跑事件的可信度。西元七三〇年，馬爾蒂克重新投入戰場，他圍攻了亞塞拜然首都阿爾達比勒。新上任的亞美尼亞總督賈拉・伊本・阿卜杜拉（Jarrah ibn 'Abdallah）帶兵前來救援，但是因為對手人數實在龐大，根本解救不了。賈拉趕緊向哈里發希沙姆寫了一封請求增援的信，但是就連馬斯拉馬親自帶著臨時緊急徵調的軍隊前來救援也來不及了，賈拉和他的手下全數死於可薩人的刀下。可薩的騎兵隊就這麼肆無忌憚地在這個地區行搶，無人抵擋，他們一路搶到了摩蘇爾南部和西部。阿爾達比勒的居民眼看救援無望，只好投降，結果當地阿拉伯駐軍全數被殺，婦人和兒童全被俘虜，「亞塞拜然落入可薩人手中了。」大呼羅珊的前任總督薩伊德・哈拉希，急忙集結了一支軍隊趕往搶救，終於將俘虜們全數救下，擊退了可薩人，甚至把可薩人軍旗上的銅製標緻給拿了下來。儘管如此，可薩人還是重創了阿拉伯人。

西元七三一年春天，雖然天候狀況還是很惡劣，馬斯拉馬已經奉命出征，重振阿拉伯帝國的聲威。他在裏海隘口附近的達爾班德（阿拉伯文：Bab al-Abwab）被可薩人擋了下來，無法越雷池一步；縱然他是有能力造成敵人重創的人——「他讓敵人的血流成河，他敵人的屍體能餵飽天上的猛禽和草原上的野獸」——可是現在他被困在此處，只好先做好基礎建設工作，為著將來更大規模的遠征做準備。他招募了一批工匠和建築工人在達爾班德做重建工作並加強防禦工事，把這兒打造成阿拉伯在高加索東區最大的駐軍所在（參看插圖4.2），他從這裡派出許多部隊把附近好幾個城堡、要塞都給降服了。西元七三二年，亞美尼亞、亞塞拜然和美索不達米亞北部的兵權全都落入能幹的馬爾萬・伊本・穆罕默德手中（Marwan ibn Muhammad），他是阿卜杜勒・馬利克的姪子，他開始和可薩可汗談和，藉此爭取時間好好重整軍隊。到了西元七三七年，有了亞美尼亞軍隊的支持，馬爾萬領兵通過了阿蘭人的山門（即：達里爾山口，the Darial pass），在今日喬治亞和俄羅斯邊界的提比里斯（Tbilisi）北邊，他穿過阿蘭人的國土，進到了可薩人的地盤。他突襲了可薩人，把可薩可汗嚇得不得不跑掉逃生去。在接下來的一年裡，馬爾萬一一拜訪了夾在裏海隘口和阿蘭人山門之間山區裡的貴族們，讓他們不是乖乖服從，就是用武力收拾他們。事實上，阿拉伯人馬爾萬此時所做的事，正是波斯帝國的庫斯洛一世早在兩百年前就做過的事，他們都在自己的國土與北方的草原民族之間設置了一個緩衝區。

阿拉伯人和可薩人彼此一直小心提防，其實雙方也都明白眼下誰也無法打敗對方，就只能從衝突對立轉變為和平共存，各自鞏固既得的利益，雙方劃清界線，井水不犯河水。阿拉伯帝國北方的這條高加索界線，正好就是多年以前拜占庭和波斯兩大帝國的界線，也是今日高加索共和國與俄羅斯之間的界線。基本上這就是該地區地理上的界線，因為高大的高加索山區形成了天然屏障，將南北兩端隔開，除了東邊的裏海隘口和中段的阿蘭山門這兩個通道外，南北的活動範圍完全都被高山阻隔。因此，在拜占庭——波斯時代就存在的三個小附庸國——亞美尼亞、喬治亞和阿爾巴尼亞——在阿拉伯統治時期也依舊存活著，也都設法維持高度的自治。三個小國當中，喬治亞最容易做到，因為它地處最遠，而亞美尼亞的位置很容易變成拜占庭和阿拉伯兩大強國之間角力的場所，至於阿爾巴尼亞（阿拉伯語：Arran），它首都在巴爾達（Partaw，今日亞塞拜然的巴爾達〔Barda〕），它喪失最多的自主權，因為它有庫拉河（Kura）流經國內，還有巴庫城（Baku）所在的海岸平原，讓侵略者很容易入侵。由於北方侵略者最容易由此進入，阿拉伯就派了重兵駐守在這個區域，特別是在達爾班德，他們從敘利亞移入了二萬四千名的阿拉伯人；如此一來，阿拉伯人又再次追隨了波斯薩珊王朝從前所實施過的政策。可薩人則是穿梭在斯堪地那維亞（Scandinavia）和穆斯林世界之間，扮演中間人在兩邊做生意，結果變得越來越富強。雖然他們想跟拜占庭靠攏，卻也不忘打造自己的路，他們最終改信了猶太教，建立起自己獨特又多元的文化。

對阿拉伯人而言，在此時拿下了印度河流域的信德不啻是一則好消息。早在哈里發奧斯曼時，他就對這個地區很感興趣，他命巴斯拉首長派人前去調查信德究竟是否值得攻下。前往勘察的人最先碰到的是乾旱不毛的荒地馬克蘭（Makran），它就位在通往信德的路上，於是探子回報說：「此地水源不足，椰棗長得不好，強盜猖獗；人數太少的軍隊，到了此地會被殺死，人數來得太多，會被餓死。」奧斯曼得到這樣的情報，就決定不派軍隊前往征服。只是，有幾位不怕艱難的阿拉伯將軍們還是往這個方向探險來了。他們遇上奇安族人（Qiqan）的強烈抵抗，就在今日巴基斯坦西部，其中兩位將軍還因此遇害了，當時是西元六六〇年代。另外還有一批人選擇走海岸線，過程也是十分艱辛，因為此處降雨量少，貼近海岸的馬克蘭山脈又十分崎嶇難行，這情形是亞歷山大大帝早在大概一千多年前就已經發現了。而且，這裡人口十分稀少，根據西元第七世紀玄奘法師的描述，這裡只有崎嶇不平的山谷和孤立的海港庇護著一些佛教徒居住在此。到了西元六七〇年代，這兒有了少數的阿拉伯駐軍，可是被派到這裡被視為是一個很不受歡迎的差事，因為這個地方「大多數人都餓著肚子，其餘那些肚子不餓的，都是靈魂墮落的人。」

西元六九四年，當哈查吉・伊本・優素福被指派到東部擔任哈里發的副手時，他決定要好好整治這個難以管束的邊境地區。據說，促使他做下這個決定背後的原因是個很奇特的事件，讓現代的學者們覺得相當有意思。話說一位「紅寶石島」的貴族，為了討哈查吉的歡心，送給他一批穆斯林女孩，聲稱這些女孩的父親是四處經商的人，最近才剛剛過世。故事的內容很模糊，總之就是印度河三角洲上一個名叫提颸（Daybul）的城鎮，位在今日喀拉蚩（Karachi）的東邊，那些住在提颸的梅德人（the Med people），划著獨木舟出海，捕獲了這艘船，還有船上做為商品貨物的女子。在這批送給哈查吉的穆斯林女子當中，有一名絕望的女子懇求哈查吉伸出援手。哈查吉最後被這名穆斯林少女打動，他先後派出兩名大將為她出任務，可是都被殺身亡，未能完成使命。哈查吉親自寫了封信給信德的統治者達希爾（Dahir），他用個人身分向達希爾請求協助，卻得到達希爾言詞閃爍、虛應故事的答覆：「那些商人都是被海盜虜走的，我可管不了那群海盜。」這種冷酷無情的回答，加上受困無助的少女，一般都認為是阿拉伯拿來做為侵略信德的藉口，因為多年之後來看，這根本是兩碼子事。

哈查吉最後終於在自己親戚中找到可以託付重任前去攻打馬克蘭和信德的人，那就是穆罕默德・伊本・卡西姆（Muhammad ibn Qasim）。哈查吉一再地確認他的親戚有帶上足夠的裝備，對他照顧得無微不至，甚至還幫他準備了用棉花吸得滿滿的食用醋帶著備用，因為他聽說一路上的醋很稀少，不易取得。終於，哈查吉在西元七一〇年派穆罕默德・伊本・卡西姆出征，哈查吉給他的誘因就是「只要是你征服的土地都歸你所有。」穆罕默德大軍先路過馬克蘭，一開始就拿下了今日巴基斯坦西南部的凡納茲布爾（Fannazbur），然後他繼續不停地往東，終於到了提颸。穆罕默德用投石機擊破了提颸的城牆，摧毀了佛塔，當地的統治者嚇得逃走，而那些留下來守護佛寺的人，還有許多當地居民，全數都被殺光。穆罕默德接著繼續往印度河流域挺進，搜捕當地的統治者，也就是前面提到過的達希爾。當他終於追趕上達希爾，一場激戰隨之展開；達希爾最後被殺身亡，因此，「穆罕默德・伊本・卡西姆拿下了整個信德的統治權。」他送回一大份的戰利品給哈查吉，這讓哈查吉十分高興，因為他估計這份戰利品價值大約一億二千萬迪拉姆，而他幫穆罕默德打點的出征用品和送他出征的全部費用只不過花了他六千萬迪拉姆。

在穆斯林早期的資料裡，每一次的征服事件都被描繪得好像一幅色彩單調、平淡無奇的畫，其梗概大致不出以下敘述：阿拉伯大軍朝某個小國進軍，投降者可以保障生命財產安全，不投降者就出兵攻打，沒收所有的金銀財寶。唯一有詳細描述細節的記錄，就只有在西元七三〇年代征服信德之後，把曼蘇拉（Mansura）建設成穆斯林首府的這件事；曼蘇拉廢墟佔地四平方英里（大約十平方公里），位在今日巴基斯坦的海德拉巴（Hyderabad）東北方大約四十英里（大約六十四公里）處。但是在後來出現的資料中，特別像是西元十三世紀知名的史詩作品信德茶茶王朝的故事（*Chach Nama*），則是提供了大量的訊息，還包括了阿拉伯大軍征服之前發生的故事。它十分詳盡地敘述了信奉佛教的萊伊王朝（the Rai dynasty）是如何在一場政變中被它信仰印度教的首相所推翻，這位首相娶了萊伊王朝最後一任王后，他們倆生下了達希爾，而達希爾最後把信德敗給了阿拉伯人[17]。雖然這段故事通常都會被列入歷史教科書的基本教材中，但是完全沒有當年的資料可以證實它的內容。或許我們可以稍後再來看穆斯林資料裡單調的阿拉伯大軍勝利的故事，先看一下兩份關於阿拉伯大軍被打敗的記錄，這是由信德的鄰國古吉拉特（Gujarat）國王所宣稱的勝利。我們推測當時的情況，很可能是阿拉伯大軍裡有一些部隊想要多征服一些土地，多撈一些戰利品，因此他們繼續往信德南方推進，也有人是乘船走海線，或許是想從繁忙熱絡的印度洋貿易裡分一杯羹。他們與當地人民發生了戰鬥，其中兩起被用梵文（Sanskrit）記錄了下來，刻印在銅板上。這些銅板能在印度潮濕氣候裡倖存下來，因此通常被用來保存重要的交易記錄，特別是分封土地的記錄，它除了是做為官方正式記錄所用，也常常被將土地分封出去的人趁機拿來宣揚自己的英勇事蹟和表揚自己的善行。

兩份銅板銘文中，稍早一份的日期是西元七三六年，出自古吉拉特的國王傑亞爾巴塔四世（Jayalbhata IV）的手筆。他在完成土地分封的正式文本，也就是做好官方記錄後，就開始大肆吹噓他打敗阿拉伯大軍贏得勝利的事蹟。「就是眼前同樣的這一位傑亞爾巴塔，」他四處宣揚道，「他用強而有力的劍，就在瓦拉比（Valabhi）領主所在的城市裡，擊敗了跟所有人為敵的阿拉伯人（他們是泰古伽人〔Tajikas〕，與信德阿拉伯人同一種族）。（他這麼做）就像天上的雲，為大地帶來一場大雨，撲滅這起煩擾眾人的火災。」瓦拉比是知名的佛學中心，根據玄奘大師的記載，它擁有一百座的寺廟和六千名和尚，它同時也是繁華熱鬧的海港，就在坎貝灣（the Gulf of Cambay）西側，可能因此引起了阿拉伯掠奪大隊的覬覦。不久之後，傑亞爾巴塔本人卻需要找人來幫他對付阿拉伯大軍，他轉往南方求助於實力更強的遮婁其王朝（Chalukya kingdom）。他說服一位遮婁其當地的貴族帶領一支軍隊前來幫忙他。這位遮婁其貴族跟不久之前的傑亞爾巴塔一樣，他也利用土地分封的文件來宣傳自己的成就。他很得意自己能從遮婁其國王手中領取這份光榮，誇耀自己如何打敗了阿拉伯大軍。由於我們從對手阿拉伯方面幾乎沒有看到對相同事件的描述，因此，且將全文引述如下，應該是很有參考價值：

阿拉伯人用他們鋒利閃亮的刀劍殺害了許多名聲顯赫的國王。他們一心只想侵入南方，想用射箭，擲矛，棍棒將之征服。他們一開始就攻下了瑙薩里王國（Navasari），戰馬嘈雜的蹄聲響遍整個大地，揚起四方風沙。我方偉大的戰士朝他們瘋狂猛攻，卻被他們的長矛刀刃刺穿身體，肚破腸流；阿拉伯人面目猙獰，盔甲都被我們偉大戰士的鮮血染紅。眾多國王當中最厲害的一位也不曾打敗過他們。每位捍衛國土的人都怒髮衝冠，奮戰精神已被激起，拼盡全力攻擊阿拉伯人，拋頭顱，灑熱血，以報答國王厚贈的禮物和殊榮。奮戰中，每個人都咬牙切齒，頭巾和鋒利的刀刃都被鮮血染紅，這些濃厚的血來自敵方的大象，鮮血從牠們身上的傷口和因垂死而傾斜的臉頰上傾瀉而下；可憐這些大象，歷經數不清的戰場最後只剩牆角縫隙讓牠們棲身。這些阿拉伯人都是十分強悍的戰士，砍殺敵人的脖子就像削斷蓮花稈子，射箭神速，箭如雨下，箭上還鍛造了新月形的刀片，消滅敵人無數；儘管如此，他們還是沒能打贏這場戰爭。雖然他們個個都有好戰精神，激烈打鬥到披頭散髮，卻還是在前線被打敗了。正當此時，那些被阿拉伯人砍去頭顱的無頭身軀開始圍成圓圈歡慶跳舞，伴著持續不停的鼓聲，彷彿在說「今天，我們至少用被敵人砍掉的頭顱把（這一世）積欠主人的債給還清了。」

瑙薩里和瓦拉比分別位在坎貝灣的兩側，許多船隻都經由這兩處前往古老的巴爾如赫港（Barygaza, Bharuch），阿拉伯人想必正積極想要把勢力擴展到印度洋上的國際貿易路線，而這兩份的銅板銘文顯示他們在這方面的努力受到了挫敗。另一份銅板銘文的日期是西元七五三年，上面還印有印度教神明濕婆（Shiva）的圖像，文中記載一位羅濕陀羅拘陀王朝的國王（a Rashtrakuta king）在西元七五三年打敗了遮婁其人，並佔據了他們的領土。這個羅濕陀羅拘陀帝國，在宗教上很寬容，文化十分鮮明，掌控了大部份的印度次大陸，一直維持到西元第十世紀。羅濕陀羅拘陀帝國阻撓了阿拉伯大軍往信德以南擴張領土的計畫，卻不妨礙貿易得以和平地進行著，我們在印度史料中看到一些阿拉伯生意人在此地活動的記錄，或至少描寫得很像是與信德阿拉伯人同一種族的泰古伽人（*Tajikas*），至於他們是原生的阿拉伯人或穆斯林（不論是阿拉伯裔或非阿拉伯裔），還是阿拔斯王朝底下不論信奉哪一派教義的居民，已經是無從分辨了。西元第九世紀時，我們在印度西南部的奎隆（Kollam）發現一套銅板銘文，它是用坦米爾文（Tamil）寫下的，記錄了分封土地給兩個做生意的社區。銘文中載明了他們交易的條件，互相簽了名，還有十四位見證人用波斯文署名（同時使用巴列維文字〔Pahlavi script〕和希伯來文字〔Hebrew script〕）——其中包括了祆教徒、猶太人和基督徒——還有十一個人使用阿拉伯文簽名，當中有穆斯林還有基督徒。在此地，當時所做的生意到後來都變成十分國際化的貿易，而阿拉伯的穆斯林也用各種方式與各個民族和各個宗教的人生活在一起[18]。

由穆斯林和非穆斯林組成的社會

在阿卜杜勒・馬利克之前，我們不曾見到藉用政府力量推廣伊斯蘭〔信仰〕的事蹟。很可能是在他之前的哈里發認為，伊斯蘭對征服者才有意義，對被征服者並不具任何意義，或許是，在穆罕默德的烏瑪社區裡，每個人都可以維持原來的信仰，並沒有規定正式一致的信仰，也或者是，他們不想引起百姓當中非穆斯林群眾的反感，畢竟他們是新來統治者，基礎還不穩固。我們並不知道真相究竟為何，無論如何，只知道從阿卜杜勒・馬利克開始，情況有了重大的改變，從錢幣、文件，到日常可見的用品，如道路里程碑、玻璃砝碼等等，都刻印上了古蘭經文的標語，強調真主阿拉是唯一真神以及穆罕默德的使命。連個人信徒也是，尤其是那些前往麥加朝聖的人，他們在岩石和大石塊上刻出他們對真主和先知們的信仰，以及他們渴望追隨先知們進入天堂、遠離地獄火的願望（參看插圖6.6）。凡是具有紀念性的建築物——清真寺和皇宮——入口處都陳列著向真主阿拉以及穆罕默德先知致敬的銘文。這樣的改變，其實是在激烈的阿拉伯內戰（西元六八三年至六九二年）之後，呼應征服者世界需要再次團結的需求：它強調了大多數人的共同信仰，把眾人的注意力集中到對付主要敵人的身上，也就是基督教的拜占庭帝國。很多官方的宗教標語都是針對對手基督教挑選出來的，尤其是古蘭經第一一二章：「真主是唯一的，是永恆的，祂沒有生育子女，也沒有被生出來，」以及古蘭經第九章第三三節：「穆罕默德是真主阿拉的使者，真主指引他，給他真正的宗教，令它成為主導的宗教。」就像耶路撒冷那座宏偉的圓頂清真寺（參看插圖5.5），就蓋在耶穌對門徒開示的地點上，當時耶穌對門徒預言「將來這裡絕對沒有一塊石頭會留在另一塊石頭上而不被拆掉。」

（詳馬可福音 一三：二）而圓頂清真寺偏偏就用漂亮的磁磚裝點落成，磁磚上刻印著古蘭經文四：一七一：「彌賽亞耶穌，瑪麗亞之子，只是真主阿拉的一位使者，是給瑪麗亞的一句承諾，源自真主精神。……千萬別再提『三位一體』。……真主阿拉只有一位；真神崇高，超越萬物，絕無子嗣。」如此這般大動作提升伊斯蘭為國

插圖6.6　於約旦南方拉姆山（JabalRamm）發現的銘文，以阿拉伯文刻印，年代大約在伊斯蘭曆第一〇九年（西元七二七年至七二八年），記錄阿卜杜勒・阿拉・伊本・薩伊德（'Abd al-'Ala' ibn Sa'id）的祈禱文，內容寫著真主阿拉接受了他在齋月期間禁食，並賜予他和平、寬容和祝福。©圖片版權屬艾麗森・麥昆堤（Alison McQuitty）。

家宗教勢必同時貶抑了其它所有的宗教，而在阿卜杜勒・馬利克之後的幾十年間，穆斯林法學家逐漸發展出一套法律架構，可以兼容並蓄各個宗教於伊斯蘭社會裡，只不過，在這新興帝國裡，非穆斯林的宗教雖說是有保障，卻也只能居於次要地位。如此一來，逐漸就演化出一個以宗教為依歸的社會環境。

不同的社會地位

所有國家對於居住在疆域裡不同的族群當然多少都會有些差別待遇，給他們不同的權利。有些則是會對居住在境內的外國人有不同的對待方式，對外國人會有許多限制。在希臘羅馬時代，外國人（希臘文稱做 *metoikes*，拉丁文稱 *peregrinus*）不能擔任公職，不可擁有土地，也不能與本國人結婚（直到奧古斯都在羅馬頒布鼓勵生育的法律，情況才有所改變）。而亟欲將基督教變成國教的努力也改變了前述的情況，將居民的分野漸漸變成了基督徒與非基督徒之分，而從非基督徒中又再分為信奉合法的宗教的人（如猶太教徒），他們——至少理論上——會受到法律保障，或者是信仰非法宗教（多神教）的人，他們就會受到許多嚴格的限制。同樣的模式也被用在阿拉伯帝國，非穆斯林還被分類為二，一是擁有聖典的人（possessors of a scripture，阿拉伯文作 *ahl al-kitab*），一是多神論者（pagans，阿拉伯文作 *mushrikun*）。前者可以向政府繳稅獲得保護，仍可繼續信奉原來的宗教，而後者就只有簡單二個選擇：改宗或就死一途。波斯的薩珊王朝，跟伊斯蘭不一樣，比較重視社會階級（類似種姓制度）更甚於宗教上的異同。喬治亞的宗主教就對他亞美尼亞的同僚提到庫斯洛二世跟拜占庭人不同，他「准許每個民族都可以有自己的信仰，」其中當然有些宗教在拜占庭的基督徒眼中看來就是很明顯的異教徒，像是生活在伊拉克信仰曼達安教的人（the Mandaeans）以及信仰雅茲迪教的人（the Yazidis）都能在庫斯洛二世的統治下受到保護。幸好，伊拉克的穆斯林統治者任由這個傳統可以保留下來，大多將他們視為是擁有聖典的人，因此他們可以存活到今日，只不過人數比當年是大幅下降許多[19]。

中世紀時和現代的歷史學者往往會認為阿拉伯大軍在征服之初就把穆斯林和非穆斯林強制區分開來。但是，如我們所看到的，剛開始時，在他們的隊伍當中其實是有許多非穆斯林的；當時將他們凝聚在一起的是他們對聖戰的投入，因此，在最初的幾十年間，阿拉伯大軍最主要的區別是在於征服者和被征服者。只是到了後來，在帝國軍隊中多數的非穆斯林紛紛改信伊斯蘭後，他們才把區分方式由征服者／被征服者，改成了穆斯林／非穆斯林。無論如何，一直要到歐瑪爾二世（'Umar II）我們才開始看到當時在政策上有差別待遇的證明[20]。而之所以會有這項政策，似乎跟西元七一七年至七一八年間阿拉伯大軍圍攻君士坦丁堡慘敗的恥辱，以及當時損失太多官兵有關。這次的慘敗，加深了阿拉伯人對拜占庭的敵意，連帶也讓他們對基督徒反感，更幫忙加速了軍隊的職業化。大敗之後，許多阿拉伯大軍中的穆斯林放棄軍職回到民間當個平民百姓，但是他們不願意跟被征服的非穆斯林在生活上平起平坐，不願意跟他們站在同樣的立足點上，因此才會在被征服的非穆斯林身上強加一些規定、限制，把他們限定在從屬的位置上。這些規定的靈感大部份來自拜占庭對猶太人的限制（不能蓋新的猶太教堂、不能為基督徒做見證、不能誹謗基督教等等），還有參考薩珊王朝波斯人對貴族和普通百姓之間的區隔方式（不能裝扮得跟上層社會人士一樣，不能有相同的帽飾、外衣、腰帶、鞋子，髮型，等等），後來竟逐漸發展出一大堆的法規限制非穆斯林可以做和不可以做的事，還規定他們與穆斯林相處時的行為舉止。猶太人、基督徒和其他的非穆斯林百姓都成了次一等級的人，但是他們都被納入了穆斯林的法律體系中，也都受到該律法的保護。

不同的稅制

在阿拉伯所實施的歧視性政策底下，最引起爭議的是稅制。剛開始時，正如大家所想的，阿拉伯人既是征服者又是軍人／統治者，不需要支付任何稅金。而另一方面，只要是（成年男性的）被征服者，不論是哪一種宗教或種族都要繳稅，除非他們有從軍或擔任密探等為阿拉伯人服務的工作，才可以換得免繳稅金。當時的埃及莎草紙很清楚地指出當時有好幾種不同的稅，其中最主要的是土地稅和人頭稅[21]。人頭稅後來被視為是宗教稅，因為只有非穆斯林者要繳這項稅，而在最開始的時候，其實就單純是被征服者要繳給征服者的稅，雖然它也被解讀為，那些明顯被真主阿拉眷顧的人，理所當然應該要接受那顯然是被上帝遺棄的人供養。阿拉伯的征服者大概會希望能一直維持這樣就好了：能夠一直過著由被征服者支應的奢華生活該是多好呀。然而，無可避免的，被征服者也會想要分享征服者所享受的極大的好處，尤其是那些都是從稅收得來的好處。哈查吉的財政官員就一再地向他抱怨著「稅收減少了，因為被征服者已經變成穆斯林，都住到軍隊駐守的城市去了。」還有一個族群，我們經常在西元第七世紀晚期到第八世紀初期的莎草紙記錄裡看到他們出現，那就是農民，他們的稅繳不出來了，因此他們離開了他們的土地，希望藉著改信伊斯蘭而得以脫離生活困境。早年時，他們會躲到修道院裡尋求庇護，而現在，他們會想找到一位阿拉伯主人或是前去報名從軍。這種現象在穆斯林文學裡也留下了印記，有許多故事訴說著各式各樣改信伊斯蘭的人，他們跟著正規軍打仗，既沒有酬勞也沒有口糧配給。阿拉伯的統治者並不喜歡招募到這些沒有受過訓練的人加入他們的軍隊，同時也擔心這會削減農夫的數量，變得農地沒有人耕作，因此他們通常是會圍捕這些農人，把他們送回原來的村莊，讓他們再度負起繳稅的責任[22]。

歐瑪爾二世，被尊為是伍麥亞王朝最虔誠的統治者，他延續阿卜杜勒・馬利克提升伊斯蘭社會地位的政策，想要將伊斯蘭當作是阿拉伯帝國立國的基礎。因此，他很生氣各地首長把改信伊斯蘭的人如此對待，於是他寫信給各地的首長，禁止他們向穆斯林徵稅，不論他們的出身背景。他接著又公佈一則有關賦稅的法令來強化他的觀點：「只要是接受伊斯蘭的人，不論他原來是基督徒、猶太教徒，或是信仰祆教的人，他們可是現在正在繳稅的人，而當他離開了原來的住所，加入目前居住地的穆斯林群體中，他就應該要享有與穆斯林同樣的權利和義務，穆斯林們必須要接納他，對待他如同對待自己人一樣。」[23]然而，到了他的繼任者上任時，卻終止了他的政策，還有的地方總督也會耍手段阻撓這項政策，他們雖然同意解除新近改信伊斯蘭者的賦稅，卻有附帶條件，要求他們要背誦一段古蘭經以示誠意，還要行割禮，這個條件造成許多人紛紛打消改信的念頭。這個問題，我們如果用現代各個推行福利政策的國家對待移民的態度來比喻，就很容易理解了。若是能成為福利國家的公民就可以享有許多權益，可是已經身為福利國公民的既得利益者就會感到緊張不安，如果廣開善門，只怕福利會被稀釋掉。當權者想要的理想移民是有受過教育和有技能的人，可是這樣的評選辦法在法律上站不住腳，而且被評選失敗的人永遠都會不服氣而有爭議。征服者們大多都抱持著相同的立場：目前國家給征服者所享有的福利實在是太慷慨了，因此，不可能不被那些想利用加入征服者來分一杯羹的人把經濟拖垮。所以，這些征服者眼前就只有兩條路可以選，一是阻止非穆斯林們加入他們俱樂部成為會員，一是降低征服者們的福利。

由於考慮到自己陣容的人數畢竟是少數，所以毫不意外的，阿拉伯人選擇了後者。因此從阿卜杜勒・馬利克開始，統治者在政策上做了許多重大的改變，目標都是為了要讓阿拉伯帝國的財政基礎能夠永續健全。首先實施的改革是，如同之前曾經提過的，他們把鼓勵從軍的誘因降低了，把過去依戰功高低而給付獎勵的方式，改成留在軍中服務就會得到固定的薪水。軍人不能夠再倚仗過去光榮的戰功拿好處，必須要繼續在軍中建立戰功，而且要當個全職的軍人才能拿到報酬。這項改變，不只是讓想要從軍的人在登記前要深思熟慮，也讓許多現職軍人在考慮之後選擇退出軍中，回到民間當個平民百姓。第二項改革是，他們修改了土地稅的課徵方式，從原來的因人課稅（穆斯林或非穆斯林），改成因地課稅，因此解決了土地稅收減少的問題，不會再因為非穆斯林農人改信了伊斯蘭，或者穆斯林向非穆斯林者購買土地而造成土地稅收減少的問題。第三項改革是在人頭稅裡新增一項除了穆斯林以外的人都要繳的稅，這被視為是專門針對非穆斯林者課徵的稅；由於穆斯林們對社會有強制性的慈善捐助，有如繳稅一般，因此，增設非穆斯林的人頭稅是為因應穆斯林強制施捨稅的解決方案。這項政策應該是在西元七三〇年才剛頒布不久的政令，因為我們看到納吉德・伊本・穆斯林（Najid ibn Muslim），法尤姆地區的首長，就在今日開羅南方，他在他的部屬面前為這項新制度辯護和解釋的內容：

> 真主阿拉派出先知穆罕默德，願真主保佑他，給我們帶來指引和真正的宗教，以及真主應允給崇拜者的萬事萬物。真主要求，信仰伊斯蘭這合乎正道的宗教的信徒們，必須用他們的財產繳納施捨稅（alms-tax），以此淨化自己。……開張收據給讓你取得財物的每一個人……寫上他們的名字，寫上他們的父親、部族，以及村落……[24]

到了西元第八世紀下半葉，阿拉伯人征服區裡那些早年所享有的特權已經蕩然無存了。每位穆斯林所繳的稅平均會低於非穆斯林者所繳的稅，也會因職業和地位而異，而實際的稅務徵收當然是會比法學家那說得簡單又漂亮的理論要複雜得多了。

穆斯林群起抗爭與伍麥亞王朝的垮台

雖說各項改革都是必要的，但是稅務改革引起人民對伍麥亞王朝嚴重的反感，再加上西元七三〇年代王室軍隊所經歷的一連串失敗，更讓人民討厭伍麥亞家族的統治者，認為他們既不公正又不虔敬。在西元七〇一年伊本．阿什阿瑟的那一場叛亂中，伊拉克的參與者就首度表達他們對稅政的不滿，他們燒掉了稅籍登記簿，那就是引發他們憤怒的具體實物。很多人認為伍麥亞家族已經失去民心，特別是當地貴族和新近改信伊斯蘭的人。當地貴族一直以來都是幫阿拉伯人收取當地稅金的人：許多城市和地區的稅收都是整體評定一個總數集合上繳的。當地貴族被賦予的工作就是分配當地居民應繳的數額，由他們收取之後集中，再上繳一個總數即可。貴族們有高度的自主權和社會地位，各自去找出最適合當地能讓整個制度順利運作的最佳方式。可是，當進行改革時，繳稅的額度由城市的集體評定漸漸改成了個人分別評定，收稅的工作也改由政府直接指派代理人前來收取，大大減低了當地貴族角色的份量[25]。

至於新近改信和即將改信伊斯蘭的人，尤其是那些社會地位較低的個人，他們常常感受到當權者對他們的敵意，也常常被核定為不得免繳人頭稅，這跟當初他們改信時所給的承諾不一樣。當越來越多的人改信伊斯蘭時，情況就變得越嚴重，特別是在阿拉伯大軍圍攻君士坦丁堡失敗之後，因為當時的軍事行動往往也會配合著有傳教活動，一般人也都相信改伊斯蘭的人對阿拉伯統治者會比較忠誠。例如，西元七一八年，歐瑪爾二世派了一批穆斯林學者到非洲和茅利塔尼亞去傳播伊斯蘭教。在東方，大呼羅珊的總督阿什拉斯・伊本・阿卜杜拉（Ashras ibn ʿAbdallah，在位期間：西元七二七年至七三〇年），他到處宣傳著，「我派了一位虔誠又德高望重的人越過阿姆河去號召人們信仰伊斯蘭」；而受阿拉伯人雇用到撒馬爾罕附近傳播伊斯蘭的人向大家宣稱，只要成為穆斯林就可以免繳人頭稅，「結果大家都趨之若鶩，紛紛加入伊斯蘭。」到處蓋起了清真寺，指導員們忙著教導新加入者如何禱告，用波斯語指導他們背誦古蘭經。可是，等到阿什拉斯發現他的政策竟然造成稅收急遽減少時，他重新下令：「從前向誰收稅的，現在還是去向他們收稅。」於是，就算成了穆斯林也還是要繳人頭稅，因此又造成很多人放棄這新的信仰[26]。

因為有了這些和其它的不滿，很多人憤而加入各種的抗爭行動中。當時有兩個較大的傘型抗爭團體，各自都聚集了當地各色人等，但是對於政府他們卻是抱持兩種不一樣的態度。在光譜的一端是哈里哲（出走者），主張哈里發應該是由最具資格及最合適的人擔任，不論他的種族和家世如何，而且哈里發的位子應該是人人都機會平等，由勝出的人擔任，而不是絕對只能由某人擔任。他們認為，真神授與的能力和權威屬於社區裡的每個人，人人都能與真神直接相連，中間並不需要一位權力代理人替他們決定哈里發人選。在光譜的另一端是什葉派（Shi'ites）。不同於領導者是為真神眷顧的社區服務的理念，什葉派認為應該是由社區為真神眷顧的領導人服務。阿里由於娶了先知穆罕默德的女兒，就繼承了先知神授的能力，這神授的能力會經由他的子孫傳遞下去，而什葉派信徒就是要確保先知的子孫能穩坐在伊斯蘭世界總舵手的位置上。這兩派對於領導人該如何產生的看法都與伍麥亞王朝所持的立場相抵觸。伍麥亞家族主張，政治與宗教上的決定權應該從先知們的手上交棒給哈里發，而伍麥亞自認正是最適合接掌這項職務的家族。

在阿拉伯第二次內戰期間，這兩大反政府勢力就開始展現他們在軍事上的實力了，不過，直到西元七三〇年代他們的人數才大量增多起來，大部份是由於非阿拉伯裔的穆斯林開始加入他們，也是到了這個時期，他們變得更有野心。這個現象很明顯地可以從古錢幣的記錄裡看出來，因為他們在各地打造自己錢幣，擴及的地區出奇地廣濶。我們看到在非洲西北部，爆發多起的哈里哲叛亂事件，其中幾起甚至還在當地設置了統治者，像是在利比亞的黎波里和特萊姆森（Tlemcen）（在今日阿爾及利亞西部）這兩個地方。西元七四六年，有位在葉門起義的反叛者宣佈自己就是哈里發，他加封自己「真理追尋者（seeker of truth）」（阿拉伯文作：*talib al-haqq*）的頭銜，還長途跋涉前去圍攻麥加和麥地那，控制了兩座城市。這當然立刻引起伍麥亞王朝的還擊，派人前去暗殺了這位覬覦大位的人，最後在西元七四八年結束這個事件。哈里哲派的革命份子通常都在賈齊拉的鄉下活動，但是西元七四〇年代的社會動亂讓他們有機會擴大他們抗爭活動的範圍，我們看到有位哈里哲派的領導人兼學者在伊拉克的摩蘇爾和庫法鑄造自己的錢幣，這表示他們已經將勢力推展到城市裡了[27]。

什葉派的叛亂行動在前波斯帝國舊有的土地上進行得特別順利，至少在某些地方是如此，因為什葉派對於如何產生領導人的主張，那就是領導人應該由聖人的血統一脈相承下去，而且他們具有神授的能力，這個觀念與古老伊朗人對帝王的想法十分契合，再加上什葉派相信預言之門（the gates of prophecy）仍然開啟著，人人都能接收到來自真神的靈感（divine inspiration），跟伊斯蘭其它派別的主張比起來，什葉派的信念更能夠被波斯人接受，這與波斯的宗教傳統相近，像是救世主、二元論、輪迴，以及聖靈內住等等。這裡有個很好的例子，馬格希雷・伊本・薩伊德（Mughira ibn Sa'id）是個被解放的自由人，他領導眾人反抗阿拉伯人，他支持什葉派穆罕默德・巴基爾（Muhammad al-Baqir，卒於西元七四三年）的伊瑪目教義（Imamate），他們相信穆罕默德的正統繼承人是伊瑪目，他繼承了神授的知識和獨特的權力；穆罕默德・巴基爾是阿里的曾孫，馬格希雷把他描繪成如救世主一般。

在馬格希雷的佈道中，他把真主阿拉形容為帶來光明的人，真主頭上有閃耀的光環，真主的全名是用全部的阿拉伯文字母拼寫而成的，阿拉伯文字母就是真主的四肢，他所闡釋的創世神話奠基在光明與黑暗的對峙：

真主用指頭在自己掌中寫下人們當做與不當做的事。人類不當做的事惹得真主生氣，祂流下汗來，汗水形成了兩座海洋，一座又鹹又黑，一座明亮甜美。真主凝視水中，見到自己的倒影。真主俯身伸手捕捉倒影，影子飛了起來。真主用手取出影子的眼睛，用眼睛創造了太陽。真主銷毀了自己的影子，並且說道：「除了我之外，不會再有其它神明。」真主從兩座海洋裡創造了世上萬物。真主從又鹹又黑的海洋裡召喚出來的是不相信祂的人，而從明亮甜美海裡召喚出來的都是相信祂的人；真主接著塑造出人的影子。真主第一批塑造出來的影子是穆罕默德和阿里。」[28]

西元七四四年十月，就在穆罕默德・巴基爾死後不久，阿卜杜拉・伊本・穆阿維葉（'Abdallah ibn Mu'awiya）在庫法起兵叛變；他是賈法爾（Ja'far）的孫子，而賈法爾是阿里的兄弟。阿卜杜拉・伊本・穆阿維葉行進的路線是從伊拉克到伊朗，基於自己是阿里和穆罕默德的後代，他一路號召能支持他登上哈里發位子的人。他藉著一句古蘭經文證實自己應該當上哈里發，「我不向你們索取報酬，但求因為同族而親愛」，他把這句經文鑄印在他自己的錢幣上，這句經文被什葉派信徒解讀為是先知穆罕默德為榮耀他的女兒法蒂瑪、法蒂瑪的丈夫阿里，以及他們的後代而說的（參看插圖6.7）。在阿卜杜拉的支持者當中，有一群特別狂熱卻結構鬆散的組織，被稱為隱遁伊瑪目派（the Janahiyya），他們相信真主的聖靈不死，只是被安置在某處，將來會以救世主的身份重現；聖靈首先被安置在亞當（Adam）身上，然後流傳給先知們和伊瑪目們，其中包括阿里，阿里的兒子穆罕默德・伊本・哈納菲耶・伊本・阿里（Muhammad ibn al-Hanafiyyah ibn Ali），阿里的孫子阿卜杜拉・阿布・哈希姆（'Abdallah Abu Hashim），然後傳到了阿卜杜拉・伊本・穆阿維葉。阿卜杜拉對於他支持群眾裡的這些組成份子，就算不是徹頭徹尾的不屑一顧，也是抱持懷疑的態度，通常比較沉穩的什葉派會對這些所謂的極端主義什葉派（阿拉伯文作 *ghulat*）特別小心提防，並非全然同意他們的行事作為。儘管如此，什葉派的理論中還是接受了許多受波斯影響的想法，特別像是伊瑪目會接收到神靈啟發的這個觀念，就是其中一例。

雖然這兩大團體在政治宗教上的反對運動很受到大眾歡迎，但他們絕對沒有囊括所有反抗伍麥亞王朝的抗爭行動，有些反抗團體是非常具有濃厚的地方色彩。在巴爾赫地區，也就是今日阿富汗北部地方，有位叛亂份子名叫哈里斯・伊本・蘇拉傑（Harith ibn Surayj），他竟然能違抗當權者長達十二年（西元七三四年至七四六年），而且他還贏得各式各樣令人意料不到十分多樣的支持者，其中包括了突騎施可汗。在穆斯林資料裡提到，「他堅持維護推遲者（the Murji'ites）的學說」；推遲者（等候真主做最終裁決）主張只要有虔誠信仰就足夠當一名穆斯林，不一定要做到善行的要求。推遲者的理論與哈里哲（出走者）的主張完全相反，哈里哲認為美德善行是一個真正的穆斯林所必需的，只要做了惡行就會被趕出穆斯林社區，但是它比哈里哲派更能吸引改信伊斯蘭者的支持，因為改信者都被告知，只要能背頌古蘭經和施行割禮就可以成為一名穆斯林。

在伊朗東部與河中地區有很多人士加入叛亂份子的軍隊，以致他們能在西元七五〇年推翻伍麥亞王朝。這地區還出了很多學者，他們帶領著創建了新的伊斯蘭文明，改變了以往存在於大馬士革的，比較狹隘的，只把焦點關注在猶太教—基督教（Judaeo-Christian focus）的現象，他們把伊斯蘭文明結合了世界上其它文化融合的結果再將之廣泛散播出去。有很多原因可以解釋何以這個地區會具有居於樞紐的重要性。首先是它的地理環境，這對征服者而言是個難題，遠在阿拉伯大軍抵達這遙遠東方之前，糧食物資的補給就已經捉襟見肘了；因此，相較於阿拉伯大軍在伊朗西部採取征服打敗當地貴族的政策，阿拉伯大軍在伊朗東部則是採取與他們合作的方式，這表示，這個地區的文化在某種程度上得以保存下來。再者，由於這個地區兼容並蓄各大宗教——基督教、佛教、摩尼教——因而當地高度重視讀和寫的能力，再加上本地是中國、印度和地中海國家貿易路線的主要交會點，繁複的商業文書證件更提升了此地讀寫的素質。第三點原因是，在此地的阿拉伯大軍通常都安置在人口稠密地區——比如在梅爾夫、巴爾赫（西元七二六年以後）、布哈拉，以及撒瑪爾罕等地——而不是像在伊拉克和埃及的作法，把駐軍和當地居民分隔開來。如此一來，再加上有些首長會在當地努力傳教，在征服者與被征服者之間就產生更多的互動和同化現象，既然阿拉伯大軍在當地是少數，又離家在千里之外，他們或至少是從他們的後代子孫們開始，有人娶了波斯人為妻，開始講波斯話，參加波斯人的慶典，像是每年西元曆三月廿一日伊朗巴哈伊曆法的傳統新年諾露茲節（Nawruz）。究竟當地人的忠誠是種族抑或是文化使然的結果，早已經分不清了，而已經波斯化的伊斯蘭變成了新一代精英之間的共同語言。因此，當阿拉伯

插圖6.7　阿卜杜拉・伊本・穆阿維葉（'Abdallah ibn Mu'awiya）所鑄造的錢幣（英國阿什莫爾博物館所收藏的伊斯蘭硬幣編目（SICA）2／1370＝沙瑪伊斯蘭錢幣編目（Shamma）第1357號）©版權屬英國牛津大學阿什莫爾博物館訪客委員會（Visitors of the Ashmolean Museum，University of Oxford）。

將軍奈斯爾・伊本・賽雅爾和反叛者哈里斯・伊本・蘇拉傑雙方決定開啟引人關注的談判時，他們各自選出的代表都是「將真主書本裡的教訓謹記在心的人」，他們分別是穆卡蒂爾・伊本・哈揚（Muqatil ibn Hayyan），是位住在巴爾赫的律師，和詹姆・伊本・薩夫萬（Jahm ibn Safwan），是位住在泰爾梅茲（Tirmidh）的神學家，兩人的父親都是曾經被俘虜的波斯人而後改信成為穆斯林。帶領叛亂大軍推翻伍麥亞家族建立阿拔斯王朝的阿布・穆斯林也是來自這個地區的人，可是當他被問到是哪裡人時，他回答道：「我是穆斯林的一員，我不會去追溯我的血統而否定另外一個祖先。……我唯一的祖先就是伊斯蘭。」[29]

像穆卡蒂爾・伊本・哈揚，詹姆・伊本・薩夫萬和阿布・穆斯林這三人，他們都是被征服者能夠快速地從征服者世界裡成功的好例子，他們分別在宗教、文化和政治上嶄露頭角。在本書的前言裡我曾經指出，許多西方學者都只注意到阿拉伯大軍在征服時快速前進的速度，其實更令人讚嘆的是他們從古老世界的灰燼裡迅速崛起，佔領的速度又快、面積又大這驚人的速率。如果我們仔細檢視阿拉伯帝國當中幾位主要人物的家族史，不論是阿拉伯人或非阿拉伯裔的人，我們看到他們只歷經短短三代人就能將家族的社會地位和文化取向變得完全是另一番風貌。就某程度上來說，這正是這些帝國帶給我們最令人振奮的事，在任何一座王室的首都裡都會看到各種不同的角色，有人從白手起家到富可敵國，從默默無聞到名滿天下，或者從奴隸到位居政府高位，一切就發生在短短的一生當中；同樣的故事發生在阿拉伯帝國裡似乎變得規模更大、速率更高。所以，我們接下來就要把問題轉向，要來探究一下這快速孕育出來的伊斯蘭文明又會是怎樣的風貌和內涵。

第七章　伊斯蘭文明形成

歷經一個世紀左右的奮戰與爭奪，從大西洋到鹹海，從亞特拉斯山脈到興都庫什山，阿拉伯大軍縱橫時空贏得無數勝利。如今，他們卻遇上了阻撓他們前進的障礙，這道障礙包括了大自然的屏障和組織完善的強國對手，兩者結為一體，共同阻撓阿拉伯的征服大軍繼續前行。而伊斯蘭卻仍然持續傳播著，只不過從今往後它不再以阿拉伯大軍為主要的傳播媒介，反而是各個在地的小國、傳教士以及貿易商成了伊斯蘭的基本傳播者。也就是說，對阿拉伯軍隊而言，原本可以輕鬆到手的戰利品，其源頭漸漸乾涸，不再能如以往那般源源不絕，導致許多戰士脫下戰袍換上平民百姓的衣服，紛紛從戰場回到民間。努力的重點也不再是發動聖戰以開疆闢土，而是轉變為建設伊斯蘭帝國，還要打造伊斯蘭文明。大軍征服的結果只給了伊斯蘭得以興盛的舞台，卻沒有給它足夠發展的時間。綜觀伊斯蘭的律法、科學、哲學、神學、文學，以及藝術等等，似乎皆都還處在襁褓期，甚至是還未出生。文化上百廢待興的任務現在就交到阿拉伯統治者手中，他有大量豐富的素材供他完成這項任務，再加上陸續增加的改信伊斯蘭的人，他們也都十分樂意的一起投入這個工作。西元七五〇年的阿拔斯革命，既掃除了敘利亞—阿拉伯間緊密結合的貴族們，也擺脫了政治上部落家族多年壟斷的困擾，從此敞開大門迎接伊朗東部與河中地區的大都會世界。這可是重新打造當前文化樣貌絕佳的條件。

有人可能會問，在這新世界裡，伊斯蘭難道就一定會是維護秩序的重要角色嗎？這是個好問題。阿拔斯起義軍裡有三分之二是本地人，而本地大部份是從前波斯帝國舊有地盤，他們既然選擇起來反抗阿拉伯人，難道不會一併掃除阿拉伯人所帶來的宗教嗎？可是，他們竟然是打著伊斯蘭旗幟起來革命。顯然是波斯薩珊王朝的快速崩解讓很多波斯人相信真主阿拉是站在阿拉伯人這一邊的，他們因此接受了這份信仰——畢竟成功就是最強而有力的證據。因此，這些起義人士所訴求的並不是要擺脫伊斯蘭，反而是要伊斯蘭更能回應他們的需求，符合他們的文化，還要把伊斯蘭從敘利亞異國貴族的統治中解放出來。在本地的起義份子當中，還有一些人只是表面上的伊斯蘭化，像是行動激進的拉萬迪教派（the Rawandi sect），他們口中高喊阿拔斯王朝哈里發曼蘇爾是救世主，卻光著身子或穿著絲綢衣服就往城牆底下跳，說是祈求世界末日趕快到來。但是我們沒有理由懷疑他們的初衷以及他們的想望，他們的確是對伊斯蘭寄予厚望，希望伊斯蘭能讓他們過上更好的日子。伊朗西南部曾經是祆教的重鎮，早年被阿拉伯大軍重創過，當地的幾個貴族世家不是被殺就是被趕走。反觀伊朗東部和河中地區，有許多宗教把這裡當做自己家園，就在這塊有著各種信仰的土地上，伊斯蘭因為與權貴之間的強力結合，因此變得十分有吸引力，進而能夠成為此地各個不同族群之間一個共同的宗教語言。再者，伊斯蘭不像祆教或基督教，它沒有神職人員和宗教階級制度，對新加入者而言，這是個非常開放的團體，儘管有部份的阿拉伯人對新加入者持有偏見，也阻擋不了新人加入。雖然祆教團體起來發動抗爭的情形一直不斷，尤其是在伊朗山區，但它們都只是個別的獨立抗爭事件，反倒是這些抗爭後來都失敗了，這正好證實發展到西元第八世紀的伊斯蘭已然成熟到無法將之根除的地步了[1]。

是帝國，還是聯邦？

阿拉伯大軍征服有另外一個特點，那就是他們在征服的土地上建立了一個統一的帝國。有人認為這帝國或許可以一直持續下去，至少也會維持幾個世紀，結果它卻只在歷史長河裡曇花一現。伍麥亞王朝（西元六六一年至七五〇年）表現得不錯，除了那三場內戰以外，它就是一直忙著邊打天下邊治理。緊接其後的阿拔斯王朝，卻是從統治的第一天起就看著帝國的領土一點一滴地喪失。西班牙就是這場革命後的第一個損失，因為有幾位伍麥亞家族的成員逃到了西班牙，他們在西班牙落腳後就把此地當做是他們的新家；由於阿拔斯王朝對伍麥亞家族無情仇視，他們不得已只好分裂出去。其次是發生在非洲西北部柏柏爾人的叛變，雖然一開始有被鎮壓下來，可是從此啟動了無法阻擋的出走潮，到了西元八〇〇年時，當地至少多了五個新興的自治小國。阿拔斯王朝的哈里發哈倫・拉希德（Harun al- Rashid）死後，他兒子們之間發生了流血內戰（西元八〇九年至八一三年），這場內戰削弱了阿拔斯王朝在伊朗的勢力，促成其它各種族的小國在此蓬勃發展。不多久後，阿拉伯帝國在政治上分崩離析的現象已經漫延到了中央地區，先是伊拉克本身，在西元九四五年，它被來自伊朗北部的德萊木人佔領，他們重新打著波斯王朝「國王中的國王」（shah of shahs）的名號佔領了伊拉克，接著是在西元一〇五五年，它又被來自中亞的突厥人佔領，突厥人從此成為中東地區的霸主，維持了一段相當長的時間。伊斯蘭世界從此不曾再出現政治上統一的局面，一直維持著多頭馬車統治的狀態至今。而這些分裂的小國卻共同生活在十分近似的文化底下，我們可以稱之為中世紀中東地區的伊斯蘭聯邦（Islamic commonwealth）或伊斯蘭世界（Islamdom），正如我們稱中世紀的歐洲有基督教聯邦（Christian commonwealth）或基督教世界（Christendom）一樣，也就是說，它是一個包含有好幾個小國在內的鬆散的政治合金體，伊斯蘭在其中是主導一切的宗教（雖然它不必然是人數最多的宗教），生活其中的居民在生活方式上有諸多相同的特色。穆斯林的地理學者，他們勇敢地穿梭在這片土地上，從西元第十世紀到第十四世紀，為我們描繪出一幅偉大的圖畫，儘管各地的風景意象各異其趣，他們還是將十分可靠又清晰可辨的各種樣貌呈現出來：突厥武士；猶太商人；基督教醫生；三者並存於同一空間的清真寺、教堂和猶太會堂；熱鬧的商場；熱情的詩歌；阿拉伯文書寫的宗教篇章；波斯人史詩般的歷史故事；諸如此類。

那麼，不禁要問，為什麼統一的阿拉伯帝國的國祚會這麼短，相較於在它之前的幾個大國，也就是說，它為什麼不能像羅馬／拜占庭帝國（大約有八三〇年歷史），或波斯帝國（大約有一一〇〇年）享有同樣長久的壽命呢？[2]我們可以從兩大方向來回答這個問題，一個是從地形與生態學方面，另一個是從意識形態來看。前者也許是最重要的因素，我們簡單幾句話就可以說明清楚：阿拉伯帝國境內有綿延千里的沙漠和高山，這使得通訊和交通都十分緩慢，就很難遏止發生在偏遠邊疆的叛亂。類似的問題常會困擾著像這樣迅速膨脹又規畫不足的帝國，像是突厥人（西元五五二年至六三〇年）和蒙古人（西元一二〇六年至一二九四年）都是如此。相反的，像羅馬帝國擴張速度就緩慢得多，他們沿著地中海周邊慢慢用組織推進，這在物資補給和軍隊運送方面，相對就能比較快速又經濟。再看波斯帝國，領土雖然不如羅馬帝國比較有一致性，但還是相當容易管理，他們靠著與伊拉克毗連的伊朗高地居民控制了伊拉克富庶的兩河流域，帝國就可以好整以暇地慢慢發展。而前述的這兩大水域系統（地中海與底格里斯河——幼發拉底河的兩河流域），它們被敘利亞的石礫荒漠遠遠分隔開來，任何想要同時掌控這兩大水域的強國都會受這片橫亙其間的石礫荒漠阻撓（只有波斯帝國的阿契美尼德王朝和阿拉伯帝國曾經克服它）。再者，阿拉伯大軍所征服的土地中，有很大部份是位於偏遠乾旱地區，這隱含著兩個潛在的危險：這樣的帝國很容易受氣候變遷影響而過度開發，他們也很容易被住在這片土地上為數眾多的遊牧民族攻擊，尤其是歐亞草原上的突厥人和蒙古人。舉例來說，當時有所謂的中世紀氣候異常溫暖時期（Medieval Warm Period），從西元第十世紀開始一直持續到第十四世紀初年，造成中亞地區的氣候十分不穩定，包括了天氣長期乾旱和冬季特別嚴寒，迫使草原民族大舉向阿拉伯帝國的東部移入，他們也就逐漸篡奪了阿拉伯人在政治上的權力[3]。

惡劣的地形條件也阻礙了帝國對國內的駕馭。在伍麥亞王朝整個統治期間內，幾乎每一個在它治理下的高山地區民族都維持相當高度的自治。有幾個小國的自治是正式認可的，它們是跟阿拉伯帝國有簽訂條約的附庸國，像是亞美尼亞、喬治亞、阿爾巴尼亞，還有幾個住在裏海附近的民族。而大多數小國的自治是非正式的，像是非洲亞特拉斯山脈和奧雷斯山脈的柏柏爾人，還有居住在托魯斯山脈東部與扎格羅斯山脈北部，也就是今日土耳其東南部和伊朗的西北部等地的庫德族人（the Kurds）和其它幾個民族。這些無正式簽約地區的人民，名不見經傳，通常只有在他們與阿拉伯人發生衝突時我們才會聽人提及他們。例如西元七五一年，位於美索不達米亞平原北方錫爾萬城（Mayferqat）的阿拉伯人起義反對阿拔斯王朝的統治，這給周邊居民帶來很多麻煩。住在山區的居民就組成民兵團，由當地一位名叫約翰，所謂達迪之子（son of Daddi）的基督徒帶領他們。「從此以後，山裡的居民和阿拉伯人之間邪惡的壞事就不斷發生，因為他們每天都犯下謀殺對方的罪行，沒完沒了。山裡的人佔據了每一條通道出入口；整個山區裡完全看不到一個阿拉伯人。」事情很快就傳了開來，我們接著又聽到有人提到亞美尼亞人和烏拉圖人（Uratians，來自凡湖附近的人），他們趁機來到這一帶，助長了這地區的混亂局面[4]。中東的高山地區，一直以來都是幾個獨特又凝聚力極強的社群團體藏身所在，生活在這裡的人彼此有強烈的身分認同並且極力固守自己的土地，而座落在平原沃土上的城市，基本上就是阿拉伯人當道的世界。當然，伊斯蘭主流文化就在這些平地城市裡繁榮茂盛起來，導致當沙漠和高山裡的族群們站穩腳步又成功地把平地城市征服之後，卻發現他們已經無法用自己的文化對伊斯蘭文明產生多大的影響了。

第二個要回答阿拉伯大軍何以無法將統一的帝國延續下去的答案是跟意識形態有關。事實上，伊斯蘭本身後來變得對帝國形式的政府是十分不友善的，當然這只會引發另一個問題：既然如此，它為何又會朝這個方向發展呢。且聽以下分解。耶穌曾說祂的國不在這世界裡，但這阻止不了基督教《教會史》的作者優西比烏，這位凱撒利亞的主教，當君士坦丁大帝於西元三一二年改信基督教時，他開心地擁護這位帝國皇帝，他稱頌君士坦丁大帝是基督徒的皇帝，還為基督教帝國主義的發展理論規畫出一份藍圖。古蘭經呢，雖然經文裡對於如何治理國家並沒有著墨太多，但它確實十分強調要服從「那些權威的人」（古蘭經文 *uli l-amr*），光就這一點和其它類似的指示很容易就被人拿來支持發展伊斯蘭帝國主義。伍麥亞王朝的統治者看起來似乎就很想要仿傚古代的帝王們，我們從瓦利德二世（Walid II）在庫塞爾阿姆拉城堡（Qusayr 'Amra）裡的壁畫裡看到，畫中的他正在接受幾位來自古代和現代的君王向他致意，另外，還有一首歌頌雅季德三世（Yazid III）的詩歌，吹噓他與波斯、拜占庭以及突厥等各國的王室都有親戚關係[5]。但事實並非如此，我們有兩點理由可以為此做個說明。首先，伊斯蘭它不像基督教，它沒有傳教士（尤其是在西元十一世紀之前，伊斯蘭宗教學校〔Madrasas〕還沒有出現以前），所以它沒有神職人員的階級制度可以在意識形態方面做伊斯蘭帝王之家的後盾，它也就無法換取統治者在政治上和財政上做它的靠山[6]。而那些在西元第八世紀奠定伊斯蘭法律基礎的人都是業餘人士，他們如果不是經濟無虞的富翁，就是在正職之外自行學習求上進的人，他們都是政府機構以外人士，因此他們喜歡在作品裡描述他們所期許的理想政府應有的樣貌。從他們推崇哈里發歐瑪爾一世的特質就可以了解，他們稱許他是政治家模範，說他極力反對國家把持豐厚的財富和集權於一身。唯一贊成用帝國形式治理國家的是一群資深的行政官員，但是他們並沒有宗教上的權威可以讓帝國體制成為伊斯蘭的一部分。他們當中有位伊本‧穆卡法（Ibn al-Muqaffa'，卒於西元七五七年），他曾經設計了一份伊斯蘭帝國的藍圖，可是他到後來卻是被阿拔斯王朝的哈里發曼蘇爾（Mansur）給處死了。這件事讓我們看到伊斯蘭世界裡的伊本‧穆卡法與基督教世界裡優西比烏，兩人的際遇真是十分強烈的對比；優西比烏還受到君士坦丁皇帝個人的尊崇呢[7]。

第二點說明伊斯蘭不支持帝國形式治理的原因是，許多參與阿拉伯大軍征服初期的人是遊牧民族，他們用遊牧民的心態看待戰利品的分配，也就是，他們認為戰利品就應該是直接分配給他們，而不是上繳給政府再等待日後由政府分派給所有人[8]。「你強佔了我們的戰利品（*fay'*）」是那些在伍麥亞家族執政時期發動叛變的人對政府所提出最普遍的指控，而要求「平均分配戰利品」則是那些鼓動造反的人最常對他們的追隨者所喊出的訴求。軍人所領的薪酬來自於政府向人民徵收的稅金，那表示軍人要仰賴政府而活，這加深了他們的怨懟，也更堅定他們要削弱中央政府權力的決心，他們認為這樣才能取得他們原本依照職位和功勳所應得的報酬，而不會被政府竊取他們應得的部份。至於誰該分到什麼以及分到多少，在這方面就有很多爭論；制度上是要有所改革，卻是很難實施。而在權力極度集中的情況下——權力完全掌握在特定部族（古萊什族）的單一家族手中（伍麥亞家族和阿拔斯家族）——使得情況更加惡化。簡言之，有相當多早期參與阿拉伯大軍征服的人，他們對中央壟斷財富和權力的情形心生不滿，他們竭盡全力遏阻政府以帝國形式治理天下。他們顯然就是用這樣的想法把歐瑪爾一世打造得儼然是貝都因人理想的英雄形象；他身上穿的是動物毛皮，愛騎駱駝甚過騎馬，他厭惡矯揉造作和鋪張擺濶，極力推崇簡樸生活，不喜歡帝國的華服和俗艷不實的擺設。

阿拉伯人的伊斯蘭，還是異邦人的伊斯蘭？

不管究竟為何，阿拉伯人在這些征服而來的土地上統治的時間大約只有一百年（大約從西元六四〇年代到七四〇年代），統治他們自己國土中央地區的時間大約是三百年左右（大約從西元六四〇年代到九四〇年代）。在這段短短的歲月中，阿拉伯人卻是有辦法啟動兩項作用在帝國內潛移默化，這彌補了他們在政治方面產生國土分崩離析的情形，那就是：阿拉伯化和伊斯蘭化。這兩項在過程中都會遇到難以更進一步的困境，而且它們發生的速度也比一般設想的要慢得許多，但毫無疑問它們都進展地非常成功，雖然一路上也是多有妥協。它們很容易被人認為都是單方面進行的作用——征服者強迫被征服者接受身分認同和宗教信仰——但其實被阿拉伯征服的對象卻是全心全意投入其中的，尤其是改信伊斯蘭的這批人，他們對這兩項的貢獻頗為舉足輕重。

說到阿拉伯化，它有兩個面向是互有關聯的，也就是語言和身分認同。大部份的征服者講的是他們的母語，也就是阿拉伯方言，這方言也被至少好幾個與拜占庭和波斯結盟的部族使用著，他們為了內部管理上的需要，早在阿拉伯大軍開始征服之前就已經使用了這個方言，這情形也維持了將近一個世紀之久。因此，阿拉伯人會在征服大業之初就選擇用阿拉伯文做為特定的官方文書所使用的文字也就不足為奇了。在剛開始的前幾十年，各地方言文字得以繼續和阿拉伯文並行，但是到了西元六九〇年代哈里發阿卜杜勒·馬利克執政時，他希望能把之前拜占庭和波斯所治理的地方做更好的整合，因此下令在官方機構只准許使用阿拉伯文為唯一的官方文字。這項政策在當時可是得花上一些時間才有辦法生效，但是到了西元第八世紀中葉，它已經完全能夠在全國各地普遍實施了，從此以後，一個人如果想要在政府內做好行政工作，他就必須要精通阿拉伯文才行。研究中世紀歐洲的歷史學家常常為阿拉伯人的這項成就感到驚訝，因為入侵西羅馬帝國的日耳曼人到最後都改去學習拉丁文，而不是強迫大家使用哥德語。就某部份來說，之所以會產生這種差別乃在於阿拉伯人使用的語言，比起日耳曼部族所使用的語言，它的同質性較高，他們又有一部用阿拉伯文寫下的神聖典籍古蘭經，再加上另外一個現實的原因是，阿拉伯人擁有的不只是一個帝國而已，他們還同時擁有某帝國的全部（波斯）和另一帝國的局部（拜占庭），因此，阿拉伯人要處理的不是只有一個帝國的語言而已，另外還有至少兩種語言（波斯語和希臘語），以及一堆不同地區非常不同的語言——在這種情況下，他們急需一種共通的語言能讓操著各種不同母語的人在交流時能夠使用。

在阿拉伯大軍征服之前，原本在中東地區所使用的各種當地語言，它們後來發展的命運大不相同。那些位於帝國邊緣沒有被阿拉伯大軍直接征服的地區，當地人所使用的語言都保留下來了，而且有好幾種語言直到今日都還在使用，即使只有非常少數的人在說，像是亞美尼亞語、喬治亞語、高加索阿爾巴尼亞語（今日亞塞拜然烏迪人〔Udi〕的語言）、努比亞語（今日蘇丹有某些部族仍在使用），還有許多在興都庫什山區使用的語言（例如普什圖語）。而在阿拉伯帝國內部，語言能否保留取決於幾個因素，最重要的是看該語言所使用的地區是處於何種地理環境。若是在山區或沙漠地帶則是比較容易保留下來，像是庫德族語和柏柏爾人的語言就是這種情形；要是像在埃及的尼羅河流域和北非沿海平原的這些地區，他們的語言無所隱匿，像科普特語（埃及）和拉丁語（北非）這兩種語言，在西元十一世紀時就已經被阿拉伯語給大量取代，從那時起，它們的使用範圍就迅速地縮減了[9]。

當地方言能否保留的第二個重要因素是，使用該語言的社區能夠在被征服的過程中保留住多少傳統和精英不受影響，以及隨後在政治上的變革會發揮多大的影響。在伊朗東部和河中地區這些比較難征服的地區，當地的首領通常比較能夠跟侵略者談判，爭取保留較高的自治權。他們既保住了政治上的傳統，又能保有自己的歷史文化，因此也就能夠在西元第九世紀趁著阿拉伯帝國內部有問題時紛紛成立獨立的小國，這也使得波斯語不僅能夠被說，更重要的它還能被用來書寫。只要遇到伊斯蘭的宗教規矩在哪裡與帝國政府發生扞格了，波斯文學就會拿它來大作文章，憶起從前薩珊皇帝在位時的光輝歲月；因此，波斯文就更受到東邊的幾位王朝統治者的愛用，像是伊朗的蒙古人（西元一二五八年至一三三五年），中亞的突厥人（西元一三七〇年至一五〇一年），還有印度的蒙兀兒人（the Mughals，西元一五二六年至一七五七年），他們所有行政部門的文書都使用波斯文（參見插圖7.1）。當時伊朗地區的薩法維王朝（Safavids，西元一五〇一年至一七三六年）還把波斯語指定為整個伊朗的官方語言，他們同時也把什葉派的伊斯蘭訂定為伊朗國教。大家可能以為同樣的情形也會發生在北非，因為柏柏爾人在那裡建立了好幾個獨立小國。但是，由於他們並沒有自己的帝國傳統可以讓他們取法借鏡，他們就緊緊依附在伊斯蘭遜尼派底下好讓自己的統治合法化；如此，再加上他們在經濟上所倚賴的國際貿易，把他們跟伊斯蘭中土給連繫起來，這更有助於阿拉伯語在他們國內成為首要使用的語言。柏柏爾語就只能在地勢很難到達的地方才能保存得好（像是在亞特拉斯山和卡比爾山脈以及撒哈拉沙漠），那些地方對區域以外的人毫無吸引力，使用該語言的人都處在封閉的社群裡，其中還有些人信奉著不同的伊斯蘭派別，例如有些人是哈里哲派。

有第三個因素影響著地方方言能否保留下來，那就是看那些把政治上的強勢語言當做母語的人，看他們移民的程度，看他們移入的數量和方式。有很多阿拉伯大軍駐防在伊拉克的巴士拉和庫法，還有埃及的福斯塔特，他們都是住在駐軍區，但還有數量更多的阿拉伯人是定居在城市的裡面或是城市的周圍，例如大馬士革、霍姆斯（Homs）和阿勒坡，這些地區的居民早在伊斯蘭興起之前就已經習慣聽到這些說阿拉伯語的部族和看到他們的身影。接著後來很快有新的阿拉伯城市出現，有的是為軍隊建造的駐軍城市——像是摩蘇爾和瓦西特（Wasit），有的是為一般平民打造的——像是亞喀巴（'Aqaba）和拉姆拉（Ramla）。遷入這些地方的新住民，就算他們剛到的時候不會說阿拉伯語，也很快就學會了，因為在這些地方，阿拉伯語是強勢語言，每天生活裡都要用到。相反的，有少數阿拉伯人住到伊朗和河中地區，散居在當地人之間，他們選擇來到原先早就存在的老城市裡定居，沒有住到新近建設的駐軍城市中。這下子，時間久了，這些少數的阿拉伯人就會變成說波斯語的人，而不是那些說波斯語的人變成說阿拉伯語。在宗教方面，學會阿拉伯語仍然還是很重要的事，但是在日常生活上，或是談論到文學和歷史方面時，大家還是偏好使用波斯語文。西元一一二八年，有位學者把阿拉伯文版的布哈拉城歷史翻譯成波斯文，他就提到他所觀察到的一個現象，「大多數的人（指河中地區的人）都不想讀以阿拉伯文寫的書。」[10]

說阿拉伯語的人大量地往敘利亞和伊拉克集中，這種情形很快就對當地的兩大宗教語言——希臘話和亞拉姆語（Aramaic）——造成了影響。希臘話受影響最嚴重，因為它主要就只有在城市和平原地區流行，所以它沒有生

插圖7.1　此為波斯詩人菲爾多西（Firdawsi）的史詩作品《諸王之書》（*Shahnama*）書中描繪的場景之一：伊朗國王札爾（Zal）在其王后魯達貝（Rudabeh）的涼亭中；札爾天生白髮，是伊朗神話中的國王，其妻魯達貝是來自喀布爾的公主。此畫是用印度風格為蒙古蒙兀兒帝國的一位皇帝（Mughal emperor）所作。©版權屬大英圖書館（數字編碼為Add 5600，fol. 42v，年代大約是西元一六一六年）。

態環境上的利基可以保護自己，再加上在阿拉伯大軍征服期間，有部份講希臘話的貴族逃到拜占庭去，說希臘話的人口流失了。此外，當初要學會說希臘話的原因是，它是各種不同語言族群之間要溝通的共通語言，它又是強國的語言，如今，到了西元第八世紀，阿拉伯語比希臘話更能發揮這兩項功能，因此，到了西元八〇〇年，希臘話就不再是黎凡特區和埃及這兩個地區最主要的語言了。亞拉姆語的命運就好多了，因為它只是幾個獨立的宗教社會團體所使用的語言，早在阿拉伯大軍發動征服以前就已經發展出自己的一套生存之道，像是居住在伊拉克南部信仰曼達安教的人，還有好幾個基督教反迦克敦教派的人所住的社區，它們分佈在敘利亞、伊拉克和美索不達米亞地區的賈齊拉。其中還有幾個社群得利於所居之地遠在深山之中，所以至今都還能保持著說自己的語言（在今日的黎巴嫩，土耳其東南部和伊拉克北部都還有）。但是這些說亞拉姆語的人，他們在阿拉伯征服之前並沒有自治的經驗，他們已經被拜占庭和波斯帝國統治了好幾世紀，他們無法像波斯人或柏柏爾人那樣建立起自己獨立的小國。這意味著，他們在社會中一直是處於比較次等的地位，這將會產生不良影響，時間一久，他們的人數勢必會開始漸漸減少。

阿拉伯語一旦躍升成為各種不同族群在溝通時所使用的共同語言，它開始變得不只被用在行政和軍事上，它還會被用在法律、神學、文學和科學上。這就促成了西元第九世紀在文化上花團錦簇繁榮的景象，許多用希臘文、波斯文、敘利亞文和印度梵文寫成的文章被翻譯成了阿拉伯文，被大家所研究著，因而成就了部份的伊斯蘭文明，在智識領域的世界觀裡佔了一席之地。伊斯蘭雖然受到這些不同國度文化的影響，但它本身卻保留著強烈的阿拉伯痕跡，這引領我們繼續探討阿拉伯化的第二個面向，也就是強迫式的阿拉伯身分認同：取一個阿拉伯姓名，接受阿拉伯人的歷史就是伊斯蘭興起的源頭，接受阿拉伯先人的優秀勝過任何其他民族[11]。有些非阿拉伯裔的貴族精英們，尤其是那些從前住在波斯帝國舊領土上的人，他們不喜歡這麼濃烈的阿拉伯印記，他們訴求一個較為開放、更世界性的伊斯蘭。雖然在我們所拿到的資料裡常常看到說是阿拉伯人對上了波斯人這樣的描述，但這並不是種族群體之間的衝突，基本上只因為他們是當時潮流中所能選擇的兩大主流文化的主角所致。當時支持阿拉伯這一方並且出版關於阿拉伯文化和歷史書籍的人，根本很少本身就是阿拉伯裔的人；舉例來說，阿布・烏拜達（Abu 'Ubayda，卒於西元八二五年），他應該可以算是阿拉伯歷史專家當中最棒的一位，他的祖父是一位波斯的猶太人；還有伊本・古泰拜（Ibn Qutayba，卒於西元八八九年），最大聲疾呼反對外國人加入伊斯蘭的人之一，他的祖先是來自大呼羅珊的波斯家庭。當時的問題應該是在於，究竟是要支持一個只聚焦在阿拉伯人世界的狹隘的伊斯蘭（「阿拉伯」幫），還是支持一個比較具有世界觀的伊斯蘭，後者對異國的智慧和價值觀都能開放地接受（「外國人」幫）。用現代的話來說，這是一場關於文化取向的辯論：伊斯蘭究竟應該要多元化到什麼程度。那些贊同廣納外國人（即阿拉伯文中所謂的 *shu'ubis*，就像「外邦人（gentiles）」這個字一樣，它這是從「人民（peoples）」衍生而來的形容詞）或是認為伊斯蘭應該有多元文化的人指出，所有歷史上的驚人成就——例如科學上的發明、具紀念價值的建築物、文學上的偉大作品等等——都是由非阿拉伯裔的人完成的，這些歷史上的名人也都是非阿拉伯裔的人，因此，伊斯蘭應該要頌揚這些人物和他們的成就，而不是固守著伊斯蘭興起之前舊有的阿拉伯世界[12]。

從某個意義上來說，雙方可說都是贏家，或者說他們至少都得到一些他們想要的東西。古蘭經是用阿拉伯語發表的，伊斯蘭是由阿拉伯先知所傳播的，這些不爭的事實都是贊成維持聚焦在阿拉伯人世界的人最有力的論點。再者，整個伊斯蘭的律法（伊斯蘭教法；阿拉伯語作 *shari'a*）都是根據用阿拉伯文寫下的古蘭經和穆罕默德的傳道所作，那些苦心鑽研卓然有成的人，他們從中得到了社會地位又靠此有了收入，當然不願承認其它任何語言所寫的律法有合法性。然而，漸漸地大家可以接受用其它語言誦唸古蘭經，可以用阿拉伯文以外的文字發表有關伊斯蘭的學術研究，用異國情調的美感來呈現伊斯蘭，用各國的敘述方式講述伊斯蘭故事，也可以追敘在阿拉伯以外的其它世界文明的光榮歷史，諸如此類。這種情況鼓舞了非阿拉伯人建立起自己新興的國家。有許多這樣的小國，為了展現自己的獨立並且把自己跟阿拉伯帝國區隔開來，它們會強調自己的文化並且用自己的語言把它發揚光大。比如說，那些從伊朗和河中地區分離出來的小國國王，他們時常喜歡宣稱自己是波斯薩珊王朝皇帝的後人或是王公權貴的繼承人，用這種方式維護自己的合法性，用以顯示自己的特色是跟西邊的鄰居那些阿拉伯穆斯林不同，他們想利用舊有的帝國傳統讓自己獲得認同並因此受到尊敬。他們努力發揚所謂高貴的祖先們的光榮事蹟以及他們在文化上的成就，並且極力保護留傳下來的波斯詩集、史冊還有人物畫像。

經過時間的洗禮，阿拉伯人加諸於伊斯蘭的印記逐漸淡化，尤其是經過了突厥人接管阿拉伯帝國東部幾乎全部的土地，以及在伊斯蘭傳播到了更遙遠的地方之後。然而，時至今日，仍然有許多穆斯林還是希望能到阿拉伯半島上朝聖，學習阿拉伯文，幫自己的孩子取阿拉伯名字。伊斯蘭因而最終成了某種融合各方信仰的宗教混合體。伊斯蘭不像基督教和佛教一樣，它並沒有完全脫離它和創建者之間種族上的依存關係，同樣的，它也不像猶太教（猶太人／希伯來語）、印度教（印度教徒／梵文）以及祆教（伊朗人／波斯文）那般，它沒有刻意要求在身分和語言上一定要認同創建者以致於到了排外的地步。其實，正是因為一直有人堅持阿拉伯人才是世界的焦點（Arab focus），這樣的主張一定在當時獲得相當大的認同，因而那些推動阿拉伯征服以及主要參與行動的人才會發動起阿拉伯大軍的征服行動。

伊斯蘭文明的構成要素

阿拉伯人在阿拉伯化以外進行的第二項作用是伊斯蘭化。同樣的，伊斯蘭化也是由兩大部份組成：一方面是伊斯蘭的推廣，另一方面就是伊斯蘭的演化和它獨特的傳播方式——它不只作用在宗教領域，還包括了在藝術、文學和政治，以及其它各個方面。西方學者對伊斯蘭的研究習慣偏重於它的宗教領域，尤其是近代，太過著重於宗教方面以致於使用「伊斯蘭」同一詞彙代表了它的宗教和文明，仿佛兩者可以混為一談。伊斯蘭教當然是在伊斯蘭文明當中佔有很重的份量，但事情從來就不只如此而已，還有非穆斯林呢，雖然他們無法對伊斯蘭宗教有什麼貢獻（除了拿他們來當例子告誡穆斯林什麼不該做、什麼不該想之外），他們對於伊斯蘭文明的發展可是扮演了重要的角色。非穆斯林人口在中東地區的人口當中佔了絕大多數，這情形至少在穆罕默德去世後的前三百年內都一直維持如此，而這些生活在阿拉伯帝國底下受其保護的非穆斯林，他們對於伊斯蘭文明的形成可是不可或缺的一部份，是他們把伊斯蘭文明跟中世紀的基督教世界區隔開來；因為基督教國家沒有提供同樣的法律上的保障。這也使得基督徒和猶太人能夠為伊斯蘭的精神世界多所建樹，就如我們之前所看到那一長串的學者名單，他們都活躍於中世紀那個年代的大都會城市裡，像是巴格達、阿勒坡、開羅和哥多華，為伊斯蘭文明貢獻良多[13]。

一般來說，伊斯蘭文明的構成元素，不外乎就是源自於阿拉伯半島的征服者身上，以及被他們所征服的人身上。有些現代學者並不認為伊斯蘭興起之前的阿拉伯半島有何作用，因此在探究伊斯蘭元素時會把阿拉伯半島排除在外，他們基本上是從古典時代晚期中東地區定居聚落的文化裡面去找出這些元素，且列舉如下：在新柏拉圖主義思想裡看到伊斯蘭哲學，在拉比猶太教（rabbinic Judaism）裡看到伊斯蘭律法，從波斯薩珊王朝的文化裡看到伊斯蘭的道德規範與治國之道，從拜占庭的基督教裡看到了伊斯蘭的神學，諸如此類[14]。另外有一群學者反而是相信阿拉伯半島的重要性，而且正是因為它當時被排除於主流之外，所以它保存了古典時代中東地區的傳統，這群學者也可能是接受了中世紀穆斯林資料的觀點，認為大部份的元素都要回頭從穆罕默德和麥地那的幾位哈里發身上找起，他們試著從伊斯蘭興起之前阿拉伯半島上的風俗習慣和祖傳的智慧著手，想要找到蛛絲馬跡。真相可能是介於兩者之間，但是阿拉伯半島上的文化在伊斯蘭興起之前絕對不是統一一致的，而且它也不如一般想像的那樣與世隔絕：它的南方與印度和地中海國家一直都維持著海上交流，它的西北和東北區長期以來都和黎凡特區和伊拉克複雜的邊境社會有所接觸。在這些地區就產生了混合文化，它融合了帝國和當地人兩種傳統，正如我們從古蘭經裡面所讀到的，那些知名的關於惡人和先知之間發生的經典故事，就被當地人加油添醋地傳頌著。

究竟是怎麼樣的機制可以讓這些元素一路過關斬將打入這新興的文明裡面呢？很可能就是那些改信伊斯蘭的人發揮了作用，他們就如同是兩個世界中間的通道，尤其在早期，他們有很多人是被俘虜來的戰俘，他們在被俘之前都是居住在各個不同地方的人。穆斯林和非穆斯林共同生活在同一個環境裡也是很重要的原因，在阿拉伯大軍征服剛開始的前面幾個世紀裡，特別是在大城市裡，裡面的居民來自不同地方、有著不同文化和不同的信仰，卻彼此擠在同一個地方生活。將不同宗教團體分隔到不同地區的作法是到後來很晚才發展出來的，阿拉伯人起初並沒有把自己跟非穆斯林分開來，就如同西元第七世紀那位來自費內克的基督教修士約翰所批評的：「基督徒和異教徒之間完全沒有區別，連個基督徒和猶太人都讓人無法分辨出來。」像這樣在同一個城市裡有不同宗教並存的情形，在有新的統治者上任時最普遍，通常都是在有各式各樣駐軍混雜的駐軍城市裡最常見，在這樣的城裡，每個人都會遇到來自不同地方的人、各自有不同的信仰和身份地位[15]。此外，還有一種普遍現象就是異族通婚和彼此會有節慶宴會的來往，商業往來頻繁，公開辯論也尋常可見，凡此一切都促進了彼此間思想和資訊的交流。

若要問起是什麼人貢獻了什麼呢，最普遍的答案就是貢獻來自廣大的四面八方，因為早期的穆斯林社群在短短時間裡就成了一個多元的社群；且讓我們再一次引述來自費內克的約翰修士的話：阿拉伯大軍「每年都去到遙遠的地方，去到海島上，從天底下各地抓了俘虜回來。」[16]可是，要是我們仔細研究一下那些改信伊斯蘭之後成為宗教權威或政府官員的人就會發現，很明顯的，他們當中絕大部份都是來自前波斯帝國舊屬地以及河中地區的人。就某部分而言，那些原先隸屬於拜占庭帝國省分的人，他們改信伊斯蘭的速度就比哈里發統治的東半部這邊的人慢了許多，因為原先位在哈里發統治的東半部是波斯帝國舊地，在波斯帝國全面瓦解後，絲毫沒有能再捲土重來的跡象。再從另一個部分來看，這反映出一個事實，那些住在伊朗東部和河中地區的高級知識份子，他們成功存活下來了，他們有能力也有企圖心在阿拉伯帝國裡成為高階政府官員和大學者。這裡就有幾個很好的例子，像是巴爾馬克家族（the Barmakids），他們是來自巴爾赫的佛教領袖；薩利德家族（the Sahlids），是來自薩拉赫斯（Sarakhs）的袄教貴族；這兩個家族的人在阿拔斯王朝政府裡都擔任高階行政長官，時間就從西元第八世紀晚期到第九世紀初期[17]。這些人士就從阿拉伯帝國遷都到了離波斯舊都僅有一步之遙的巴格達開始，他們全程見證一場大規模伊斯蘭文化波斯化的過程，尤其是在文學、歷史和藝術這些領域。更甚者，他們可以毫無顧忌地效法波斯薩珊王朝的皇帝們，甚至將他們理想化，因為這些波斯帝王們曾經有過非常出色的治理方式，相反的，對拜占庭皇帝就不能如此推崇了，因為他們是敵對的政權，不能把他們拿來當作模範。舉例來說，哈里發曼蘇爾就仿效了庫斯洛一世啟動大量翻譯外國學術著作的計畫，雖說如此，曼蘇爾在翻譯的數量和選擇作品的廣度上可都超越了庫斯洛。在當時，他們對波斯帝王的治國之道還有宮廷禮儀相關的作品有很大的需求，特別是政府官員這夥人，他們還因此常被批評是看重此類文學書籍更甚於伊斯蘭的作品。就以第九世紀某位諷刺作家為例，他用諷刺手法描述一位法學界的初學者，從這位初學者口中列舉了他滿腔熱血正在研讀的書籍，包括有：博茲喬治梅漢弗（Buzurgmihr，庫斯洛一世的首相）睿智的格言、阿達希爾皇帝（Emperor Ardashir）的智慧遺產（建設好政府的原則）、阿卜杜勒・哈米德（'Abd al-Hamid）致幕僚的書信集（如何成為好的幕僚），以及伊本・穆卡法寫的為君之道智慧之書（阿卜杜勒・哈米德和伊本・穆卡法兩位都是西元第八世紀中葉阿拉伯帝國的政府官員）。但如果有人在這位初學者面前提到了古蘭經或是先知的話，「他就會作出輕蔑的表情，打斷對話，然後開始滔滔不絕地說起波斯帝國統治時期的種種偉大之處。」[18]

說起來，波斯方面有一項特色很難融入到伊斯蘭文明裡，那就是波斯的宗教思想，它與鄰近歐洲東方所謂近東地區（Near East）所信奉的一神教信仰是截然不同的。但是因為它內容豐富、具獨特性又如此淵遠流長，它的信徒必定會努力至少保留一些它的成分在伊斯蘭裡。在伊斯蘭的什葉派和蘇非派（Sufism，伊斯蘭裡的神秘主義派）裡就發生了這種現象。遜尼派向來主張謹守經書典籍裡的教誨，他們只給學者極少的空間去詮釋經文，什葉派和蘇非派卻不同於遜尼派，他們賦予生活領導（living guides）十分重要的角色可以為大家闡釋伊斯蘭教義，他們相信生活領導能與真主阿拉直接溝通。以什葉派來說，他們有伊瑪目（imams）和中間人（intermediaries）[19]，以蘇非派而言，具有闡釋伊斯蘭教義這個功能的角色就分散在許多宗教領袖和大師身上。有了這樣的靈活性，就意味著這些宗教人士可以因地制宜，輕易就能適應各地在思想方面的狀況及思考方式，這有助於開展出具有獨特波斯風格的伊斯蘭蘇非教派。蘇非教派有一個概念是它諸多特點的其中之一，那就是「真神以宇宙萬物之形顯現（universal manifestation）」的概念：真神無所不在，在石頭，在樹木，也在人類和動物身上，全心信奉蘇非教義的詩人們會說，敬愛的真神是種普遍存在，「祂會用白與黑的方式呈現，會在基督徒身上也在猶太人身上顯現，會在狗的身上也會在貓的身上顯現。」蘇非派還有另一個特點是相信轉世輪迴（reincarnation），不論是想法（idea）或信念（belief）都相信：想法上，他們認為人會依前世做了多少好事而決定來世投胎的結果；信念上，他們相信靈魂會在人與人之間轉移。同樣的，這個概念也可以用詩歌的方式呈現，就如同信仰蘇非教派的神秘主義詩人魯米（Rumi）在他的詩句中所說，真愛會披著不同的外表出現，有時年輕有時老邁，有時是各位先知，例如挪亞、亞伯拉罕、約瑟、摩西、耶穌，有時是穆罕默德的形象，有時則是阿里的劍。蘇非教派所宣揚的是真理不存在於外在的規則和慣例中，真理存在於隱含的意義裡，還會變換外形。有了如此的靈活性和模糊性，再加上鬆散的組織結構，蘇非教派成了一台具有吸引力的接收器，它可以吸收波斯宗教的傳統，卻也因此而受罪，因為其它想要找個棲身之所的宗教信仰也會找上它，那些來自伊朗的影響恐怕貢獻得最多[20]。

雖然有少數蘇非教派裡的極端份子反對世上所有的法律，將之視為凡塵俗世的束縛，但大多數的蘇非教徒是接受伊斯蘭律法的，因為他們不想自絕於伊斯蘭主流之外，同時也認同伊斯蘭律法在人的一生中是必要的。伊斯蘭律法（阿拉伯語作：*shari'a*）是伊斯蘭文明的基本要件，是一個能定義伊斯蘭文明的特徵。伊斯蘭在結構上與猶太教相類似（是一個全面性的宗教法律系統，由法學家依據聖經和先知的口述所制定），這點顯示了它的源頭跟早期從伊拉克起家的阿拔斯王朝有關，當時的伊斯蘭律師跟當地人數眾多又興盛的猶太社群相處甚歡，彼此有密切且大量的接觸與交流。伊斯蘭法理學中所強調四大基本來源——聖經（古蘭經）、聖行（在伊斯蘭中指的是先知的言行）、類比（analogy）和共識（consensus）——有可能是源自於羅馬，或猶太教，或源自於普遍的古典時代晚期的中東地區[21]。但是關於規範個人行為的個人法，其原始材料是從何而來的呢？它們看起來像是源自於穆罕默德出生的阿拉伯半島，因為透過回溯追蹤一系列聖訓傳播者的傳遞鏈，發現它們的源頭都來自先知穆罕默德本人。這是穆斯林學者提出來的觀點，也就是說阿拉伯征服者從阿拉伯半島西部帶著一套完整的法律到了中東其它地方，而中東這些其它地方正實施著另一套完全不同的法律，阿拉伯征服者讓這套帶來的法律成了穆斯林世界必須遵循的新法律。有很多現代學者也毫無異議地接受了這個說法[22]。但阿拉伯半島與中東這些其它地方接觸已經超過一千年了，無論如何，法律制度是無法在短時間內就迅速改變的。那些在阿拉伯人征服之前在中東地區施行已久的法律，在阿拉伯大軍征服之後仍然還繼續使用著；這套之前已經存在的法律體系——是古老中東律法與羅馬法律的混合體——到了伍麥亞王朝時都還在使用，只是增加了一些由哈里發和他們的手下們修正的特別法。

到了西元第八世紀，有一批新崛起的穆斯林學者開始動手整理這套古老的法律，其中有接受的部份、也有刪除的，還有修改的，他們把同意的部分蓋上了背書章「業經穆斯林做過／說過」，讓舊有的法律有了一番來自阿拉伯半島穆斯林法律的新面貌。舉例來說，有兩份西元第六世紀的莎草紙文件，分別來自拜占庭阿拉伯省的佩特拉和內薩納（Nessana），上面記錄著用抽籤方式分配遺產的事（跟原先制定好的一套規則相反）。如果我們查看穆罕默德的言行錄，就會看到兩個為遺產爭吵的男人找上穆罕默德，先知叫他們用抽籤來決定，並要他們接受抽籤的結果。究竟穆罕默德是否真有這場遭遇並不重要，重點是這種從前在伊斯蘭興起之前就有的做法（很可能就是阿拉伯半島西部所流行的）現在成了先知核准的做法，當然就可以名正言順進入到伊斯蘭法律那宏偉的架構裡[23]。

我們此處的論點並不是說伊斯蘭借用了或受到古老中東和羅馬這套法律的影響，而是說，古老中東和羅馬的這套法律在阿拉伯征服之後還在繼續使用著，只是它被穆斯林學者接收了，還被改造了。所以說，有很多案例在我們看來以為是伊斯蘭的判決，像是剁掉小偷的手以及叛教徒要判死刑等刑罰，其實早在伊斯蘭之前已經在這些地區施行很久了。這些法條當中有些項目被保留下來，但有些則被廢除，像是收養孩童和簽約保證金（不退還保證金）就被禁止了；保留還是廢除，這兩種情況都取決於穆罕默德[24]。整個過程是由一大群宗教權威在阿拉伯全國各地人口集中的城市雷厲風行地進行著，到了西元第九世紀中葉，他們已經把穆罕默德的嘉言聖行彙集成好幾大冊，其中包括布哈里（Bukhari，卒於西元八七〇年）和伊瑪目穆斯林（Muslim，卒於西元八七五年）他們兩人各自彙編的知名的聖訓全集。在這些集結成冊的聖訓中，我們看到它搜集的判決案例幾乎涵蓋日常生活的各個方面——結婚和離婚，禱告和淨體禮，穆斯林和非穆斯林的相處，合約和合夥，發動戰爭和締結和平條約，女子的經期和男子的鬍子，立功和犯罪等行為。這麼做並不會把伊斯蘭教法變得只能墨守成規——向來新的語錄或事蹟都可以再加入的，伊斯蘭裁判官會用類比方式（analogy）拿過去的案例與個案做分析、推理然後產生新的伊斯蘭教令（阿拉伯語作：*fatwas*）——反而是現在有了這些集結成冊的聖訓，人人都可以明確知道伊斯蘭的行事準則，它們確實為那些被阿拉伯大軍征服地區的伊斯蘭化貢獻良多。這些集結成冊的聖訓裡，既然有許多項目都是依據伊斯蘭興起之前中東地區的民俗和慣例所形成，因此我們不能把這個過程視為強迫實施異族法律，它應該被視為是一個由穆斯林社群打造出來雙方合意的法律系統，在這實施過程裡，佔多數比例的是這群來自被征服地區的人。

伊斯蘭文明裡有幾個特色並不是由於採納了現存的觀念，而是出於反對這些觀念。那些改信伊斯蘭的人時常想要與從前信仰的教友劃清界線，他們要是在伊斯蘭裡有了權威的地位，往往就會鼓勵自己的信眾們要拋棄所有基督教、猶太教和祆教裡的一切宗教習慣[25]。有個很有意思的例子是關於畫像的。古蘭經裡完全沒有談到有關畫像的事，很可能是因為阿拉伯半島西部是個相對窮苦的聚落，在這裡畫像根本就成不了問題。但是在拜占庭和波斯帝國的大城市裡，到處是畫像：壁畫、鑲嵌畫、手繪畫像、在建築物上、岩石表面上、金屬器皿上，還有在紡織品上，多得不勝枚舉。當年阿卜杜勒・馬利克想要統一國內貨幣時，他剛開始也是依照著當時的標準作法，把自己的頭像刻印在新鑄造的錢幣上（參看插圖5.2），就像一般統治者都是這麼做，可是過了幾年，他收回了這款錢幣，重新鑄造上面沒有他頭像的新的硬幣，上面改成只有幾個字，基本上就是選用了穆斯林的美德，還有幾句引用自古蘭經的話。當時什麼解釋也沒有，只是在不久之後就開始流傳說先知穆罕默德不贊同有畫像這樣的說法。因為這說法只是影響到在公共空間不再陳設畫像（私人空間裡擺設畫像的情形還是很普遍，尤其是在貴族府邸中），看起來這像是對非穆斯林文物和建築物上到處可見的畫像做出的一種反應，這可視為是用一種強烈的手法來突顯穆斯林與非穆斯林之間在公共藝術上的差異。這項新政策卻產生一個意想不到的結果，它刺激出一種用幾何圖案構圖和書寫文字的表現手法，成了我們今日所謂「伊斯蘭風格」的藝術型式（參閱插圖7.2）。如此一來，原本是個看起來會有負面後果的決定卻意外發展出伊斯蘭風格的審美觀，並且把被征服地的公共空間都給伊斯蘭化了。

穆斯林學者們除了發展一套伊斯蘭法律之外，又開始著手把歷史伊斯蘭化。對於伊斯蘭發生之前的這段歷史，穆斯林學者做的就是把聖經傳播的一神教傳統跟阿拉伯半島聯繫起來。這些學者們讓以實瑪利與他的父親亞伯拉罕來完成這項工作。他們讓以實瑪利跟隨他的父親亞伯拉罕來到麥加，父子共同在麥加建造了穆斯林的天房（阿拉伯語作：*ka'ba*），以實瑪利娶了阿拉伯傑若姆族（Jurhum）的妻子，他們生下的子孫就是阿拉伯人的祖先。此外，他們還把一些重要的人物加了進來，像是亞里斯多德、亞歷山大大帝，還有耶穌，他們都被重新包裝成有遠見的穆斯林一神論者。至於伊斯蘭建立了以後的歷史，穆斯林學者所做的是把穆罕默德創建的社群描繪成是新紀元的開端，他們從兩方面為新紀元做標記，具體方面的標記是啟用伊斯蘭曆（伊曆元年就是西元六二二年），精神方面則是，世界已經從無知和野蠻（阿拉伯語作：*jahl*）轉進到知識（*'ilm*）和真理（*haqq*）的新紀元。真主阿拉施予世人的恩典就固定在古蘭經裡面了，那都由穆罕默德直接從真主阿拉接收而來的，透過阿拉伯征服者傳播到寬廣遼闊的四面八方，一切都是真主阿拉的精心安排，引領阿拉伯征服者建立了由真主阿拉律法所統治的天下（阿拉伯語作：*hukm Allah*，即真主阿拉的律法）。可惜的是，原本可以是歡愉的田園牧歌景象卻被彼此的爭吵和戰亂破壞了，最明顯的就是阿拉伯帝國的第一次內戰（西元六五六年至六六一年）。這對伊斯蘭律法而言可真是個大問題，因為伊斯蘭律法正是靠穆罕默德的這些同伴將穆罕默德所教授的聖言聖行和他的法律判決傳遞給下一代，所以大家都必須要能相信這些穆罕默德的同伴是值得信賴的人，相信他們已經正確無誤而且會盡心盡力地把穆罕默德的訓示傳遞給大家。因此，他們這一群人就被穆斯林學者大改造了一番，他們借助於古典時代晚期將使

插圖7.2　一份刻在岩石表面上的阿拉伯銘文，在麥加附近發現，年代在伊斯蘭曆八〇年（西元六九九年至七〇〇年），內容是抄錄古蘭經文第３８：２６章節；請留意它們的字母高低間有特別講究一致的比例。©版權屬阿卜杜勒・拉赫曼・法赫米（'Abd al-Rahman Fahmi）。

徒封聖的手法，塑造這些人的聖人形象，最後把這些人變成虔誠的好榜樣，絲毫沒有可受議論之處。穆斯林學者們就這麼以四位受到正確指引的哈里發為首，開始了這項形塑聖人的程序（即：阿布・巴克爾、歐瑪爾、奧斯曼、阿里）。最後，這些宗教學者想要保障自己身為法律守護者的地位，他們關起立法的大門，封閉了其他人想要成為立法者的管道，尤其要除去統治者自認合法的權力，從前的統治者會自封為王，或是指定他人封自己為王，宗教學者讓他們今後都不能再這麼做了。這些學者藉由認定四大哈里發在伊斯蘭的地位而達到這項目的，他們認定只有前四位的哈里發有立法的權力，在他們統治下的那段時間（西元六三二年至六六〇年）是伊斯蘭的黃金時代，當時是伊斯蘭最完美的時代，所有的規範都能正確地施行並妥善地實踐。這些穆斯林學者算是成功了，就看今日不管是在穆斯林世界或非穆斯林世界裡，世界各地的中小學和大學裡教授的伊斯蘭歷史用的都是他們當時寫下的版本，以此衡量，他們真的是成功了[26]。

結論

本書的目標之一就是要拋開歷史上層層包覆的伊斯蘭化的外膜，以期更能了解襯墊在阿拉伯人成功征服底下的真相，以及他們成功之後讓中東地區在政治、社會和文化構成方面產生巨大變革的影響。首先，我們先來看看阿拉伯人軍征服中受到最多人討論的部分，就是征服的速度，我們認為這是他們的領導人懂得招募遊牧民族加入軍隊的結果。遊牧民族比定居的人更有機動性，日常生活裡習慣打鬥，而且他們的工作（放牧牲畜）比起種植穀物，是比較不需用到密集勞力的工作，所以比起農業社會的人，遊牧民族裡可以有比較多的人可以騰出時間來打鬥。因此，遊牧民族的征戰都具有強大爆發力這項特色，蒙古大軍的征服是最明顯的例子，僅僅七十年的光景，蒙古人就建立了在現代之前版圖最大的帝國。以阿拉伯的例子來看，從非穆斯林的資料裡我們看到阿拉伯大軍在遊牧民的機動性之外又多添了一項優勢，那就是在伊斯蘭興起之前，他們一直都在拜占庭和波斯兩大帝國的軍隊裡服務；他們從兩大帝國的軍隊中學到十分有價值的軍事知識，包括武器戰術的訓練以及軍事戰策的運用，我們可以說就某程度上而言，他們是有受到兩大帝國的薰陶。事實上，這些非穆斯林資料提醒我們應該如何正確地看待穆罕默德在阿拉伯半島西部的這些盟友，包括他在定居點裡的夥伴們，連同遊牧民一起，我們不應該把他們視為是兩大帝國的圈外人要來進行破壞，而應該將他們視為是圈內人，他們是想要從帝國主人的財富裡分一杯羹的人[27]。

第二層要除去的外膜是，我們曾經強調阿拉伯征服者常會大量使用非軍事手法去擴張並維護他們所得到的土地。他們不只經常會向不戰而降的對象承諾保障生命財產安全，允許他們可以自由膜拜，除此之外，他們還會減免賦稅和保留自治權給住在地勢艱難地區的居民，給願意提供軍事服務或為其擔任嚮導、密探及提供消息的人。他們的軍隊也招收許多能展現軍事長才的族群，他們會支付薪資給這些招募入伍的人。對任何一個有雄心抱負的帝國而言，這當然是個健全的制度，這套制度在歷史中也經常被使用。大英帝國駐守在印度的軍隊，其中百分之八十是來自次大陸土生土長的人；英國本國人士主要都在高階軍官的階層裡才看得到。這些帝國也會把征服得來的人力四處調動，將他們部署到距離他們家鄉祖國遙遠的地方去，如此一來，他們就不會得到當地人的支持；舉例來看，根據西元一九二二年一位美國觀察家所說，駐守在法屬阿爾及利亞（French Algeria）的駐軍經常都是由「黑人部隊組成……他們穿著法國軍隊的制服，扛著法國國旗，接受法國軍官指揮。」[28]同樣的這些政策也被阿拉伯大軍拿來運用，只是可能會有一些不是很明確的情況，因為有很多改信伊斯蘭的人會取阿拉伯名字，他們也學會講阿拉伯話，這讓阿拉伯軍隊從外部看起來要比實際的狀況還一致。實際上，阿拉伯軍隊只有使用大規模招募非阿拉伯裔的人進入部隊的這項辦法，他們才有能力維持且控制得住他們廣大的地盤。

第三點要談的是伊斯蘭的角色。儘管近來有許多研究都強調，是伊斯蘭賦予征服者的熱情，使得征服者與被征服者能共同創造出一種新的認同感和新的文明，我卻比較喜歡把重點放在伊斯蘭所展現的整合能力上。伊斯蘭，如記載於古蘭經裡的一切，對中東地區的人而言有著令人安心的熟悉，它採用了一神論的亞伯拉罕宗教裡所有的標準成分：一位萬能的真神、一群先知、聖經、禱告、守齋、施捨、朝聖，宗教節日和信徒集會的大會堂，諸如此類。伊斯蘭和基督教與猶太教之間有太多不同之處，它有自己的特色，可是它與這兩者之間又有太多相似之處，這使得它很容易被接受，又因為它沒有神職人員和教會階級制度，使得它特別容易讓人改信它（至少就信仰而言，所有信徒在真主阿拉面前都是平等的）。從信仰這方面來看，阿拉伯人和蒙古人有很大不同：所有成吉思汗的將軍對新征服來的百姓所能提供的就只有對天神騰格里（Tengri）的崇拜，蒙古人禮敬長生天的宗教信仰對新百姓而言太陌生了，就算蒙古人一直很想讓他們改信，他們也不願意改信它。結果，常常是蒙古領導人改信了被征服者當中的某個信仰，這樣就侷限了在文化上所能引起的變革的程度。

為什麼會有被征服者想要改信伊斯蘭，原因大家都很清楚，因為改信伊斯蘭就可以跟征服者一樣享受各種福利[29]。讓人比較不明白的是，為什麼阿拉伯人會同意讓大家改信伊斯蘭。征服者通常不會這麼輕易讓人進入到與他們平起平坐的階級，因為他們會想要把征服得到的好處都留給自己。舉例來說，歐洲各帝國的權力都管制得很嚴；羅馬帝國算是比較不這麼嚴格限制的，它也要花上四百年才讓它統治的百姓人人都有公民權。我們從很多跡象可以看出阿拉伯人只喜歡對家世血統加以設限（例如，他們會禁止阿拉伯人與非阿拉伯裔的人通婚），可是阿拉伯人在不知不覺間已經讓自己陷入有如特洛伊木馬屠城的險境裡。他們從戰場上帶回大量的俘虜，他們讓俘虜進到他們家裡還有政府部門裡，以致到後來就很難再跟他們做區隔了，尤其是當這些俘虜開始紛紛改信伊斯蘭之後。再者，穆斯林男性有權利可以娶四位女子，他還可以因為擁有多位妻妾為他帶來金錢和權力，這就表示他可以生養比非穆斯林人家更多的子女，而又因為穆斯林在政治上稱霸的地位，可以確保他們的子女會被當成穆斯林撫養長大[30]。有些阿拉伯地方上的統治者的確會拒絕社會地位低下的人改信伊斯蘭，但是因為古蘭經和穆罕默德的教誨都不支持這種政策，所以他們很難捍衛這項原則，他們還面臨到強烈的反對，反對他們的人士主張：傳播伊斯蘭是真主阿拉的願望，並且可以加強阿拉伯人的統治。有位穆斯林的權威人士曾經提倡「抓到十個非阿拉伯裔的俘虜就殺掉九個，」但那並不是一個務實的選項。總之，改信伊斯蘭很容易，再加上有太多離鄉背井的戰俘願意改信伊斯蘭，結果就造成穆斯林人口迅速增長，最終導致伊斯蘭文明的廣泛地流傳[31]。

但如果伊斯蘭僅僅是亞伯拉罕一神教的其中一個版本，就像猶太教和基督教那樣，為何伊斯蘭文明與羅馬基督教文明之間會有這麼大的差異呢？最大的原因在於阿拉伯人不止佔領了拜占庭帝國大塊大塊的領土，他們還拿下了整個波斯帝國。阿拉伯人因而不止是羅馬的繼承人，正如最近的一些研究所強調的那樣，他們還是波斯的繼承人[32]。敘利亞從前是拜占庭的一個省份，在這裡的伊斯蘭就與基督教十分雷同：這裡的穆斯林也會辯論經典的基督教議題，像是自由意志與宿命的關係、神蹟與先知預言間的關聯以及在本體論中真神的屬性。如果阿拉伯人只有征服敘利亞和埃及，那他們很可能會有部分被拜占庭給同化了，就像哥德人和法蘭克人所建立的幾個小國那樣，它們都以西羅馬帝國為範本，尤其是在伍麥亞王朝裡，有很多上層社會的精英是信奉基督教的阿拉伯部族的後代，他們曾經是拜占庭的公民或者是盟友[33]。但是因為阿拉伯人吞下了整個波斯帝國，波斯的文化毫無疑問地將會對新生的阿拉伯帝國產生重大的影響。特別是阿拉伯帝國在西元七五〇年把首都遷到了伊拉克，他們就完全置身在濃厚的波斯文化底蘊裡了。從巴士拉到巴爾赫，波斯舊薩珊王朝的貴族和官員的子孫們都準備就緒了，他們隨時可以用波斯文化裡豐富的資產為他們的新主人效力。在這一群人的指引下，阿拉伯帝國從伍麥亞王朝大馬士革的鄉村極簡風格升級到阿拔斯王朝的巴格達有了帝國的宏偉壯觀。除此之外，他們在學術方面有了把古希臘文所寫的論著翻譯成阿拉伯文的挹注，再加上從征服區各地發掘到的才能之士，從西班牙塞維亞到中亞的撒馬爾罕，加上這些才智之士的貢獻，就把原本只是阿拉伯人在阿拉伯半島西部一個地方性的亞伯拉罕宗教信仰搖身一變成了遍及世界的宗教，同時也是一個繁榮興盛新興文明的核心所在。

後記：在古蘭經裡，吉哈德（jihad）指的是「奮鬥」，不只是軍事上聖戰的意思，也有道德上努力的意思，「追求精神上的自我完善」，稍後它是如此被詮釋的。當大軍征服正如火如荼進行的時候，很顯然是軍事上的含意被突顯了，可是當征戰落幕時，和平的概念就抬頭了：奮鬥的意義在於要遵照真主阿拉的律法行事，要建立一個公正的社會。

附錄：資料來源以及對來源的反思

穆斯林後來把穆罕默德在世傳道的那段時間和前四任哈里發在麥地那統治的年代（西元六二二年至六六〇年）視為伊斯蘭黃金時代，那是先知和他的同伴為信徒們所呈現最完美的伊斯蘭時光，在這段時間裡，他們完全遵守真主阿拉的教條而且奉行不悖。穆斯林史料所寫的內容就是不斷彰顯並且反覆灌輸這個思想，極力擁戴這幾位人物，把他們的行為舉止當做虔誠的模範，也把他們的所做所為當成是法律的依據。所有法律和道德規範都必須以先知穆罕默德和他同伴們的言行為基準，這個原則一旦在西元第九世紀初為大家所接受，那麼，從此以後，緊接在黃金時代之後的伊斯蘭開國元勳（the *salaf*，即先知穆罕默德及其同伴的後代），他們的打天下時期，就無可避免地經常見到後來的歷史學者為了法律和虔誠等議題為他們打擂台辯論[1]。這種情況為現代歷史學者帶來了難題。我們要如何書寫這段歷史，而不會落入只是將後來產生的宗教觀點和法學論點照本宣科完全接納的窠臼呢？有個方法，就是讓當時的錢幣、文件和非穆斯林的資料發揮主導作用來重建當時的事件，就從西元六六〇年第四任哈里發阿里死後開始，這正是我在這本書裡所做的事。當然，這些材料不見得就沒有問題，但至少它們是這段時間（西元六三〇年至六六〇年）的產物，或者只比這段時間稍微晚一點，而現存的穆斯林記錄並沒有早於西元第九世紀的，它的任何一筆記錄都有可能是改寫自原始資料或將之重塑的結果（或甚至連原始資料都是捏造出來的，再把它推給假想出來的目擊證人）[2]。

但確實有些真正的早期材料倖存下來了，這點是毋庸置疑的。舉例來說，埃及穆斯林史學家伊本・阿卜杜勒・哈卡姆（Ibn ʿAbd al-Hakam）所寫的與努比亞人締結條約的內容，據他說，他是從一位曾經看過原始文件的人得到的資料，而他寫的內容，真的就跟現存的一封西元七五八年的信中所描述的早期契約內容相符（請參閱第三章）。我們的難題在於，在那些年代裡，沒有獨立證據的記錄——這種情況偏偏是大多數，我們該如何確認記錄的真偽。在這種情況下，歷史學者通常只能選擇一種做法，不是先推論有罪直到證明無罪，就是先推論無罪直到證明有罪，最後不是大部分不採納伊斯蘭傳統說法，就是大部分接受它。這結果使得歷史學者們產生兩極對立的兩派，一派是懷疑論者／修正主義派，另一派是傳統主義派。[3]前者在西元一九七〇年至一九八〇年代方興未艾，但由於從那時開始伊斯蘭愈來愈引眾人注目，當時許多學者，通常是左傾的自由派學者，不願意站出來批評伊斯蘭，這種情形對傳統主義派的治學方法是有利的，卻也同時把懷疑論者／修正主義派變得更往另一極端靠去。[4]我嘗試在本書中推廣另一種研究方法，或許有助於減少問題，那就是，將伊斯蘭歷史置放於一個更寬廣的結構中來看。伊斯蘭歷史學家的研究傾向是內向的，只專注在自己的歷史資料和區域。[5]若能看看中東附近各個社會和文明，應該有助於互相瞭解並擴展他們的視野。至於他們批評我們並沒有西元第七世紀和第八世紀的證據，我們只好努力研究當時由基督徒和猶太教徒所留下的書寫記錄，才好解答他們的質疑。[6]如果伊斯蘭歷史指的是研究在伊斯蘭統治下的土地和人民，而不僅只是研究穆斯林本身的話，那麼伊斯蘭歷史學者就應該以一種更開明的態度來處理這段早期伊斯蘭歷史史料。

如果有人來到伍麥亞王朝（西元六六一年至七五〇年），他會以為進到一個褻瀆神明、異教徒的年代。這時候的穆斯林作家就改變書寫方式，從描寫真神救贖世人的救恩史改成以編年史方式描寫政府治理俗世的事務，記錄著宗教派系和部落派別之間永無休止的爭吵。我們因此更有信心面對這些書寫下來的證據，就用平常處理史料的方式，仔細詳查其中是否有偏差、改寫或選擇性報導，以及諸如此類的細節。因為我們手上現存的最早的資料是阿拔斯王朝時期的，我們特別留意它所做的抹煞記錄的事（拉丁文：*Damnatio memoriae*），也就是後來的阿拔斯王朝抹煞前朝人物所留下的痕跡。很幸運的，一份西元七四一年敘利亞人的資料倖存了下來，它是一份翻譯成拉丁文的西班牙編年史，它對伍麥亞的哈里發雅季德一世（西元六八〇年至六八三年）是這麼描寫的：「他真是個討喜的人，所有受他統治的人都認為他是最和藹可親的人。他從來不像一般人有那種出身貴族就只圖自身榮華富貴的習性，他跟普通人一樣過著平民百姓的生活，」話雖如此，還是有加上一句「他幾乎很少打勝仗，應該說從沒有贏過。」這段敘述十分明顯的與現存的穆斯林史料完全相反，穆斯林的記錄寫他「是個罪人，就他的肚子和私處而言」，「是個傲慢酗酒的酒鬼」，「他蔑視真神，不信奉真神的宗教，憎恨真神的使者。」[7]此外，歷者學者還有一個主要的問題，就是如何取捨。有這麼多明顯的事擺在眼前，一定會期待有的勝出（選中），有的落敗（淘汰）。以穆斯林的資料來看，他們對非穆斯林的態度是盲目狹隘的，通常就只把他們當作是被征服者、僕役和奴隸。有位經驗豐富的評論家寫道，「猶太人和基督徒，波斯人和東羅馬人，都被分配到跑龍套的角色，但他們的人數稍微多了點。對阿拉伯人的歷史傳統做了太多自我內向的關注，其實就忽略了阿拉伯人和其它中東地區文化之間所產生的關係是多麼的緊密和複雜。」[8]因此，借助非穆斯林資料來將歷史呈現的畫面稍微調整得平衡一些，這是我期許這本書能夠達成的目標。

作者群像

對於西元第七世紀到第九世紀中東歷史學者的研究相對而言是比較少見的，這讓歷史初學者很難判斷前人究竟留下了什麼樣的資料，以及這些資料是由什麼樣的人所寫，我們是否能相信他們所寫的內容。因此，我在此列出我在本書中所使用過的最主要幾篇文章的基本資料供大家參考。所有我採用的非穆斯林資料，還有其它許多資料，都已經在我的著作**《看待伊斯蘭》**以及霍華德—約翰斯頓（Howard-Johnston）所寫的**《見證世界危機》**（*Witnesses to a World Crisis*）中經過考據並且充分討論過了。若想要了解穆斯林信史，可以從蔡斯・羅賓森（Chase Robinson）所寫的**《伊斯蘭歷史學》**（*Islamic Historiography*）開始讀起，那是最好的起點，若還要了解得更詳細，就要讀弗朗茨・羅森塔爾（Franz Rosenthal）的**《穆斯林史學史》**（*A History of Muslim Historiography*）（布里爾出版社，萊頓市，西元一九六八年出版）。

第七世紀作者群

《胡齊斯坦紀事》（*Chronicle of Khuzistan*）：這是一篇簡短的敘利亞文寫的基督教編年史，作者佚名。胡齊斯坦位在伊朗西南部，該紀事的內容寫著「一些**教會歷史**（*the Ecclesiastica*），亦即教會裡發生的故事，還有一些**俗世歷史**（*the Cosmotica*），也就是相對於教會的一般社會大眾發生的事，從庫斯洛的兒子霍米茲之死寫到波斯王國的滅亡（那就是從西元五九〇年到六五二年）。

《弗雷德加紀事》（*Fredegar*）：這是用拉丁文寫下的編年史，篇幅有九十章，從勃艮第國王貢特拉姆（Guntram）在位的第廿四年（西元五八四年）一直延伸到勃艮第王國的宮相（mayor of the palace）弗洛查德（Flaochad）之死（西元六四二年），雖然偶爾會提到一些後來發生的事件。這份資料從西元十六世紀開始就被當作是弗雷德加編年史，當時有位法國學者認定它是一位「弗雷德加總執事」（Fredegarium archidiaconum）的作品，他的理由卻從來沒有被查悉。

《高加索阿爾巴尼亞歷史》（*History of the Caucasian Albanians*）：這是一部世界編年史，作者佚名，雖然內容主要集中在敘述作者的家鄉，但他是用亞美尼亞文寫的。它在西元第十世紀時還被人賦加解讀作者書寫的目的，說他一方面要記錄高加索阿爾巴尼亞皇室生涯記錄，一方面要寫下高加索阿爾巴尼亞教會的發展史。第二冊的內容十分偏重在第七世紀，現代學者專家一致同意它是根據當時的文獻，或接近當時的文獻所寫，那些文獻並沒有在事發之後被改寫過。

來自費內克的約翰修士（*John of Fenek*）：一位土生土長在美索不達米亞平原西北部費內克人士，就住在約翰・卡穆爾（John Kamul）修道院裡。為了紀念修道院的院長，他用敘利亞文寫了一部「世界編年史」。整部作品的內容雖然是從創世紀寫到「今日所發生的嚴厲懲罰」，但他似乎只處理歷史上的「突出事件」，而且是用「很簡短的方式」處理。他在書中的第十五章以及最後一章特別寫到阿拉伯早期統治的情況，結尾時生動靈活敘述著阿拉伯帝國爆發了第二次內戰，他還描寫了飢荒和瘟疫蔓延的情形，當時是伊斯蘭曆第六十七年／西元六八六年至六八七年，他說，在他下筆時，事情都還正在發生中。

尼基悠的約翰（*John of Nikiu*）：他是尼基悠的一位主教；尼基悠在埃及，在福斯塔特（Fustat）西北方幾英里外的一個城鎮。他所寫的編年史，從創世紀到阿拉伯征服埃及（大約在西元六四三年），他簡短敘述期間發生的事件，倒是對於晚近發生的事件做比較多的著墨。原始的文本比較像是用埃及的科普特語寫成，而後不知在什麼年代被翻譯成了阿拉伯文，如今這兩種版本都已佚失，只剩下用衣索比亞語翻譯的版本，那是在西元一六〇二年從阿拉伯文版翻譯而來的現存版本。

天主教馬龍尼禮教會編年史（*Maronite Chronicle*）：這是一部敘利亞文編年史，作者佚名。它以優西比烏所寫的編年史為基礎，從西元前四世紀的亞歷山大大帝開始寫，至少寫到了西元六六〇年代。這份編年史的資料經常是不完整的，其中從第四世紀末到第七世紀中葉的部分完全消失不見了。記錄寫到西元六六五年就突然停止，但是從文章看來它原本應該是要繼續往下寫的。它還有多少要寫，實在很難說，但它的內容確實有涵蓋到一些西元第七世紀老舊過時的消息，卻在第八世紀和第九世紀都有它的手抄本。

塞貝斯（*Sebeos*）：西元第七世紀亞美尼亞歷史學家，他從西元四八〇年代亞美尼亞發生的一起抗爭事件寫起，然後就跳過一大段時光來到西元第六世紀接著寫到西元五七二年亞美尼亞發生的第二起抗爭事件，接著他又很詳盡地描述亞美尼亞如何在超級大國的政治底下扮演它的角色，一直寫到西元六五〇年代中葉，最後又加上西元六六一年阿拉伯帝國發生內戰之最新消息做為結束。如此簡稱這部作品是塞貝斯的歷史，對於這位「塞貝斯大人，亞美尼亞巴格拉蒂德王國大主教」，曾經在西元六四五年出席過德汶教會委員會的大人物而言，也許很不恰當，但既然現在大家都知道這部《**歷史**》是塞貝斯寫的，那麼我在本書就繼續採用這樣簡短的方式來稱呼這部歷史和它的作者。

狄奧菲拉克特・西莫卡塔（*Theophylact Simocatta*）：被譽為是最後一位經典歷史學家。他大約是西元五八〇年出生在埃及，生平大部分時間在拜占庭帝國的官僚體系中度過。他用古代雅典希臘式語法寫他的歷史作品，從一般俗世觀點描寫莫里斯皇帝執政時期（西元五八二年至六〇二年）。雖然他的作品停留在西元六〇二年，但是他間接有提到希拉克略皇帝和波斯人之間的戰爭，卻沒有提到他與阿拉伯人的戰爭，因此我們可以推斷他在西元六一〇年之後才開始寫歷史，卻在西元六三四年之前就去世了。

第八世紀作者群

《西元七二〇年左右的編年史》：這一份希臘資料，是編年史家狄奧菲尼斯（Theophanes）和拜占庭作家尼基弗魯斯（Nikephoros）（分別在稍後詳述）都曾經參考過的資料來源，它記載了西元六六九年到七二〇年之間發生的事。它的作者一直被認為是某位名叫圖拉真（a certain Trajan）的貴族，他與查士丁尼二世是同時期的人（在位：

西元六八五至六九五年，西元七〇五至七一一年），這位圖拉真被稱讚說他寫出了「最好的簡史」。這部簡史顯然相當留心觀察查士丁尼二世，對他多所嚴厲批評，指責他在西元六九三年不應該對阿拉伯人發動了不必要又浪費錢的戰爭。除此之外，它還提供許多資料是關於保加爾人的起源和他們發動的突襲，還有阿拉伯人對拜占庭進行的戰爭，它還特別寫到西元七一六年至七一八年阿拉伯大軍圍攻君士坦丁堡的戰役。

《西元七四一年的編年史》：這是一份作者匿名、用拉丁文寫下的編年史，記錄了西元六〇二年到七二四年發生的事件，因為作品中有提到利奧三世統治國家長達廿四年（西元七一七年至七四一年），因此推測作者寫作的時間應該是在西元七四一年或是稍晚一點的時間。這份作品的寫作地點雖然很有可能是在西班牙，但是作品當中寫到西班牙事物大約只占了十分之一的篇幅；大部分談到的都是阿拉伯和拜占庭的事（分別占了百分之六十二和百分之廿八比重）。內容提到很多關於伍麥亞王朝哈里發的事，對於阿里卻沒有隻字片語，我們因此猜測作者是根據敘利亞的資料來源所寫；而他的資料來源不是用敘利亞文就是用希臘文寫的。

《祖琴編年史》（*Chronicle of Zuqnin*）：這是一份用敘利亞文寫下的編年史，作者佚名，它從創世紀寫到「今年」；這裡所說的「今年」指的是亞歷山大曆第一〇八六年，穆斯林曆第一五八年（也就是西元七七五年）。學者們之所以會把這份作品稱為《祖琴編年史》是因為作者清楚表明他就住在祖琴修道院裡，該修道院位在美索不達米亞平原的北部。作品從西元七一七年之後就開始出現許多豐富又詳盡的資料，彷彿進了一座知識寶庫，在印刷出來的文本中足足佔了二百四〇頁，全是關於第八世紀美索不達米亞平原的故事，其中有許多描述是在別的編年史中不曾見過的，而且多數是基於一手經驗所取得的資料。

萊昂（*Lewond*）：他是一位亞美尼亞牧師，他從西元六三二年穆罕默德之死寫到西元七八九年阿拉伯統治者摧毀亞美尼亞教會為止。這部作品的重點在於亞美尼亞國家本身以及它的政治和戰爭，卻也同時觀察到拜占庭帝國和伊斯蘭哈里發國。萊昂是公然反對阿拉伯統治的，但他仍然以公允的筆調清楚描述阿拉伯人早期在高加索地區的治理情況。我們無法確定他寫作的年代；大家最喜歡說是在西元第八世紀晚期，因為他的故事就寫到那個時候為止，但也有人建議可能是在第九世紀中葉。

尼基弗魯斯：他是君士坦丁堡人，在西元八〇六年到八一五年期間擔任君士坦丁堡的宗主教。他主要是撰寫神學著作，但他被認為也寫了一部「簡史」（拉丁文：*Historia syntomos*），內容講述拜占庭帝國皇家故事，從西元六〇二年福卡斯（Phocas）奪權登基講到西元七六九年利奧四世與雅典的艾琳（Eirene）結婚為止。他應該是很想繼續寫下去，但事實就是，故事就停在他當時年紀大概是十一歲的時候。它通常被認為是一部早期作品（*oeuvre de jeunesse*），最合理的完成時間應該是在第八世紀晚期。

埃德薩的狄奧菲勒斯（*Theophilus of Edessa*）：他是一位宮廷占星家，一直為阿拉伯帝國阿拔斯王朝早期的幾位哈里發服務到他西元七八五年去世為止。他寫了一部編年史，雖然沒有保存下來，但是他所寫的西元六三〇年到七五〇年這段歷史卻被後來三位編年史家廣泛引用，這三位分別是：懺悔者狄奧菲尼斯（Theophanes the Confessor；卒於西元八一八年）、塔爾馬赫里的狄奧尼修斯（Dionysius of Telmahre；卒於西元八四五年）以及曼比季的阿加皮烏斯（Agapius of Manbij；寫作於西元九四〇年代）。後面二位明白表示狄奧菲勒斯就是他們的資料來源。若是我們比較他們三位的敘述內容，可以清楚看到他們有大量共同的史料。

第九世紀作者群

拜拉祖里（*Ahmad ibn Yahya al Baladhuri*；**大約逝世於西元八九二年**）：他經常出入哈里發穆塔瓦基勒（Mutawakkil；在位西元八四七年至八六一年）的宮廷，寫了兩部重要的歷史作品。第一部名叫**《征服各國》**（*Futuh* *al-buldan*, The Conquests of the Countries），從穆罕默德在阿拉伯半島發動的戰役開始，按地區劃分，逐區講述各區是如何被征服和管理的，一直寫到他自己的年代。他的第二部作品，**《貴族的家譜》**（*Ansab al-ashraf*, the Genealogies of the Nobles），是部篇幅龐大的巨作（首次發行時總共有廿冊之多），按照各世家與各世代整理發表出來。他在書中為每位重要人物都寫了傳記，篇幅長短不一，從穆罕默德開始寫起，接著是他的親屬們，然後是各位知名人士。他也保留了平實記載歷史的特點，描述了各項重大事件，也記錄下各起叛亂。

迪諾瓦里（*Dinawari*，**亦即艾哈邁德・伊本・達烏德**〔*Ahmad ibn Dawud*〕**；大約逝世於西元八九五年**）：他寫了一部簡明扼要的歷史，從亞當寫到西元八四二年哈里發穆塔希姆（Mu‘tasim）去世為止，「他省略了人的傳記，也為了經濟理由儘量縮減篇幅」。他只專注在寫各個國王以及他們捲入的戰爭，卻沒有寫先知們和先知們傳遞的訊息（就連穆罕默德是不到一頁的篇幅），書中很明顯就是以波斯為重點。也因此當他講述到薩珊王朝各個皇帝時，從阿達希爾一世建立王朝寫到末代皇帝伊嗣俟三世去世，就足足佔了整本書四分之一篇幅。

伊本・阿卜杜勒・哈卡姆（*Ibn ‘Abd al-Hakam*，**亦即阿卜杜勒・拉赫曼**〔*‘Abd al-Rahman*〕**；卒於西元八七一年**）：他是土生土長在埃及福斯塔特的人，出身書香門世家，先祖可以追溯到是哈里發奧斯曼時代的自由人。他的歷史著作雖然書名是《埃及征服史》（The Conquest of Egypt；阿拉伯文作：Futuh Misr），但是內容也包括阿拉伯征服北非埃及以外的其它地方以及西班牙，也寫到了埃及人在信奉伊斯蘭之前信奉其它宗教的歷史，也寫到阿拉伯人的聚落和他們的管理制度，有寫到埃及法官的歷史，也寫到埃及學者所傳遞的先知嘉言錄。

哈利法・伊本・黑亞（*Khalifa ibn Khayyat*，**卒於西元八五四年**）：他也是出生在書香世家，他的父親和祖父都是知名的研究先知穆罕默德嘉言錄的專家。他從小在巴士拉長大，因為他的家族在當地經營販賣織物染料的生意。他是現存的、最早的一部阿拉伯編年史的作者，他在書中稍微簡單介紹了穆罕默德的出生後，就以編年史作者的方式逐年記錄各個事件，從伊斯蘭曆元年一直寫到伊曆二三二年（西元六二二年到八四六年）。他作品的主要內容就是記載阿拉伯各族群之間的戰爭、對外的征戰以及各種行政管理事務。在大多數情況下他都只把事件做個簡單敘述，他的作品像是一部實用的伊斯蘭歷史指南，也可做為他所寫的《學者傳略辭典》的補充材料；這部《學者傳略辭典》也保存下來了。

塔巴里（*Tabari*，亦即穆罕默德・伊本・賈里爾〔*Muhammad ibn Jarir*〕；卒於西元九二三年）：他活到了第十世紀，直到西元九一五年他才完成他的不朽巨作《先知和國王的歷史》（*History of the Prophets and Kings*）。但是因為他是非常重要的資料來源，所以實在無法割捨把他排除在這份名單之外。他於西元八三八年出生在裏海地區的阿莫爾（Amul），但他一輩子大部分時間是住在巴格達。有段時間他曾經在私塾裡教書，但由於他從他父親那裡領到一筆不少的錢，生活上他不一定要外出工作，所以他可以花很多時間在寫作和研究。在他所寫的世界史中，他儘量為他所有敘述的事件提供資料來源，這項作為為他所寫的歷史增添許多正確性和真實性；比起那些不那麼嚴格驗證的作品（像是迪諾瓦里和雅庫比（Yaʻqubi）的作品），現代歷史學家對他的作品就是會有比較高的信任度，就算他大部分所根據的資料來源跟大家拿到的都一樣。

懺悔者狄奧菲尼斯（*Theophanes the Confessor*；卒於西元八一七年）：他出生於既高貴又富裕的家庭，起初先是進到皇室任職，後來竟放棄所有財產住到安那托利亞西北方，餘生都過著如僧侶般的生活。到了他老年時期，他的好友喬治・辛切勒斯（George Syncellus）在臨死之前把他畢生書寫世界編年史的材料都託付給他。狄奧菲尼斯幫好友把作品完成之後，他在作品的前言告訴我們他是如何為這項工作「付出不尋常的辛勞」，而且「盡我所能去查閱許多書籍，盡全力把這部編年史寫得正確，從狄奧克萊斯皇帝（Diocletisan）寫到麥克皇帝（Michael；在位期間：西元八一一年至八一三年）和他的兒子狄奧菲拉克特（Theophylact）共同執政時期。」

雅庫比（*Ya'qubi*；亦即 **Ahmad** *ibn Abi Ya'qub*；**大約逝世於西元八九七年**）：他寫了一部世界史和一本伊斯蘭世界的地名辭典。我們對他本人一無所知，只是從他的作品判斷他應該是巴格達官僚體系中的一員。他也在他的地名辭典中透露他年輕時經常四處旅行，「這讓我有一段很長的時間都待在國外。」他的地名辭典是在西元八八九年完成。他的世界史分成兩大部分，在第一部分中，他從亞當寫到穆罕默德，他觀察了各個國度裡各式各樣的人。到了第二部分就不一樣了，他從先知穆罕默德開始寫起，只專注在寫阿拉伯帝國，依照各個哈里發的統治時期一直寫到阿拔斯王朝馬塔米德（Mu'tamid）執政時期，卻停在西元八七三年就不再繼續寫了。

大事紀

（西元）	
一〇五年	羅馬併吞納巴泰王國，建立了羅馬帝國阿拉伯省
二二四年	波斯薩珊王朝建立
二四一年	波斯薩珊王朝併吞哈特拉王國，建立了波斯帝國阿拉伯省
三一二年	羅馬皇帝君士坦丁大帝改信基督教
五八二年	拜占庭與阿拉伯盟友加桑王國分道揚鑣
五九四年	阿拉伯拉赫姆王國改信基督教
大約在六一〇年	阿拉伯拉赫姆大軍於杜加爾（Dhu Qar）打敗波斯大軍
六一四年至六二八年	波斯佔領敘利亞和巴勒斯坦
六二二年	穆罕默德在麥地那建立了他的穆斯林政治組織
六二八年	穆罕默德掌管了麥加
六三〇年	穆罕默德與塔伊夫市結盟，與塔基夫部族合作
六三〇年	東羅馬帝國皇帝希拉克略將耶穌受難十字架送回耶路撒冷城存放
六三二年	穆罕默德逝世
六三四年	史上記載第一場阿拉伯西部大軍與拜占庭大軍開戰

六三六年	阿拉伯大軍於耶爾穆克之役戰勝拜占庭大軍
六三八年	阿拉伯大軍於卡迪西亞戰役戰勝波斯薩珊王朝；阿拉伯從拜占庭手上接管耶路撒冷
六四〇年	阿拉伯大軍佔領波斯薩珊王朝首都泰西封；侵略亞美尼亞首都德汶；穆阿維葉成了敘利亞的統治者
六四一年	阿拉伯大軍佔領羅馬古城凱撒利亞
六四〇年至六四二年	阿拉伯大軍征服埃及
六四二年	阿拉伯大軍於納哈萬德之役打敗波斯大軍
六四三年	阿拉伯大軍對亞美尼亞和高加索兩地發動戰爭，未能得勝
六四六年	拜占庭大軍短暫收復亞力山卓港
六四九年至六五〇年	阿拉伯大軍侵略賽普勒斯島和艾爾瓦德島
大約在六五〇年	阿拉伯大軍於非洲努比亞古城遭遇失敗
六五〇年至六五三年	阿拉伯與拜占庭雙方協議停戰
六五一年至六五二年	波斯皇帝伊嗣俟三世逝世
六五二年至六五三年	亞美尼亞成了阿拉伯帝國的附庸國
六五四年	波斯的米底亞王國和巴德吉斯省不再效忠阿拉伯人
六五四年至六五五年	阿拉伯對君士坦丁堡發動第一次大規模遠征；桅杆之戰
六五六年至六六一年	阿拉伯發生第一次內戰
六六一年	穆阿維葉成了哈里發

六六四年　賈萬希爾，高加索阿爾巴尼亞親王，承諾效忠於穆阿維葉

六六八年至六七〇年　阿拉伯大軍進攻君士坦丁堡

六七〇年　阿拉伯人在凱魯萬建城做為軍事前哨站，並在梅爾夫駐軍

六七〇年代　米底亞特人（the mardaites）在黎巴嫩山區發動游擊戰

六七三年　阿拉伯海軍襲擊羅馬呂基亞省；穆阿維葉與君士坦丁四世協議停戰

六七四年　阿拉伯突襲大隊首次渡過阿姆河

六八三年至六九二年　阿拉伯發生第二次內戰；拜占庭襲擊亞實基倫（Ashkelon）和凱撒利亞

六八〇年代　柏柏爾人庫賽拉在北非叛變，反抗阿拉伯人

六八五年　可薩人侵略亞美尼亞、喬治亞及高加索阿爾巴尼亞

六九二年　阿拉伯與拜占庭爆發塞巴斯托波利斯之戰；雙方終止了和平協議

大約在六九七年　柏柏爾人領袖「女先知」卡希納（al-kahina）逝世

六九七年　阿拉伯大軍遠征阿富汗南部扎布利斯坦失利

六九八年　阿拉伯大軍佔領迦太基

七〇三年　阿拉伯駐軍在亞美尼亞古城瓦爾達納克爾特被亞美尼亞軍隊打敗

七〇六年　阿拉伯大軍佔領布哈拉附近的佩以罕；大肆屠殺亞美尼亞貴族

七〇八年　阿拉伯大軍佔領摩洛哥北部的丹吉爾

七〇九年　阿拉伯大軍佔領布哈拉

七一〇年　阿拉伯大軍遠征信德

七一一年至七一四年　阿拉伯大軍侵略伊比利半島的安達盧斯
七一二年　阿拉伯大軍佔領撒馬爾罕
七一七年至七一八年　阿拉伯大軍圍攻君士坦丁堡失利
七一八年　拜占庭大軍襲擊敘利亞的拉塔基亞港（Lattakia）
七二六年　可薩人殺死阿拉伯駐守在亞美尼亞的統治者
七二八年至七三〇年　河中地區大規模反抗阿拉伯人
七三〇年　可薩人佔領伊朗西北部的古城阿爾達比勒
七三一年　阿拉伯大軍與突騎施在河中地區發生了隘口之役（Battle of the Defile）
七三二年　阿拉伯大軍與法蘭克人爆發波堤葉／圖爾之戰（Battle of Poitiers/Tours）
七三七年　阿拉伯人在高加索北部建立與可薩人之間的緩衝區
七四〇年　阿拉伯大軍在安那托利亞被拜占庭大軍打敗
七四〇年至七四二年　北非柏柏爾人叛亂迭起
七四四年　巴格瓦塔柏柏爾王朝（Baghawata Berber dynasty）在摩洛哥大西洋沿岸建國
七五〇年　阿拔斯王朝推翻伍麥亞家族後掌權；伍麥亞家族之一支逃到西班牙立足
七五一年　阿拉伯大軍於怛羅斯戰役（Battle of Talas）中打敗大唐名將高仙芝
七五七年　柏柏爾人之梅克內斯部族（Miknasa）在摩洛哥的錫吉勒馬薩（Sijilmasa）建立了米德拉王朝（Midrarid dynasty）
七七六年　波斯人的後代，藉由柏柏爾人當中信奉伊斯蘭伊巴德教派的伊巴迪斯（Berber Ibadis）的

七八八年 協助，在阿爾及利亞建立了魯斯塔米德王朝（Rustamid dynasty）

柏柏爾阿瓦拉巴部族（Awraba Berbers）協助阿里的後代在摩洛哥的非斯城建立伊德里斯王朝（'Alid Idrisid dynasty）

八二一年 波斯人的後代，在伊朗東部建立塔希爾王朝（Tahirid dynasty）

八六一年 波斯人的後代，今日阿富汗的扎蘭季市建立薩法爾王朝（Saffarid dynasty）

八七五年 波斯人的後代，在布哈拉建立了薩曼王朝（Samanid dynasty）

登場人物　Dramatis Personae

‘Abdallah ibn ‘Amir　阿卜杜拉・伊本・阿米爾，古萊什族人，征服了伊朗並擔任巴士拉統治者（任期：西元六四九年至六五六年；六六一年至六六四年）

‘Abdallah ibn Sa‘d　阿卜杜拉・伊本・賽耳德，古萊什族人，征服利比亞並擔任埃及統治者（任期：西元六四四年至六五六年）

‘Abdallah ibn al-Zubayr　阿卜杜拉・伊本・祖拜爾，古萊什族人，與阿卜杜勒・馬利克爭奪哈里發頭銜（歷時十年，自西元六八三年至六九二年）

‘Abd al-Malik　阿卜杜勒・馬利克，古萊什族人，哈里發（任期：西元六八五年至七〇五年）

‘Abd al-Rahman ibn（Muhammad ibn）al-Ash’ath　阿卜杜勒・拉赫曼・伊本・（穆罕默德・伊本・）阿什阿瑟，金達人，伍麥亞王朝著名將領（卒於西元七〇四年）

Abraha　亞伯拉哈，葉門的衣索比亞統治者（任期約莫在西元五三五年至五六五年之間）

Abu l-A‘war　阿布・阿瓦爾，與古萊什族交好的蘇萊姆部族人士，阿拉伯大將與海軍指揮官（大約卒於西元六七〇年代）

Abu Bakr　阿布・巴克爾，古萊什族人，哈里發（任期：西元六三二年至六三四年）

Abu Musa al-Ash‘ari　阿布・穆薩・阿敘艾里，來自葉門的亞薩爾人，阿拉伯大將軍，建設了巴士拉城（大約卒於西元六六〇年代）

Abu ‘Ubayda ibn al-Jarrah　阿布・烏拜達・伊本・賈拉，古萊什族人，　利亞統治者（西元六三四年至六三九年）

Ali ibn Abi Talib　阿里・伊本・阿比・塔里布，古萊什族人，哈里發（任期：西元六五六年至六六〇年）

‘Amr ibn al-‘As　阿慕爾・伊本・阿斯，古萊什族人，征服巴勒基坦及埃及（卒於西元六六二年）

Busr ibn Abi Artat　布斯爾・伊本・阿比・阿爾塔特，古萊什族人，阿拉伯陸軍將領與海軍指揮官（卒於西元六八九年）

Constans II　康斯坦斯二世，拜占庭皇帝（任期：西元六四二年至六六八年）

Constantine IV　君士坦丁四世，拜占庭皇帝（任期：西元六六八年至六八五年）

Cyrus　賽勒斯，埃及亞力山卓港基督教迦克敦派宗主教（任期：西元六三〇年至六四二年）

Dewashtich　迪瓦什蒂奇，彭吉肯特領主，領軍抵抗阿拉伯人（卒於西元七二二年）

Gao Xianzhi　高仙芝，韓國人，中國唐朝名將（卒於西元七五六年）

Gaozu　唐高祖李淵，唐朝開國皇帝及奠基者（任期：西元六一八年至六二六年）

Gaozong　唐高宗李治（任期：西元六五〇年至六八三年）

Ghurak　古拉克，撒馬爾罕領主和粟特國王（任期：西元七一〇年至七三七年）

Gregory　格雷戈里，拜占庭任命於非洲省的統治者（卒於西元六四七年）

Habib ibn Maslama　哈比卜・伊本・馬斯拉馬，古萊什族人，征服了亞美尼亞（卒於西元六六二年）

Hajjaj ibn Yusuf　哈查吉・伊本・優素福，塔基夫族人，哈里發阿卜杜勒・馬利克的東方副手（任期：西元六九三年至七一四年）

Harith ibn Jabala　哈斯・伊本・賈巴拉，阿拉伯加桑王國人士，軍事將領，信奉基督教，是拜占庭的盟友（卒於西元五六九年）

Hassan ibn Nu‘man　哈桑・伊本・努曼，，阿拉伯加桑王國人士，伍麥亞王朝時期征服了非洲（卒於西元六九八年）

Heraclius　希拉克略，拜占庭皇帝（任期：西元六一〇年至六四一年）

Hormizdan　霍米茲丹，波斯高級將領，防守夏嚧和舒什塔爾兩座古城（卒於西元六四〇年代）

‘Iyad ibn Ghanm　伊亞德・伊本・加姆，古萊什族人，征服了賈齊拉（卒於西元六四〇年代）

Jayalbhata IV　傑亞爾巴塔四世，印度西北部瞿折羅族的國王（活躍於西元七三〇年代）

Juansher　賈萬希爾，高加索阿爾巴尼亞國王（任期大約從西元六三五年至六七〇年）

Justinian II　查士丁尼二世，拜占庭皇帝（任期：西元六八五年至六九五年；七〇五年至七一一年）

Kahina　卡希納，「柏柏爾女王」，領軍反抗阿拉伯人（卒於西元六九〇年代後期）

Khalid ibn al-Walid　哈立德・伊本・瓦利德，古萊什族人，征服伊拉克南部及利亞的將領（卒於西元六四二年）

Khatun　可敦，布哈拉君王的妻子，為她的兒子攝政（卒於西元六九〇年代）

Khurrazad　庫爾拉薩德，「米底亞人的親王」，波斯西北部的指揮官（大約卒於西元六五〇年代）

Khusrau II　庫斯洛二世，波斯皇帝（任期：西元五九一年至六二八年）

Kusayla　庫賽拉，柏柏爾人領袖，領導反抗阿拉伯人（大約卒於西元六九〇年）

Leo III　利奧三世，拜占庭皇帝（任期：西元七一七年至七四一年）

Martik　馬爾蒂克，可薩可汗的兒子（活躍於西元七二〇年代）

Maslama　馬斯拉馬，哈里發阿卜杜勒・馬利克的兒子，古萊什族人，大將軍，曾領軍圍攻君士坦丁堡（西元七一七年至七一八年）

Mu‘awiya I　穆阿維葉一世，　利亞統治者（任期：西元六四〇年至六六〇年）及哈里發（任期：西元六六一年至六八〇年）

Mu‘awiya ibn Hudayj　穆阿維葉・伊本・胡達伊，金達人，哈里發穆阿維葉一世在位期間征服了非洲（卒於西元六七〇年代）

Muhammad　穆罕默德，古萊什族人，先知（卒於西元六三二年）

Muhammad ibn Marwan　穆罕默德・伊本・馬爾萬，古萊什族人，哈里發阿卜杜勒・馬利克在位時的將領，賈齊拉和亞美尼亞的統治者（卒於西元七二〇年）

Mukhtar ibn Abi ‘Ubayd　穆赫塔爾・伊本・阿比・烏貝德，塔基夫族人，領導反抗阿拉伯人（卒於西元六八七年）

Mundhir ibn Nu‘man　穆迪爾・伊本・努曼，拉赫姆王國諸王之一，波斯帝國盟友（任期：西元五〇四年至五五四年）

Musa ibn Nusayr　穆薩・伊本・納塞爾，被解放的自由人之子，伍麥亞王朝哈里發阿卜杜勒・馬利克和他的繼任者瓦利德在位時期征服非洲老茅利塔尼亞和西班牙（卒於西元七一六年）

Peroz III　卑路斯三世，波斯薩珊王朝最後一位皇帝伊嗣俟三世的兒子，致力於復興波斯帝國（大約卒於西元六八〇年）

Qutayba ibn Muslim　屈底波・伊本・穆斯林，伍麥亞王朝哈里發瓦利德在位期間征服河中地區；擔任大呼羅珊統治者（任期：西元七〇五年至七一五年）

Rustam　魯斯塔姆，「波斯米底亞王國的親王」，波斯西北部指揮官（卒於六三八年）

Rutbil　盧比爾，一群扎布爾地區統治者所用的頭銜，建國地點在扎布利斯坦，大致位於今日阿富汗中部

Sa'd ibn Abi Waqqas　賽義德・伊本・阿比・瓦卡斯，古萊什族人，四大哈里發時期征服了伊拉克，創建庫法城（卒於西元六七五年）

Shahrbaraz　沙爾巴拉斯，波斯將軍，曾短暫成為薩珊帝國的皇帝（任期：西元六三〇年四月至六月）

Smbat Bagratuni　斯姆巴特・巴格拉圖尼，亞美尼亞首席親王（任期：西元六九三年至七二六年）

Sophronius　索弗羅尼烏斯，耶路撒冷的宗主教（任期：大約自西元六三四年起；卒於西元六三八年）

Suluk　蘇魯克，中國稱之為蘇祿可汗，西突厥分支突騎施的領袖（任期：西元七一五年至七三八年）

Tariq ibn Ziyad　塔里克・伊本・齊亞德，柏柏爾人，伍麥亞王朝哈里發瓦利德在位期間征服征服西班牙（活躍於西元七一一年）

Theodore　西奧多，拜占庭埃及大軍總司令（任期大約在西元六三九年至六四二年）

Theodore Rshtuni　西奧多・拉什圖尼，亞美尼亞首席親王（卒於西元六五五年）

'Umar I　歐瑪爾一世，古萊什族人，哈里發（任期：西元六三四年至六四四年）

'Umar II　歐瑪爾二世，古萊什族人，哈里發（任期：西元七一七年至七二〇年）

‘Uthman　奧斯曼，古萊什族人，哈里發（任期：西元六四四年至六五六年）

‘Uqba ibn Nafi‘　烏克巴・伊本・納菲，古萊什族人，伍麥亞王朝時期領軍征服北非（卒於西元六八三年）

Vahan　瓦漢將軍，拜占庭高階將領（卒於西元六三六年）

Valentine　瓦倫廷將軍，拜占庭高階將領（卒於西元六四三年）

Walid ibn Abd al-Malik　瓦利德・伊本・阿卜杜勒・馬利克，古萊什族人，哈里發（任期：西元七〇五年至七一五年）

Wu　武則天，中國女皇帝；唐高宗的皇后，由於唐高宗生病，她是實質執政的人（任期：西元六五五年至七〇五年）

Yazdgird III　伊嗣俟三世，波斯帝國最後一位皇帝（任期：六三二至六五二年）

Yazid ibn al-Muhallab　雅季德・伊本・穆海萊卜，阿茲德人，伍麥亞王朝哈里發阿卜杜勒・馬利克和他的繼任者瓦利德在位時的大呼羅珊統治者（西元七〇二年至七〇四年；西元七一五年至七一七年）以及伊拉克統治者（西元七一六年至七一七年）

Ziyad ibn Abi Sufyan　齊亞德・伊本・阿比・蘇富揚，穆阿維葉一世同父異母的弟弟，是穆阿維葉指派在東部的副手（任期：西元六七〇年至六七三年）

有關諸位歷史學者與編年史作者的姓名資料，請參閱附錄。

古萊什部族與伍麥亞家族譜系表

庫賽（古萊什族權力奠定的始祖）

阿卜杜勒・馬納夫

哈希姆（氏族）｜穆塔里布（繼任成為哈希姆氏族的首領）｜阿卜杜勒・舍姆（氏族）｜瑙法爾（氏族）

阿卜杜勒・穆塔里布｜伍麥亞

阿布・塔里布｜**阿布・拉哈布**｜阿卜杜拉＝阿米娜｜**阿巴斯**｜**哈姆扎**｜阿布・阿斯｜哈布

穆罕默德＝**哈蒂嘉**｜**阿卜杜拉・伊本・阿巴斯**｜阿凡｜哈卡姆｜阿布・蘇富揚＝欣德

＝**阿伊莎**，泰姆氏族**阿布・巴克爾**之女
＝哈芙賽，阿迪氏族**歐瑪爾**・伊本・哈塔卜之女
＝鄔姆・哈比巴，**阿布・蘇富揚**之女

賈法爾・塔亞爾｜**阿里**＝**法蒂瑪**｜札伊娜布｜鄔姆・庫勒蘇姆及露卡依亞＝**奧斯曼**｜**馬爾萬**｜**穆阿維葉**

哈桑｜**胡笙**｜**阿卜杜勒・馬利克**｜**雅季德**

註：凡是在穆罕默德生前或死後有重要影響的人物皆用粗體字表示

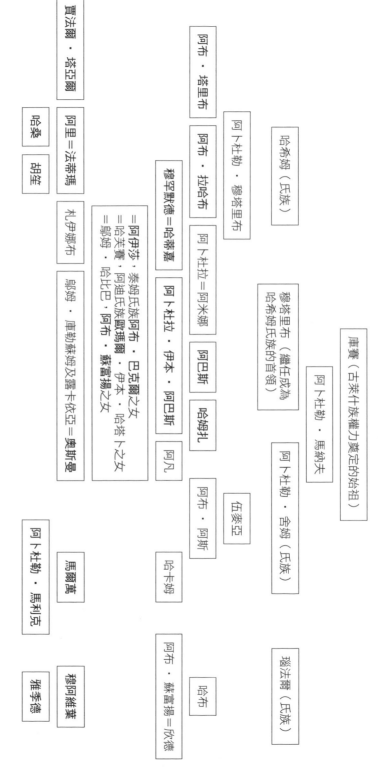

伍麥亞家族譜系圖

伍麥亞

哈布

阿布 · 蘇富揚

阿布 · 阿斯

阿凡

哈卡姆

雅季德（西元 639 年任利亞統治者）

2 **穆阿維葉**，西元 661 年至 680 年任哈里發（西元 640 年至 660 年任利亞統治者）

鄔姆 · 哈比巴＝**穆罕默德先知**（卒於西元 632 年）

3 **雅季德一世**，西元 680 年至 683 年任哈里發

4 **穆阿維葉二世**，西元 683 年任哈里發

鄔姆 · 庫勒蘇姆及露卡依亞＝1 **奧斯曼**，西元 644 年至 656 年任哈里發

5 **馬爾萬一世**，西元 684 年至 685 年任哈里發

穆罕默德 · 伊本 · 馬爾萬

6 **阿卜杜勒 · 馬利克 · 伊本 · 馬爾萬**，西元 685 年至 705 年任哈里發（一般是從西元 692 年才認定他擔任哈里發）

阿卜杜勒 · 阿齊茲 · 伊本 · 馬爾萬（埃及統治者）

15 **馬爾萬二世**，西元 744 年至 750 年任哈里發

7 **瓦利德一世**，西元 705 年至 715 年任哈里發

8 **蘇萊曼**，西元 715 至 717 年任哈里發

10 **雅季德二世**，西元 720 年至 724 年任哈里發

11 **希沙姆**，西元 724 年至 743 年任哈里發

9 **歐瑪爾二世**，西元 717 年至 720 年任哈里發

13 **雅季德三世**，西元 744 年 4 月至 10 月任哈里發

14 **易卜拉欣**，西元 744 年 10 月至 12 月任哈里發

12 **瓦利德二世**，西元 743 年至 744 年任哈里發

穆阿維葉

阿卜杜勒 · 拉赫曼，西班牙哥多華的第一位埃米爾，開啟西班牙哈里發統治時期

註：擔任哈里發或是自稱哈里發者，皆以粗體字表示

NOTES

Introduction

1. This is the Legend of the Seven Sleepers of Ephesus, which circulates in written form already in the fifth century AD and makes its way into the Qur'an in the seventh century.
2. D. W. Brown, *A New Introduction to Islam* (Chichester, 2009), 108 ("staggering"); Howard-Johnston, *Wintnesses*, 448, 464 ("tsunami"); cf. F. M. Donner, "The Islamic Conquests" in Y. M. Choueiri, *A Companion to the History of the Middle East* (Oxford, 2005): "astonishing rapidity." Wickham, *Framing the Early Midle Ages*, 130 ("636-42").
3. Hoyland, *Seeing Islam*, 467; cf. D. Sourdel, "Un pamphlet musulman anonyme," *Revue des Etudes Islamiques* 34 (1966), 26.
4. Donner, *Mubammad and the Believers,* xii: "It is my conviction that Islam began as a religious movement–not as a social, economic or'national'one." Yet even a cursory study of religious movements practicing violence, whether Christian (e.g., the Lord's Resistance Army in Uganda) or Muslim (al-Qa'ida, etc.) or Buddhist (Burma's 969 group), makes it clear that one cannot separate religion from socioeconomic issues and identity in such movements. If there were nothing material at stake, one would not need to fight.
5. The equivalent of our term "Arab" was "Saracen" in the Byzantine Empire and "Tayyaya" in the Persian Empire; both were originally names of particular tribes on the borders of the Byzatine and Persian Empires, respectively, but they were subsequently applied by imperial citizens to all the tribes of Arabia and the Syrian desert. Seventh-century Byzantines and Persians used the same term (i.e., Saracen or Tayayya) for the Arab conquerors as they had used for the pre-Islamic Arabs, and so presumably they saw continuity between the two.
6. Procopius, *History of the Wars*, ed. and trans. H. B. Dewing (Loeb, 1916), 3.5.24-25.

Chapter 1

1. Theophylact, *History*, trans. M. and M. Whitby (Oxford, 1986), 4.11.2 (two eyes), 3.17.7 (Saracens).
2. Many scholars attacked Pirenne's *Mohammed et Charlemagne* (Brussels, 1937), in particular R. Hodges and D. Whitehouse (*Mohammed, Charlemagne and the Origins of Europe*, Ithaca, 1983), but it has recently been defended by E. Scott (*Mohammed and Charlemagne Revisited*, Nashville, 2012).
3. For convenience I will use the term "Persian" in this book to refer to the inhabitants of the area ruled by the Persian Sasanian dynasty (Iraq and Greater Iran, i.e., modern Iran, Turkmenistan, and Afghanistan) even though their rule

ended in 652 and even though many of these inhabitants would have had other, more local identities. Medieval Musliam authors also use the term Persian (*furs*), or sometimes'*ajam*, which meant non-Arab generally but often served as a label for the Persians in particular. Some modern scholars prefer the term "Iranian," in the sense of speakers of an Iranian language, but the term is rarely used in our sources, has strong modern associations, and drags into its net various peoples of Transoxania / Central Asia who, even if they spoke an Iranian language, had distinctive cultures and identities of their own.

4. Letter of the head of the Georgian church to his Armenian counterpart, quorted in T. Greenwood, "Sasanian Reflections in Armenian Sources," *e-Sasanika* 5 (2008), 18.
5. Nikephoros, §17; *Chronicle of Khuzistan*, 29-30.
6. Kartir inscription: www.avesta.org / mp / kz.html, §4. For a full study of the inscription, see P. Gignoux, *Les quatre inscriptions du mage Kirdīr* (Leuven, 1991).
7. Philostorgius, *Historia Ecclesiastica*, ed. J. Bidez (Berlin, 1972), 3.4.
8. Cyril of Scythopolis, *Life of Euthymius*, ed. E. Schwartz (Leipzig, 1939), 24. Cf. Theodoret of Cyrrhus's comment about a monk called Abbas: "He grew from the Ishmaelite root, but was not expelled from the inheritance of Abraham" (cited by F. Millar, "The Theodosian Empire (408-50) and the Arabs," in E. S. Gruen ed., Cultural Borrowings and Ethnic Appropriations in Antiquity (Stuttgart, 2005), 307).
9. Cyril of Scythopolis, *Life of Euthymius*, 24.
10. For Sharahil and the point made here, see R. Hoyland, "Late Roman Provincia Arabia, Monophysite Monks and Arab Tribes," *Semitica et Classica* 2 (2009), and more generally Trimingham, *Christianity among the Arabs in Pre Islamic Times.*
11. J. Marcillet-Jaubert, *Les Inscriptions d'Altava* (Aix-en-Provence, 1968), 124-25 (no. 194).
12. Trans. D. Sinor in *id*, ed., *Cambridge History of Early Inner Asia* (Cambridge, 1990), 297.
13. Theophlact, *History*, 7.7.8. "Turk" is a term for numerous groups speaking Turkic languages; this specific group are referred to by scholars as Gok / Kok Turks (often translated as "Blue Turks").
14. Retsö, *The Arabs in Antiquity.*
15. Josephus, *Antiquities* (Loeb, 1930), 1.220-21 (Nabataeans). Note that Emperor Justinian I in his Novella 102 referred to Arabia as *provincia araborum.* In 241 the Persians annexed the kingdom of the Hatrans, centered on the city of that name in modern northwest Iraq, and this was also called the province of the Arabs (*Bet Arabaye*); the situation was presumably comparable to Roman / Byzantine Arabia, but unfortunately we have almost no information about it.
16. P. J. Parr et al., "Preliminary Survey in N.W. Arabia," *Bulletin of the Institute of Archaelogy* 10 (1971), 54-58 (Rawwafa Inscription).

17. References in R. Hoyland, “Arab Kings, Arab Tribes and the Beginnings of Arab Historical Memory,” in H. Cotton et al., eds., *From Hellenism to Islam* (Cambridge, 2009), 379 (*aragps*), 392 (*apo khoron tou Arabon ethnous*). For the monks' epitaphs, see K. M. Koilylides, *Ta kata ten lauran ton cheimarron Chouziva* (Jerusalem, 1901), 74-75 (Arab is written once as *Arabos* and once as *Araps*). In the fourth century there was an administrative reorganization of the division of territory between Palestine and Arabia in favor of the former, but the extent of the province of Arabia remained the same in the popular mindset.
18. Ahudemmeh, “Histoire,” ed. and trans. F. Nau, *Patrologia Orientalis* 3 (1905), 21, 26-28. Missionaries told the Arabs that they were the descendants of Abraham via his son Ishmael, and idea that goes back to the Jewish historian Josephus (F. Millar, “Hagar, Ishmael, Josephus and the Origins of Islam,” *Journal of Jewish Studies* 44, 1993).
19. See M.C.A. Macdonald, “Nomads and the Hauran,” *Syria* 70 (1993), 374-76 (*Parembole nomadon*). The document is the “Register of Dignitaries” (*Notitia dignitatum*), an official register of all the non-municipal offices and garrisons in the Roman Empire compiled by the “chief of the notaries” (recent edition by R. Ireland, Saur, 2002). The army, like Christianity, had an acculturating effect, as we can sometimes see in naming patterns; for example, the soldier Valens, who appears in a marriage contract of AD 537, has a father called al-Ubayy al-Ghubb, so probably he had changed his name from Arabic “Salih” to the Latin “Valens” (both mean “faring well”) in order to fit in with army life (R. Katzoff and N. Lewis, “Understanding P. Ness. 18,” *Zeitschrift für Papyrologie und Epigraphbik* 84, 1990).
20. Procopius, *History of the Wars*, ed. and trans. H. B. Dewing (Loeb, 1916), 1.19.7-11. For more on Abikarib, see F. Millar, “A Syriac Codex from near Palmyra and the Ghassanid Abikarib,” *Hugoye* 16 (2013), 15-35.
21. Procopius, *History*, 1.17.40 and 1.17.48 (Mundhir and Harith); John of Ephesus, *Ecclesiastical History,* trans. R. Payne Smith (Oxfore, 1860), 3.42 (Harith's son's rampage).
22. Cited and discussed in T. Khalidi, “Poetry and Identity in the Umayyad Age,” *al-Abhath* 50-1 (2002-3), 81. The term for nomads here is *a'rab,* which is used also in the Qur'an and is evidently closely related to the term *'arab*. It has been pointed out that Imru' al-Qays might have been saying that he was king of a geographical area known as *al-'arab,* but the two terms are inextricably linked: the inhabitants of *al-'arab* (*Provincia Arabia*) would be known as Arabs (*'Arabaye*); see further J. B. Segal, “Arabs in Syriac Literature,” *Jerusalem Studies in Arabic and Islam* 4 (1984), 99-101.
23. It is often stated that the term *'arab* in the Qur'an characterizes only a language and not a people, but language is always a key facet of human identity and binds us to a wider group, so its usage in the Qur'an is highly significant and presupposes a community who spoke that language.

24. Cf. Halsall, *Barbarian Migrations*, 34: "The 'barbarian migrations' were, therefore, the product of the 'end of the Roman Empire', and not vice versa."
25. For these last two quotations, see Palmer, *Seventh Century,* xiv.
26. K.W. Butzer, "The Rise and Fall of Axum, Ethiopia," *American Antiquity* 46 (1981); D. Kennet, "On the Eve of Islam: Archaeological Evidence from East Arabia," *Antiquity* 79 (2005); J. Schiettecatte on "Shabwa, Marib et San'a" and R. Eichmann on "Tayma" in C. Robin and J. Schiettecatte, eds., *L'Arabie à la veille de l'Islam* (Paris, 2008); C. Foss, "Syria in Transition AD 550-750," *Dumbarton Oaks Papers* 51 (1997).
27. These two quotations are from Procopius and Agathias, respectively, and are quoted in Palmer, *Seventh Century*, xvii-xviii. A. Korotaev et al., "Origins of Islam," *Acta Orientalia* (Hungary) 52 (1999), argues for socioecological factors behind the rise of Islam; A. Walmsley, "Economic Developments and the Nature of Settlement," *Dumbarton Oaks Papers* 61 (2007), prefers to stress continuity across the sixth to eighth century.

Chapter 2

1. *History of the Caucasian Albanians,* 2.14-16. Compare the remark of a Chinese observer: "Never had the western harbarians (i.e., Turks) been so powerful" : Chavannes, 24-26. Albania is the Greek and Latin form of the local name, which is rendered in Persian and Arabic as Ran / Arran.
2. For this inscription, Kinda, Himyar, and Judaism, see C. Robin, "Les rois de Kinda" in A. al-Helabi et al., eds., *Arabia, Greece and Byzantium* (Riyadh, 2012), and his "Himyar et Israël," *Compte rendu de l'Académie des Inscriptions et Belles-Lettres* 148 (2004).
3. For example, the eighteen dynasties of Himyar mentioned in contemporary inscriptions are condensed into just one in Muslim histories of pre-Islamic Yemen. It may also be that the Judeo-Christian biblical worldview eroded local traditions, for other peoples too, like the Egyptians, had no real recollection of their pagan history by the seventh century except for what the Bible said about it.
4. *Chronicle of Siirt*, 469 (ch. 61).
5. Such as Musaylima, Tulayha, Asward, Sajah, Laquit, and Ibn Sayyad. See A. Makin, *Reconstructing the Enemy: Musaylima in Muslim Literature* (Frankfurt-am-Main, 2010); C. Robin, "Les signes de la prophétie en Arabie," in S. Georgoudi et al. eds., *La Raison des Signes* (Leiden, 2012).
6. For recent discussion of this view, see S. J. Shoemaker, *Death of a Prophet* (Philadelphia, PA, 2012), ch. 4.
7. Sebeos, 102. Since Sebeos then talks about launching sea raids against Iran, he presumably means east Arabia here. Ishmael / Ishmaelite is often used by Christian authors to refer to the Arab conquerors by virtue of the fact that the Arabs were regarded as the progeny of Ishmael, son of Abraham by the maidservant Hagar.

8. The earliest Muslim account is by Baladhuri, 59-61, who speaks of the tribes of 'Amila, Lakhm and Judham.
9. Theophilus of Edessa, 63-64 (raid of 610); Antiochus of Mar Saba, "Epistola ad Eustathium," *Patrologia Graeca* 89, col.1424; "Vita S. Georgii Chozebitae," ed. and trans. C. Houze, *Analecta Bollandiana* 1888, 134; Theophanes, 335-36 (dogs).
10. That does not mean these characterizations derive from the earliest period, but they do come across very strongly. On storytellers, see L. R. Armstrong, *The Qussas of Early Islam* (PhD; Chicago, 2013), and for problems in the Islamic tradition about the conquests, see the appendix chapter in this book.
11. Hoyland, *Seeing Islam*, 120; Baladhuri, 109.
12. Theophilus, 93-94.
13. Sebeos, 96-97 (Theodore brother of Heraclius); Theophilus, 91 (Theodore *Vicarius*). On Areopolis, see S. Thomas Parker, *The Roman Frontier in Central Jordan I* (Washington, DC, 2006), 16-17.
14. Hoyland, *Seeing Islam*, 67-73 (Sophronius).
15. *Chronicle of 741,* §15 (Damascus): Theophanes, 337 (multitude). For this account of the Battle of Yarmuk, I draw on Theophilus, 100-3, and Sebeos, 97.
16. Hoyland, *Seeing Islam*, 219 (Fredegar-many men "died where they slept," perhaps afflicated by the plague), 615 n. 24 (the *Chronicle of 754,* §9, speaks of "the prophecy of the rats" and "the lumps in their throats swelling"); Theophilus, 106-8, where the references for Heraclius's order not to engage the Arabs are collected.
17. *Chronicle of 741,* §16 (Arabs capture Damascus); Tabari, 1.2390-1 (disputes); Theophilus, 98 (convenant). Edessa had submitted to the Persians for the same reasons: "the multitude of the Persian tropps, their victory in battles, and since they [the Edessans] had not expectation of salvation from anywhere" (Sebeos, 63).
18. Theophanes, 339 (siege of two years): Sebeos, 98 (cross and oath); Hoyland, *Seeing Islam,* 221 (the pilgrim Arculf and the abbot Adomnan).
19. Theophilus, 114-17, where the Muslim sources are also given.
20. Theophilus, 123-24. J. Patrich, *Studies in the Archaeology and History of Caesarea Maritma* (Leiden, 2011), 114, contrasts Caesarea with Jerusale and Scythopolis.
21. *Chronicle of Siirt,* 539 (ch. 87; Arabs disperse); Dinawari, 116-17 (Boran), and cf. Tabari, 1.2189. For Dhu Qar and the next raid I mention at 'Ayn al-Tamr, see Tabari, 1.1016, 1.2062-4. .For more on dating, see Pourshariati, *Decline and Fall,* 166-72.
22. The identity of the author is uncertain, but for convenience I use Sebeos, to whom the chronicle was first attributed. All quotations in the rest of this section are from Sebeos, 98-99, and *History of the Caucasian Albanians*, 2.18, unless otherwise indicated.
23. Ferdowsi, *Shabname*, ed. D. Khaleghi-Motlagh (New York, 1987-2008), 8.418 (Rostam); *Chronicle of Siirt*, 580 (ch. 94: taxes).
24. *Chronicle of Zuqnin*, 215.
25. Theophilus, 118-21, who is the source for this account about 'Iyad.

26. Theophilus, 185 n. 492 (citing Dionysius okf Telmahre, d. 845).
27. Theophilus, 109. For examples of particupants in the Arab conquests who said they had converted to Islam but kew little about it, see Tannous, *Syria between Byzantium and Islam*, 407-29. One can say, then, that the Arab conquests would have happened without Muhammad / Islam, but, as I go on to show in this book, they are less likely to have resulted in a new civilization; conversely, Islam would probably not have spread so far, and certainly not as fast, without the Arab conquests, the success of which dramatically backed up the Arabs' claims to be favored by God.
28. Modern scholars usually call this foundation agreement the "Constitution of Medina." For a recent translation of it, see S.A. Arjomand, "The Constitution of Medina," *International Journal of Middle East Studies* 41 (2009), who renders *mu'minun* as "faithful convenanters." However, F. Donner, "From Believers to Muslims," *al-Abhath* 50-1 (2002-3), feels that it is a wholly religious term.
29. One might compare them to those who fought in the Abbasid revolution in 750, who did not define themselves by ethnicity or religion, but by their role in the revolution and its ongoing implementation, using the label *ahl al-dawla* / " people of the revolution."
30. For the reference and discussion, see Sizgorich, *Violence and Belief*, 231-71.
31. Tabari, 1.2190, 2192. For discussion and many other examples, see W. al-Qadi, "Non-Muslims in the Muslim Conquest Army," in A. Borrut et al., eds., *Christians and Others in the Umayyad State* (Chicago, 2014). Some Arab tribes-or sections within them-remained Christian at least until the ninth century, especially in northern Syria and Jazira.
32. J. Paul, "The State and the Military–a Nomad Perspective," *Orientwissenschaftliche Hefte* 12 (2003), n. 91 ("agriculture begins to suffer as more than a rather limited percentage of men is drafted–this percentage differs but does not exceed one in ten–whereas in nomadic societies the ratio can rise up to one in four or even more"); Bashear, *Arabs and Others*, ch. I (*a'rab*).
33. Tabari, 1.2497, 2562-3 (*asawira*); Theophilus, 185-86 (Slavs).
34. Isfahani, *Kitab al-aghani* (Cairo, 1927-74), 3.257 (Tamim); A. Mingana, *Sources syriaques* (Leipzig, 1908), 147 and 175 (john of Fenek); Tabari, 1.2341 (Daylam). The question of who converted and when is complicated by the ambiguity of the verb *aslama,* which can mean to surrender to a human agent or to surrender to God and His messenger (i.e., become a Muslim). Medieval historians, along with quite a few modern ones, tend to assume that the religioius sense was the only one, but probably the secular sense applied in many cases, especially in the early period.
35. For the point about the Persian cavalry, see Crone, *Slaves on Horses*, 237-38 n. 362. Note that collaboration / conversion was a two-way street; e.g., Sebeos reports that at the onset of the Arab civil war in 656 a large body of troops in Egypt, "some 15,000 men, believed in Christ and were baptized" -very likely these were Christian Arabs and / or Byzantines who had gone over to the Arab side after

the conquest of Egypt, but who now, anticipating that the civil war spelled the end of the Arab regime, "united with the emperor of the Byzantines, made a treaty and [re-] joined him" (Sebeos, 154; Ibn 'Abd al-Hakam, 129, speaks of "the sons of Yanna, Azraq and Rubel" enrolled in 'Amr ibn al- 'As' army, who may have been Byzantines).

36. Cited in Khalidi, "Poetry and Identity in the Umayyad Age," *al-Abhath* 50-1 (2002-3), 72-73, who notes that the term "Arab" becomes increasingly common in poetry in the course of the Umayyad period (661-750). Some Umayyad inscriptions (e.g., the Hammat Gader bath restoration text of 662) and documents (e.g., tax demands from the 670s found at Nessana in south Palestine) are dated to the years "accoding to the Arabs" (*kata arabas*), and Anastasius of Sinai (d. ca. 701) uses the terms Arab and Saracen interchangeably (A. Binggeli, *Anastase le Sinaïte*, PhD thesis, Paris IV, 2001,1.4, 11.2, 11.13).
37. Conversely, if the conquests had not led to a unfied empire, but either been repulsed or resulted in many separate polities, we would have spoken of the individual Arabian tribal groupings, like Ma'add and Kinda, in the same way as we speak of the individual Germanic groups, like the Goths and Vandals, in early Medieval Europe.
38. Bowersock, *Empires in Collision*, ch. 3 (Heraclius's gift). On ecolgical explanations, see notes 26-27 in Chapter 1, this volume, and J. Haldon, "The Resources of Late Antiquity," in Robinson ed., *New Cambridge History of Islam l*, 22-25.
39. Howard-Johnston, *Witnesses*, 464. It has periodically been cited as a major factor in the Arab conquests (e.g., Spular, *Iran*, 6, and Pirenne, *Mohammed and Charlemagne*, 150-51), but has recently become the dominant explanation.
40. Donner, *Muhammad and the Believers*, xii; Donner, F., "Visions of the Early Islamic Expansion" in N. M. El Cheikh and S. O'Sullivan, *Byzantium in Early Islamic Syria* (Beirut, 2011), 28. Those who advocate the "non-violent conquest model" point to the lack of archaeological evidence for widespread destruction (citing P. Pentz, *The Invisible Conquest*, Copenhagen 1992), but the main fighting had consisted of field battles, rather than sieges, and this leaves corpses but no lasting physical trail. And this is true of many conquests; for example, "it has been pointed out that from archaeological evidence we would have no idea at all that the Vandals had invaded North Africa" (Halsall, *Barbarian Migrations*, 327).
41. Sizgorich, *Violence and Belief*, ch. 3 (Ambrose); J. Howard-Johnston, "The Official History of Heraclius' Persian Campaigns," in E. Dabrowa, ed., *The Roman and Byzantine Army in the East* (Krakow, 1994), 85.
42. Tabari, 1.2289.

Chapter 3

1. John of Nikiu, 116.2-9, 119.18-24, 120.1-6, and 39-69, gives a contemporary perspective on the struggles following Heraclius's death; see also Sebeos, 104, 106.
2. Pourshariati, *Decline and Fall*, 249-54.
3. Sebeos, 101 and 102.
4. Hoylan, *Seeing Islam*, 525, 585 (governor of Numidia); Nikephoros, §23 (John of Barqa). An inscription from Alexandria is dated to year 414 of the martyrs (AD 698) and the fifty-fifth year of "the Saracen nation having taken control of the country," which dates the start of the Arab conquests to 633 (S. Timm, *Das christlich-koptische Ägypten in arabischer Zeit 5*, Wiesbaden 1991, 2146).
5. The following narrative and quotations are taken from John of Nikiu, 111-21, unless otherwise indicated. I give a quite full account, as this is one of the few detailed contemporary conquest accounts that we possess.
6. Only two officials, not, as Charles translates, "the people," unwittingly giving fuel to the argument that the anti-Chalcedonian Christians of Egypt welcomed the Arabs. For this and other important revisions, see P. Booth, "The Muslim Conquest of Egypt Reconsidered," *Travaux et Mémoires* 17 (2013).
7. Namely, Philoxenus, duke of Arcadia, and Shenute, prefect of Antinoe: see John of Nikiu, 120.29-30, and F. Morelli, *L'archivio di Senouthios* (Berlin, 2010), who also cites papyri of Philoxenus.
8. This idea was put out by the anti-Chalcedonian Egyptians, once it became clear that Arab rule was likely to endure, in order to curry favor with the Arabs and to discredit their Chalcedonian rivals. See E. Coghill, "Minority Representation in the *Futub Misr* of Ibn'Abd al-Hakam" in R. Hoyland, *ed.*, *The Late Antique World of Early Islam* (Princeton, 2014).
9. Nikephoros, §23.
10. Theophilus of Edessa, 111 (seemingly misplacing the notice); Baladhuri, 221; Ibn'Abd al-Hakam, 191; Ya'qubi, 189; Nu'aym b. Hammad, *Kitab al-Fitan*, ed. S. A. al-Zuhayri (Cairo, 1991), 445-46 (no. 1286).
11. Baladhuri, 237. The wording of the truce between the Arabs and the Nubians is given by Ibn 'Abd al-Hakam, *Futuh Misr*, 189, on the authority of an old man who read it in the chancellery of Fustat; it accords well with the allusions to the original in the papyrus of AD 758 (see next note).
12. *History of the Patriarchs*, ed. and trans. B. Evetts, *Patrologia Orientalis* 5 (1910), 114-45 (great king and patriarch); J. Plumley, "An Eighth-Century Arabic Letter to the King of Nubia," *Journal of Egyptian Archaeology* 61 (1975).
13. Pseudo-Methodius, "Apocalypse," in Palmer, *Seventh Century*, 237-38 (assuming that the Ethiopians are acting on behalf of the Byzantines).
14. Ibn 'Abd al-Hakam, 171, citing 'Uthman ibn Salih (d. 835).
15. Corippus, *Johannide*, 2.85, cited by Modéran, *Les Maures*, 45 and 49 (Luwata);

Ibn‘Abd al-Hakman, 170, and Baladhuri, 224 (selling children); Augustine, *Epistolae*, ed. J. Divjak (Vienna, 1981), letter 10.

16. *Etymolgies*, trans. S. A. Barney et al. (Cambridge, 2010), 14.5.7.

17. The account of‘Abdallah in Africa and his defeat of Gregory is taken from *Chronicle of 741*, §24; *Chronicle of 754*, §28; and Ibn‘Abd al-Hakman, 183. See also Khalifa, 159 (AH 27); Ya‘qubi, 191 (who says that Gregory retreats back to Subeitla); Theophilus, 130 (who says that Gregory escaped to Constantinople). If, as scholars assume, this is the Gregory whose grandfather had been second-in-command to Heraclius's father, who was governor of Africa, and whose aunt, Gregoras, had married Heraclius's elder son, he might well have felt entitled to claim the imperial throne for himself.

18. Ibn‘Abd al-Hakam, 183.

19. *Chronicle of Khuzistan*, 36. This is also the source for the following account of the Arab conquest of Khuzistan; see also Dinawari, 136-40, who says that Hormizdan was the uncle of Shiroi, son of Khusrau 11.

20. Sebeos, 104-5 (Nihawand), 102 (naval raids); Baladhuri, 386-91 (Fars).

21. Chavannes, 172 (Yazdgird squrned). Muslim sources say that Yazdgird acted arrogantly toward the nobles / governors of Kirman and Sistan, and that is why they refused to help him; e.g., Baladhuri, 315. Death of Yazdgird in 651-52: Sebeos, 135; Theophilus, 136-37; Baladhru, 315-16; Dinawari, 148-49.

22. Chavannes, 172; *Cambridge History of China 3.1* (ed. D. Twitchett), 280; Daryaee, *Sasanian Persia*, 37-38.

23. Theophilus, 140, and Sebeor, 109-11, which are the sources I use for the rest of this section.

24. Theophilus, 131-34. What follows is a compressed and paraphrased version of the original narrative, the detail of which suggests that it derives ultimately from a well-informed contemporary source. Sebeos, 111-12, mentions Mu ‘awiya's sally toward Constantinople.

25. Soloi: *Dix campagnes de fouilles* (*1964-1974*). *Volume premier* (Sainte-Foy, 1985), 115-25.

26. Chavannes, 52, 171. For a maximal view on the destructive effects of the plague, see W. Rosen, *Justinian's Flea* (London, 2008).

27. Gabrieli, *Muhammad and the Conquests of Islam*, 103.

28. Pseudo-Zachariah, *Chronicle*, trans. G. Greatrex (Livepool, 2011), 9.2. Early Arab poets boast a lot about the military prowess of their tribesmen and give the impression that they possessed all the standard military hardware of the day (F.W. Schwarzlose, *Die Waffen der alten Araber aus ibren Dichtern dargestellt*, Leipzig, 1886).

29. Ibn ‘Abd al-Hakam, 116 (Bali); Theophilus, 101-2, citing Michael the Syrian, who is a late author but draws on much earlier material. Azdi (d. ca. 820), *Futuh al-Sham*, ed. A-M. Amir (Cairo, 1970), 97, 150, speaks of "the provincials" (*ahl al-balad*) helping the Muslims against the Byzantine soldiers (*al-rum*); he also

divides the Bedouin into supporters of the Byzantines, supporters of the Muslims, and waverers.

30. Abu'Ubayd (d. 837), *Kitab al-amwal*, ed. K. M. Harras (Beirut, 1978), 345 (*fi diyarihim*); Azdi, 218 (Iraq). Note that some demand notes on papyrus from southern Palestine, dated to the 670s, are made out in favor of clans from the Christian (possibly now Muslim) Arab tribes of Lakhm and Judham (C. J. Kraemer, *Excavations at Nessana 3*, Princeton, 1958, nos. 60-64: Sa 'd ibn Malik and Sa 'd ibn Zirr).
31. Sebeos, 98 (Heraclius); Baladhuri, 350 (census).
32. One might compare it to what we now call a jihadi ideology; as a Saudi jihadi in Syria told a Western reporter: "they (the jihadis) come from every country you could imagine" to fight the Asad regime and "create a caliphate" (*The Guardian Newspaper*, 9.9.13, I and 26).
33. Cited by P. J. Burton, *Friendship and Empire: Roman Diplomacy and Imperialism in the Middle East* (Cambridge 2011), 118. The Arabic terms *aman* and *dhimma* equate to the Latin *fides*, and Muslim lawyers also employed the Roman / Byzantine categories of voluntary surrender and forced surrender. The point here is not that the Arabs borrowed these concepts from the Romans / Byzantines, but rather that the Arabs belonged to the same world and so shared many of its presuppositions. For further discussion of surrender treaties see M. Levy-Rubin, *Non-Muslilms in the Early Islamic Empire* (Cambridge, 2011), ch. 1.
34. Sebeos, 63, who notes that Edessa had resisted, but after facing an initial onslaught of Persian troops they decided to sue for peace "and requested an oath that they [the Persians] would not destroy the city."
35. Baladhuri, 158-61; Tabari, 1.2664. For a study of conquest agreements and the ancient background thereto, see Levy-Rubin, *Non-Muslims*, 8-57.
36. 'Abd al-Jabbar, *Tathbit dala'il al-nubuwwa*, ed. A-K. 'Uthman (Beirut, 1966), 328-29. Conversely, Mu 'awiya was censured as "an emir who accumulates money like a merchant" (Khalifa, 230, AH 60).
37. Hoyland, *Seeing Islam*, 79-81 (Syrian author); Mingana, *Sources syriaques*, 156 and 184 (John of Fenek).
38. For what we can learn of early Arab rule from the papyri of Egypt, see Sijpesteijn, *Shaping a Muslim State*. She ponders why the Arabs adopted a "non-interventionist approach" (ibid., 64), but it is common for invaders to leave in place many of the bureaucratic practices of the previous regime and its bureacurats, eliminating only the higher echelons, since they often do not themselves have the local knowledge to surpervise the lower levels of government and do not embark on their venture with the aim of becoming administrators.
39. Tabari, 1.962-3; Z. Rubin, "Reforms of Khusro Anushirwan" in Cameron, ed., *The Byzantine and Early Islamic Near East 111*, 240-43. It is not impossible that the Persians introduced the poll tax during their occupation of Egypt and the Leavant in the early seventh century; there is as yet no clearly dated reference to the poll

tax from before the Arab conquests, but there are plenty of undated ones, and it is an unproven assumption that they belong to the Islamic period. For the papyri evidence, see Sijpesteijn, *Shaping A Muslim State*, 52, 72-74.

40. H. Kennedy, "Military Pay and the Economy of the Early Islamic State," *Historical Research* 75 (2002).
41. P. Crone, "The First-Century Concept of Hiğra," *Arabica* 41 (1994); K. Athamina, "*A'rab and Muhajirun* in the Environment of the *Amsar*," *Studia Islamica* 66 (1987); J. Gascou, "Sur la letter arabe de Qurra b. Šarīk P. Sorb inv. 2344," *Annales Islamologiques* 45 (2011). Note that in Sabaic and Ethiopic *hajar* means town or city; and in Sabaic we find the same contrast as in Arabic between *muhajirun* and *a'rab* (e.g., the inscription Ry508 speaks of the tribesmen of a region, "their town-dwellers and their Bedouin" / *hgrhmw w-'rbbmw*).

Chapter 4

1. Khalifa, 230 (AH 60).
2. Sebeos, 154. On the interests behind the internal Arab squabbles see M. Hinds, "Kufan Political Alignments" and "The Murder of the Caliph 'Uthman," *International Journal of Middle East Studies* 2 (1971) and 3 (1972).
3. *Chronicle of 741*, §31.
4. The following narrative and quotations are from Sebeos, 143-46. The Battle of Phoenix is also narrated by Theophilus, 141-44, *Chronicle of 741*, §24("Constans, gathering together a thousand and more ships, contended unsuccessfully against Mu 'awiya and with scarcely any [of them] escaped in flight"), and Ibn 'Abd al-Hakam, 189-91, who is the first to call it the Battle of the Masts (though it is a confused account). Tabari, 1.2867-71, gives a long account, whereas Khalifa, 167 (AH 32), and Ya 'qubi, 195, just note that Mu 'awiya led a campaign to "the straits of Constantinople." For naval matters in contemporary papyri, see C. Foss, "Egypt under Mu 'awiya," *Bulletin of the School of Oriental and African Studies* 72 (2009), 18-19.
5. Theophilus, 153-61 and 166-68. The second part of the story, dealing with the assault on Constantinople, is also found in Nikephoros, §34, who is using the *Chronicle of ca 720.*
6. *Acta conciliorum oecumenicorum 11.2,* ed. R. Riedinger (Berlin, 1984), 612-14 (Council of 680-81). See M. Jankowiak, "The First Arab Siege of Constantinople," *Travaux et Mémoires* 17 (2013).
7. *Chronicle of 741*, §27 (hunger and pestilence); Cosmas of Jerusalem, cited by C. Zuckermann, "A Gothia in the Hellespont in the Early Eighth Century," *Byzantine and Modern Greek Studies* 19 (1995); Theophilus, 166-68 (Greek fire).
8. *Chronicle of ca 720* (in Nikephoros, §34, and Theophanes, 354-55); Theophilus, 167-68.
9. My source for this section is primarily Sebeos, 136-43, supplemented by *History*

of the Caucasian Albanians, 2.20-22, 27-28; Lewond, *History*, 53-54; Theophilus, 181.

10. Tabari, 1.2898. The letter opens by invoking the God "who transfers kingship to whomever he pleases." Here there is no hint that the nobleman converted, though there are a number of cases where Iranian nobles are said to have disdained the idea of paying poll tax (Baladhuri, 314: *anifu min al-jizya*), and so converted to Islam; the elite were exempted from poll tax in the late Sasanian period, and so paying it would have been disagreeable to them, as it would have signified that they belonged to the lower ranks of society. However, in the first century or so of Arab rule many cities / regions paid their dues to the Arabs collectively rather than individually.
11. Baladhuri, 326 (dancing), 329 (Ardabil garrison), 338 (breaking of treaties), 335-37 (Masqala and Yazid); Chavannes, 173-74; Khalifa, 223 (AH 54: Masqala).
12. Xuanzang, *Travels in India*, ed. T. Watters (London, 1904), 102; *Life*, ed. S. Beal (London, 1914), 42. On the silk route trade and the role of Sogdians in managing it, see E. de la Vaissière, *Sogdian Traders* (Leiden, 2005).
13. For the following account, see Baladhuri, 404-11; Chavannes, 172 (Peroz); Khalifa, 211, 222, 224 (AH 50, 54, 56); Narshakhi, *History of Bukhara*, trans. R. Frye (Cambridge, MA, 1954), 9-10 (Khatun).
14. Khalifa, 167, 210 (AH 33, 50); Baladhuri, 393-38. The title is most often written as "Rutbil," but the diacritical marks are sometimes unclear or missing, which has led to the suggestion that it should be read as Zunbil because of an assumed connection with the local god Zun.
15. Modéran, *Les Maures*, 388 (Masuna), 401-14 (Masties), 420 (Cululis). The rest of the section is drawn from Theophilus, 164; Khalifa, 210 (AH 50); Ibn 'Abd al-Hakam, 193-97.
16. Baladhuri, 319 (Rayy); Sebeos, 147-48 (rebellion of the Medes).
17. Mardaites: Theophilus, 169 and 180-82; Baladhuri, 160-62; Nikephoros, §38 (using *Chronicle of ca 720*). For Byzantine coastal raids, see A. Elad, "The Coastal Cities of Palestine," *Jerusalem Cathedra* 2 (1981), who also notes the Arab policy of settling in these coastal cities groups, especially Persians, who would not be pro-Byzantine.
18. East Arabian tribesmen had close relations with Persia, but they were mostly not given senior positions in the Umayyad regime, which in part explains why so many anti-Umayyad rebels (Kharijites) came from their ranks.
19. *Maronite Chronicle*, 32 (move to Damascus), 31 (movements in Jerusalem); M. Mochiri, "A Sasanian-Style Coin of Yazid b. Mu 'awiya," *Journal of the Royal Asiatic Society* (1982).
20. H. Gaube, *Arabosasanidische Numismatik* (Braunschweig, 1973), 22-25.
21. H. Lammens, *Etudes sur le règne du calife omaiyade Mo'awia 1* (Paris, 1908), esp. 3-13 ('Abdarrahman ibn Khalid et les chrétines de Homs), 419-41 (Yazid et la société de Chrétiens). Some indication of Christian Arab input comes from

administrative terminology; for example, *Chorion / kura* as a word for "district" occurs in early Islamic papyri In Egypt, where it had previously only meant "vineyard," but it did refer to a "district" in the province of Arabia before Islam (R. Hoyland, "Late Roman Provincia Arabia, Monophysite Monks and Arab Tribes," *Semitica et Classica* 2 (2009), 130: *kura*).

22. *Maronite Chronicle*, 32 (coinage); Baladhuri, 125 (church). Khalifa, 218 (AH 51), states, without explanation, that "the king of the holy land is Mu'awiya and his son too."

23. P. Sijpesteijn, "Army Economics," in R. E. Margariti et al., eds., *Histories of the Middle East: Studies. . . in Hornor of A. L. Udovitch* (Leiden 2011), on stipends paid to dependents; H. Kennedy, "Military Pay and the Economy of the Early Islamic State," *Historical Research* 75 (2002), 159-60 (he cites another account from 892 that yields a figure of 89 percent for military expenditure). Ya 'qubi, 258 (crown lands); a similar story about the crown lands is also attributed to 'Uthman, so Mu 'awiya possibly did not devise the solution, but he certainly made more systematic use of it than anyone before him.

24. Baladhru, 356-72, lists many land grants in southern Iraq apparently drawing on documentary evidence; Hoyland, *Seeing Islam*, 98-100 (Clysma and Dead Sea), 331 (prediction); Mingana, *Sources syriaques*, 153 and 181 (prosperity). John of Nikiu, 120.31, tells how the Arabs compelled the Egyptians to dredge the Trajan canal that ran between Babylon and the Red Sea. Note that Mu'awiya also owned estates in west Arabia according to literary texts (M. Kister, "The Battle of the Harra," *Studies in Memory of Gaston Wiest*, Jerusalem, 1977, 38-40), supported by epigraphic evidence (S. al-Rashid, *Dirasat fi l-athar al-islamiyya al-mubakkira*, Riyad, 2000, 46-60).

25. Foss, "Egypt under Mu 'awiya" (Papas); Hoyland, *Seeing Islam*, 98 (enslavement).

26. Ya 'qubi, 276. In general on Mu 'awiya, see R. S. Humphreys, *Mu'awiya ibn Abi Sufyan* (Oxford, 2006).

27. He had for a long time excluded 'Ali as á legitimate caliph; cf. Ibn Abi Ya'la, *Tabaqat al-Hanabila* (Cairo, 1952), 1.243, 1.393 (When questioned by his colleagues about his change of heart, he replied that since the caliph'Umar I "was satisfied with the idea of'Ali as caliph of the Muslims. . . and since'Ali called himself commander of the faithful, who am I to say that he was not?").

28. *Maronite Chronicle,* 32, says that "Mu'awiya did not wear a crown like other kings in the world," hinting that he was not as autocratic as later Muslim sources make him out to be. Similarly *Chronicle of* 741, §27, says of Yazid I that "he never, as is the wont of men, sought glory for himself because of his royal rank, but lived as a citizen along with all the common people," which might reflect the pro-Umayyad view.

29. Y. Ragib, "Une ère inconnue d'Egypte musulmane," *Annales islamologiques* 41 (2007), re two papyri, of 662 and 676, that are dated according to *qada' al-mu'minin.*

30. K-H. Ohlig and G. R. Puin, eds., *The Hidden Origins of Islam* (New York, 2010), esp. 40-41, 52, 144-45 (Christian); F. Donner, "From Believers to Muslims," *al-Abhath* 50-1 (2002-3), 26 ("non-confessional"); Y. Nevo, "Towards a Prehistory of Islam," *Jerusalem Studies in Arabic and Islam* 17 (1994), 110 ("indeterminate"); Donner, *Muhammad and the Believers*, 74 and *passim* (ecumenical). All include the Medinan period alongside the reign of Mu'awiya, but we have no public proclamations from the Medinan caliphs.
31. Sebeos, 114 (possibly originating with'Uthman). The importance of Abraham to Muslims is noted in the mid-seventh-century *Chronicle of Khuzistan*, 38, and is emphasized in the Qur'an. Late Antique Christians also thought that their faith "took its beginning from Abraham, the first of the fathers" (A. H. Becker, *Sources for the History of the School of Nisibis*, Liverpool 2008, 25, citing the sixth-century bishop Simeon of Bet Arsham). They also held to the idea of there being only one true religion, all else being heresy and error, and so the question of skeptical scholars as to why seventh-century Christian authors did not mention that the Arabs had a new religion reflects a very modern worldview.
32. Sebeos, 29-30 (decree); *Chronicle of Siirt,* 500 (head of Christians); Theophylact, 5.1.7, 5.13.5, 5.14.1 (Sergius); *Chronicle of Khuzistan,* 25 (cross). Also, both had Christian wives and many Christians at court and acted as arbiters in intra-Christian disputes (*Chronicle of Khuzistan,* 23, and Hoyland, *Seeing Islam,* 223).
33. P. Crone and M. Hinds, *God's Caliph* (Cambridge, 1986), 120 (succession letters), who provide good discussion about the nature of the early caliphate; Mingana, *Sources syriaques*, 146-47 and 175 (death penalty). A. Marsham, "Public Execution in the Umayyad Period," *Journal of Arabic and Islamic Studies* 11 (2011), 113, picks up on the word "brazenly" and suggests that John is talking about public violation / violence, which also merited the death penalty in Roman law. It is also possible that John is referring to Kharijites who were numerous in north Mesopotamia and who took a harsh line on infringement of God's law.
34. Ibn Sa 'd (d. 845), *Tabaqat*, ed. E. Sachau (Leiden, 1904-40), 4.1.106, citing al-Sha'bi ('Abdallah); Fasawi (d. 890), *Kitab al-Ma'rifa wa-l-ta'rikh*, ed. A.D. al-'Umari (Beirut, 1981), 2.15 (Jabir ibn Zayd). From about the same time we get glimpses of this tussle between scholars and government; e.g. the mid-eighth-century Persian author Musa ibn'Isa al-Kisrawi wrote a treatise on "the inconsistencies o f those who assert that judges do not have to follow the dictates of caliphs in their official duties" (Ibn al-Nadim, *Fihrist*, ed. G. Flügel, Leipzig, 1872, 128).

Chapter 5

1. Mingana, *Sources syriaques*, 155 and 183 ("zeal for the house of God"); Hoyland, *Seeing Islam*, 550-52 (coinage); *Chronicle of* 741, §31.
2. The Kharijite who captures central and eastern Arabia is Najda ibn 'Amir, and

the one who minted coins in Iran is Qatari ibn Fuja'a. For these two characters, 'Abdallah ibn al-Zubayr, and the many other actors in the second Arab civil war, see A. A. Dixon, *The Umayyad Caliphate 65-86 / 684-705* (London, 1971), and G. Rotter, *Die Umayyaden und der zweite Burgerkrieg* (Wiesbaden, 1982).

3. Slavs and Sebastopolis: Nikephoris, §38, and Theophanes, 366 (both using the *Chronicle of ca.* 720); the Greek is *periousios laos,* a phrase used in the Greek translation of Exodus 19:5. On these two rulers and their times see C. Robinson,*'Abd al-Malik* (Oxford, 2005), and C. Head, *Justinian 11 of Byzantium* (Milwaukee, 1972).
4. *The Book of Poniffs,* trans. R. Davis (Liverpool, 1989), 78 (also mentioning a ten-year peace signed by Justinian and the Arabs in 685); Khalifa, 251 (Kusayla; AH 63); Ibn'Abd al-Hakam, 198-200 (Kusayla); Ibn al-Athir, *al-Kamil,* ed. 'U.al-Tadmuri (Beirut, 1997), 3.207-9 (AH 62); Theophanes, 370, and Nikephoros, §41 (Carthage: relying on the *Chronicle of ca* 720).
5. Khalifa, 268, 270 (AH 72, 74); Elias of Nisibis, *Opus Chronologicum,* ed. E. W. Brooks (Paris, 1910), 154 (AH 78); Baladhru, 229; Ibn 'Abd al-Hakam, 200-201.
6. Ibn 'Abd al-Hakam, 201 (Hassan builds mosque, etc., *butr / baranis*); Corippus, 6.49 (Luwata "banished"), cited by Modéran, *Les Maures,* 644, who discusses the *baranis / butr* issue on pages 761-810. Arabs of pre-Islamic west Arabia may already have been using the term barbar for peoples on the east African coast (following Greco-Roman practice) and then simply applied it to the other peoples whom they encountered in Africa during the conquests (except the Egyptians / Copts, whom they also already knew about before Islam); see R. Rouighi, "The Berbers of the Arabs," *Studia Islamica* 1 (2011).
7. Ibn 'Abd al-Hakam, 201, 203-4 (Musa); *Chronicle of* 754, §51; Baladhuri, 230; Khalifa, 277-79 (AH 78-79).
8. This idea began with I. Olagüe's *La revolución islámica en Occidente* of 1966 (translated into French as *Les arabes n'ont pas envahi l'Espagne*) and has enjoyed more attention of late (e.g., K. De Villa, "Myth or Reality: The 'Invasion' and Spread of Islam in Spain," *The Fountain Magazine* 85, 2012). One argument used is that the Arab-Berber force was so small that the people of Spain could have easily defeated them if they had all risen up, just as they ejected Napoleon in 1807. However, before the era of nation-states people were divided into smaller ethnic, regional, sectarian, or social groups, and large-scale "national" resistance did not generally occur. For an interesting reassessment of how England became Saxon, see A. Woolf, "Apartheid and Economics in Anglo-Saxon England," in N. Higham ed., *Britions in Anglo-Saxon England* (Woodbridge, 2007).
9. This section on Spain relies on *Chronicle of* 754, §§52, 54-57, 87; Ibn 'Abd al-Hakam, 204-10; Baladhuri, 230-31; Khalifa, 304-5 (AH 92-93); E. M. Moreno, "The Iberian Peninsula and North Africa," in C. Robinson, ed., *New Cambridge History of Islam l,* 385-89 (Theodemir and Hadrian); James, *Early Islamic Spain,* 50-51 (Ibn al-Qutiya). For historiographical issues, see Clarke, *Muslim Conquest*

of Iberia.

10. H-S. Yang et al., *The Hye-Ch'o Diary* (Berkeley, CA, 1984), 48-56. The word for Arab in Chinese is *ta-shih,* which is a transcription of Persian *tazik* / *tajik,* which ultimately comes via Aramaic *tayayya* from Arabic *tayyi',* the name of a pre-Islamic tribe that lived on the western borders of the Sasanian Persian Empire.
11. For Qutayba's campaigns, see Gibb, *The Arab Conquests in Central Asia,* 29-58. Tabari, 2.1218-27 (Nizak), 2.1244 (Ghurak).
12. The following account and quotations can be found in C. E. Bosworth, *Sistan under the Arabs* (Rome, 1968), 52-55 ('Ubaydallah), 55-63 (Ibn al-As 'ath).
13. Baladhuri, 401 (Rutbil); Chavannes, 161, 205-6 (embassies to China); K. van Bladel, "The Bactrian Background of the Barmakids," in A. Akasoy et al., eds., *Islam and Tibet* (Farnham, 2011), 54 (stupa); N. Sims-Williams, "The Arab-Sasanian and Arab-Hepthalite Coinage," *Cabier's de Studia Iranica* 39 (2008), 123-25 (coions).
14. This section relies primarily on Lewond, 59-61, 64-67; Theophilus, 195; Baladhuri, 205-6.
15. The close link between being Arab and being Muslim in the early period is clear from a number of cases where the word Arab is used to indicate Muslim; e.g., Papyrus London IV (ed. H. I. Bell, London 1910) 1375 (dated AD 711) speaks of "Arabs (*araboi*) and Christians" in the governor's retinue at Fustat, evidently meaning "Muslims and Christians" ; the financial governor of Khurasan in the 720s wrote to the governor about the mass conversions to Islam, saying: "Who will you take the tax from now that all the people have become Arabs" (Tabari, 2.1508); *Chronicle of Zuqnin,* 155, notes that Yazid 11 (720-24) ordered that "the testimony of a Syrian [i.e., a Syriac-speaking Christian] against an Arab not be accepted."
16. Sometimes it is specified that the slaves given in tribute should be "free of defect and including neither boys nor old men" (Tabari, 2.1245), which would mean they were worth more, could do more work, and would not be available to fight for their homeland. Some served military purposes; for example,'Amr ibn Wabara "had salves whom he used to hire out (for fighting) for thirty dirhams per day, but whom he would only pay ten dirhams each" (Tabari, 2.799-800).
17. Tabari, 1.2289 (the conquered as Arab booty); Mingana, *Sources syriaques,* 147 and 175 (John of Fenek).
18. Qur'a 2:127-28 has Abraham and Ishmael ask God to make "from our descendants a people submissive to you (*umma muslima laka*)." There is a hint of a geneaological qualifier to being a Muslim here, but it is too remote and vague to have become and enforceable requirement for conversion.
19. Arabic: *mawla,* plural *mawali*. This term shifted in meaning somewhat: initially the *mawla* was a retainer, and the key distinction among them concerned their free or unfree origins, not their ethnicity or religion (there were Arab Christian *marwali,* though probably the majority were non-Arab Muslims). Later it came to

be used specifically to designate a non-Arab Musllim and it was postulated that the basis of the relationship between patron and freedman was not like that tetween master and servant (assuming dependency) but between two kinsmen (assuming reciprocity). See P. Crone, *Roman, Provincial and Islamic Law* (Cambridge, 1987), ch. 3. Non-Arab Muslims could also act as patrons, but initially most patrons would have been Arab Muslims.

20. Papyrus London IV (ed. H. I. Bell, British Museum 1910), 1447; C. E. Bosworth, "Raja' ibn Haywa al-Kindi and the Umayyad Caliphs," *Islamic Quarterly* 16 (1972).
21. John of Nikiu, 114.1, 121.10; Hoyland, *Seeing Islam,* 265 (without compulsion), 161-63 (Jacob).
22. Khatib al-Baghdai, *Sharaf ashab al-hadith,* ed. M. S. Khatib Ughli (Ankara, 1971), no. 320 (al-A'mash). For the ways in which Iranian coverts molded Islamic culture to make it more their own, see Savant, *New Muslims*. Note that Persians worked their mythical heroes into Islamic history by making them relatives of Shem, son of Noah (e.G., Dinawari, 4, who says that the grandfather of the legendary King Jamshid is Arphaxad son of Shem).
23. Cited by G.H.A. Juynboll, "The Role of Non-Arabs, *Mawali,* in the Early Development of *Hadith,*" *Le Muséon* 118 (2005), 358, who gives more information on the non-Arab Muslim scholars I listed above as weell as further examples. H. Motzki, "The Role of non-Arab Converts in the Development of Early Islamic Law," *Islamic Law and Society* 6 (1999), argues against this, but does not appreciate that the definition of Arab was changing and still speaks of "true Arabs."
24. Some tribes like Taghlib and Tanukh were probably native so Syro-Mesopotamia, but Muslim historians said that they originated in Arabia and had migrated north after the collapse of the Marib dam in the distant past.
25. Baladhru, *Ansab al-ashraf* (Wiesbaden, 1978), 3.95 (al-Nakha 'i); Baladhuri, 324 (al- 'Ijl); Ibn 'Asakir, *Ta'rikb madinat Dimashq,* ed. A. Shibri (Beirut, 1995-98), 24.224-25 (Arab). On the Arab worry of being swamped by foreigners, see P. Crone, "Imperial Trauma," *Comon Knowledge* 12 (2006).
26. Baladhuri, *Ansab al-ashraf* (Jerusalem, 1936-71), 4a.247 (Yazid's aunt); W. al-Qadi, "The Names of Estates in State Registers," in A. Borrut and P. Cobb, eds., *Umayyad Legacies* (Leiden, 2010), 263, which gives much detail on Qahdham's life.
27. Baladhuri, *Ansab al-ashraf* (Jerusalem, 1936-71), 5.300 ('Abd al-Malik), 4b.50 (Mundhir ibn al-Zubayr; *anbat al-Sham*; cf. Tabari, 2.1092: *jaramiqa min abl al-sham*); Jahiz (d. 869), *al-Bayan wa-l-tabyin,* ed. H. al-Sandubi (Cairo, 1926-27), 1.196 (Yazid ibn al-Muhallab); *Chronicle of Zuqnin,* 206 (Abbasid armies in the Jazira).
28. Herald: Tabari, 2.1024; Persian nobles with freedmen / slaves: Baladhuri, *Ansab al-ashraf,* ed. S. Zakkar and R. al-Zirkali (Beirut, 1996), 7.413 (Fayruz Husayn),

and Baladhuri, 366 ('Abdallah al-Isfahani); P. Crone, *Slaves on Horses* (Cambridge, 1980), 37-38. On *chakars,* see E. de la Vaissière, "Chakârs d'Asie Centrale," *Studia Iranica* 34 (2005), who cites the passage above from Xuanzang.

29. Mingana, *Sources syriaques,* 158 and 185-86 (John of Fenek on events in Nisibis).
30. On Musa, see Tabari, 2.1145-64, and Baladhuri, 415-19.

Chapter 6

1. Theophanes, 411; *Chronicle of Zuqnin,* 162.
2. Or at least this is the motive for its construction given by al-Muqaddasi in his work *The Best Divisions for Knowledge of the Regions* (trans. B. A. Collins, Reading, 1994, 146). F. B. Flood, *The Great Mosque of Ḍamascus* (Leiden, 2001), offers an insighful study of this magnificent building.
3. Theophilus, 272, 224. On Umayyad building, see D. Genequand, "Formation et devenir du paysage architectural Omeyyade," in A. Borrut, ed., *Umayyad Legacies* (Leiden, 2010), and A. Walmsley and K. Damgaard, "The Umayyad Congregational Mosque of Jarash," *Antiquity* 79 (2005).
4. There are Many sources on this siege, some of which derive from contemporary Byzantine and Arab accounts. The following account relies on Theophilus, 209-15, supplemented by *Chronicle of Zuqnin,* 150-52; *Chronicle of ca* 720 (in Theophanes, 396-99, and Nikephoros, §§54-56); Lewond, 109-13.
5. This is reported with very similar wording in both Theophilus, 215 (from Dionysius of Telmahre, d. 845), and Khalifa (d. 854), 320 (AH 99), who seem to share a Syrian source.
6. the following account and quotations are from *Chronicle of* 754, §§69, 74, 79-82, 84. The quotation of Bede is taken from his *historia Ecclesiastica* (ed. C. Plummer, Oxford, 1896), 5.23.
7. For these quotations and further discussion, see D. L. Lewis, *God's Crucible: Islam and the Making of Europe* (London, 2008), 170-73.
8. This expression is found in both *Chronicle of* 754, §84 (*nudi prependiculis precincti*) and Ibn 'Abd al-Hakam, 219 (*'urāt mutajarradīn laysa 'alayhim illā al-sarāwīlāt*), suggesting a common source. My account of the Berber uprising is from *Chronicle of* 754, §84; Theophilus, 235; Khalifa, 352-56 (AH 122-24); Ibn 'Abd al-Hakam, 217-23.
9. J. Iskandar, "Devourt Heretics: The Barghwata in Maghribi Historigraphy," *Journal of North African Studies* 12 (2007).
10. Chavannes, 203-5.
11. F. Grenet and E. de la Vaissière, "The Last Days of Panjikent," *Silk Road Art and Archaeology* 8 (2002).
12. Tabari, 2.1717-1718.
13. The Chinese version of the battle is found in the biography of General Gao preserved in Tang annals (Chavannes, 142-44 and notes thereto), but the Arab

version is oddly not recounted by any historian before Ibn al-Athir (d. 1233) and al-Dhahabi (d. 1348). Western scholars also like to credit the battle with the introduction of paper to the Middle East, but paper had been available in Soghdia since the fourth century AD, and so its movement westward was probably just a result of the opening up of borders that accompanied the Arab conquests and that saw a number of products move from east to west and west to east (interestingly discussed, even if over-exaggerated, in A> M. Watson, *Agricultural Innovation in the Early Islamic World,* Cambridge, 1983).

14. L. Carrington Goodrich, *A Short History of the Chinese People* (Newton Abbot, 1969), 123; W. Barthold, *Turkestan Down to the Mongol Invasion* (London, 1968), 196; De la Vaissière, *Sogdian Traders* (Leiden, 2005), 218 (*History of An Lushan*).
15. This section principally relies on Khalifa, 328, 338, 340-44, 349, 351-52 (AH 103, 108, 110-13, 119, 121); Lewond, 69-70, 107-8; and *Chronicle of Zuqnin,* 159-60.
16. Baladhuri, 432, 434, 435-36 (Ruby Island), 436-40 (Muhammad ibn Qasim); Khalifa, 304 (AH 92-93).
17. The earliest Muslim source and the one I use here is Baladhuri (see previous note). On the *Chachnama,* see M. Ahmed, *The Many Histories of Muhammad b. Qastim* (PhD; Chicago, 2008) who also translates the Chalukya inscription I cite (ibid., 82).
18. The inscriptions are discussed by B. Chattopadhyaya, *Representing the Other: Sanskrit Sources and the Muslims* (Manohar, 1998), 28-35, and the Kollam plates in C. G. Cereti, "The Pahlavi Signatures on the Quilon Copper Plates," in *Festschrift for Nicholas Sims-Williams* (Wiesbaden, 2009).
19. Overtly dualist groups tended to fare badly though, because daulism clashed with Islam's stress on montheism and because it was tainted by its connection to the former Persian regime. Labeled *zindiqs* (reinterpreters, heretics), such groups faced periodic persecution, especially the Manichaeans, though the label could be applied to anyone whom the government wanted to get rid of. See S. Arjomand, "Ibn al-Muqaffa'" *Iranian Studies* 27 (1994), 20-24.
20. Theophilus, 215-17, and *Chronicle of Zuqnin,* 155 (testimony of a Christian against a Muslim not accepted; blood-money of a Christian less than a Muslim). For more on this topic, see M. Levy-Rubin, *Non-Muslims in the Early Islamic Empire* (Cambridge, 2011), ch. 3.
21. The words for this in classical Islamic law are *jizya* and *kharaj* respectively, but this is an early Abbasid innovation; before this *kharaj* (Aramic: *kharga*) was only used in the Persian realm and never features in the Egyptian papyri of the Umayyad period, which use the term *jizya,* a generic term for tax or tribut (*jizyat al-ra's / " head tax" or jizyat al-ard /* " land tax" are used when clarification is required), Failure to recognize that the same word could refer to different things at different times and a desire to project the classical system back into the early decades of Arab rule has hindered our understanding of how the Islamic tax system developed.

22. Tabari, 2.1122 (Hajjaj); P. Crone, "The Pay of Client Soldiers," *Der Islam* 80 (2009).
23. H. A. R. Gibb, "The Fiscal Rescript of 'Umar 11," *Arabica* 2 (1955), 3.
24. Sijpesteijn, *Shaping a Muslim State,* 314-15. I have massively simplified what was a very complex situation; for recent illustrations of this complexity, see Sijpesteijn's book and M. Campopiano, "Land Tax 'ala l-misaha and muqasama: Legal Theory and the Balance of Social Forces in Medieval Iraq," *Journal of the Economic and Social History of the Orient* 54 (2011).
25. Duri, *Early Islamic Insituations,* 114 (burning registers). In the Persian realm these local notables are often generically called *dihqans* by the Muslim sources; for their counterparts in Egypt and north Iraq, see Sijpeteijn, *Shaping a Muslim State,* 154-60, and Robinson, *Empires and Elites,* 90-97, respectively.
26. Abu l- 'Arab al-Qayrawani, *Tabaqat 'ulama' Ifriqiya wa-Tunis,* ed. 'A. al-Shabbi and N.H.al-Yafi (Tunis, 1968), 84-87 ('Umar 11); Tabari, 2.1507-9 (Ashras); Narshakhi, *History of Bukhara,* trans. R. Frye (Cambridge, MA, 1954), 48-49 (neophytes). It is an interesting question to what degree and / or at what point the Arab Muslim regime felt that it had a civilizing mission, that is, to bring enlightenment to others and not just feel superior that they had it and others did not; P. Crone, "Imperial Trauma," *Common Knowledge* 12 (2006), 109, calls the Arabs "missionary montheists," but it is hard to discern a consistent policy and it often seems directed at areas where there were security concerns.
27. C. Wurtzel, "The Coinage of the Revolutionaries in the Late Umayyad Period," *American Numismatic Society Museum Notes* 23 (1978). See also M. Mochiri, *Arab-Sasanian Civil War Coinage* (Leiden, 1987).
28. Quoted in W.F. Tucker, *Mahdis and Millenarians* (Cambridge, 2011), 62, who also discusses the Janahiyya that I mention later and notes the links with Gnostic creation myths.
29. Tabari, 2.1566-86 (Harith ibn Surayj), 2.1575 (Murji'ite), 2.1918-19 (Muqatil and Jahm); *Akhbar al-dawla al- 'abbasiyya,* ed. A. A. Duri and A. J. Muttalib (Beirut, 1971), 283 (Abu Muslim).

Chapter 7

1. Theophanes, 430 (Rawandis: "Persian wearers-of-black who were of the Magian religion"); Crone, *The Nativist Prophets,* 88-this work offers a rich and insightful study of Zoroastrian uprisings in Iran.
2. The duration of an empire is a contentious question: its members like to emphasize its longevity and continuity whereas modern historians like to periodize. For example, the transfer of the capital of the Roman Empire from Rome to Byzantion / Constantinople in AD 312 prompts us to rename it the Byzantine Empire, though its citizens kept calling themselves Romans until 1453. We call the Achaemenid (550-330 BC) and Sasanian (AD 224-652) states the first and second Persian

Empire respectively, because of the provenance of the dynasty (Fars / Persis), and distinguish them from the intervening Seleucid and Arsacid / Parthian states, even though there was arguably more similarity between the Parthians and Sasanians than between the Achaemenids and Sasanians. Note that already in the fourteenth century Ibn Khaldun had noted the short duration of Muslim dynasties and explained it with reference to the prevalence of pastoral nomads in Muslim-ruled lands (see E. Gellner, *Muslim Society,* Cambridge, 1981, ch. 1).

3. Thus the Turk and Mongol dominance of the Middle East in this period; see R. Bulliet, *Cotton, Climate and Camels in Early Islamic Iran* (New York, 2011).
4. *Chronicle of Zuqnin,* 181-83, 190-91 (John son of Daddi, Kushan the Armenian, and Gregory the Urartian).
5. Grabar, *Formation,* ch. 3; Fowden, *Qusayr 'Amra,* ch. 8. Yazid III's mother was allegedly the daughter of Peroz III. These two examples fit with the report about Yazid I's striking of coins dated to the years of his reign (see Chapter 4 n. 19, this volume).
6. Madrasas changed the Muslim religious scene substantially, for they sponsored an Islamic curriculum and supported salaried staff to teach it. Before this, rulers employed judges and big city mosques employed preachers, but otherwise, religious specialists (imams, mullahs, 'ulama', etc.) were unofficial and unsalaried; they gained standing by dint of becoming recognized for their religious learning and / or pious behavior and could only earn money in this capacity unofficially, by giving advice on religio-legal and other matters.
7. On Ibn al-Muqaffa's manual, see S. Goitein, *Studies in Islamic History and Institutions* (Leiden, 1966), ch. 8 ("a turning point"), and S. Arjomand, "Ibn al-Muqaffa '," *Iranian Studies* 27 (1994), 31-33. For further thoughts on Islam's antipathy to empire, see Crone, *Slaves on Horses,* 61-91, and on the Arab Empire's demise, see H. Kennedy, "The Decline and Fall of the First Muslim Empire," *Der Islam* 81 (2004).
8. J. Paul, "The State and the Military–a Nomadic Perspective," *Orientwissenschaftliche Hefte* 12 (2003), esp. 35: "redistribution as a basic feature of royal behaviour is (in the nomad perspective) contrasted to accumulation, which is seen as the principle on which settled administration is founded." With this goes a sense of social equality and mobility; see L. Marlow, *Hierarchy and Egalitarianism in Islamic Thought* (Cambridge, 2002), and cf. M. Hodgson, *Rethinking World History* (Cambridge, 1993), 114, who argues that it was impossible to maintain an empire "under the conditions of high social mobility which the Arab conquests had brought about" and which favored "cosmopolitan mercantile elements" at the expense of "an effective agrarian bureaucratic order."
9. The last reference to African Latin comes from the traveler Muhammad al-Idrisi (d. 1165), who says that it is spoken by most of the inhabitants of Gafsa in modern Tunisia. Coptic is rarely used for documents or literature after the eleventh century, surviving only as a liturgical language.

10. Narshakhi, *History of Bukhara,* trans. R. Frye (Cambridge, MA, 1954), 3.
11. Thus in the *Life of Muhammad* by Ibn Ishaq (d. 767), as transmitted to us by Ibn Hisham (d. 833), the pre-Islamic section focuses exclusively on Arabia, considers all its inhabitants to be Arabs (even the South Arabians, whose inscriptions distinguish between themselves and Arabs), has Ishmael marry into an Arab tribe and designates all his offspring Arabs, and it locates the origins of all Arabophone tribes in Arabia (even those like Taghlib and Tanukh who were very likely native to Syro-Mesopotamia).
12. For recent discussion, see P. Crone, "Post-Colonialism in Tenth-Century Islam," *Der Islam* 83 (2006).
13. This did not mean that there was no persecution of non-Muslims by Muslim authorities, but it was always illegal and so tended to be small scale and of short duration. Works on the topic of the non-Muslim contribution to Islamic civilzation often have an apologetic tone (consider the subtitle of the popular book of M. R. Menocal, *Ornament of the World,* New York, 2002: "How Muslims, Jews and Christians Created a Culture of Tolerance in Medieval Spain"). Yet its is true that nowhere else in medieval Europe was as open to scholars of all three religions as Spain. For Baghdad, see S. H. Griffith, *In the Shadow of the Mosque* (Princeton, 2007), ch. 5.
14. There are no survey works for this topic and one has to read about each subject area in turn. It is also nowadays somewhat contentious, since it is often thought to be somehow demeaning to Islam to imply that it contains foreign elements (though of course all religions and civilizations do). Some scholars play up the inventiveness of Islamic civilization (the message that the Arabs / Muslims gave science to Europe is very popular, for example), whereas others emphasize its derivative nature (e.g., S. Gouguenheim, *Aristote au Mont Saint-Michel,* Paris, 2008, argues that the Europeans preserved Greek science themselves and that it was Christians who preserved it in the Middle East, not Muslims).
15. E.g., Ibn Samura, governor of Sistan for Mu'awiya, took with him to Basra captives from Kabul and they built a mosque for his villa "in the Kabul style of building" (Baladhuri, 397).
16. Mingana, *Sources syriaques,* 151 and 179 ("no distinction"), 147 and 175 (captives).
17. K. van Bladel, "The Bactrian Background of the Barmakids," in A. Akasoy et al., eds., *Islam and Tibet* (Farnham, 2011); D. Sourdel, *Le vizirat 'abbaside* (Damascus, 1959-60), 14-81 (Yahya al-Barmaki, vizier of Harun al-Rashid, and his sons), 195-217 (Fadl ibn Sahl, vizier and viceroy of the east for the caliph Ma'mun, and his brother Hasan).
18. Jahiz, *Dhamm al-kuttab,* cited in C. Pellat, *Life and Works of al-Jabiz* (London, 1969), 274-75. On the translation of Greek scholarship, see D. Gutas, *Greek Thought Arabic Culture* (London, 1998). On Sasanian Persian literature / culture in Islam and Persianization (referred to as Iranization by some scholars), see M.

Zakeri, *Persian Wisdom in Arabic Garb* (Leiden, 2007); H. Kennedy, "Survival of Iranianness," in V. Curtis and S. Stewart, eds., *The Rise of Islam* (London, 2009); A. Peacock, "Early Persian Historians and the Heritage of Pre-Islamic Iran," in E. Herzig and S. Stewart, eds., *Early Islamic Iran* (London, 2011).

19. Imam just means the person at the front (someone to follow, a model); in Sunni Islam it primarily designates a prayer leader, but in Shi'ism it refers to the leaders of the community, who are generally always descendants of the prophet's son-in-law 'Ali.

20. For the quotations and further discussion, see Cron, *Nativist Prophets,* ch. 19. I am not saying that Shi 'ism and Sufism are specifically Persian phenomena but that they were open to Persian religious ideas; both also flourished outside of Persia, and Sufism in particular spread and developed localized forms in places as diverse as Senegal and Pakistan, especially before the rise of modern fundamentalist Islam.

21. The four sources are present in the Mishna and Talmud (J. Wegner, "Islamic and Talmudic Jurisprudence: The Four Roots of Islamic Law and Their Talmudic Counterparts," *American Journal of Legal History* 26, 1982). On the Roman side compare the statement of Emperor Justinian (*Digest,* 1.3.32) that the order of primacy for deriving laws is *scripti leges* ("written laws" / scripture; Arabic *kitab*), *more et consuetudinis* (customary practice; Ar *sunna*), *proximum et consequens* ("near and following logically," that is, analogy: Ar *qiyas*), *iudicium populi . . . consensus omnium* ("the judgement of the poeople . . . the consensus of all" ; cf. Ar *ijma'*). For more on the links between Roman and Islamic law, see B. Jokisch, *Islamic Imperial Law* (Berlin, 2007) and for the idea that Umayyad governors used the late Roman rescript system, whereby major litigations were referred in the first instance to the governor's office, see M. Tillier, "Dispensing Justice in a Minority Context," in R. Hoyland, ed., *The Late Antique History of Early Islam* (Princeton, 2014).

22. E.G., H. Motzki, *The Origins of Islamic Jurisprudence* (Leiden, 2002), who locates the origins in Mecca. For the unwillingness of Islamicists to engage with the idea of the non-Arabian origins of Islamic law, see P. Crone, *Roman, Provincial and Islamic Law* (Cambridge, 1987), 1-17. But, as I. Goldziher notes, Islam has an "ability to absorb and assimilate foreign elements so thoroughly that their foreign character can be detected only by the exact analysis of critical research" (*Introduction to Islamic Theology and Law,* Princeton, 1981, 4-5).

23. P. Crone and A. Silverstein, "The Ancient Near and Islam: The Case of Lot-casting," *Journal of Semitic Studies* 55 (2010).

24. A. Marsham, "Public Exectuion in the Umayyad Period," *Journal of Arabic and Islamic Studies* II (2011), 116-23; G. Hawting and D. Eisenberg, " 'Earnest Money' and the Sources of Islamic Law," in B. Sadehgi et al., eds., *Islamic Cultures Islamic Contexts* (Leiden, 2014).

25. M. J. Kister, "Do Not Assimilate Yourselves . . .," *Jerusalem Studies in Arabic and*

Islam 12 (1989).

26. For some discussion of this topic, see F. Donner, *Narratives of Islamic Origins* (Princeton, 1998), and S. C. Lucas, *Constructive Critics: Hadith Literature and the Articulation of Sunni Islam* (Leiden, 2004).

27. One is reminded of a speech of 'Amr ibn al- 'As to a Byzantine commander about how the sharing out of land had been unfavorable to the Arabs and that they were now seeking to exchange half of their thorns and stones for half of the cultivable lands (Ibn 'Asakir, *Ta'rikh Madinat Dimashq l,* ed. S. al-Munajjid, Damascus, 1951, 461-62).

28. W. M. Sloan, *Greater France in Africa* (New York, 1924), 91-92. More generally, see G. Jenkins, "For Love of Country? Britain, France and the Multiethnic Imperial Army 1815-1919," http://ida.academia.edu / GrahamJenkins, accessed September 30, 2013. A similar policy was followed by the Arabs in settling Persians, Indians, and Jews in the Mediterranean coastal cities, reasoning that they would not aid any Byzantine attempts to recapture these cities (see Chapter 4 n. 17, this volume).

29. This does not mean their conversion was insincere or solely for material gain; one might compare it to immigrants seeking to become American citizens-they hope thereby to find a better life and are usually sincere in their belief about the virtues of American democracy and freedom.

30. Most lawyers accepted the legality of Muslim men marrying non-Muslim women, and in any case there was no other option for men on campaign in foreign lands: "We married women of the people of the book (i.e., Jews, Christians, and usually Zoroastrians too) as we did not find enough Muslim women" (Tabari, 1.2375).

31. Ny 'aym ibn Hammad, *Kitab al-Fitan,* ed. M. al-Shuri (Beirut, 1997), no. 655 (nine out of ten). I should emphasize what I said on Chapter 5, namely, that in the first century or so after the Arab conquests one needed a Muslim patron to convert to Islam; in the case of a prisoner-of-war this was readily available in the form of one's Arab captor; he did not have to free his captives when they converted, but it was common, especially in return for payment or service.

32. Most recently, see C. Wickham, *Inberitance of Rome* (Penguin, 2010). An exception is M. Hodgson, *Rethinking World History* (Cambridge, 1993), 113-14: "the history of the first century of the Muslim empire was the history of its gradual reconstitution as an Irano-Semitic agrarian empire such as the Sasanian had been." Medieval Persians, by contrast, were well aware of the Arabs' debt to them: "Our ancestors gave you your kingdom, but you showed no gratitude for our generosity" (poem by Ibn Mamshadh of Isfahan, cited by M. Stern in C. E. Bosworth, ed., *Iran and Islam,* Edinburgh 1971, 541-42).

33. This may at first seem unlikely, but Islam in the Qur'an is quite close to its Judaeo-Christian roots, and it is what has happened since the early Islamic period, to both Christianity and Islam (as well as their long history of mutual antagonism), that has led the two to diverge. Islam might have maintained the same relationship to

Christianity as is held today by Mormonism, which like Islam has its own prophet and scripture and certain distinctive practices.

Appendix

1. The author of a late eighth-century treatise on taxation records a government attempt to amend the tax rate for the people of Edessa by making a claim about what was in their original conquest treaty, to which the Edessans replied: "You are now ignorant, as we are ignorant, of how things were at the beginning; so how can you see fit to impose on us something for which you can provide no established precedent" (Robinson, *Empires and Elites,* 2-4, citing Abu Yusuf). For examples of legal and pious material inserted into conquest accounts, see the articles of Brunschwig and Noth in Donner, *Expansion of the Early Islamic State.*
2. In general, see Crone, *Slaves,* 3-17, and the works listen in the Historiography section of the Select Bibliography.
3. Thus J. Koren and Y. D. Nevo, "Methodological Approaches to Islamic Studies," *Der Islam* 68 (1991), though within these broad groupings there is a fair diversity of opinion. See also C. Robinson, "The Ideological Uses of Early Islam," *Past and Present* 203 (2009), 216-17, who uses the labels "mistrusting minimalists" and "trusting maximalists."
4. An example of the former is Donner's *Muhammad and the Believers* (see P. Crone's review in *Tablet Magazine,* August 10, 2010: "Donner's book has already been hailed in a manner showing that its thesis appeals deeply to American liberals: Here they find the nice, tolerant, and open Islam that they hanker for"). See also C. F. Foss on "trendy political correctness" in a review of Walmsley's *Early Islamic Syria* for *Journal of Roman Archaeology* 21 (2008), 739-40. For the opposing trend, see the publications on http://www.inarah.de/cms/and their English volume *The Hidden Origins of Islam* (ed. Ohlig and Puin), and Günter Lüling, *A Challenge to Islam for Reformation* (Delhi, 2003), which is a serious book, but, as the title suggests, has polemical overtones.
5. P. Crone, *Roman, Provincial and Islamic Law* (Cambridge, 1987), 6: after the Second Wrold War, "Islamicists increasingly preferred to study Islam as an autonomous system developing internally in response to its own needs and by the use of its own resources."
6. To take just one example, the substantial correspondence of three north Syrian Christian figures (Jacob of Edessa, John of Litarb, and George, bishop of the Arabs) from the late seventh / early eighth centuries has still not been published, let alone studied, even though one Islamicist pointed out long ago its usefulness for understanding the rise of predestinationist thinking in Islam (M. Cook, *Early Muslim Dogma,* Cambridge, 1981, 145-52). It is hard to imagine European medievalists being so neglectful if a similar corpus were available to them.
7. *Chronicle of* 741, §28; Baladhuri (A), 9.291, and Tabari, 3.2173-75.
8. P. Brown, *The Rise of Western Christendom* (Oxford, 2003), 301.

SELECT BIBLIOGRAPHY

Late Antiquity and Early Islam have of late spawned a vast literature, and so, in order to keep this list manageable and useful, I have given only the most important and most recent works. My choice reflects those works that have helped form my views on the subjects covered in this book and / or those that I think will be useful for readers wanting to explore in greater depth an issue that I raise. For general reference, see the *Encyclopaedia of Islam, Encyclopaedia Iranica,* and *Dictionary of Byzantium.*

General Studies on the Conquests and Military Affairs

Donner, F. *The Early Islamic Conquests* (Princeton, 1980).
Donner, F., ed. *The Expansion of the Early Islamic State* (Farnham, 2008).
Gabrieli, F. *Muhammad and the Conquests of Islam* (Eng. Trans.; New York, 1968).
Kaegi, W. *Byzantium and the Early Islamic Conquests* (Cambridge, 1992).
Kennedy, H. *Armies of the Caliphs* (London: 2001).
Kennedy, H. *The Grcot Arab Conquests* (Cambridge, MA, 2007)
Lee, A. D. *War in Late Antiquity* (Oxford, 2007).
Nicolle, D. *The Great Islamic Conquests* (Oxford, 2009).
Southern, P., and Dixon, K. R. *The Late Roman Army* (London, 1996).

The Late Antique Setting

Banaji, J. *Agrarian Change in Late Antiquity* (Oxford, 2001).
Bowersock, G. W. *Empires in Collision in Late Antiquity* (Waltham, MA, 2012).
Bowersock,, G. W. et al., eds. *Late Antiquity: A Guide to the Postclassical World* (Cambridge, 1999).
Brown, P. *The World of Late Antiquity* (London, 1971).
Cameron, Av. et al., eds. *The Byzantine and Early Islamic Near East 1*-6 (Princeton, 1992-).
Cameron, Av. et al., eds. *The Cambridge Ancient History XIV: Late Antiquity* (Cambridge, 2000).
Cameron, Av. *The Mediterranean World in Late Antiquity: AD* 395-700 (London, 2011).
Daryaee, T. *Sasanian Persia* (London, 2009).
Dignas, B., and Winter, E. *Rome and Persia in Late Antiquity* (Cambridge, 2007).
Fowden, E. *The Barbarian Plain: Saint Sergius between Rome and Iran* (Berkeley, 1999).
Fowden, G. *Empire to Commonwealth: Consequences of Monotheism in Late Antiquity* (Princeton, 1994).
Fowden, G. *Before and Afer Muhammad: The First Millennium Refocused* (Princeton, 2014).

Greatrex, G., and Lieu, S. *The Roman Eastern Frontier and the Persian Wars* (Londone, 2007).
Halsall, G. *Barbarian Migrations and the Roman West* 376-568 (Cambridge, 2007).
Howard-Johnston, J. *East Rome, Sasanian Persia and the End of Antiquity* (Variorum; Aldershot, 2006).
Johnson, S., ed. *Oxford Handbook of Late Antiquity* (Oxford, 2012).
Lieu, S. N. C. *Manichaeism in the Later Roman Empire and Medieval China* (2nd revised edition; Tübingen, 1992).
McCormick, M. *Origins of the European Economy AD* 300-900 (Cambridge, MA, 2001).
Pirenne, Henri. *Mohammed and Charlemagne* (English trans.; London, 1939).
Pourshariati, P. *Decline and Fall of the Sasanian Empire* (London, 2008).
Sarris, P. *Empires of Faith: The Fall of Rome to the Rise of Islam* (Oxford, 2011).
Sizgorich, T. *Violence and Belief in Late Antiquity* (Philadelphia, PA, 2009).
Wickham, C. *Framing the Early Middle Ages* (Oxford, 2006).
Wood, P., ed. *History and Identity in Late Antiquity* (Oxford, 2013).

Continuity / Decline and the Environment

Bray, R. S. *Armies of Pestilence: The Effects of Pandemics on History* (Cambridge, 1996).
Christensen, P. *The Decline of Iranshahr: Irrigation and Environments in the History of the Middle East* (Copenhagen, 1993).
Gunn, J. *The Years without Summer: Tracing A.D.* 536 *and Its Aftermath* (Oxford, 2000).
Kennedy, H. "From Polis to Madina," *Past and Present* 106 (1985).
Liebeschuetz, J. H. W. G. *The Decline and Fall of the Roman City* (Oxford, 2001).
Little, L. K., ed. *Plague and the End of Antiquity: The Pandemic of* 541-750 (New York, 2007).
Walmsley, A. "Economic Developments and the Nature of Settlement," *Dumbarton Oaks Papers* 61 (2007).
Ward-Perkins, B. *The Fall of Rome and the End of Civilisation* (Oxford, 2006).

Historiography and the Beginnings of Islam

Berg, H., ed. *Method and Theory in the Study of Islamic Origins* (Leiden, 2003).
Cook, M. *Studies in the Origins of Early Islamic Culture and Tradition* (Variorum; Aldershot, 2004).
Crone, P. *Meccan Trade and the Rise of Islam* (Princeton, 1987).
Crone, P., and Cook, M. *Hagarism: The Making of the Islamic World* (Cambridge, 1977).
El-Hibri, T. *Parable and Politics in Early Islamic History: The Rashidum Caliphs*

(New York, 2010).
Hawting, G. *The Idea of Idolatry and the Emergence of Islam* (Cambridge, 1999).
Howard-Johnston, J. *Witnesses to a World Crisis* (Oxford, 2010).
Hoyland, R. G. *Seeing Islam as Others Saw It* (Princeton, 1997).
Humphreys, S. *Islamic History: A Framework for Enquiry* (Princeton, 1991).
Nevo, Y., and Koren, J. *Crossroads to Islam* (New York, 2004).
Noth, A. (with L. I. Conrad). *The Early Arabic Historical Tradition* (Princeton, 1994).
De Prémare, A-L. *Les Fondations de l'Islam* (Paris, 2002).
Robinson, Chase. *Islamic Historiography* (Cambridge, 2003).
Shoshan, B. *Poetics of Islamic Historiography* (Leiden, 2004).
Wansbrough, J. *The Sectarian Milieu* (Oxford, 1978).

The Making of Islamic Civilization

Al-Azmeh, A. *Muslim Kingship* (London, 1997).
Berkey, J. P. *The Formation of Islam: 600-1800* (Cambridge, 2002).
Calder, N. *Studies in Early Muslim Jurisprudence* (Oxford, 1993).
Cook, M. *Early Muslim Dogma* (Cambridge, 1981).
Crone, P. *Slaves on Horses* (Cambridge, 1980).
Crone, P. *Medieval Islamic Political Thought* (Edinburgh, 2005).
Crone, P. *From Arabian Tribes to Islamic Empire* (Variorum; Aldershot, 2008).
Dabashi, H. *Authority in Islam* (New Brunswick, NJ, 1989).
Décobert, C. *Le Mendiant et le Combattant: l'institution de l'Islam* (Paris, 1991).
De Prémare, A. *Les Fondations de l'Islam: entre écriture et histoire* (Paris, 2002).
Donner, F. *Muhammad and the Believers* (Cambridge, MA, 2010).
Donner, F., ed. *The Articulation of Early Islamic State Structures* (Farnham, 2012).
Dur, A. A. *Early Islamic Institutions* (London, 2011).
Friedmann, Y. *Tolerance and Coercion in Islam* (Cambridge, 2003).
Grabar, O. *The Formation of Islamic Art: Revised and Enlarged Edition* (New Haven, 1987).
Hawting, G. *The First Dynasty of Islam: The Umayyad Caliphate* (London, 2002).
Holu, K. G., and Lapin, H., eds. *Shaping the Middle East: Jews, Christians and Muslims in an Age of Transtition* (Bethesda, 2011).
Judd, S. C. *The Third Fitna: Orthodoxy, Heresy and Coercion in Late Umayyad History* (PhD; Michigan, 1997).
Kennedy, H. *The Prophet and the Age of the Caliphates* (2nd edition; London, 2004).
Kennedy, H. *The Byzantine and Early Islamic Near East* (Variorum; Aldershot, 2006).
Marsham, A. *Rituals of Islamic Monarchy* (Edinburgh, 2009).
Milwright M. *An Introduction to Islamic Archaeology* (Edinburgh, 2010).
Robinson, C., ed. *The New Cambridge History of Islam I* (Cambridge, 2011).
Van Bladel, K. *The Arabic Hermes* (Oxford, 2009).
Van Ess, J. *The Flowering of Muslim Theology* (Cambridge, MA, 2006).

Walzer, R. *Greek into Arabic* (Oxford, 1963)

Key Primary Sources

Baladhuri, *Futub al-buldan*, ed. M. J. de Goeje (Leiden, 1866).
Chavannes, E. *Documents sur les Tou-Kiue (Turces) Occidentaux* (Paris, 1903): assembles in French translation the major Chinese sources on the "western peoples."
Chronicle of 741 trans. in Hoyland, *Seeing Islam,* Excursus B.
Chronicle of 754 trans. in K. B. Wolf, *Conquerors and Chroniclers of Early Medieval Spain* (Liverpool, 1999), 91-128.
Chronicle of Khuzistan, ed. I. Guidi (Paris, 1903).
Chronicle of Siirt, ed. and trans. A. Scher, *Patrologia Orientalis* 13 (1918).
Chronicle of Zuqnin, trans. Amir Harrak (Toronto, 1999).
Dinawari, *al-Akhbar al-tiwarl,* ed. V. Guirgass (Leiden, 1888).
History of the Caucasian Albanians by Movses Dasxuranci, trans. C. J. F. Dowsett (Oxford, 1961).
Ibn 'Abd al-Hakam, *Futuh Misr,* ed. C. Torrey (New Haven, 1922).
John of Nikiu, *Chronicle,* trans. R. H. Charles (London, 1916).
Khalifa (ibn Khayyat), *Ta'rikh,* ed. A. D. al- 'Umari (Riyad, 1975).
Lewond, *History,* trans. Z. Arzoumanian (Wynnewood, PA, 1982).
Maronite Chronicle, trans. in Palmer, *Seventh Century,* 29-35.
Mingana, A., ed. and trans. *Sources syriaques* (Leipzig, 1908): includes the chronicle of John of Fenek.
Nikephoros, *Short History,* ed. and trans. C. Mango (Washington, DC, 1990).
Palmer, A., et al. *The Seventh Century in West Syrian Chronicles* (Liverpool, 1993): presents translations of the main Syriac historical texts for the period 582-717.
Sebeos, *The Armenian History,* trans. R. Thomson (Liverpool, 1999).
Tabari, *Ta'rikh al-rusul wa-l-muluk,* ed. M. J. de Goeje et al. (Leiden, 1879-1901).
Theophanes, *Chronographia,* trans. C. Mango and R. Scott (Oxford, 1997).
Theophilus of Edessa, *Chronicle,* trans. R. G. Hoyland (Liverpool, 2011).
Ya 'qubi, *Ta'rikh 2,* ed. M. T. Houtsma (Leiden 1883).

Regional Studies

Africa and Spain

Bowersock, G. *The Throne of Adulis: Red Sea Wars on the Eve of Islam* (Oxford, 2013).
Clarke, N. *The Muslim Conquest of Iberia* (Abingdon, 2012).
Conant, J. *Staying Roman: Conquest and Identity in Africa and the Mediterranean 439-700* (Cambridge, 2012).

Fenwick, C. "From Africa to Ifriqiya: Settlement and Society in Early Medieval North Africa (650-800)," *al-Masaq 25* (2013).
Hatke, G. *Aksum and Nubia: Warfare, Commerce, and Political Fictions in Ancient Northeast Africa* (New York, 2013).
James, D. *Early Islamic Spain: The History of Ibn al-Qutiya* (Abingdon, 2009).
Kaegi, W. *Muslim Expansion and the Byzantine Collapse in North Africa* (Cambridge, 2010).
Manzano Moreno, E. *Conquistadores, emires y califas: Los omeyas y la formación de al Andalus* (Barcelona, 2006).
Merrills, A., ed. *Vandals, Romans and Berbers: New Perspectives on Late Antique North Africa* (Aldershot, 2004).
Modéran, Y. *Les Maures et l'Afrique Romaine* (Rome, 2003).
Munro-Hay, S. *Axum: An African Civilisation of Late Antiquity* (Edinburgh, 1991).
Welsby, D. *Medieval Kingdoms of Nubia: Pagans, Christians and Muslims in the Middle Nile* (London, 2002).

Arabia and the Arabs

Bashear, S. *Arabs and Others in Early Islam* (Princeton, 1997).
Beaucamp, J. et al., eds. *Le massacre de Najran II: Juifs et Chrétiens en Arabie* (Paris, 2010).
Fisher, G. *Between the Empires: Arabs, Romans and Sasanians* (Oxford, 2011).
Gajda, I. *Le royaume de Himyar à l'époque monothéiste* (Paris, 2009).
Hoyland, R.G. *Arabia and the Arabs* (London, 2001).
Peters, F.E. *The Arabs and Arabia on the Eve of Islam* (Variorum; Aldershot, 1999).
Retsö, J. *The Arabs in Antiquity* (London, 2003).
Shahid, I. *Byzantium and the Arabs* (Washington, DC, 1984-).
Trimingham, J. S. *Christianity among the Arabs in Pre Islamic Times* (London, 1979).

Byzantium

Brubaker, L., and Haldon, J. *Byzantium in the Iconoclast Era* (Cambridge, 2011).
Cameron, Av. *The Byzantines* (Chichester, 2010).
Haldon, J. *Byzantium in the Seventh Century* (2nd revised edition: Cambridge, 1997).
Herrin, J. *Byzantium: The Surprising Life of a Medieval Empire* (London, 2007).
Jeffreys, E. et al., eds. *The Oxford Handbook of Byzantine Studies* (Oxford, 2008).
Pohl, W. *Die Awaren: ein Steppenvolk in Mitteleuropa* (Munich, 1988).
Whittow, M. *The Making of Orthodox Byzantium 600-1025* (Berkely, 1996).

Caucasia

Bais, M. *Albania Caucasica: ethnos, storia, territorio attraverso le fonti greche,*

latine, armene (Milan, 2001).
Gippert, J. *The Caucasian Albanian Palimpsests of Mt. Sinai* (Brepols, 2008).
Golden, P. et al., eds. *The World of the Khazars* (HdO; Leidne, 2007).
Greenwood, T., ed. *Languages and Cultures of Eastern Christianity: Armenian* (Farnham, 2013).
Rapp, S. H., ed. *Languages and Cultures of Eastern Christianity: Georgian* (Farnham, 2012).

Egypt

Bagnall, *Egypt in the Byzantine World 300-700* (Cambridge, 2010).
Butler, A. *The Arab Conquest of Egypt* (revised edition; Oxford, 1978).
Chagnon, L. *La conquête musulmane de l'Egypte* (Paris, 2008).
Legendre, M. *La Moyenne Egypte du VIIe au IXe siècle* (PhD; Leiden, 2013).
Power, T. *The Red Sea from Byzantium to the Caliphate* (Cairo, 2012).
Sijpesteijn, P. *Shaping a Muslim State* (Oxford, 2013).

Levant and Jazira

Avni, G. *The Byzantine-Islamic Transition in Palestine: An Archaeological Approach* (Oxford, 2014).
Cook, D. *The Beginnings of Islam in Syria during the Umayyad Period* (PhD; Chicago, 2002).
Elad, A. *Medieval Jerusalem and Islamic Worship* (Leiden, 1995).
Flood, B. *The Great Mosque of Damascus: Studies on the Making of Umayyad Visual Culture* (Leiden, 2001).
Fowden, G. *Qusayr 'Amra and the Umayyad Elite in Late Antique Syria* (Berkeley, 2004).
Haldon, J. *Money, Power and Politics in Early Islamic Syria* (Farnham, 2010).
Johns, J., and Raby, J., eds. *Bayt al-Maqdis: l. 'Abd al-Malik's Jerusalem; 2. Jerusalem and Early Islam* (Oxford, 1992 and 1999).
Khalek, N. *Damascus after the Muslim Conquest* (Oxford, 2011).
Robinson, C. *Empires and Elites after the Muslim Conquest* (Cambridge, 2006).
Sivan, H. *Palestine in Late Antiquity* (Oxford, 2008).
Tannous, J. *Syria between Byzantium and Islam* (PhD; Princeton, 2010).
Walmsley, A. *Early Islamic Syria: An Archaeological Appraisal* (London, 2007).
Wood, P. *We Have no King but Christ: Christian Political Thought in Greater Syria on the Eve of the Arab Conquest* (Oxford, 2010).

Persia: Iraq and Greater Iran

Agha, S.S. *The Revolution Which Toppled the Umayyads: Neither Arab nor Abbasid*

(Leiden, 2003).
Choksy, J. K. *conflict and Cooperation: Zoroastrian Subalterns and Muslim Elites in Medieval Iranian Society* (New York, 1997).
Crone, P. *The Nativist Prophets of Early Islamic Iran* (Cambridge, 2012).
Curtis, V., and Stewart, S., eds. *The Rise of Islam: The Idea of Iran IV* (London, 2009).
Frye, R. *Islamic Iran and Central Asia* (Variorum; London, 1979).
Luce, M. D. *Frontier as Process: Umayyad Khurasan* (PhD: Chicago, 2009).
Madelung, W. *Religious Trends in Early Islamic Iran* (Albany, NY, 1988).
Morony, M. *Iraq afer the Muslim Conquest* (Princeton, 1984).
Oxford Handbook of Iranian History, ed. T. Daryaee (Oxford, 2012).
Payne, R. *Christianity and Iranian Society in Late Antiquity* (PhD; Princeton, 2010).
Savant, S. *The New Muslims of Post-Conquest Iran* (Cambridge, 2013).
Shaked, S. *From Zoroastrian Iran to Islam* (Variorum; Aldershot, 1995).
Spuler, B. *Early Islamic Iran* (English trans.; Leiden, 2014).
Toral-Niehoff, I. *Al-Hira: eine arabische Kulturmetropole im spätantiken Kontext* (Leiden, 2013).

Transoxania / Central Asia

Beckwith, C. *Empires of the Silk Road* (Princeton, 2009).
De la Vaissière, E. *Samarcande et Samarra: élites d'Asie Centrale* (Paris, 2007).
Foltz, R. *Religions of the Silk Road* (New York, 1999).
Frye, R.N. *The Heritage of Central Asia* (Princeton, 1996).
Gibb, H. A. R. *The Arab Conquests in Central Asia* (London, 1923).
Haug, R. J. *The Gate of Iron: The Making of the Eastern Frontier* (PhD; Michigan, 2010).
Heirmann, A., and Bumbacher, S. P., eds. *The Spread of Buddhism* (HdO; Leiden, 2007).
Litvinsky, B. et al., eds. *History of Civilisations of Central Asia 3: 250-750* (Paris, 1996).
Soucek, S. A History of Inner Asia (Cambridge, 2000).

真主大道上

阿拉伯大軍征服與伊斯蘭帝國的創立

The Arab Conquests and the Creation of an Islamic Empire

作　　者　羅伯特・霍伊蘭 (ROBERT G. HOYLAND)
譯　　者　周莉莉
責任編輯　沈昭明
社　　長　郭重興
發行人暨出版總監　曾大福
出　　版　廣場出版
發　　行　遠足文化出版事業有限公司
231新北市新店區民權路108-2號9樓
電　　話　(02) 2218-1417
傳　　真　(02) 8667-1851
客服專線　0800-221-029
E-Mail　service@bookrep.com.tw
網　　站　http://www.bookrep.com.tw/newsino/index.asp
法律顧問　華洋國際專利商標事務所　蘇文生律師
印　　刷　前進彩藝股份有限公司
一版一刷　2019年6月
定　　價　550元

國家圖書館出版品預行編目(CIP)資料

真主大道上 : 阿拉伯大軍征服與伊斯蘭帝國的創立 / 羅伯特.霍伊蘭(Robert G. Hoyland)著 ;
周莉莉譯. -- 一版. -- 新北市 : 廣場出版 : 遠足文化發行, 2019.05
面 ;　公分

譯自 : In God's path : the Arab conquests and the creation of an Islamic empire
ISBN 978-986-97401-7-3(平裝)
1.中東史 2.伊斯蘭教
735.01　108006684